北京高等教育精品教材

普通高等教育经济管理类专业规划教材

会 计 学

第 4 版

主　编　王淑慧　金燕华
副主编　张爱美　张　京
参　编　张自然　韩

机械工业出版社

本书提供了管理人员阅读会计信息所需要的知识结构，包括会计基础、财务会计、成本管理会计、财务报告解读四部分内容，主要介绍会计学的基本理论、会计政策和会计核算方法、财务报表的阅读与分析方法和技巧，以及成本管理会计的预测和决策方法。本书可作为经济管理类各本科专业和工商管理硕士（MBA）的"会计学"课程教材。考虑到教学对象的特点，本书侧重于从培养管理者的角度编写，力求使学生通过较短时间的学习，了解会计的基本理论，掌握会计核算的基本方法，理解会计信息的含义，具备较强的财务报表分析能力，并能够利用会计信息进行经济预测和决策。

图书在版编目（CIP）数据

会计学/王淑慧，金燕华主编．—4版．—北京：机械工业出版社，2018.4
普通高等教育经济管理类专业规划教材
ISBN 978-7-111-59344-7

Ⅰ.①会… Ⅱ.①王…②金… Ⅲ.①会计学—高等学校—教材
Ⅳ.①F230

中国版本图书馆CIP数据核字（2018）第043462号

机械工业出版社（北京市百万庄大街22号　邮政编码100037）
策划编辑：商红云　责任编辑：商红云　马碧娟
责任校对：张晓蓉　佟瑞鑫
封面设计：张　静　责任印制：李　昂
北京宝昌彩色印刷有限公司印刷
2018年4月第4版第1次印刷
184mm×260mm·23.5印张·568千字
标准书号：ISBN 978-7-111-59344-7
定价：56.00元

凡购本书，如有缺页、倒页、脱页，由本社发行部调换

电话服务　　　　　　　　　　　网络服务
服务咨询热线：010-88379833　　机工官网：www.cmpbook.com
读者购书热线：010-88379649　　机工官博：weibo.com/cmp1952
　　　　　　　　　　　　　　　　教育服务网：www.cmpedu.com
封面无防伪标均为盗版　　　　　金　书　网：www.golden-book.com

普通高等教育经济管理类专业规划教材编审委员会

主 任 委 员：韩福荣（北京工业大学）　　　　教授、博士生导师
副主任委员：张　群（北京科技大学）　　　　教授、博士生导师
　　　　　　乞建勋（华北电力大学）　　　　教授、博士生导师
　　　　　　吴祈宗（北京理工大学）　　　　教授、博士生导师
　　　　　　乔　忠（中国农业大学）　　　　教授、博士生导师
　　　　　　姚　飞（北京化工大学）　　　　教授
　　　　　　葛新权（北京信息科技大学）　　教授、博士生导师
　　　　　　孙义敏（北京信息科技大学）　　教授
　　　　　　刘家顺（河北理工大学）　　　　教授
　　　　　　魏法杰（北京航空航天大学）　　教授、博士生导师
　　　　　　刘延平（北京交通大学）　　　　教授、博士生导师
　　　　　　孙国辉（中央财经大学）　　　　教授、博士生导师
　　　　　　孙选中（中国政法大学）　　　　教授、博士生导师
　　　　　　郑文堂（北方工业大学）　　　　教授、博士生导师
　　　　　　谢太峰（首都经济贸易大学）　　教授、博士生导师
　　　　　　林　松（机械工业出版社）　　　编审
委 员 单 位：北京工业大学经济与管理学院
　　　　　　北京科技大学管理学院
　　　　　　华北电力大学经济与管理学院
　　　　　　中国农业大学经济管理学院
　　　　　　北京理工大学管理与经济学院
　　　　　　北京化工大学经济管理学院
　　　　　　北京信息科技大学经济管理学院
　　　　　　河北理工大学经济管理学院
　　　　　　北京航空航天大学经济管理学院
　　　　　　北京交通大学经济管理学院
　　　　　　中央财经大学商学院
　　　　　　中国政法大学商学院
　　　　　　首都经济贸易大学金融学院
　　　　　　北京建筑大学
　　　　　　北京印刷学院出版传播与管理学院
　　　　　　机械工业出版社

编者的话

21世纪伊始,北京地区部分高等院校联合成立了经济管理类专业规划教材编审委员会,组织编写、出版一套适合各校情况、满足本科层次教学需要的普通高等教育经济管理类专业规划教材。

改革开放以来,我国管理学科的发展极其迅猛。在这种形势下,各高等院校普遍设置了管理类专业,其发展速度之快、规模之大,是前所未有的,而教材建设一直是专业建设和教学改革的瓶颈。

编委会认为,集中各校优势,通过合作方式实现教学资源优化配置,编出一套适合各校情况的教材,对加强各校的合作交流,推动师资培养,促进相关课程的教学改革,是一件一举多得的好事。

"质量第一,开拓创新"是我们编写这套教材的指导思想,出版精品是我们的奋斗目标。现阶段应该从教材特色做起,有特色才能有市场,才能为各校师生所接受和欢迎。这套教材具有以下特点:一是内容上有创新,在继承的基础上,反映了当代管理学科的新发展;二是适用、好用,教材编写精练,并留有余地,各教材每章章末都附有配套的作业题;三是有理工科特色,合作院校的教学对象多数是理工科学生。

为了确保教材质量,经过编委会遴选,各门课程教材都由资深的教授担任主编,同时各教材编写组成员相对稳定,会根据使用情况及时修订教材,使其常用常新,不断提高。

为了配合各校开展多媒体教学,某些教材编写组合作制作了与教材配套的电子课件,以方便广大师生使用。

机械工业出版社是我国于20世纪50年代初成立的国家级出版社,数十年来,出版了许多在国内外有重大影响的科技类和经济管理类图书;改革开放以来,曾经负责全国理工科院校管理工程专业全国统编教材的出版发行,为我国经济管理类专业的建设和发展做出了重大贡献。本系列教材的出版得到了机械工业出版社的大力支持,在此表示衷心的感谢!

普通高等教育经济管理类专业规划教材编审委员会

前　言

　　看不懂驾驶仪表的飞行员是很可怕的，看不懂财务报告的企业管理人员也是很可怕的，因为财务报告就像飞机上的仪表，它能够提供企业是否安全运行的基本信息。本书的目的就是使学生了解财务报告的组成，读懂会计信息的内容。因为管理需要经济信息，而经济信息主要来自会计系统。因此，会计知识是管理者必备的知识，会计学是经济管理类各本科专业的必修课程。但是，经济管理人员与专业会计人员不同，其学习会计的目的是提高使用会计信息的能力，即能够看懂财务报表；利用财务报表分析企业的财务状况和经营成果、评价企业的经营业绩，能够利用会计信息进行经济预测和决策。

　　基于上述定位，我们根据最新修订与调整的《企业会计准则》并参照国际惯例，在参阅了大量国内外最新出版的会计学教材的基础上，吸收其务实性的特点；在北京市教委、学校精品课建设资金的支持下，不断凝练教学内容，总结教学实践经验，创新教学方法，对2013年8月出版的《会计学（第3版）》进行了修订。本书的突出特点如下：

　　（1）各章以自编案例作为本章的引言，引导出本章学习的内容并提出问题，激发学生对该部分内容的学习兴趣，这在国内"会计学"课程教材中是一次新的尝试。

　　（2）定位准确，应用性强。在介绍会计核算内容的同时，突出强调财务分析的内容，表现在：一是在各会计要素核算内容之后，针对会计核算内容与财务报表的关系以及对公司财务状况、经营成果及现金流量的影响专设第九章，介绍全面解读财务报表的方法和分析财务报表的技巧；二是在第十章根据财务比率分析以及综合分析方法，进行公司财务能力综合评价，使学生在较短的时间内，在基本掌握会计核算内容的基础上，能够把握阅读财务报表的方法和分析财务报表的技巧，以便对公司的基本经营状况做出判断，突出经济管理类专业的学生"重在会计信息利用"的教材定位，以增强其所学知识的实用价值。

　　（3）内容全面，知识结构合理。本书体系涵盖了会计学专业的主干与核心课程，包括会计基础、财务会计、成本管理会计、财务报告解读四部分内容。该体系提供了管理人员阅读会计信息所需要的知识结构。

　　（4）突出教材的重点内容即财务会计与财务分析。一方面，全面介绍财务会计的框架与内容；另一方面，通过案例分析企业的财务状况、经营成果及现金流量情况。具体分析资产负债表的流动资产、非流动资产、流动负债、非流动负债，所有者权益及重点关注事项；经营成果的真实性与合理性及其与公司现金流量的关系。

　　（5）淡化会计核算的深度。重在介绍会计核算内容与财务报表的关系、会计与经营活动的关系、会计政策的选择、采用不同的会计政策对企业财务状况和经营成果的影响以及会计信息的披露方式。

(6) 恰当安排课后练习。课后练习包括思考题、自测题、业务练习题及案例分析题。尤其是案例分析题，突出了从管理的角度分析问题，强调案例的应用价值；为利于学生自学，对难度较大的案例分析题给予帮助性提示，以保证学习效果。

根据以上特点，本书可作为除会计学专业以外的经济管理类各本科专业和工商管理硕士（MBA）"会计学"课程的教材，也可作为在职管理干部和经济管理专业成人教育的培训教材。

本书分为四篇，共十章。第一篇会计基础，主要讲述财务会计的基本理论和基本方法；第二篇财务会计，主要讲述会计要素的确认、计量、记录和报告方法；第三篇成本管理会计，主要讲述成本管理会计信息与财务会计信息的区别与联系，产品成本的形成与财务报表的关系，以及管理会计的框架与特点。第四篇财务报告解读，一方面，全面介绍解读财务报表的方法和技巧，具体包括资产负债表阅读与分析技巧、利润表阅读与分析技巧、现金流量表阅读与分析、所有者权益变动表解读、附注的分析与利用，以及审计报告的类型与作用。另一方面，介绍财务比率分析以及综合分析方法，以对公司财务能力进行综合评价。财务比率分析包括偿债能力分析、营运能力分析、获利能力分析和成长能力分析；综合分析方法包括杜邦分析法、综合评分法等。

本书第一、三章由北京化工大学金燕华、韩洁编写；第二、九章由北京化工大学王淑慧编写；第四、五章由北京化工大学张京编写；第六、十章由北京化工大学张爱美编写；第七、八章由北京化工大学张自然编写。全书由王淑慧总纂。全书案例由北京化工大学王淑慧、张爱美、韩洁、杨蓉、吕建蕾提供。

由于编者水平有限，书中难免有不妥之处，甚至还存在尚未发现的错误，恳请广大读者批评指正，以便日后修改和完善。

编　者

目 录

编者的话
前言

第一篇 会计基础

第一章 总论 ... 3
案例与引言 ... 3
本章学习目标 ... 4
第一节 会计概述 ... 4
第二节 会计基本假设 ... 6
第三节 会计的职能和目标 ... 9
第四节 会计对象和会计要素 ... 11
第五节 会计的基本程序和核算方法 ... 15
第六节 会计规范 ... 17
本章小结 ... 23
思考题 ... 23
自测题 ... 24

第二章 会计循环 ... 26
案例与引言 ... 26
本章学习目标 ... 26
第一节 会计等式 ... 27
第二节 账户与借贷记账法 ... 30
第三节 会计凭证和账簿 ... 42
第四节 财务会计循环 ... 54
本章小结 ... 65
思考题 ... 66
自测题 ... 66
业务练习题 ... 67
案例分析题 ... 68

第二篇 财务会计

第三章 资产 · 71
- 案例与引言 · 71
- 本章学习目标 · 71
- 第一节 货币资金 · 72
- 第二节 交易性金融资产 · 79
- 第三节 应收款项 · 82
- 第四节 存货 · 90
- 第五节 固定资产 · 103
- 第六节 无形资产及其他资产 · 118
- 第七节 投资性房地产 · 125
- 第八节 持有至到期投资 · 131
- 第九节 可供出售金融资产 · 135
- 第十节 长期股权投资 · 137
- 第十一节 资产的披露 · 147
- 本章小结 · 149
- 思考题 · 150
- 自测题 · 151
- 业务练习题 · 153
- 案例分析题 · 155

第四章 负债 · 157
- 案例与引言 · 157
- 本章学习目标 · 157
- 第一节 负债概述 · 157
- 第二节 流动负债 · 158
- 第三节 非流动负债 · 173
- 第四节 负债的披露 · 182
- 本章小结 · 184
- 思考题 · 184
- 自测题 · 185
- 业务练习题 · 186
- 案例分析题 · 187

第五章 所有者权益 · 189
- 案例与引言 · 189
- 本章学习目标 · 189
- 第一节 所有者权益概述 · 189
- 第二节 投入资本和其他综合收益 · 191

  第三节 留存收益 ········· 197
  第四节 所有者权益的披露 ········· 200
 本章小结 ········· 202
 思考题 ········· 202
 自测题 ········· 202
 业务练习题 ········· 204
 案例分析题 ········· 205

第六章 收入、费用和利润 ········· 206

 案例与引言 ········· 206
 本章学习目标 ········· 206
  第一节 收入 ········· 206
  第二节 费用 ········· 213
  第三节 利润 ········· 216
  第四节 利润的结转与分配 ········· 220
  第五节 收入、费用及利润的披露 ········· 228
 本章小结 ········· 229
 思考题 ········· 229
 自测题 ········· 230
 业务练习题 ········· 231
 案例分析题 ········· 232

第三篇 成本管理会计

第七章 成本会计 ········· 235

 案例与引言 ········· 235
 本章学习目标 ········· 235
  第一节 成本会计概述 ········· 236
  第二节 生产成本的核算 ········· 236
  第三节 成本报表解读 ········· 248
 本章小结 ········· 251
 思考题 ········· 252
 自测题 ········· 252
 业务练习题 ········· 253
 案例分析题 ········· 254

第八章 管理会计 ········· 255

 案例与引言 ········· 255
 本章学习目标 ········· 255
  第一节 管理会计概述 ········· 256
  第二节 管理会计的主要内容 ········· 258

本章小结	277
思考题	278
自测题	279
业务练习题	279
案例分析题	280

第四篇　财务报告解读

第九章　财务报告阅读与分析 … 283

案例与引言	283
本章学习目标	283
第一节　资产负债表阅读与分析	284
第二节　利润表阅读与分析	295
第三节　现金流量表阅读与分析	300
第四节　所有者权益变动表阅读与分析	308
第五节　财务报表附注	311
第六节　审计报告的阅读和利用	317
本章小结	327
思考题	328
自测题	328
业务练习题	329
案例分析题	330

第十章　企业财务报表综合分析 … 332

案例与引言	332
本章学习目标	332
第一节　财务报表分析的目的和方法	332
第二节　常见的财务比率分析	335
第三节　杜邦分析法	352
第四节　综合绩效评价法	354
本章小结	359
思考题	360
自测题	360
业务练习题	361
案例分析题	362

参考文献 … 364

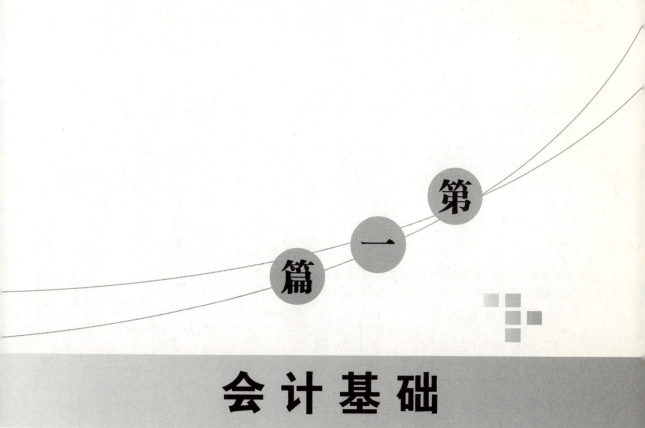

第一篇 会计基础

第一章 总论

案例与引言

李通是会计学专业大学三年级的学生。他利用业余时间担任一位个体老板刘先生的经济顾问。刘先生持有灿灿美食公司的股票 10 000 股。最近，灿灿美食公司的股票市价不断变化。刘先生让李通搞清灿灿美食公司股票的总体情况，以便进行抛售股票或买进股票的决策。李通在网上下载了灿灿美食公司的资产负债表与利润表（见表1-1和表1-2）。

表1-1 灿灿美食公司资产负债表（简表）

2017 年 12 月 31 日　　　　　　　　　　　　　　　　　　　　单位：元

资产		负债和股东权益	
流动资产		负债	
货币资金	510 000	应付账款	550 000
应收账款	265 000	应交税费	252 000
存货	425 000	合计	802 000
合计	1 200 000	股东权益	
非流动资产		股本（100万股）	1 000 000
固定资产	560 000	留存收益	258 000
无形资产	300 000	合计	1 258 000
合计	860 000		
资产总额	2 060 000	负债和股东权益总额	2 060 000

表1-2 灿灿美食公司利润表（简表）

2017 年度　　　　　　　　　　　　　　　　　　　　　　　　　单位：元

项目	金额
营业收入	1 680 000
减：营业成本	420 000
工资费用	210 000
办公用品费	80 000
其他费用	149 000
净利润	821 000

通过分析财务报表，李通对灿灿美食公司的发展前景做出了判断。

请问：李通应分析哪些财务报表？各种财务报表告诉了李通哪些信息？他应该根据哪些信息判断公司的发展前景？

对以上问题的回答，正是本章的学习目标。

本章学习目标
- ◆ 会计的概念
- ◆ 会计的分类
- ◆ 会计核算的基本前提
- ◆ 会计的职能和目标
- ◆ 会计对象和会计要素
- ◆ 会计的基本程序和核算方法
- ◆ 会计信息质量特征
- ◆ 会计规范

第一节 会 计 概 述

一、会计的概念

会计是一个经济信息系统，是一项经济管理活动。

会计是随着社会生产的发展和经济管理的要求而产生、发展并不断完善的。任何社会的生产经营活动，总是力求以尽可能少的劳动耗费，获取尽可能多的劳动成果。为了取得经营成果，必然发生人力、物力、财力的耗费。因此，需要对劳动耗费与劳动成果进行记录和计算、比较和分析。上古时代的"结绳记事""刻石计数"，便是会计的萌芽。随着生产活动的发展，简单的会计计量、记录行为由生产职能的附带部分，发展成一种独立的职能。社会经济的进步，生产力水平的不断提高，会计核算的内容与核算方法发生了巨大变化，会计的计量、记录行为，发展成为一门具有完整方法体系，以货币为主要计量单位，综合反映和控制企业组织这一微观主体经营活动的过程和结果的会计学科，并且在参与组织经营管理、提高资源配置效率、促进经济健康持续发展方面发挥积极作用。

从会计产生和发展的过程来看，会计是一个经济信息系统。经济信息是对人类社会经济活动的状态、特征及其变化做出的描述。会计信息是经济信息的组成部分，是关于企业组织经营活动的过程和结果的信息。任何企业组织从筹集资金创办企业开始，到购置厂房、设备、原材料、办公用品等生产资料，再到消耗材料、人工及相关费用进行产品生产，以至产品产出进入销售环节，收回货款，向国家交纳各种税费以及进行利润分配等一系列经营活动的过程和结果均需要会计做出有效的描述，以反映企业组织资金的价值运动和增值的信息。

所谓信息系统，是指信息的生成与提供是由一系列彼此关联、相互作用的要素所组成的具有特定功能的有机整体。会计信息的生成与提供过程是由会计确认、会计计量、会计记录和会计报告四个环节形成的、相互影响与作用的一个完善的信息系统。会计确认是指判断某项经营活动的信息是否作为会计信息予以记录、如何记录以及何时记录。会计计量是指作为会计信息进行记录的经营业务，依据货币计量单位以什么价值予以记录和报告。会计记录是指对已经确认和计量的会计信息，按照填制凭证、登记账簿、编制财务报表等会计方法，反映在会计信息的载体中。会计报告是指经确认、计量和记录的会计信息，以财务报告的形式提供给会计信息的使用者。会计报告环节是会计确认、计量、记录的最终目的和结果。

现代管理活动包括信息获取、决策与计划、组织与领导、执行与控制等阶段，每一个阶段都必须有会计人员的参与。

在信息获取阶段，企业组织需要建立信息系统并利用信息技术获取各种管理信息，其中，会计信息是管理信息中最重要的信息。尤其会计专业的技术特点，需要会计人员将会计信息，转化为各种决策信息。例如，通过分析利润表，把握本年度利润指标的完成情况及其影响因素，为编制计划年度利润预算打下基础。

在决策与计划阶段，决策是管理的首要工作。企业组织的管理人员要面对各种各样的决策，例如，对计划年度的利润指标较上年增长20%的可能性进行决策，不仅需要销售部门、物价部门预测销售量与价格信息，更需要会计人员在一定的销售量和价格下，测算出企业组织能够取得各种收入的金额，可能发生费用的数额，才能最终确定利润能否增长20%。这一决策一旦做出，各分公司、车间、职能部门能够取得的收入情况、可能发生的费用情况，均需要会计人员进行指标分解，层层落实，将决策方案具体落实为可执行的计划指标。

在组织与领导阶段，组织是指为完成决策与计划方案而进行人、财、物各项资源的组合与配置，包括机构设置、各部门权责分配等。所谓领导，是指组织中各级、各部门的领导者。作为领导的管理者应能够引导和鼓励部下实现组织的目标。在本阶段，会计人员需要按照既定的组织框架分解落实成本、费用等指标，并通过指标的分解落实，参与组织结构的设计，以保证组织内部会计信息传递的有效性。

在执行与控制阶段，执行是决策与计划的实施过程，控制是管理者对组织目标的运行状况进行的监督。在本阶段，会计人员需要计算、分析组织下达的各项指标，以实际完成情况与计划指标进行对比，进行差异分析，并与领导者共同制订下一步的调整方案。

可见，在组织运行过程中，会计不仅提供了管理者决策所需要的核心信息，而且还直接参与了管理过程各阶段的决策与控制。因此，会计又是一项经济管理活动。

二、会计的分类

既然会计是一个经济信息系统，那么，不同的会计提供各种不同的信息。因此，会计按照不同的标志可以进行不同的分类。

1. 营利组织会计与非营利组织会计

营利组织会计是指以营利为目的的企业组织的会计，也叫企业会计。例如，工厂、商店、酒店的会计；独资企业、合伙企业、股份公司的会计。营利组织强调投入资本的保值与增值。营利组织会计涉及接受投资、生产运营、分配利润等生产经营活动的全过程，因此，需要报告企业资产、负债、所有者权益、收入、费用、利润，以及现金流量等各方面的信息。

非营利组织会计是指不以营利为目的，服务于政府、行政机关和事业单位等的会计，也叫非企业会计。例如，政府机关、医院、疗养院、学校、幼儿园、图书馆、红十字会等的会计。在我国，非营利组织会计也称为预算会计，包括财政总预算会计、行政单位会计、事业单位会计、民间非营利组织会计以及基金会计等。

财政总预算会计是各级财政部门反映和监督政府预算执行与财政周转金等各项财政性资金活动的专业会计。财政总预算会计核算的主要内容是预算执行情况，包括各级政府财政性资金的收入、支出和结余。

行政事业单位会计是各级各类行政、事业单位以货币为计量单位，对单位各项经济业务和活动进行全面、系统、连续的核算和监督的专业会计。

民间非营利组织会计是社会团体、基金会、民办非企业单位以及寺院、宫观、教堂等民间非营利组织以货币为计量单位，对本单位各项经济业务和活动进行全面、系统、连续的核算和监督的专业会计。

基金会计以基金为独立的会计主体进行确认、计量和披露。目前我国的基金会计包括社会保险基金会计、住房公积金会计、新型农村合作医疗基金会计、新型农村合作养老保险基金会计等。

非营利组织业务运营的主要目的，在于提供有益于社会的某种服务，不是为了获取利润。因此，报告的会计信息重点在于预算内资金和预算外资金的使用情况。

2. 财务会计与管理会计

财务会计与管理会计是现代企业会计的两大分支。

财务会计是指依据会计规范，按照会计确认、计量、记录和报告的程序与凭证、账簿、报表的核算方法，反映和控制企业资产、负债、所有者权益、收入、费用、利润、现金流入量、现金流出量、现金净流量的变化及其结果，并报告给企业外部的会计信息使用者。因此，财务会计提供的主要信息是企业经营活动的历史性信息。

管理会计是根据企业一定时期的管理目标与要求，提供企业内部经营管理的各类信息。企业内部管理信息的生成与提供不受会计准则与会计制度的约束，也不存在固定的模式和方法。其信息种类不仅包括历史信息，还包括企业对未来经营活动的预测、决策信息，以及进行成本、利润的控制与分析信息。

总之，财务会计与管理会计，既有区别，又相互联系，二者共同服务于提高企业内部管理水平，实现企业价值最大化的总体目标。

本书重点讨论企业会计及其与企业会计信息利用相关的问题。

第二节 会计基本假设

会计基本假设是会计确认、计量和报告的前提，是对会计核算所处时间、空间环境所做的合理设定，也称作会计核算的基本前提，研究的是会计信息系统运行所依据的客观环境，即会计与环境的关系。客观环境制约着会计信息系统的运行。只有把握客观环境的状态，会计信息系统才得以运行。因此，必须设定一些前提条件，亦即会计信息系统运行的前提条件。这些前提条件也是会计准则建立的基础和约束条件。客观环境发生了变化，会计信息系统运行的前提条件也应做出调整与修正。我国《企业会计准则——基本准则》规定的会计基本假设包括会计主体、持续经营、会计分期、货币计量。

一、会计主体

会计主体也称会计实体，是指企业会计确认、计量和报告的空间范围。为了向财务报告使用者反映企业财务状况、经营成果和现金流量，提供与其决策有用的信息，会计核算和财务报告的编制应当反映特定对象的经济活动，才能实现财务报告的目标。

在会计主体假设下，企业应当对其本身发生的交易或者事项进行会计确认、计量和报告，反映企业本身所从事的各项生产经营活动。明确界定会计主体是开展会计确认、计量和报告工作的重要前提。

会计主体假设，规定了会计核算的空间范围。这一基本前提的主要意义在于：① 要求特定会计主体的交易或事项与其所有者的交易或事项区别开来；② 要求特定会计主体的经营活动与其他会计主体的交易或事项进行明确的划分，只有那些影响特定会计主体经济利益的各项交易或事项才能加以确认和计量；③ 这一前提条件明确了会计人员进行会计核算的立场，例如，本企业销售一些商品，对本企业而言是销售商品的业务，而对于对方企业而言，则是一笔购进商品的业务。

值得注意的一点是，会计主体不同于法律主体，一般而言，法律主体都是会计主体，但会计主体不一定是法律主体。例如，一个合伙企业，不是法律主体，但在会计核算上应作为会计主体，核算该合伙企业的资产和负债。又如，企业集团中的母、子公司虽然都是独立的法律主体，但是母公司对子公司拥有控制权，为了全面反映集团公司的财务状况、经营成果和现金流量，就有必要将母、子公司作为一个会计主体，编制合并财务报表。

二、持续经营

持续经营是指在可以预见的未来，企业将会按当前的规模和状态继续经营下去，不会停业，也不会大规模削减业务。在持续经营假设下，会计确认、计量和报告应当以企业持续、正常的生产经营活动为前提。

明确这一前提的目的在于，该会计主体将按照既定用途使用资产，持续按照既定的合约清偿债务，会计人员就可以在此前提下选择会计政策和方法。例如，固定资产按预定使用年限提取折旧，无形资产按照既定年限摊销费用等。

持续经营只是会计主体根据生产经营的一般情况所做出的设定，实际上，任何企业均存在破产、清算的风险，一旦判定企业不能持续经营，处于破产清算状态，持续经营假设就失去了意义。此时，资产、负债的计价原则，固定资产折旧的提取，无形资产的摊销等都将随之改变。如果一个企业在不能持续经营时仍按持续经营基本假设选择会计确认、计量和报告原则与方法，就不能客观地反映企业的财务状况、经营成果和现金流量，会误导会计信息使用者的经济决策。

三、会计分期

会计分期又称会计期间，是指将会计主体持续经营的生产经营活动划分成连续、相等的期间。会计分期的目的，在于通过会计期间的划分，将持续经营的生产经营活动划分成连续、相等的期间，据以结算盈亏，按期编报财务报告，从而及时向财务报告使用者提供有关企业财务状况、经营成果和现金流量的信息。根据持续经营的基本前提，会计主体的生产经营活动总是连续不断进行的，但是，会计信息的使用者需要及时了解会计主体各期的财务状况、经营成果信息，以便做出投资、筹资等方面的决策。因此，将连续不断的生产经营活动划分为一个个连续的、长短相同的期间，分期确认、计量和报告企业的财务状况、经营成果和现金流量。由于会计分期，才产生了当期与以前期间、以后期间的差别，才使不同类型的会计主体有了记账的基准，进而出现了折旧、摊销等会计处理。

在会计分期假设下，企业应当划分会计期间，分期结算账目和编制财务报告。会计期间通常分为年度和中期。中期是指短于一个完整的会计年度的报告期间，如月度、季度和半年度等。在我国，会计年度从公历1月1日起至12月31日止。按年度编制的财务报告称为年报。对上市公司按季度提供的财务报告叫作中期报告。

会计分期假设限定了会计核算的时间范围。同时为权责发生制基础、会计信息质量特征等的应用奠定了理论基础。

四、货币计量

货币计量是指会计主体在财务会计确认、计量和报告时以货币作为计量尺度，反映会计主体的生产经营活动。

会计核算之所以选择货币为计量单位，是由货币本身的属性决定的。货币是衡量一般商品价值的共同尺度，也只有货币能够将财产、物品的重量、长度、容积、台、件等计量单位，转化成能够在数量上进行比较的价值单位，从而，全面反映企业生产经营的过程和结果。所以，我国《企业会计准则——基本准则》规定，会计确认、计量和报告选择货币作为计量单位。在有些情况下，统一采用货币计量也有缺陷，某些影响企业财务状况和经营成果的因素，如企业经营战略、研发能力、市场竞争力等，往往难以用货币来计量，但这些信息对于使用者决策来讲也很重要，为此，企业可以在财务报告中补充披露有关非财务信息来弥补上述缺陷。《中华人民共和国会计法》（以下简称《会计法》）规定，会计核算以人民币为记账本位币。业务收支以人民币以外的货币为主的企业，可以选定其中一种外币为记账本位币，但是编报的财务报告应当折算为人民币。

货币计量基本假设还附含币值稳定的假设，即假定币值变动不大，对会计计量结果影响较小，因此，币值变动对经营活动的影响不予考虑。有了货币计价和币值稳定的基本前提，才有历史成本计量属性，即使存在通货膨胀，除个别国家的个别时期外，仍然可以将通货膨胀限定在一个认可的范围之内，货币计量与币值稳定的假设仍不可或缺。

上述四个会计基本假设是相互依存、相互补充的。只有明确会计为之服务的特定主体，才能反映和控制持续经营会计主体的经营活动，为了满足市场经济活动的决策主体对会计信息的客观需要，才将连续不断的生产经营活动划分为若干会计期间；也只有采用货币计量才能全面、连续、系统地反映会计主体的财务状况、经营成果与现金流量。

应当指出的一点是，会计基本假设是会计运行环境的客观规定。但是，如果会计环境发生较大变化，会计核算的事项不符合以上各项前提条件，则应采用特殊会计处理方法。

第三节 会计的职能和目标

会计的职能是会计本质的功能。会计本质的功能具有客观性。财务报告目标是会计信息使用者向会计信息系统提出的主观要求,这种要求受到会计职能的制约,同时随着社会经济环境的变化而变化。可见,会计的职能和财务报告目标是根据会计信息使用者的要求提供信息,属于会计信息需求范畴的问题。

一、会计的职能

从本质上讲,会计是一个经济信息系统,同时又是一项经济管理活动。因此,会计的基本职能即反映和控制。

1. 会计的反映职能

会计的反映职能是指会计作为经济信息系统,是以货币为主要计量单位,按照会计核算的程序和方法进行系统、连续、全面的记录和计算,不仅提供企业经营活动的历史性信息,而且提供管理会计方面的未来性信息。会计的反映职能具有以下特点:

(1) 会计主要采用货币量度,同时辅之以实物量度和劳动量度,核算企业经营活动的过程和结果。

(2) 会计核算的基本程序,是按照会计确认、计量、记录和报告依次进行的;它与会计核算的设置账户、填制凭证、登记账簿、复式记账、成本计算、财产清查和编制财务报表七种方法,共同反映了会计信息的系统性;连续性是指对经营活动的反映应按其发生的时间顺序进行;全面性是指企业经营活动的各项内容,凡是能够进行货币计量的,应全部纳入会计信息系统。

(3) 会计不仅反映过去已经发生或完成的经营活动,而且要控制现在、预测未来,为管理部门的经营决策提供信息。

2. 会计的控制职能

会计的控制职能也称会计的监督职能,是指会计在反映经营活动的同时,要监督经营活动的真实性、合法性及合理性,使企业的经营活动符合企业的经营目标。会计的控制职能具有以下特点:

(1) 保证经营活动内容的真实性,是依据财务会计的基本程序和核算方法自身系统的严密性实现控制职能的。在会计上必须具有法律效力的原始凭证的经济业务,才能进入会计信息系统。

(2) 监督经营活动的合法性,是通过会计确认环节实现控制职能的,这种控制也称作反馈控制。任何一项经济业务是否进入会计信息系统、何时进入,首先要进行会计确认,会计确认也必须依据有效凭证和国家的法律、规定和制度,这是国家赋予会计的控制职能,不是财务会计自身固有的职能。

(3) 实现经营活动的合理性,是通过会计的反馈控制完成的。反馈控制是财务会计发挥控制职能的主要表现。通过财务会计对经营活动历史性信息的记录和计算,与预算或计划资料进行比较,揭示偏差,调整经营活动按照经营目标运行。

会计职能在基本职能基础上还有派生职能。这是因为经济活动的复杂化,要求人们不断提高管理水平，因而，会计的技术方法也不断扩展。首先，人们利用会计信息评价企业的经营业绩；其次，会计部门和会计人员还通过收集数据、加工信息参与企业的经营决策过程；最后，可以根据历史性信息与影响企业规划或预算期间的各项因素，预测企业的经营前景。应当注意的是，任何派生职能都离不开会计所提供的会计信息。因此，无论会计的基本职能还是派生职能，会计的反映职能都是最根本的职能，而且它与控制职能又密不可分，相辅相成。没有反映职能提供的各种信息，控制就失去了依据，而控制的目的是为了保证反映更加真实准确，所提供的会计信息越是真实准确，对企业经营业绩的评价、企业做出的各项经营决策，以及对企业经营前景的预测会越客观，才能更加充分地发挥会计在经济管理中的作用。

二、会计的目标

如果说会计的职能是会计本质的职能，那么会计的目标就是会计职能的具体化。会计的职能是相对稳定的，而会计的目标则会随着社会经济环境的变化而变化，因此，不同的社会制度和经济体制，会对财务报告目标提出不同的要求。

关于会计目标，理论界有受托责任学派和决策有用学派之分。受托责任学派认为，会计的目标是对资源委托责任的考核，因此，会计信息的提供立足于过去，重点考核企业的经营业绩。决策有用学派认为，会计的目标是向会计信息使用者提供与其决策有用的信息。我国《企业会计准则——基本准则》规定，财务报告的目标是向财务报告使用者提供与企业财务状况、经营成果和现金流量等有关的会计信息，反映企业管理层受托责任履行情况，有助于财务报告使用者做出经济决策。我国对财务报告目标的界定，兼顾了决策有用观和受托责任观。在我国社会主义市场经济条件下，财务报告使用者呈现多元化的趋向，主要包括：

(1) 政府管理部门。国家的政府管理部门包括统计、税务、财政、公用事业等部门，需要依据会计信息确定一定时期的宏观经济政策，例如，积极或稳健的财政政策，税种的设置，税率的高低，以及公用事业、水、电、气价格的制定等，对国家进行宏观经济管理。另外，上市公司还要接受证券监督管理委员会、证券交易所的监督与管理。

(2) 企业的外部利益集团。企业的外部利益集团是指公司的股东、债权人等。

股份公司的股东包括目前的股东与潜在的股东，是企业经营成效最直接的利益关系者，他们时刻密切关注所持股份公司的各类信息，尤其是公司财务状况、经营成果、现金流量情况的信息，以便对公司经营的重大事项做出股份变更的决策。

债权人是指公司负债资金的供应者，包括银行等金融机构、持有公司债券的社会公众以及材料、设备的供应商等。他们关注企业的持续经营能力、盈利能力与偿债能力。商业银行根据会计信息判断是否为企业提供贷款、贷款的期限与数量；债券持有者确定是否买入或卖出债券；供应商确定信用政策的类型。

(3) 企业内部的管理者。企业管理当局、职工代表大会与工会组织、企业职工等，需要利用会计信息预测企业产品的市场占有率，以便做出融资决策、产品生产与设备配置决策、人事安排决策以及对外投资决策。

尽管上述财务报告使用者的决策重点不同，对会计信息的需求也会有所不同，但是，企业的财务状况、经营成果和现金流量这三类会计信息是其共同关注的内容。会计管理部门通过设计通用的财务报表，提供给会计信息的使用者，财务报表包括：

（1）资产负债表。资产负债表是反映企业在某一特定日期的财务状况的财务报表。企业编制资产负债表的目的是通过如实反映企业的资产、负债和所有者权益金额及其结构情况，从而有助于使用者评价企业资产的质量以及短期偿债能力、长期偿债能力、利润分配能力等。

（2）利润表。利润表是反映企业在一定会计期间的经营成果的财务报表。企业编制利润表的目的是通过如实反映企业实现的收入、发生的费用以及应当计入当期利润的利得和损失等金额及其结构情况，从而有助于使用者分析评价企业的盈利能力及其构成与质量。

（3）现金流量表。现金流量表是反映企业在一定会计期间的现金和现金等价物流入和流出的财务报表。企业编制现金流量表的目的是通过如实反映企业各项活动的现金流入和现金流出，从而有助于使用者评价企业生产经营过程，特别是经营活动中所形成的现金流量和资金周转情况。

（4）所有者权益变动表。所有者权益变动表是反映企业构成所有者权益（或股东权益）各组成部分当期增减变动情况的财务报表。所有者权益变动表可以让报表的使用者准确理解所有者权益增减变动的根源。

可见，以上四张财务报表，分别提供不同的财务信息，同时又相互关联相互补充。不同的信息使用者，则可以根据决策要求选择使用。

第四节　会计对象和会计要素

一、会计对象

会计对象是指会计反映和控制的具体内容，企业会计反映和控制的内容是企业资金的价值运动。企业的资金运动有静态和动态两种表现形式，其静态形式表现为资金来源与资金占用，动态形式表现为资金的投入、资金的循环与周转、资金的退出。

资金的投入主要包括两部分：一是出资者投入的资金；二是向债权人借入的款项。

资金的循环与周转是指企业运用货币资金，一方面，购置厂房、设备等劳动手段；另一方面，购置原材料等劳动对象；在采购环节，企业要核算采购成本，与供应商结算货款；在生产环节，劳动者利用劳动手段对劳动对象进行加工，生产出产成品，企业要发生原材料、工资及福利费，以及其他各种耗费，因此，要进行生产成本的核算；在销售与分配环节，在产成品销售出去的同时，又收回增值的货币资金，此时企业要进行成本费用的补偿、上交各种税费、进行税后利润分配，从而完成资金的一次循环。以货币资金为起点和终点，资金的不断循环称为资金的周转。

资金的退出是指企业要按照与债权人的约定，按时偿还利息，到期归还本金；按照税法的有关规定上缴各种税费；按照公司章程向投资者分配利润，使得这部分资金退出本企业的生产经营活动。

综上所述，会计的对象就是企业再生产过程中资金的价值运动及其所反映的经营活动，也就是会计反映和控制的具体内容。

二、会计要素

会计要素是对会计对象的基本分类，是会计核算对象的具体化。前已述及，企业会计的对象就是企业资金的价值运动，然而资金价值运动的概念概括性太强，为了合理、准确地反映和控制企业经营活动的过程和结果，需要对会计对象进行分类，分解为相互独立，又相互联系的多个要素。因此，会计要素就是对会计对象的基本分类，是会计核算对象的具体化。会计工作的主要内容就是对会计要素进行确认、计量、记录和报告。至于会计对象要分成几个要素，应服从于会计信息使用者的要求。按照各类会计信息使用者共同关注的内容，企业至少应提供两类会计信息：一是一个会计主体特定时点财务状况的特定信息；二是一个会计主体在某一会计期间经营成果的动态信息。对此，会计对象被划分为六类会计要素，即资产、负债、所有者权益，收入、费用和利润。前三类会计要素是资产负债表的基本构件，其数量关系为：资产＝负债＋所有者权益；后三类会计要素是利润表的基本构件，其数量关系为：收入－费用＝利润。

（一）资产负债表会计要素

1. 资产

资产是指过去的交易或者事项形成的、由企业拥有或者控制的、预期会给企业带来经济利益的资源。资产具有以下特征：

（1）资产预期会给企业带来经济利益。资产预期会给企业带来经济利益是指资产直接或者间接导致现金和现金等价物流入企业的潜力。这种潜力可以来自企业日常的生产经营活动，也可以是非日常经营活动；带来经济利益的形式可以是现金或者现金等价物形式，也可以是能转化为现金或者现金等价物的形式，或者是可以减少现金或者现金等价物流出的形式。

资产预期能否为企业带来经济利益是资产的重要特征。例如，企业采购的原材料、购置的固定资产等可以用于生产经营过程，制造商品或者提供劳务，对外出售后收回货款，货款即为企业所获得的经济利益。如果某一项目预期不能给企业带来经济利益，那么就不能将其确认为企业的资产。

（2）资产应为企业拥有或者控制的资源。也就是说，凡是所有权属于企业的经济资源均可确认为企业的资产；同时，那些所有权不属于企业，但企业能够支配的资产，与所有权属于企业的资产一样，企业能够排他性地从资产中获取经济利益，例如，以融资租赁方式租入的固定资产，虽然企业并不拥有其所有权，但企业能够控制该项资产，从而可视为企业的资产。

（3）资产是由企业过去的交易或者事项所形成的。过去的交易或者事项包括购买、生产、建造行为或者其他交易或事项。换句话说，只有过去的交易或者事项才能产生资产，企业预期在未来发生的交易或者事项不形成资产。例如，企业有购买某存货的意愿或者计划，但是购买行为尚未发生，就不符合资产的定义，不能因此而确认存货资产。

资产按其流动性可以分为流动资产和非流动资产。凡满足以下条件之一的，应当归类为流动资产：① 预计在一个正常营业周期中变现、出售或耗用；② 主要为交易目的而持有；③ 预计在资产负债表之日起一年内（含一年，下同）变现；④ 在资产负债表日起一年内，交换其他资产或清偿负债的能力不受限制的现金或现金等价物。流动资产一般包括货币资金、应收及预付款项、以公允价值计量且其变动计入当期损益的金融资产、存货等。

流动资产以外的资产应当归类为非流动资产。非流动类资产一般包括可供出售金融资产、持有至到期投资、投资性房地产、长期股权投资、固定资产、生产性生物资产、无形资产、商誉、长期待摊费用和递延所得税资产等。

2. 负债

负债是指由企业过去的交易或者事项形成的、预期会导致经济利益流出企业的现时义务。负债具有以下特征：

（1）负债是企业承担的现时义务。负债必须是企业承担的现时义务，这是负债的一个基本特征。其中，现时义务是指企业在现行条件下已承担的义务。未来发生的交易或者事项形成的义务，不属于现时义务，不应当确认为负债。

负债中的现时义务包括法定义务和推定义务。法定义务是指具有约束力的合同或者法律法规规定的义务，通常必须依法执行。例如，企业按照税法规定应当缴纳的税款等，均属于企业承担的法定义务，需要依法予以偿还。推定义务是指根据企业多年来的习惯做法、公开的承诺或者公开宣布的政策而导致企业将承担的责任，这些责任也使有关各方形成了企业将履行义务解脱责任的合理预期。例如，甲企业为乙企业提供债务担保，是否可能形成甲企业的债务，要依乙企业未来的经营情况和财务状况来确定。如果乙企业未来的经营情况和财务状况良好，且没有其他特殊情况，则不会形成甲企业的债务；反之，则会形成甲企业的债务。

（2）负债预期会导致经济利益流出企业。预期会导致经济利益流出企业也是负债的一个本质特征，只有企业在履行义务时会导致经济利益流出企业的，才符合负债的定义，如果不会导致企业经济利益流出，就不符合负债的定义。在履行现时义务清偿负债时，导致经济利益流出企业的形式多种多样。例如，用现金偿还或以实物资产形式偿还；以提供劳务形式偿还；以部分转移资产、部分提供劳务形式偿还等。

（3）负债是由过去的交易或事项形成的。只有过去的交易或事项才能增加或减少负债，未来计划向银行借入的款项不能确认为企业的负债。负债按照偿还期限的长短，分为流动负债和非流动负债。凡满足下列条件之一的，应归类为流动负债：① 预计在一个正常营业周期中清偿；② 主要为交易目的而持有；③ 在资产负债表日起一年内到期应予以清偿；④ 企业无权自主将清偿推迟至资产负债表日后一年以上。但是，企业正常营业周期中的经营性负债项目即使在资产负债表日后超过一年才予以清偿的，仍应划分为流动负债。流动负债一般包括：短期借款、以公允价值计量且其变动计入当期损益的金融负债、应付及预收款项、应付职工薪酬、应交税费和其他应付款等。

流动负债以外的负债应当归类为非流动负债。非流动负债一般包括长期借款、应付债券、长期应付款、专项应付款和递延所得税负债等。

3. 所有者权益

所有者权益是指企业资产减去负债后由所有者享有的剩余权益。股份公司的所有者权益又称股东权益。所有者权益是所有者对企业资产的剩余索取权，它是企业资产中扣除债权人权益后应由所有者享有的部分，既可以反映所有者投入资本的保值增值情况，又体现了保护债权人权益的理念。

所有者权益具有以下特征：

（1）所有者权益是一种永久性的资本，除非发生减资、清算事项，企业不需要偿还所有者权益。

（2）所有者增加或减少投资及企业留存收益多少等因素能够影响所有者权益的增减变动。留存收益是企业历年经营所得净收益留存于企业尚未分配出去的部分。

（3）当企业清算时，企业在清偿全部债务后，剩余资产才能够用于偿还所有者。

（4）出资者根据其享有的所有者权益的份额，参与企业的利润分配。

所有者权益包括实收资本、其他综合收益、资本公积、盈余公积和未分配利润等。

（二）利润表会计要素

1. 收入

收入是指企业在日常活动中形成的、会导致所有者权益增加的、与所有者投入资本无关的经济利益的总流入。收入具有以下特征：

（1）收入产生于企业的日常活动。日常活动是指企业为完成其经营目标所从事的经常性活动以及与之相关的活动。例如，制造业制造和销售产品、商品流通企业购进与销售商品、保险公司签发保单、咨询公司提供咨询服务、软件企业为客户开发软件、安装公司提供安装服务、商业银行对外贷款、租赁公司出租资产等。明确界定日常活动是为了将收入与利得相区分，日常活动是收入确认的重要标准，凡是日常活动所形成的经济利益的流入应当确认为收入，反之，非日常活动所形成的经济利益的流入不能确认为收入，而应当计入利得。例如，无形资产出租所取得的租金收入属于日常活动所形成的，应当确认为收入，但是处置无形资产属于非日常活动，所形成的净利益，不应当确认为收入，而应当确认为利得。

（2）收入会引起企业所有者权益的增加。收入可能表现为资产的增加，或者负债的减少，与收入相关的经济利益的流入最终会导致企业所有者权益的增加。例如，企业销售商品可能增加银行存款或应收账款，也可能减少预收账款。不会导致所有者权益增加的经济利益的流入不符合收入的定义，不应确认为收入。例如，企业向银行借入款项，尽管也导致了企业经济利益的流入，但该流入并不导致所有者权益的增加，而使企业承担了一项现时义务，不应将其确认为收入，而应当确认为一项负债。

（3）收入是与所有者投入资本无关的经济利益的总流入。收入的发生会导致经济利益的流入。例如，企业销售商品，应当收到现金或者在未来有权收到现金，才表明该交易符合收入的定义。但是，所有者投入资本也导致经济利益流入企业，增加了所有者投入的资本，不应当确认为收入，而应当直接确认为所有者权益。

2. 费用

费用是指企业在日常活动中发生的、会导致所有者权益减少的、与向所有者分配利润无关的经济利益的总流出。费用具有以下特征：

（1）费用产生于企业的日常活动。例如，制造业生产产品耗用的原材料，支付的人员工资；销售产品的运输费、装卸费等都属于企业的费用。企业非日常活动形成的经济利益流出不应确认为费用，而应当计入损失。例如，企业的对外捐赠支出、有关的罚款和滞纳金，属于非日常活动，不属于企业的费用，应当作为损失减少企业的利润。

（2）费用会导致所有者权益的减少。与费用相关的经济利益的流出会导致资产的减少或者负债的增加，最终会导致所有者权益的减少，包括现金或者现金等价物的流出，存货、固定资产和无形资产等的流出或者消耗等。不会导致所有者权益减少的经济利益的流出不符合费用的定义，不应确认为费用。

（3）费用是与向所有者分配利润无关的经济利益的总流出。尽管费用的发生会导致经济利益的流出，但是，企业分配给投资者的回报也会导致经济利益流出，是所有者权益的直接抵减项目，该项经济利益的流出属于向投资者分配利润，不应确认为费用。

企业的费用包括两部分，即生产成本和期间费用。能予以对象化的费用是成本，即生产成本，或称制造成本，包括原材料、工资及福利费和制造费用，当产品销售以后，生产成本转化为销售成本，应计入当期损益。不能予以对象化的费用是期间费用，包括销售费用、管理费用和财务费用，应直接计入当期损益。

3. 利润

利润是指企业在一定会计期间的经营成果。利润包括收入减去费用后的净额、直接计入当期利润的利得和损失等。其中收入减去费用后的净额反映企业日常活动的经营业绩，直接计入当期利润的利得和损失反映企业非日常活动的业绩。直接计入当期利润的利得和损失是指应当计入当期损益、最终会引起所有者权益发生增减变动的、与所有者投入资本或者向所有者分配利润无关的利得或者损失。

利润的主要特征是：利润表示企业最终的经营成果，是一定会计期间内收入与费用配比的结果，因此，利润与收入和费用密切相关；企业只有取得收入，并补偿在生产经营过程中的各种费用，才能增加所有者权益；反之，收入不能抵补相应的费用，就会减少所有者权益。

利润包括营业利润、利润总额和净利润。营业利润是企业在销售商品、提供劳务等日常活动中所产生的利润，是企业的营业收入减去营业成本和营业税费，再减去销售费用、管理费用、财务费用和资产减值损失，加上公允价值变动净收益、投资净收益后的余额；利润总额是营业利润加上营业外收入，减去营业外支出后的余额；净利润是利润总额减去所得税费用后的净额。

第五节 会计的基本程序和核算方法

一、会计的基本程序

会计的基本程序是指会计信息系统在加工数据，形成最终会计信息过程中的工作步骤，包括会计确认、会计计量、会计记录和会计报告四个环节。

1. 会计确认

会计确认是指判断某项经营活动的信息是否作为会计信息予以记录，以及何时记录，并最终列入财务报告的过程。会计确认是企业的交易或者事项进入会计信息系统的第一步。是否是会计反映和控制的内容，是企业的交易或者事项进入会计信息系统的基本标准。至于何时记录，即企业的交易或事项何时进入会计信息系统，指的是会计确认的时间基础。在商品经济条件下，商业信用广泛存在，使得经济业务发生的时间与相应的现金收支行为发生的时间往往不一致，因此，会计确认的时间基础有两种选择，即权责发生制和收付实现制。

（1）收付实现制。收付实现制是指以实际收到或支付款项的时间为基础确认本期的收入和费用。

(2) 权责发生制。权责发生制是指在确认本期的收入和费用时以应该收到或应该付出，而不是以实际收到或已经付出为原则；以收到款项的权利而不是实际收到款项的时间确认收入；以支付款项的责任而不是实际支付款项的时间确认费用。我国《企业会计准则——基本准则》规定，企业应当以权责发生制为基础进行会计确认、计量和报告。

2. 会计计量

会计计量是为了将符合确认条件的会计要素登记入账并列报于财务报表而确定其金额的过程。企业应当按照规定的会计计量属性进行计量，确定相关金额。从会计角度，计量属性反映的是会计要素金额的确定基础，主要包括历史成本、重置成本、可变现净值、现值和公允价值等。

(1) 历史成本。历史成本又称实际成本，是指取得或制造某项财产物资时所实际支付的现金或其他等价物金额。在历史成本计量下，资产按照其购置时支付的现金或者现金等价物的金额，或者按照购置资产时所付出的对价的公允价值计量。负债按照其因承担现时义务而实际收到的款项或者资产的金额，或者承担现时义务的合同金额，或者按照日常活动中为偿还负债预期需要支付的现金或者现金等价物的金额计量。

(2) 重置成本。重置成本又称现行成本，是指按照当前市场条件，重新取得同样一项资产所需支付的现金或现金等价物金额。在重置成本计量下，资产按照现在购买相同或者相似资产所需支付的现金或者现金等价物的金额计量。负债按照现在偿付该项债务所需支付的现金或者现金等价物的金额计量。

(3) 可变现净值。可变现净值是指在正常生产经营过程中，以资产预计售价减去进一步加工成本和预计销售费用以及相关税费后的净值。在可变现净值计量下，资产按照其正常对外销售所能收到现金或者现金等价物的金额扣减该资产至完工时估计将要发生的成本、估计的销售费用以及相关税费后的金额计量。

(4) 现值。现值是指对未来现金流量以恰当的折现率进行折现后的价值，是考虑货币时间价值的一种计量属性。在现值计量下，资产按照预计从其持续使用和最终处置中所产生的未来净现金流入量的折现金额计量。负债按照预计期限内需要偿还的未来净现金流出量的折现金额计量。

(5) 公允价值。公允价值是指市场参与者在计量日发生的有序交易中，出售一项资产所能收到或者转移一项负债所需支付的价格。

在各种会计要素计量属性中，历史成本通常反映的是资产或者负债过去的价值，而重置成本、可变现净值、现值以及公允价值通常反映的是资产或者负债的现时成本或者现时价值，是与历史成本相对应的计量属性。

企业在对会计要素进行计量时，一般应当采用历史成本；采用重置成本、可变现净值、现值、公允价值计量的，应当保证所确定的会计要素金额能够取得并可靠计量。

3. 会计记录

会计记录是指对已经确认和计量的会计信息，按照填制凭证、登记账簿、编制财务报表等会计方法，反映在会计信息的载体中。会计记录使得会计对象具体化，通过账户的设置，采用复式记账法，可以分别提供企业经营活动的分类或者汇总的信息，以便于信息使用者的经济决策。

4. 会计报告

会计报告是企业对外提供反映企业某一特定日期的财务状况和某一会计期间的经营成果、现金流量等会计信息的文件，即提供财务报告。财务报告至少包括以下几层含义：① 财务报告应当是对外报告，其服务对象主要是投资者、债权人等外部使用者，专门为了内部管理需要的报告不属于财务报告的范畴；② 财务报告应当综合反映企业的生产经营状况，包括某一时点的财务状况和某一时期的经营成果与现金流量等信息，以勾画出企业整体和全貌；③ 财务报告必须形成一个系统的文件，不应是零星的或者不完整的信息。

财务报告是企业财务会计确认与计量的最终结果体现，投资者等使用者主要是通过财务报告来了解企业当前的财务状况、经营成果和现金流量等情况，从而预测未来的发展趋势。因此，财务报告是向投资者等财务报告使用者提供决策有用信息的媒介和渠道，是沟通投资者、债权人等使用者与企业管理层之间信息的桥梁和纽带。随着我国改革开放的深入和市场经济体制的完善，出于保护投资者、债权人等利益的需要，《会计法》、《中华人民共和国公司法》（以下简称《公司法》）、《中华人民共和国证券法》（以下简称《证券法》）等也规定企业应当定期编报财务报告。

财务报告包括财务报表和其他应当在财务报告中披露的相关信息和资料。其中，财务报表由报表本身及其附注两部分构成，附注是财务报表的有机组成部分，而报表至少应当包括资产负债表、利润表和现金流量表等报表。小企业编制的报表可以不包括现金流量表；全面执行企业会计准则体系的企业所编制的财务报表，还应当包括所有者权益变动表。

二、会计核算方法

会计核算方法是会计信息系统运行所采用的具体手段。会计核算方法包括设置账户、填制凭证、登记账簿、复式记账、成本计算、财产清查和编制财务报表七种方法。

会计核算方法贯穿于会计的基本程序之中。在会计确认环节，首先应对取得的原始凭证进行审核，其次才能填制凭证。会计计量贯穿于会计信息系统的整个过程，在填制凭证时，必须确定某项记录的金额；在成本计算时，需要确定某项费用的金额。要进行会计记录，首先应设置账户，其次是复式记账，再次是填制凭证，最后是登记账簿。财务报告是会计信息系统的最终产品，为保证产品质量，在编制财务报表之前必须进行账实核对，因此，要进行财产清查。

第六节 会 计 规 范

会计的目标是向会计信息使用者提供决策有用的信息，这就要求会计信息的质量应当符合一定的标准。例如，要求企业提供的会计信息具有可靠性，是对会计信息的基本要求，如果信息不可靠，就不能反映经济活动的本来面目，其会计信息就是无用信息。又如，企业提供的会计信息应具有相关性，强调会计信息应具有影响使用者决策的能力，只有会计信息对决策者有用，会计目标才能够实现，会计工作才具有实质意义。因此，会计规范就是约束会计信息符合质量与确认、计量标准的原则、准则和法律的总和。不同的社会经济制度、不同的企业组织形式，会产生不同的会计规范。

一、会计规范体系

我国的会计规范体系可分为三个层次：一是《会计法》；二是《企业财务会计报告条例》；三是会计准则。

(一)《会计法》

《会计法》由全国人民代表大会常务委员会制定和发布，是会计规范体系中最高层次的法律，是调整我国社会经济生活中会计关系的法律规范，是制定其他会计法律法规的依据。

1949年以后，我国首部《会计法》于1985年颁布，其主要目的是适应改革开放的需要，维护财经纪律，保障会计人员履行会计职责并享有相应的合法权利。随着"两则两制"的实施，1993年12月对《会计法》进行了修订，主要强化了企业领导者的会计责任。此后，为解决日趋严重的会计信息失真问题，1999年10月对《会计法》进行了再次修订，并于2000年7月1日起施行。《会计法》全文共7章52条，主要内容如下：

(1) 总则。总则明确了《会计法》的立法宗旨是规范会计行为，解决会计信息失真问题，保证会计资料的真实和完整；界定了《会计法》的适用范围，包括国家机关、社会团体、公司、企业、事业单位和其他组织；突出强调了单位负责人对会计信息的真实性和完整性负责，要求必须维护会计机构和会计人员的合法利益；明确指出，任何单位或个人不准以任何方式提供虚假财务报告，以及不得对抵制违法行为之会计人员进行打击报复；同时规定国家财政部门主管全国的会计工作，全国实行统一的会计制度。

(2) 会计核算。会计核算是会计工作的核心，加强对会计核算工作的规范是《会计法》的重点。《会计法》规定了会计核算的基本要求、核算内容、会计年度、记账本位币、会计凭证、账簿的编制与登记要求、会计处理方法、财务报告的形式与责任、会计记录的文字及会计档案管理等。

(3) 公司、企业会计核算的特殊规定。针对我国公司、企业会计信息失真的问题，专设一章进行了重点规范，规定公司和企业必须根据实际发生的经济业务，依据国家统一的会计制度组织会计核算；不得随意改变对会计要素的确认方法和计量标准；不得随意调整利润的计算和分配方法、编造虚假利润等。

(4) 会计监督。《会计法》明确提出三位一体的会计监督体系，即会计监督由单位内部会计监督、社会监督和国家监督组成，并对单位内部会计监督制度、相关人员在内部监督中的职责，对违法行为的检举和对检举人的保护，以及会计师事务所和国家各级政府部门的监督职责做出了具体规定。

(5) 会计机构和会计人员。《会计法》主要规定了会计机构的设置，总会计师的设置，会计机构负责人的任职资格，会计人员的从业资格与后续教育及会计工作交接的内容。

(6) 法律责任。法律责任包括行政处罚和刑事处罚，规定了违反会计核算和会计监督规定的法律责任，伪造、变造会计凭证、账簿，编制虚假财务报告的法律责任，隐匿或故意销毁会计资料的法律责任，单位负责人打击报复会计人员的法律责任，以及泄露举报人的法律责任等。

(7) 附则。附则明确了《会计法》对单位负责人和国家统一会计制度的含义、个体工商户的会计管理办法，以及《会计法》的实施时间。

(二)《企业财务会计报告条例》

《企业财务会计报告条例》由国务院于 2000 年 6 月发布，2001 年 1 月 1 日起实施。《企业财务会计报告条例》属于会计行政法规，依据《会计法》制定，其主旨在于规范企业财务报告，保证财务报告的真实、完整。全文共 6 章 46 条，分别在财务报告的构成、编制、对外提供方面做出了具体规定；同时明确了违反《企业财务会计报告条例》的规定，编制、对外提供虚假财务报告及授意、指使、强令会计机构、会计人员及其人员编制、对外提供虚假财务报告应承担的法律责任。

(三) 会计准则

会计准则是对会计确认、计量和报告行为，保证会计信息质量做出的规范，也是对会计实践经验的概括和总结，还是评价会计工作的标准。

在英国、美国等国家，会计准则传统由民间组织制定。在大陆法系国家，如德国、法国，基本的会计准则和要求，均体现在公司法、商法和经济法中。根据我国《会计法》的规定，我国企业会计准则由财政部制定，同属于会计行政法规，具有法律效力。

2006 年 2 月 15 日，为了顺应我国社会主义市场经济发展和经济全球化的需要，财政部发布了企业会计准则体系，实现了与国际财务报告准则的趋同。企业会计准则体系自 2007 年 1 月 1 日起首先在上市公司范围内施行，之后逐步扩大到几乎所有大中型企业。为了适应我国企业和资本市场发展的实际需要，实现我国企业会计准则与国际财务报告准则的持续趋同，我国于 2014 年、2017 年对会计准则进行了大规模修订。

我国现行的企业会计准则体系由《企业会计准则——基本准则》（以下简称基本准则）、具体准则、应用指南和解释组成。

1. 基本准则

基本准则是用来统驭具体准则的制定，为会计实务中出现的、具体准则尚未规范的新问题提供会计处理依据，从而确保企业会计准则体系对所有会计实务问题的规范作用。

我国构建了与我国国情相适应同时又充分与国际财务报告准则趋同的、涵盖各类企业（小企业除外）各项经济业务、独立实施的会计准则体系。基本准则定位于"概念框架"，类似于美国的"概念结构"和国际会计准则中的"编报财务报表的框架"。2014 年，我国对基本准则进行了修订。新的基本准则共 11 章 50 条，主要规范财务报告目标、会计基本假设、会计基础、会计信息的质量要求、会计要素的确认和计量以及财务报告等内容。

2. 具体准则

具体准则分为一般业务准则、特定业务准则和报告准则三类。一般业务准则主要规范各类企业普遍适用的一般经济业务的确认和计量，如存货、固定资产、投资、无形资产、资产减值、借款费用、收入、外币折算等准则项目。特殊行业的特定业务准则主要规范特殊行业中特定业务的确认和计量，如石油天然气、农业、金融工具和保险合同等准则项目。报告准则主要规范普遍适用于各类企业通用的报告类的准则，如现金流量表、合并财务报表、中期财务报告、分部报告等准则项目。

具体准则共 42 项，依次为：《企业会计准则第 1 号——存货》（2006）、《企业会计准则第 2 号——长期股权投资》（2014）、《企业会计准则第 3 号——投资性房地产》（2006）、《企业会计准则第 4 号——固定资产》（2006）、《企业会计准则第 5 号——生物资产》（2006）、《企业会计准则第 6 号——无形资产》（2006）、《企业会计准则第 7 号——非货币性资产交换》（2006）、《企业会计准则第 8 号——资产减值》（2006）、《企业会计准则第 9 号——职工薪酬》（2014）、《企业会计准则第 10 号——企业年金基金》（2006）、《企业会计准则第 11 号——股份支付》（2006）、《企业会计准则第 12 号——债务重组》（2006）、《企业会计准则第 13 号——或有事项》（2006）、《企业会计准则第 14 号——收入》（2017）、《企业会计准则第 15 号——建造合同》（2006）、《企业会计准则第 16 号——政府补助》（2017）、《企业会计准则第 17 号——借款费用》（2006）、《企业会计准则第 18 号——所得税》（2006）、《企业会计准则第 19 号——外币折算》（2006）、《企业会计准则第 20 号——企业合并》（2006）、《企业会计准则第 21 号——租赁》（2006）、《企业会计准则第 22 号——金融工具确认和计量》（2017）、《企业会计准则第 23 号——金融资产转移》（2017）、《企业会计准则第 24 号——套期会计》（2017）、《企业会计准则第 25 号——原保险合同》（2006）、《企业会计准则第 26 号——再保险合同》（2006）、《企业会计准则第 27 号——石油天然气开采》（2006）、《企业会计准则第 28 号——会计政策、会计估计变更和差错更正》（2006）、《企业会计准则第 29 号——资产负债表日后事项》（2006）、《企业会计准则第 30 号——财务报表列报》（2014）、《企业会计准则第 31 号——现金流量表》（2006）、《企业会计准则第 32 号——中期财务报告》（2006）、《企业会计准则第 33 号——合并财务报表》（2014）、《企业会计准则第 34 号——每股收益》（2006）、《企业会计准则第 35 号——分部报告》（2006）、《企业会计准则第 36 号——关联方披露》（2006）、《企业会计准则第 37 号——金融工具列报》（2017）、《企业会计准则第 38 号——首次执行企业会计准则》（2006）、《企业会计准则第 39 号——公允价值计量》（2014）、《企业会计准则第 40 号——合营安排》（2014）、《企业会计准则第 41 号——在其他主体中权益的披露》（2014）、《企业会计准则第 42 号——持有待售的非流动资产、处置组和终止经营》（2017）。

3. 应用指南

应用指南是对具体准则相关条款的细化和有关重点难点问题提供的操作性指南，以利于会计准则的贯彻落实和指导实务操作。

4. 解释

解释是对具体准则实施过程中出现的问题、具体准则条款规定不清楚或者尚未规定的问题做出的补充说明。

2011 年 10 月 18 日，财政部又发布了《小企业会计准则》。《小企业会计准则》规范了适用于小企业的资产、负债、所有者权益、收入、费用、利润及利润分配、外币业务、财务报表等会计处理及其报表列报等问题。《小企业会计准则》适用于在中华人民共和国境内依法设立的、符合《中小企业划型标准规定》所规定的小型企业标准的企业，但股票或债券在市场上公开交易的小企业、金融机构或其他具有金融性质的小企业、属于企业集团内的母公司和子公司的小企业除外，自 2013 年 1 月 1 日起在所有适用的小企业范围内施行。《小企业会计准则》的发布与实施，标志着我国涵盖所有企业的会计准则体系的建成。

此外，还有一些会计规范分散在其他法律、法规和规章中。例如，《公司法》《证券法》《中华人民共和国票据法》等，以及《总会计师条例》《会计基础工作规范》《会计档案管理办法》等行政法规和规章，涉及会计工作的部分，也是会计核算时应当遵守的。

二、会计信息质量要求

财务报告目标是向财务报告使用者提供与企业财务状况、经营成果和现金流量等有关的会计信息,反映企业管理层受托责任履行情况,有助于财务报告使用者做出经济决策。会计信息质量要求既是对企业财务报告所提供会计信息质量的基本要求,也是其会计信息对使用者决策有用应具备的基本特征,主要包括可靠性、相关性、可理解性、可比性、实质重于形式、重要性、谨慎性和及时性等。

1. 可靠性

可靠性要求企业应当以实际发生的交易或者事项为依据进行确认、计量和报告,如实反映符合确认和计量要求的各项会计要素及其他相关信息,保证会计信息真实可靠、内容完整。可靠性是高质量会计信息的重要基础,如果企业以虚假的经济业务进行确认、计量、报告,则属于违法行为,不仅会严重损害会计信息质量,而且会误导投资者,干扰资本市场,导致会计秩序混乱。

为了贯彻可靠性要求,企业应当做到:① 以实际发生的交易或者事项为依据进行确认、计量,将符合会计要素定义及其确认条件的资产、负债、所有者权益、收入、费用和利润等如实反映在财务报表中,不得虚构或者将尚未发生的交易或者事项进行确认、计量和报告;② 在符合重要性和成本效益原则的前提下,保证会计信息的完整性,其中,编报的报表及附注的内容等应当保持完整,不能随意遗漏或者减少应予披露的信息,与使用者决策相关的信息应当充分披露;③ 在财务报告中的会计信息应当中立、无偏。

2. 相关性

相关性要求企业提供的会计信息应当与财务报告使用者的经济决策需求相关,有助于财务报告使用者对企业过去、现在或者未来的情况做出评价或者预测。

会计信息质量的相关性要求,以可靠性为基础,两者有机统一。也就是说,会计信息在可靠性前提下,尽可能满足财务报告使用者的决策相关性。

3. 可理解性

可理解性要求企业提供的会计信息应当清晰明了,便于财务报告使用者理解和使用。企业编制财务报告、提供会计信息的目的在于使用,因此,应当让财务报告使用者了解会计信息的内涵,弄懂会计信息的内容。这就要求财务报告提供的会计信息清晰明了,易于理解,进而提高会计信息的有用性,实现财务报告的目标。

4. 可比性

可比性要求企业提供的会计信息应当相互可比。可比性包括:

(1) 同一企业不同时期可比。要求同一企业不同时期发生的相同或者相似的交易或者事项,应当采用一致的会计政策,不得随意变更。但是,满足会计信息可比性要求,企业并非不得变更会计政策,如果按照规定或者在会计政策变更后,其会计信息更具有可靠性与相关性,则可以变更会计政策。有关会计政策变更情况,应当在附注中予以说明。

(2) 不同企业相同会计期间可比。要求不同企业同一会计期间发生的相同或者相似的交易或者事项,应当采用统一规定的会计政策,确保会计信息口径一致、相互可比,以使不同企业按照一致的确认、计量和报告要求提供有关会计信息。

5. 实质重于形式

实质重于形式要求企业应当按照交易或者事项的经济实质进行会计确认、计量和报告，而不仅仅以交易或者事项的法律形式为依据。

企业发生的交易或者事项在多数情况下其经济实质和法律形式是一致的，但在有些情况下也会出现不一致。例如，以融资租赁方式租入的固定资产，虽然从法律上讲，在租赁期内承租企业并不拥有该项资产的所有权，但是由于租赁合同中规定的租赁期相当长，接近于该项资产的使用寿命；租赁期满时承租企业有优先购买该项资产的选择权；在租赁期内承租企业有权支配资产并从中受益，所以，从经济实质上看，企业能够控制融资租入的资产所创造的未来经济利益，在会计确认、计量和报告时，应当将以融资租赁方式租入的资产视为承租企业的资产，列入企业的资产负债表。

又如，企业按照销售合同销售商品但又签订了售后回购协议，虽然从法律形式上看实现了收入，但如果企业没有将商品所有权上的主要风险和报酬转移给购货方，没有满足收入确认的各项条件，则即使签订了商品销售合同或者已将商品交付给购货方，也不应当确认销售收入。

6. 重要性

重要性要求企业提供的会计信息应当反映与企业财务状况、经营成果和现金流量有关的所有重要交易或者事项。在实务中，如果财务报告提供的会计信息的省略或者错报会影响使用者据此做出决策，该信息就具有重要性。重要性的应用需要依赖职业判断，企业应当根据其所处环境和实际情况，从项目的性质和金额大小两方面加以判断。例如，企业发生的某些支出，金额较小的，从支出受益期来看，可能需要在若干会计期间进行分摊，但根据重要性要求，可以一次计入当期损益。

7. 谨慎性

谨慎性要求企业对交易或者事项进行会计确认、计量和报告时保持应有的谨慎，不应高估资产或者收益、低估负债或者费用。

谨慎性原则是针对经营活动中的不确定因素，防止意外情况发生对企业产生的重要影响，要求会计人员在会计处理上应当保持必要的职业谨慎，充分估计可能发生的风险，既不高估资产或收益，也不低估负债或费用。例如，要求对可能发生的资产减值损失计提资产减值准备、对售出商品可能发生的保修义务等确认为预计负债，均体现了谨慎性要求。

需要注意的是，谨慎性的运用并不意味着企业可以设置秘密准备。如果企业故意低估资产或者收入，或者故意高估负债或者费用，将不符合会计信息的可靠性和相关性要求，损害会计信息质量，扭曲企业实际的财务状况和经营成果，从而对使用者的决策产生误导。

8. 及时性

及时性要求企业对于已经发生的交易或者事项，应当及时进行确认、计量和报告，不得提前或者延后。

在会计确认、计量和报告过程中贯彻及时性原则，一是要求及时收集会计信息，即在经济交易或者事项发生后，及时收集整理各种原始单据或者凭证；二是要求及时处理会计信息，即按照会计准则的规定，及时对经济交易或者事项进行确认或者计量，并编制财务报告；三是要求及时传递会计信息，即按照国家规定的有关时限，及时地将编制的财务报告传递给财务报告使用者，便于其及时使用和决策。

本章小结

会计是一个经济信息系统，是一项经济管理活动。会计信息的生成与提供过程是由会计确认、会计计量、会计记录和会计报告四个环节形成的、相互影响与作用的一个完善的信息系统。强调会计是一项经济管理活动，是因为现代管理活动的信息获取、决策与计划、组织与领导、执行与控制四个阶段，每一个阶段都必须有会计人员的直接参与。

营利组织会计是指以营利为目的的企业组织的会计，需要报告企业资产、负债、所有者权益、收入、费用、利润、现金流量等各方面的信息。非营利组织的主要目的是提供有益于社会的某种服务，不是为了获取利润。因此，报告的会计信息重点在于预算内资金和预算外资金的使用情况。

财务会计与管理会计是现代企业会计的两大分支。财务会计提供的主要信息是企业经营活动的历史性信息。管理会计提供的信息不仅包括历史信息，还包括企业对未来经营活动的预测、决策信息，以及进行成本、利润的控制与分析信息。

会计的职能是会计本质的功能。会计的目标是会计信息使用者向会计信息系统提出的主观要求。会计的基本职能是反映和控制。会计职能在基本职能基础上还有派生职能。派生职能包括评价企业的经营业绩、参与企业的经营决策过程、预测企业的经营前景。无论会计的基本职能还是派生职能，会计的反映职能是最根本的职能。

会计目标是指会计作为信息系统，所提供会计信息的标准与预期目的。在我国社会主义市场经济条件下，会计信息的使用者主要包括工商、税务等政府管理部门，公司股东、债权人等外部利益集团，企业内部的管理者。会计信息的使用者主要需要企业特定时点的财务状况、企业一定时期的经营成果以及现金流量情况三个方面的信息。

会计对象是指会计反映和控制的具体内容，企业会计反映和控制的内容是企业资金的价值运动。会计要素就是对会计对象的基本分类，是会计核算对象的具体化。一个会计主体特定时点财务状况的信息是通过资产、负债、所有者权益会计要素反映的；某一会计期间经营成果的动态信息，是通过收入、费用和利润会计要素反映的。

我国的会计规范体系可分为三个层次，即《会计法》《企业财务会计报告条例》和会计准则。我国的《企业会计准则——基本准则》规定了会计主体、持续经营、会计分期、货币计量等四个会计基本假设；提出了包括可靠性、相关性、可理解性、可比性、实质重于形式、重要性、谨慎性、及时性等会计信息质量要求。

思 考 题

1. 什么是会计？为什么说会计是一个经济信息系统，是一项经济管理活动？
2. 营利组织会计与非营利组织会计有何不同？
3. 会计有哪些职能？如何理解基本职能与派生职能的关系？
4. 财务报告目标是什么？
5. 如何理解会计对象与会计要素的关系？
6. 会计要素分几类？各类的含义是什么？

7. 什么是资产、负债、所有者权益？各自包括哪些内容？
8. 收入和费用与企业所有者权益的关系如何？
9. 我国企业会计准则体系由哪几部分组成？各部分之间的关系是什么？
10. 什么是会计基本假设？包括哪几项？各自的含义是什么？
11. 何谓权责发生制？
12. 会计计量属性主要包括哪几种？
13. 会计信息质量要求包括哪些？各自的含义是什么？
14. 会计信息与你所学专业有哪些关系？
15. 在企业中，会计信息的质量应当由谁负责？

自 测 题

一、选择题

1. 会计信息的使用者包括（　　）。
   A. 公司的股东　　　　　　　　　　　　B. 公司的材料供应商
   C. 公司的总经理　　　　　　　　　　　D. 持有公司债券的社会公众
2. 下列项目中，（　　）是营利组织会计。
   A. 医院会计　　　B. 学校会计　　　C. 独资企业会计　　　D. 税务部门会计
3. （　　）是会计最根本的职能。
   A. 控制职能　　　B. 反映职能　　　C. 预测职能　　　D. 决策职能
4. 下列关于货币计量的叙述中，正确的有（　　）。
   A. 我国的会计核算以人民币作为记账本位币
   B. 业务收支以人民币以外的货币为主的企业，可以以一种外币为记账本位币
   C. 货币计量附含币值稳定的假设
   D. 只要存在通货膨胀，货币计量假设便失去意义
5. 会计核算的（　　）假设，为可比性等原则奠定了理论基础。
   A. 会计主体　　　B. 持续经营　　　C. 会计分期　　　D. 货币计量
6. 下列项目中，（　　）是会计信息质量要求。
   A. 持续经营　　　　　　B. 实质重于形式
   C. 权责发生制　　　　　D. 货币计量
7. 下列关于资产的叙述中，正确的有（　　）。
   A. 资产是由企业过去的交易形成的
   B. 凡是所有权属于企业的经济资源才能够确认为资产
   C. 资产能够直接给企业带来经济利益
   D. 我国资产负债表资产项目是按流动性排序的
8. 下列项目中，属于会计计量属性的有（　　）。
   A. 历史成本　　　　　　B. 公允价值
   C. 重置成本　　　　　　D. 净值
9. 关于会计主体的说法中，正确的有（　　）。
   A. 会计主体与法人是一回事
   B. 法人是会计主体，会计主体是法人和自然人
   C. 合伙企业可以作为会计主体

D. 会计主体是独立核算的法人企业

10. 某企业在 3 月 20 日，采用赊销方式销售商品 50 000 元，6 月 20 日收到货款存入银行。按照权责发生制核算时，该项收入应属于(　　)。

A. 3 月　　　　　　B. 4 月　　　　　　C. 5 月　　　　　　D. 6 月

二、判断题

1. 因为财务报告的会计信息主要是企业生产经营活动的历史性信息，因此，不受会计准则的约束。
(　　)

2. 会计对象是会计反映和控制的具体内容，是对会计要素的分类。(　　)

3. 会计工作的主要内容是对会计要素进行确认、计量、记录和报告。(　　)

4. 负债是由过去的交易或者事项产生的现实义务。(　　)

5. 谨慎性原则是指可以高估负债和费用，不准高估资产或收益。(　　)

6. 融资租入的固定资产，因企业可以控制，可视同自有固定资产核算。(　　)

7. 如果某项资产不能再为企业带来经济利益，即使是由企业拥有或者控制的，也不能作为企业资产在资产负债表中列示。(　　)

8. 同一企业在不同时期对于相同或类似的会计事项应当采用前后一致的会计处理方法，未经主管部门批准，不得改变。(　　)

9. 企业的营业利润是企业的营业收入减去营业成本和营业税金后的余额。(　　)

10. 管理会计提供的信息种类不仅包括历史信息，还包括企业对未来经营活动的预测、决策信息。
(　　)

第二章 会 计 循 环

案例与引言

年初,李大为与同学木塔和力普共同出资创建味品质公司。根据公司章程,公司注册资本为 500 000 元。李大为出资 300 000 元,为公司法定代表人并任总经理。木塔和力普各出资 100 000 元,不参与公司的经营管理。1 月月末,公司相关财务数据如下:

(1) 500 000 元出资额,已存入企业在银行开设的存款户。
(2) 购买设备 200 000 元,以银行存款支付。
(3) 购买原材料及其他辅料 150 000 元,尚未付款。
(4) 生产消耗材料 40 000 元。
(5) 支付职工工资 20 000 元,以银行存款存入职工的银行卡。
(6) 收入现金 80 000 元,存入银行。
(7) 用银行存款归还应付账款 50 000 元。
(8) 将应付账款 50 000 元转作对味品质公司的投资。

李大为聘请华鉴会计师事务所为其代理记账,该事务所注册会计师王丽简单翻阅了味品质公司发生的经济业务及相应单据,用两个小时编制出了 1 月份的资产负债表和利润表。

请问:王丽的工作程序是什么?味品质公司发生的经济业务和相应单据与其资产负债表和利润表有何关系?

对以上问题的回答,正是本章的学习目标。

本章学习目标

- ◆ 会计等式及其含义
- ◆ 经济业务对会计等式的影响
- ◆ 会计科目与账户
- ◆ 借贷记账法的应用
- ◆ 会计凭证的意义与种类
- ◆ 会计账簿的意义与设置
- ◆ 会计循环的概念与步骤
- ◆ 账项调整

◆ 对账与结账
◆ 财务报告的意义与格式

第一节 会计等式

一、会计等式的意义

会计等式是反映会计要素之间数量关系的平衡公式，它揭示了六大会计要素之间的内在联系。一方面，任何组织形式的企业，无论规模大小，要开展正常的生产经营活动，必须具备一定数量的资产。资产的提供者，对其提供的资金有求偿权，即权益。债权人对其提供的资金，要求按期支付利息，到期归还本金，在会计要素中债权人的权益称为负债；投资者对其提供的资金要求取得尽量高的投资报酬，在会计要素中投资者的权益称为所有者权益，股份有限公司的投资者，是众多的股东，故其所有者权益叫作股东权益。

另一方面，创办企业必须有资金，资金的来源有多种渠道，例如，发行股票、发行债券、向银行借入款项等，但众多资金渠道，其资金性质只有两类：一类资金是债权人提供的资金；另一类资金是投资者的出资。因此，一个企业拥有的资产和权益，是同一资金的两个不同的侧面，二者相互依存，互为因果。在数量上，一个企业的资产总额与权益总额是相等的，二者关系可用数学公式表示如下：

$$资产 = 权益$$

或者

$$资产 = 负债 + 所有者权益$$

这是基本会计等式，又称第一会计等式，它说明了某一会计主体在某一特定时点所拥有的各种资产，以及债权人和投资者对企业资产要求权的基本状况；也是复式记账、会计核算的基础；同时资产、负债及所有者权益三个会计要素是资产负债表的基本构件，从静态角度揭示了企业的财务状况。

如果将基本会计等式移项，可得：

$$资产 - 负债 = 所有者权益$$

这是基本会计等式的变形形式，是从所有者的角度说明负债是借入资金，而所有者的出资是企业的自有资金，因此，当企业资不抵债时，首先应偿还债权人的资金，其次才能在所有者之间分配，这说明所有者的风险高于债权人的风险。或者说，所有者权益是企业全部资产抵偿全部负债以后的剩余，也称剩余权益，或称净资产。当企业的经营状况逐渐恶化时，剩余权益会逐渐变小为零，甚至出现负数。

创办企业的目的是为了最大限度地赚取利润。企业出售商品、提供劳务会取得收入；为了取得收入，又会发生相应的耗费和支出，例如，企业生产产品耗费的材料费用及其他费用，生产产品使用的厂房、设备而提取的固定资产折旧费等，这些耗费的货币表现就是费用。企业一定时期的收入减去全部费用后的差额就是企业的经营成果，即利润。收入、费用和利润之间的关系用数学公式表示如下：

$$收入 - 费用 = 利润$$

该等式是经营者利用债权人和出资人提供的资金赚取的利润；同时，收入、费用和利润三个会计要素是利润表的基本构件,从动态角度说明了企业一定时期的盈利或亏损情况。

一般而言,企业取得的收入会导致企业资产的增加(或者负债的减少),从而增加所有者权益;费用的发生会相应减少企业的资产(或者增加负债),从而减少所有者权益。所有者一方面享有企业的盈利,另一方面也必须负担企业的亏损,承担出资额被侵蚀的风险。上述两个会计等式之间的关系,可用如下等式表示:

$$资产+(收入-费用)=负债+所有者权益+利润$$

如果等式左方的收入减去费用为正,即为盈利,则等式右方的所有者权益应加上利润额,说明所有者权益增加了,投资者的出资额实现了保值与增值;如果等式左方的收入减去费用为负,即为亏损额,则等式右方的所有者权益应减去亏损,说明所有者权益减少了,投资者的出资额不仅未能保值,而且因费用大于收入而被侵蚀。

该等式描述了企业在年终进行利润分配前资产负债表等式与利润表等式之间的关系,可称之为复合会计等式。一方面,说明利润表等式是对资产负债表等式的补充和说明。另一方面,说明企业的所有者权益由两部分构成:一是所有者的出资额;二是企业实现的利润留在企业积累的部分,即留存收益。企业在利润分配之后,分配给投资者的股利,退出企业的资金循环系统;留存收益则成为所有者权益的组成部分。复合会计等式又演变为基本会计等式。

二、经济业务对会计等式的影响

凡是能够以货币计量的特定会计主体的经济业务,均可以通过会计等式进行反映和记录。根据本章案例与引言中的八项经济业务,作为例 2-1 ~ 例 2-8,可以说明资产负债表等式与利润表等式的状况及其关系。

【例 2-1】 500 000 元出资额,已存入企业在银行开设的存款户。

	资 产		负债 +	所有者权益
	银行存款	=		实收资本
①	500 000			500 000

【例 2-2】 购买设备 200 000 元,以银行存款支付。

	资 产		负 债 +	所有者权益
	银行存款 + 固定资产			实收资本
期初余额	500 000			500 000
②	(200 000) 200 000	=		
期末余额	300 000 200 000			500 000
总 额	500 000			500 000

【例 2-3】 购买原材料及其他辅料 150 000 元,尚未付款。

	资 产	负 债 +	所有者权益
	银行存款 + 固定资产 + 原材料	应付账款	实收资本
期初余额	300 000 200 000	=	500 000
③	150 000	150 000	
期末余额	300 000 + 200 000 + 150 000	150 000	500 000
总 额	650 000	650 000	

【例2-4】 生产消耗材料40 000元。

	资　产				负　债	+	所有者权益
	银行存款	+固定资产	+原材料		应付账款		实收资本
期初余额	300 000	200 000	150 000	=	150 000		500 000
④			(40 000)				(40 000)
期末余额	300 000	200 000	110 000		150 000		460 000
总　　额		610 000				610 000	

【例2-5】 支付职工工资20 000元，以银行存款存入职工的银行卡。

	资　产				负　债	+	所有者权益
	银行存款	+固定资产	+原材料		应付账款		实收资本
期初余额	300 000	200 000	110 000	=	150 000		460 000
⑤	(20 000)						(20 000)
期末余额	280 000	200 000	110 000		150 000		440 000
总　　额		590 000				590 000	

【例2-6】 收入现金80 000元，存入银行。

	资　产				负　债	+	所有者权益
	银行存款	+固定资产	+原材料		应付账款		实收资本
期初余额	280 000	200 000	110 000	=	150 000		440 000
⑥	80 000						80 000
期末余额	360 000	200 000	110 000		150 000		520 000
总　　额		670 000				670 000	

【例2-7】 用银行存款归还应付账款50 000元。

	资　产				负　债	+	所有者权益
	银行存款	+固定资产	+原材料		应付账款		实收资本
期初余额	360 000	200 000	110 000	=	150 000		520 000
⑦	(50 000)				(50 000)		
期末余额	310 000	200 000	110 000		100 000		520 000
总　　额		620 000				620 000	

【例2-8】 将应付账款50 000元转作对味品质公司的投资。

	资　产				负　债	+	所有者权益
	银行存款	+固定资产	+原材料		应付账款		实收资本
期初余额	310 000	200 000	110 000	=	100 000		520 000
⑧					(50 000)		50 000
期末余额	310 000	200 000	110 000		50 000		570 000
总　　额		620 000				620 000	

通过上述案例，说明任何一项经济业务均不会破坏会计等式的平衡关系。根据经济业务对会计等式左右双方的影响规律，可以归纳为以下四种类型：

（1）等式左方资产项目与等式右方负债和所有者权益项目同时增加，增加金额相等，如例2-1和例2-3。

（2）等式左方资产项目与等式右方负债和所有者权益项目同时减少，减少金额相等，如例2-7。

（3）等式左方资产项目内部一增一减，增减金额相等，如例2-2。

（4）等式右方负债和所有者权益项目一增一减，增减金额相等，如例2-8。

例2-4和例2-5是为取得收入而发生的费用，例2-6是企业收入，从复合会计等式来看，企业收入的增加，最终导致所有者权益的增加；企业费用的发生，最终导致所有者权益的减少。从本案例来看，企业期末所有者权益总额为570 000元，由两部分构成：第一部分是所有者的出资额550 000元，其中500 000元为李大为与同学木塔和力普的出资额；另外50 000元，是材料供应商的债权转作了股权投资；第二部分是收入80 000元减去费用60 000元之后的利润20 000元，因企业未向股东分配利润，全部作为企业的积累资金，说明企业的资本实现了保值和增值。

以上八项经济业务引起六大会计要素发生变化。其结果是：资产由期初的500 000元，增加到620 000元；负债为50 000元；所有者权益由期初的500 000元增加到570 000元。其汇总表如表2-1所示。

表2-1　经济业务汇总表　　　　　　　　　　　　　　　单位：元

摘　　要	资产 + （收入 − 费用）			负债 + 所有者权益（+ 利润）	
	银行存款	固定资产	原材料	应付账款	实收资本和利润
① 所有者投资余额	500 000 500 000	— —	— —	— —	500 000 500 000
② 付购买设备款余额	(200 000) 300 000	200 000 200 000	— —	— —	— 500 000
③ 购材料未付款余额	— 300 000	— 200 000	150 000 150 000	150 000 150 000	— 500 000
④ 生产消耗材料余额	— 300 000	— 200 000	(40 000) 110 000	— 150 000	(40 000) 460 000
⑤ 支付职工工资余额	(20 000) 280 000	— 200 000	— 110 000	— 150 000	(20 000) 440 000
⑥ 收入现金余额	80 000 360 000	— 200 000	— 110 000	— 150 000	80 000 520 000
⑦ 归还应付账款余额	(50 000) 310 000	— 200 000	— 110 000	(50 000) 100 000	— 520 000
⑧ 应付款转投资余额	— 310 000	— 200 000	— 110 000	(50 000) 50 000	50 000 570 000
总　　额	620 000			620 000	

第二节　账户与借贷记账法

一、会计科目与账户

1. 会计科目

会计对象是企业资金的价值运动。会计要素是对会计核算对象所做的基本分类。上节内容根据会计要素构成的会计等式反映和记录企业经营活动的过程和结果。但是，在实际工作中，企业的经济业务数量繁多，复杂多样，使用会计等式反映经营活动很不方便；而且，会计等式仅涉及六个会计要素，不能提供经济活动的详细信息，因此，需要对会计要素做出进一步的分类。

会计科目是按照经济内容对会计要素所做的具体分类。例如，企业为了生产产品，要购入原材料；企业的产品完工入库，是等待销售的库存商品。原材料、库存商品均属于企业的资产，因此，要对资产这一会计要素进行详细的记录，就需要将资产要素中相同的内容归为一类，设立一个会计科目，因此，在《企业会计准则——应用指南》中，明确规定了会计科目的含义、名称、编号及核算内容，既使其对会计要素的分类更具科学性，不同的内容口径一致，相互可比，又给企业一定的灵活性，企业可以根据自身经营特点和管理要求，增减会计科目或调整会计科目的核算内容。同时，根据会计科目设置账户、编制凭证及登记账簿。

根据《企业会计准则——应用指南》，会计科目分为六大类，即资产类、负债类、共同类、所有者权益类、成本类和损益类。会计科目表如表2-2所示。

表2-2 会计科目表

顺序号	会计科目编号	会计科目名称	顺序号	会计科目编号	会计科目名称
		一、资产类	25	1511	长期股权投资
1	1001	库存现金	26	1512	长期股权投资减值准备
2	1002	银行存款	27	1521	投资性房地产
3	1012	其他货币资金	28	1531	长期应收款
4	1101	交易性金融资产	29	1532	未实现融资收益
5	1121	应收票据	30	1601	固定资产
6	1122	应收账款	31	1602	累计折旧
7	1123	预付账款	32	1603	固定资产减值准备
8	1131	应收股利	33	1604	在建工程
9	1132	应收利息	34	1605	工程物资
10	1221	其他应收款	35	1606	固定资产清理
11	1131	坏账准备	36	1611	未担保余值
12	1401	材料采购	37	1701	无形资产
13	1402	在途物资	38	1702	累计摊销
14	1403	原材料	39	1703	无形资产减值准备
15	1404	材料成本差异	40	1711	商誉
16	1405	库存商品	41	1801	长期待摊费用
17	1406	发出商品	42	1811	递延所得税资产
18	1407	商品进销差价	43	1901	待处理财产损溢
19	1408	委托加工物资			二、负债类
20	1411	周转材料	44	2001	短期借款
21	1471	存货跌价准备	45	2201	应付票据
22	1501	持有至到期投资	46	2202	应付账款
23	1502	持有至到期投资减值准备	47	2203	预收账款
24	1503	可供出售金融资产	48	2211	应付职工薪酬

（续）

顺序号	会计科目编号	会计科目名称	顺序号	会计科目编号	会计科目名称
49	2221	应交税费			五、成本类
50	2231	应付利息	70	5001	生产成本
51	2232	应付股利	71	5101	制造费用
52	2241	其他应付款	72	5201	劳务成本
53	2401	递延收益	73	5301	研发支出
54	2501	长期借款			六、损益类
55	2502	应付债券	74	6001	主营业务收入
56	2701	长期应付款	75	6051	其他业务收入
57	2702	未确认融资费用	76	6061	汇兑损益
58	2711	专项应付款	77	6101	公允价值变动损益
59	2801	预计负债	78	6111	投资收益
60	2901	递延所得税负债	79	6301	营业外收入
		三、共同类	80	6401	主营业务成本
61	3101	衍生工具	81	6402	其他业务成本
62	3201	套期工具	82	6403	税金及附加
		四、所有者权益类	83	6601	销售费用
63	4001	实收资本	84	6602	管理费用
64	4002	资本公积	85	6603	财务费用
65	4003	其他综合收益	86	6701	资产减值损失
66	4101	盈余公积	87	6711	营业外支出
67	4103	本年利润	88	6801	所得税费用
68	4104	利润分配	89	6901	以前年度损益调整
69	4201	库存股			

会计科目按其提供信息的详细程度，可分为总分类科目和明细分类科目。

总分类科目又称总账科目或一级科目，是对会计要素的具体内容所做的总括分类，提供概括性的会计信息。表2-2中的会计科目均为总账科目。

明细分类科目又称明细科目，是对某一总分类科目的核算内容所做的详细分类，提供会计要素详尽而具体的信息。多数明细科目的设置，在不违反统一会计核算要求的前提下，企业可以根据需要自行确定。

如果某一总分类科目包括的明细科目较多，则可以在总分类科目和明细科目之间增设二级科目，形成总分类科目、二级科目和明细科目三个层次，或称为一级科目、二级科目、三级科目，必要时还可以设置四级科目、五级科目。例如，在"原材料"总分类科目下，按材料大类设置"原料及主要材料""辅助材料""修理用备件"等二级科目，在"原料及主要材料"二级科目下按原料类别设置"钢材""铜材"三级科目，在"钢材"三级科目下设置"圆钢""角钢"四级科目。

2. 账户

账户是根据会计科目的名称设置的，具有一定格式和结构的实体，能够分类反映会计要素增减变动的情况和结果。

会计科目和账户都是对会计要素所做的具体分类，但是，会计科目是设置账户的依据，账户是会计科目在记账过程中的应用，是对经济业务发生后的分类记录；会计科目没有具体的格式和结构，而账户则有一定的格式和结构。

账户的结构是指账户的各个组成部分。企业发生的任何一项经济业务，尽管内容不同，但从数量上看，对会计要素的影响不外乎增加和减少两种情况，因此，账户结构的基本部分就是账户的左方与右方，一方记录会计要素具体内容的增加，另一方记录会计要素具体内容的减少。具体到每一个账户，左方登记增加额还是减少额；右方登记增加额还是减少额，取决于账户的性质与经济业务的内容。习惯上，账户的简化格式可用 T 形账户表示如下：

每一个账户均是一方记录一定会计期间会计要素具体内容的增加金额；另一方记录一定会计期间会计要素具体内容的减少金额。增加金额与减少金额相抵后的差额，称之为账户余额。账户余额按其表现的时间，分为期初余额和期末余额。通过账户的记录，可提供期初余额、本期增加发生额、本期减少发生额、期末余额四项核算指标。

期初余额是相同账户上期的期末余额，结转到本期即为期初余额。

本期增加发生额是指一定会计期间内账户记录的会计要素具体内容增加金额的合计数。

本期减少发生额是指一定会计期间内账户记录的会计要素具体内容减少金额的合计数。

期末余额是期初余额加上本期增加发生额，减去本期减少发生额以后的差额。

二、借贷记账法

（一）借贷记账法的概念

在设置会计科目并根据会计科目开设账户之后，需要选用记账方法，以便具体记录会计要素的增减变动。借贷记账法是目前世界各国广泛使用的一种记账方法。在我国的会计规范中，明确规定我国境内所有企业的会计核算一律采用借贷记账法。

借贷记账法的出现与意大利资本主义经济的产生和发展密切相关。最早使用借贷记账法的是借贷资本家。借贷资本家把借出去的款项记入借主方下，表示债权增加；对收进的存款记入贷主方下，表示债务增加。当借贷资本家收回借款，贷款人收回贷款时，再做相反的记录，表示债权债务的冲销。随着资本主义的发展，借贷记账法逐步应用到其他行业，同时，会计记录不仅反映债权债务的变化，而且要记录实物性资产的增减变动。于是，"借"和"贷"逐渐失去原来字面的含义，成为一种纯粹的记账符号。

借贷记账法是一种复式记账法。与复式记账法相对应的是单式记账法。单式记账法通常只设置"库存现金""银行存款""应收账款""应付账款"等账户，不设置实物类账户，对所发生的经济业务，只在一个账户中登记。例如，用银行存款购买材料1 000元，只在"银行存款"账户中记录银行存款减少1 000元，不记录材料的增加额。可见，单式记账法不能全面反映经济业务的内容和来龙去脉，不便于检查账户记录的正确性，因此，这种记账方法已经很少使用。

借贷记账法是指以借和贷作为记账符号，对企业发生的每一项经济业务均要以相等的金额同时在两个或两个以上相互联系的账户中进行登记的一种记账方法。例如，用银行存款 50 000 元购置一台机器设备，一方面要记录固定资产的增加金额 50 000 元，另一方面，要记录银行存款减少 50 000 元。可见，这种记账方法要求一项经济业务在两个或两个以上相互联系的账户中同时记录，不仅能够反映经济业务的全部内容和来龙去脉，而且，通过借方金额与贷方金额的记录，可以进行记录结果的试算平衡，及时检查账户记录是否正确。

(二) 借贷记账法的账户结构

借贷记账法账户的基本结构分为左、右两方，左方为借方，右方为贷方。具体到某一个账户究竟哪一方记录经济业务的增加金额，哪一方记录经济业务的减少金额，要根据账户的性质来决定，不同性质的账户，其账户的具体结构不同。

1. 资产类账户

资产类账户的结构是：借方记录资产的增加额，贷方记录资产的减少额。在一个会计期间内（月、季、年），借方记录的合计数为借方发生额，贷方记录的合计数为贷方发生额。资产类账户如有余额，则一般在借方，表示期末资产的结余数额。其计算公式如下：

$$\frac{\text{资产类账户}}{\text{借方期末余额}} = \text{借方期初余额} + \text{本期借方发生额} - \text{本期贷方发生额}$$

资产类账户的结构，用 T 形账户表示如下：

借方	资产类账户		贷方
期初余额	500 000		
(1) 增加金额	200 000	(1) 减少金额	100 000
(2) 增加金额	50 000	(2) 减少金额	300 000
本期发生额	250 000	本期发生额	400 000
期末余额	350 000		

2. 负债和所有者权益类账户

在会计等式中，负债和所有者权益列在等号右方，与资产方向相反，因此，其账户结构与资产类账户结构正好相反，其贷方记录负债和所有者权益的增加额，借方记录负债和所有者权益的减少额。负债和所有者权益类账户的期末余额一般在贷方。其计算公式如下：

$$\frac{\text{负债和所有者权益类}}{\text{账户贷方期末余额}} = \text{贷方期初余额} + \text{本期贷方发生额} - \text{本期借方发生额}$$

负债和所有者权益类账户的结构，用 T 形账户表示如下：

借方	负债和所有者权益类账户		贷方
		期初余额	0
(1) 减少金额	100 000	(1) 增加金额	200 000
		(2) 增加金额	80 000
本期发生额	100 000	本期发生额	280 000
		期末余额	180 000

3. 成本类账户

成本类账户指的是制造业在产品生产过程中的生产成本，也称制造成本；或各类企业在劳务提供过程中的各种耗费。无论制造成本或劳务成本，在产品或劳务未加工（或提供）完成之前，处于在产品形态，与尚未耗用的原材料、尚未销售的产成品一样，都属于企业的资产，因此，成本类账户的结构与资产类账户的结构相同。成本类账户的借方记录生产成本、制造费用及劳务成本的增加额；贷方记录生产成本、制造费用及劳务成本的减少额或结转额。"生产成本"账户与"劳务成本"账户，在期末产品或劳务未完工时，期末余额在借方，表示未完工产品或未完工劳务的成本。"制造费用"账户借方记录产品生产过程中发生的各种间接费用，如，车间管理人员工资、车间一般耗费等；贷方将归集的费用按照一定标准分配给各成本计算对象后，期末没有余额。

成本类账户的结构，用T形账户表示如下：

借方		成本类账户	贷方
期初余额	0		
（1）增加金额	120 000	减少额或转出额	180 000
（2）增加金额	60 000		
本期发生额	180 000	本期发生额	180 000
期末余额	0		

4. 损益类账户

损益是企业某一会计期间取得的收入与其所发生的费用配比相抵之后的差额，因此，损益类账户包括两类账户：一类是收入类账户，另一类是费用类账户。

（1）收入类账户。收入的增加会导致所有者权益的增加，因此，收入类账户的结构与所有者权益类账户基本相同。其贷方记录收入的增加额，借方记录收入的减少额或结转额，期末将收入类账户的贷方发生额减去借方发生额之后的差额转入"本年利润"账户，与本期的费用相配比，以确定本期利润，因此，期末收入类账户一般没有余额。

收入类账户的结构，用T形账户表示如下：

借方		收入类账户	贷方
（1）减少金额		（1）增加金额	600 000
（2）转出金额	660 000	（2）增加金额	60 000
本期发生额	660 000	本期发生额	660 000

（2）费用类账户。收入减去费用等于利润，费用的发生会导致所有者权益的减少，因此，费用类账户与收入类账户的结构正好相反。其借方记录费用的增加额，贷方记录费用的减少额，期末将费用类账户的借方发生额减去贷方发生额之后的差额转入"本年利润"账户，与本期的收入相配比，计算出本期利润，因此，期末费用类账户一般也没有余额。

费用类账户的结构，用T形账户表示如下：

借方		费用类账户	贷方
（1）增加金额	280 000	（1）减少金额	
（2）增加金额	20 000	（2）结转金额	300 000
本期发生额	300 000	本期发生额	300 000

根据利润表等式对资产负债表等式的影响过程与基本会计等式在利润分配之后的变动结

果，可将资产类、负债类、所有者权益类、成本类及损益类（分为费用类和收入类）五类账户的结构归纳如表2-3所示。

表2-3 各类账户结构

账户类别	借方	贷方	余额
资产类	增加	减少	一般在借方
成本类	增加	减少与结转	一般在借方或无余额
费用类	增加	减少与结转	一般无余额
负债类	减少	增加	一般在贷方
所有者权益类	减少	增加	一般在贷方
收入类	减少与结转	增加	一般无余额

可见，五类账户的结构可以归纳为两大类：资产类、成本类、费用类均为借方记录增加额，贷方记录减少额或结转额，期末余额一般应在借方；负债类、所有者权益类、收入类均为贷方记录增加额，借方记录减少额或结转额，期末余额一般应在贷方。而损益类中的收入类账户与费用类账户，期末时应转入"本年利润"账户，使本期收入与其相应的费用进行配比，以便计算当期实现的利润或发生的亏损，因此，损益类账户期末一般无余额。

（三）借贷记账法的记账规则

借贷记账法是以借和贷作为记账符号，要求一项经济业务同时在相互联系的两个或两个以上的账户中记录，也就是说，一方面将某项会计要素的变化记入有关账户的借方，另一方面应以相等的金额将另一项会计要素的变化记入相关账户的贷方。无论借方或贷方使用几个账户，该项经济业务记录的借方金额合计与贷方金额合计必定相等。借贷记账法的记账规则可通过味品质公司1月份后续发生的经济业务，说明如下：

【例2-9】 公司向银行借入短期借款100 000元，已存入存款户。

此项经济业务发生后，一方面引起资产类会计要素的增加，应记入"银行存款"账户的借方；另一方面，引起负债类会计要素的增加，应记入"短期借款"账户的贷方，其借贷方金额均为100 000元。

【例2-10】 从银行提取现金2 000元备用。

此项经济业务发生后，一方面引起库存现金的增加，另一方面，引起银行存款的减少，"库存现金"与"银行存款"账户都属于资产类账户，因此，应记入"库存现金"账户的借方；同时记入"银行存款"账户的贷方，其借贷方金额均为2 000元。

【例2-11】 以银行存款支付本月水电费1 000元。

此项经济业务，一方面说明发生水电费1 000元，应记入费用类账户"管理费用"的借方；另一方面，引起银行存款的减少，应记入资产类账户"银行存款"的贷方。其借贷方金额均为1 000元。

【例2-12】 以银行存款96 000元预付公司1年房租。

此项经济业务，一方面虽然支付房租的时间在1月份，但受益期限为1年，按照权责发生制确认基础，不应全部确认为本月的费用，因此，应先记入"预付账款"账户的借方；另一方面引起银行存款的减少，应记入"银行存款"账户的贷方；其借贷方金额均为

96 000 元。

根据以上例题，可对借贷记账法的记账规则总结如下：

（1）任何一项经济业务必须同时记录到相互联系的两个或两个以上的账户中去；而且所记录的账户既可以是同类账户，也可以不是同类账户。

（2）所记录的账户必须是两个记账方向，有的账户记入借方，有的账户记入贷方；无论借方记入几个账户或贷方记入几个账户，其借方金额与贷方金额的合计数必定相等。因此，借贷记账法的记账规则是有借必有贷，借贷必相等。

（四）借贷记账法的账户对应关系和会计分录

1. 账户对应关系

根据借贷记账法的记账规则，一项经济业务，不仅记入了某个或某几个账户的借方，同时记入了另一个或几个账户的贷方，而且其借方金额合计与贷方金额合计必定相等，从而使得记录该项业务的账户之间发生了应借应贷的相互关系，账户之间的这种相互关系，称为账户的对应关系。发生对应关系的账户，彼此称为对应账户。通过账户的对应关系，可以了解经济业务的内容，检查经济业务的处理是否正确。

2. 编制会计分录

为了保证账户对应关系的正确性，在记账之前，应根据经济业务所涉及的账户及其借贷方向和金额编制会计分录。会计分录是对某项经济业务应记入的账户名称、借贷方向和金额的记录。会计分录是否正确，直接影响会计信息的质量。

会计分录的编制，可以按照以下步骤进行：

（1）分析经济业务涉及哪些对应账户，确定应登记账户的名称。

（2）确认所涉及账户的性质，是属于资产类、成本与费用类还是属于负债和所有者权益及收入类。

（3）分析所涉及账户的增减变动情况，确认记账方向及金额。

（4）检查所编制的会计分录是否正确，借贷金额是否相等。

根据经济业务的内容与复杂程度，会计分录分为简单会计分录与复合会计分录。简单会计分录是只涉及一借一贷两个对应账户的会计分录。复合会计分录是指由两个以上对应账户组成的会计分录。

例如，某公司购入原材料，价款120 000元，其中，以银行存款支付20 000元，其余款项暂欠，应编制会计分录如下：

借：原材料　　　　　　　　　　　　　　　　　　　　　　　　120 000
　　贷：银行存款　　　　　　　　　　　　　　　　　　　　　　 20 000
　　　　应付账款　　　　　　　　　　　　　　　　　　　　　　100 000

或

借：原材料　　　　　　　　　　　　　　　　　　　　　　　　 20 000
　　贷：银行存款　　　　　　　　　　　　　　　　　　　　　　 20 000
借：原材料　　　　　　　　　　　　　　　　　　　　　　　　100 000
　　贷：应付账款　　　　　　　　　　　　　　　　　　　　　　100 000

应当注意的一点是，复合会计分录不仅能够简化记账工作，而且能够反映经济业务的来龙去脉，因此，不能将不同类型的经济业务合并编制多借或多贷的复合会计分录。

根据味品质公司 1 月份发生的 1～12 项经济业务，编制会计分录如下：

(1) 投资人投资 500 000 元，已存入银行存款户。

借：银行存款	500 000	
贷：实收资本		500 000

(2) 购买设备 200 000 元，以银行存款支付。

借：固定资产	200 000	
贷：银行存款		200 000

(3) 购买原材料及其他辅料 15 万元，款项未付。

借：原材料	150 000	
贷：应付账款		150 000

(4) 生产消耗材料 40 000 元。

借：主营业务成本	40 000	
贷：原材料		40 000

(5) 以银行存款支付职工工资 20 000 元，其中，管理人员工资 8 000 元，营业人员工资 12 000 元。

借：管理费用	8 000	
销售费用	12 000	
贷：银行存款		20 000

(6) 取得收入 80 000 元，存入银行。

借：银行存款	80 000	
贷：主营业务收入		80 000

(7) 以银行存款归还应付账款 50 000 元。

借：应付账款	50 000	
贷：银行存款		50 000

(8) 将应付账款 50 000 元转作对味品质公司的投资。

借：应付账款	50 000	
贷：实收资本		50 000

(9) 向银行借入短期借款 100 000 元，存入银行存款户。

借：银行存款	100 000	
贷：短期借款		100 000

(10) 从银行提取现金 2 000 元备用。

借：库存现金	2 000	
贷：银行存款		2 000

(11) 以银行存款支付本月水电费 1 000 元。

借：管理费用	1 000	
贷：银行存款		1 000

(12) 以银行存款 96 000 元预付公司 1 年房租。

借：预付账款	96 000	
贷：银行存款		96 000

(五) 过账和试算平衡

1. 过账

过账是指将审核无误的会计分录记录到账户中去的过程。

开设和登记账户的步骤是：

(1) 画出 T 形账户并写明账户名称及借贷方向。在实际工作中，是在账簿中的预留账页注明账户名称。

(2) 登记有关账户的期初余额。资产类、成本类账户的期初余额在借方，负债和所有者权益类账户的期初余额在贷方。

(3) 依据会计分录标明的各账户借贷方向及金额，分别记入相应账户，同时注明经济业务序号。

(4) 月末，全部经济业务过账完毕，应对各账户进行结账，即月结。月结是在最后一笔经济业务的下面，画一道通栏红线，在线下分别计算本期借、贷方发生额；在计算出的本期借、贷方发生额下面再画一道通栏红线，计算出期末余额。根据味品质公司 1 月份 1~12 项经济业务的会计分录，过账如下：

借		库存现金	贷	
(10)	2 000			
本期发生额	2 000			
期末余额	2 000			

借		银行存款	贷	
(1)	500 000	(2)	200 000
(6)	80 000	(5)	20 000
(9)	100 000	(7)	50 000
		(10)	2 000
		(11)	1 000
		(12)	96 000
本期发生额	680 000	本期发生额	369 000
期末余额	311 000		

借		原材料	贷	
(3)	150 000	(4)	40 000
本期发生额	150 000	本期发生额	40 000
期末余额	110 000		

借		预付账款	贷	
(12)	96 000		
本期发生额	96 000		
期末余额	96 000		

借		固定资产		贷
(2)	200 000			
本期发生额	200 000			
期末余额	200 000			

借		短期借款		贷
		(9)		100 000
本期发生额		本期发生额		100 000
		期末余额		100 000

借		应付账款		贷
(7)	50 000	(3)		150 000
(8)	50 000			
本期发生额	100 000	本期发生额		150 000
		期末余额		50 000

借		实收资本		贷
		(1)		500 000
		(8)		50 000
		本期发生额		550 000
		期末余额		550 000

借		主营业务收入		贷
		(6)		80 000
		本期发生额		80 000
		期末余额		80 000

借		主营业务成本		贷
(4)	40 000			
本期发生额	40 000			
期末余额	40 000			

借	管理费用		贷
(5)	8 000		
(11)	1 000		
本期发生额	9 000		
期末余额	9 000		

借	销售费用		贷
(5)	12 000		
本期发生额	12 000		
期末余额	12 000		

2. 试算平衡

借贷记账法的试算平衡，是根据会计等式和记账规则，验证会计分录和账户记录是否正确的一种方法。

借贷记账法对企业发生的每一项经济业务，均按照"有借必有贷，借贷必相等"的规则来编制会计分录和登记账户，因此，每一笔会计分录的借方金额合计与贷方金额合计必然相等，同理，在会计期末，将一个月内的全部经济业务登记入账以后，全部账户的借方发生额合计与贷方发生额合计也必然相等，结出期末余额后，全部账户的期末借方余额合计与期末贷方余额合计也必然相等。借贷记账法的试算平衡，分为发生额试算平衡法和余额试算平衡法两种方法。

发生额试算平衡法：

全部账户借方本期发生额合计＝全部账户贷方本期发生额合计

余额试算平衡法：

全部账户借方余额合计＝全部账户贷方余额合计

在实际工作中，试算平衡是通过编制试算平衡表完成的，通常是在月末结出每个账户的本期发生额和期末余额以后，一般按照先资产负债表项目、后利润表项目的顺序，将各账户的本期发生额与余额抄入试算平衡表，再加总计算。根据前述1~12项经济业务与相应账户记录，编制试算平衡表，如表2-4所示。

表2-4 试算平衡表

2018年1月31日　　　　　　　　　　　　　　　　单位：元

账户名称	本期发生额		期末余额	
	借方	贷方	借方	贷方
库存现金	2 000		2 000	
银行存款	680 000	369 000	311 000	
原材料	150 000	40 000	110 000	
预付账款	96 000		96 000	
固定资产	200 000		200 000	

(续)

账户名称	本期发生额		期末余额	
	借 方	贷 方	借 方	贷 方
短期借款		100 000		100 000
应付账款	100 000	150 000		50 000
实收资本		550 000		550 000
主营业务收入		80 000		80 000
主营业务成本	40 000		40 000	
管理费用	9 000		9 000	
销售费用	12 000		12 000	
合　　计	1 289 000	1 289 000	780 000	780 000

应当说明的是，试算平衡只是根据借贷金额是否平衡来检查账户记录是否正确。如果借贷方发生额或余额不平衡，则可以肯定账户的记录或计算有错误，但是，借贷平衡却不能肯定记账没有错误，因为有些错误并不影响借贷双方的平衡。例如，整个会计分录被漏记、重记；颠倒了记账方向或用错了账户名称等，均不影响试算结果的平衡。因此，编制会计分录与登记账户均需要进行复核，以保证会计信息的正确性。

第三节　会计凭证和账簿

经济业务发生是会计信息的源数据；会计账户和借贷记账法，借助会计凭证和账簿两种信息载体，按照一定的会计程序和方法，最终生成财务报表这一会计信息的综合载体，并以财务报告的形式报告给各类信息使用者。本节主要介绍会计凭证和账簿是如何记录和储存会计信息的。财务报表作为会计循环的产成品，将在下一节财务会计循环中介绍。

一、会计凭证

（一）会计凭证的概念

会计凭证是记录经济业务、明确经济责任的书面证明，也是登记账簿的依据。填制和审核会计凭证是会计核算的重要方法。

任何一项经济业务的发生或完成，以会计凭证的记录作为有效证据，因此，及时客观地填制会计凭证，是提供会计信息的首要环节。

经济业务从发生开始，到会计凭证的取得，再到传递至会计部门进行会计记录，其中的每一个环节均要求经办人员签名与盖章，明确各个经办人员对经济业务的真实性、合法性及合理性的经济责任，从而形成经办人员之间的监督与牵制机制，以充分发挥会计在经济管理中的重要作用。

登记账簿必须依据有效可靠的凭据，而会计凭证能够证明经济业务发生，并记录经济业务的完成情况，因此，会计凭证是登记账簿的主要依据。

会计凭证按其用途，分为原始凭证和记账凭证两种。

（二）原始凭证

1. 原始凭证的概念与种类

原始凭证是在经济业务发生时取得或填制，记录和证明经济业务发生与完成情况的原始依据，它不仅是编制会计凭证的主要数据，而且是登记账簿的原始依据。

原始凭证按其来源不同，可以分为外来原始凭证和自制原始凭证。

外来原始凭证是企业经济业务发生时从企业以外的单位取得的，例如，购货时从供货单位取得的发票，付款时从收款单位取得的收据，银行转来的收款或付款通知单等，增值税专用发票的格式，如图2-1所示。

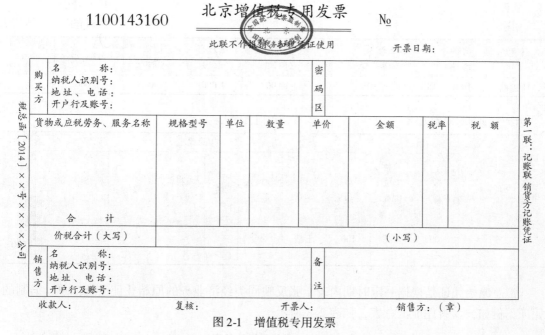

图2-1 增值税专用发票

自制原始凭证是由本单位的经办人员在办理经济业务时自行填制的，例如，企业采购材料运达企业后填制的收料单、生产产品领用材料的领料单等，具体格式如表2-5和表2-6所示。

表2-5 收料单

供货单位：惠安公司　　　　　　　　　　　　　　　凭证编号：001
发票编号：0808　　　　　2018年1月6日　　　　　收料仓库：1号库

材料类别	材料编号	材料名称及规格	计量单位	数量		金额/元			
				应收	实收	单价	买价	运杂费	合计
面包粉	1001	20kg 高筋面包粉	袋	100	100	90	9 000	28	9 028
奶油	1002	1L 奶油	盒	120	120	56	6 720	22	6 742
备注							合　计		15 770

保管员：　　　　　　　　收料：

表2-6 领料单

领料单位：一车间　　　　　　　　　　　　　　　　凭证编号：002
用途：甲产品　　　　　　2018年1月6日　　　　　发料仓库：1号库

材料类别	材料编号	材料名称及规格	计量单位	数量		单价/元	金额/元
				请领	实发		
面包粉	1001	20kg 高筋面包粉	袋	20	20	90	1 800
备注						合　计	1 800

记账：　　　　　　　发料：　　　　　　领料部门主管领料：

自制原始凭证又可以分为一次凭证、累计凭证和汇总原始凭证。一次凭证是指对一项经济业务或若干项同类经济业务，在其发生或完成后一次性填制的凭证。

累计凭证是在一定时期内经济业务多次发生，分次连续记录同类经济业务填制的原始凭证，如限额领料单，如表2-7所示。

表 2-7 限额领料单

领料单位：　　　　　　　　　　　　　　　　　　　　　　　　凭证编号
用途：　　　　　　　　　　2018 年 1 月　　　　　　　　　　发料仓库

材料类别	材料编号	材料名称及规格	计量单位	全月领用限额	全月实发总数	计划单价/元	金额/元	备注
面包粉	1001	20kg 高筋面包粉	袋	1 000	1 000	90	90 000	

生产计划部分负责人：　　　　　　　　供应部门负责人：

日期	请领		实发			扣除代用		退库		限额结余
	数量	领料单位负责人签章	数量	发料人签章	领料人签章	数量	领料单编号	数量	退料单编号	
1月6日	100	张亮	100	王浩	刘金					900
⋮	⋮	⋮	⋮	⋮	⋮					

汇总原始凭证是根据一定时期内若干张反映同类经济业务的原始凭证进行汇总、编制的凭证，例如，发料凭证汇总表，如表2-8所示。

表 2-8　发料凭证汇总表　　　　　　　　　　　　　第 1 号
2018 年 1 月　　　　　　　　　　　　　　　　　　附件 6 张

日期	领料单张数	贷方科目：原材料	借方科目	
			生产成本	管理费用
1—10 日	2 张	8 000	6 000	2 000
11—20 日	2 张	9 600	7 600	2 000
21—31 日	2 张	12 000	11 000	1 000
合　计	6 张	29 600	24 600	5 000

财务主管：李江　　　记账：王立　　　复核：张研　　　制单：魏敏

2. 原始凭证的内容与填制

由于经济业务内容不同，因而记录经济业务的原始凭证种类较多，格式各异。但是，任何原始凭证都必须具备如下内容：

（1）原始凭证的名称。
（2）填制凭证的日期和凭证编号。
（3）经济业务的内容摘要。
（4）经济业务涉及的财物数量和金额。
（5）经办人员签名和盖章。
（6）对外凭证要有对方单位名称。

（7）对外凭证要加盖填制单位公章。

原始凭证作为经济业务的原始证明，其填制必须符合一定的要求，包括：

（1）内容真实。填制凭证必须反映经济业务的实际情况，凭证填制的日期、经济业务的内容、数量与金额必须真实可靠、计算正确，不得弄虚作假。

（2）项目齐全。凭证规定的项目必须全部填列，不得省略和遗漏，必须有经办人员的签名或盖章，以便责任分明。

（3）书写规范。凭证上的文字和数字的书写应清晰、工整、规范、易于辨认。如果出现填写错误，应采用划线更正法更正。不得任意涂改或刮擦，并由更正人员在更正处盖章。涉及库存现金、银行存款收付的原始凭证，如收据、发票等，应连续编号，按顺序使用，如果填写错误，一律不准更改，只能作废重填，并在填错的凭证上加盖"作废"章，与存根联一起保存。

（4）填制及时。要求在经济业务发生或完成后及时填制原始凭证，并按规定程序及时传递到会计部门，经审核无误后据以编制记账凭证。

3. 原始凭证的审核

原始凭证的审核是会计监督作用的具体体现。经过审核，确认无误的原始凭证，才能作为编制记账凭证的依据。原始凭证审核的内容主要包括以下三个方面：

（1）合法性审核。根据国家有关的政策、法令、制度，以及本企业的计划、预算等，审核经济业务有无违反财经制度、不按计划或预算办事等行为，是否符合审批权限和手续，有无伪造、涂改凭证，虚报冒领等违规行为。

（2）合理性审核。审核企业发生的各项经济业务是否有利于企业提高经济效益。

（3）凭证项目与正确性审核。按照原始凭证填写要求，审核填写项目是否齐全，书写是否规范，数量、金额的计算是否正确。

（三）记账凭证

1. 记账凭证的概念与种类

记账凭证是由会计人员根据审核后的原始凭证编制的会计分录，它是登记账簿的直接依据。

根据记账凭证所记录的经济业务是否与库存现金和银行存款的收付有关，记账凭证可分为收款凭证、付款凭证和转账凭证三种。

（1）收款凭证是用来记录库存现金和银行存款收入业务的记账凭证，根据反映库存现金和银行存款收入业务的原始凭证填制。

（2）付款凭证是用来记录库存现金和银行存款支出业务的记账凭证，根据有关反映库存现金和银行存款付出业务的原始凭证填制。

收款凭证和付款凭证是登记库存现金日记账和银行存款日记账以及有关明细账和总账的依据，也是出纳人员收入、付出款项的依据。收款凭证和付款凭证的格式，如图2-2与图2-3所示。

应当注意的是，为了避免重复记账，对于库存现金和银行存款之间相互划转的业务，按照惯例一般只编制付款凭证，不编收款凭证。例如，从银行提取现金，只编制银行存款付款凭证；将现金存入银行，只编制库存现金付款凭证。

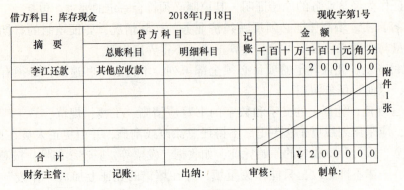

收款凭证

借方科目：库存现金　　2018年1月18日　　现收字第1号

摘要	贷方科目		记账	金额									
	总账科目	明细科目		千	百	十	万	千	百	十	元	角	分
李江还款	其他应收款							2	0	0	0	0	0
合计							¥	2	0	0	0	0	0

附件1张

财务主管：　记账：　出纳：　审核：　制单：

图2-2　收款凭证

付款凭证

贷方科目：银行存款　　2018年1月18日　　银付字第2号

摘要	借方科目		记账	金额									
	总账科目	明细科目		千	百	十	万	千	百	十	元	角	分
付材料款	原材料	A材料					1	0	0	0	0	0	0
合计						¥	1	0	0	0	0	0	0

附件1张

财务主管：　记账：　出纳：　审核：　制单：

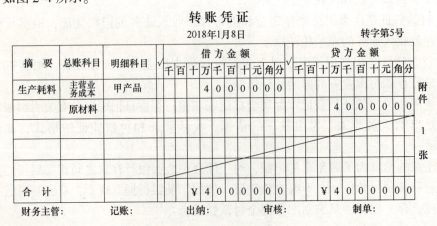

图2-3　付款凭证

（3）转账凭证是用来记录不涉及库存现金和银行存款收付业务的记账凭证。

根据库存现金和银行存款业务以外的原始凭证填制。转账凭证不设主体科目，某项经济业务所涉及的科目，分别填列在借方金额和贷方金额栏内，以反映借贷对应关系。转账凭证的格式，如图2-4所示。

转账凭证

2018年1月8日　　转字第5号

摘要	总账科目	明细科目	√	借方金额										√	贷方金额									
				千	百	十	万	千	百	十	元	角	分		千	百	十	万	千	百	十	元	角	分
生产耗料	主营业务成本	甲产品					4	0	0	0	0	0	0											
	原材料																	4	0	0	0	0	0	0
合计						¥	4	0	0	0	0	0	0				¥	4	0	0	0	0	0	0

附件1张

财务主管：　记账：　出纳：　审核：　制单：

图2-4　转账凭证

在实际工作中，收款、付款和转账凭证通常采用不同的颜色印制，以示区别。

另外，对于经济业务较少的单位，也可以不分收款、付款和转账业务，只设置一种通用格式的记账凭证。通用记账凭证与转账凭证的格式相同，如图2-5所示。

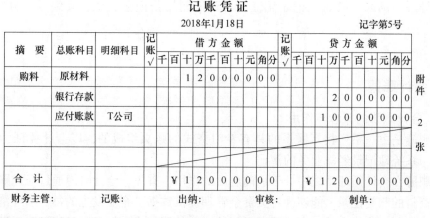

图2-5 记账凭证

通用记账凭证的特点是，一项经济业务可以完整地反映在一张记账凭证上，例如，图2-5中采购原材料的业务，其中100 000元款项未付；另20 000元以银行存款支付。但是对于规模较大的企业，不便于汇总涉及库存现金和银行存款的收付款业务。

2. 记账凭证的基本内容

记账方法不同，记账凭证的格式也有所区别，即使采用同一记账方法，各个单位使用的记账凭证也不完全一致。但是，必须具备如下内容：

（1）记账凭证的名称和填制单位名称。

（2）记账凭证填制日期和编号。

（3）经济业务内容摘要。

（4）会计分录，即应借应贷的会计科目名称（包括总账科目和明细账科目）和金额。

（5）所附原始凭证的张数。

（6）会计主管、制单、审核、记账人员签章。收款和付款凭证还应有出纳人员的签章。

3. 记账凭证的填制

记账凭证可以根据每一张原始凭证填制，也可以把若干张反映同类经济业务的原始凭证汇总后填制，或者将若干张反映同类经济业务的原始凭证汇总，编制汇总原始凭证，再据以填制记账凭证。

由于记账凭证是登记账簿的直接依据，从而影响会计信息的质量，因此，填制记账凭证必须符合具体要求，主要包括如下几点：

（1）根据经济业务内容，准确使用会计科目，保证会计分录的正确性；同时，明细科目应填写齐全，以便于总账和明细账的登记。

（2）会计科目之间的对应关系应清楚、明了，避免将不同类型的经济业务合并填列一张记账凭证。

（3）摘要栏应简单概括地写明经济业务的内容。

(4) 记账凭证后面一般应附上所依据的原始凭证，并注明所附原始凭证的张数，以便于复核和查阅。

(5) 按照记账凭证种类连续编号，如果一项经济业务需要填制多张记账凭证，则应采用分数编号法。例如，第 8 号记账凭证，需要编制三张记账凭证，其编号可分别为 $8\frac{1}{3}$、$8\frac{2}{3}$ 和 $8\frac{3}{3}$。

二、会计账簿

(一) 会计账簿的概念与作用

会计账簿是由一系列相互联系的具有专门格式的账页组成的，以会计凭证为依据，全面、连续、系统地记录经济业务的簿记。

会计账簿在会计循环系统中处于承前启后的作用。首先，会计账簿通过对记账凭证中分散的会计资料的归类记录，能够为各类资金管理提供数据。企业发生的每一项经济业务在根据原始凭证编制记账凭证后，完成了记录经济业务的第一步，但是，每张记账凭证上记载的只是个别经济业务，提供的只是分散和零星的会计核算资料，而会计账簿是将不同记账凭证中分散的会计资料，按照账户进行归类登记和记录的结果。账簿又是由一系列的账页所组成的会计簿记，簿记只是账簿的外在形式，账户的分类记录才是账簿的实质内容。例如，本期购入两批共 100t 原材料，本期生产产品分三批领用 90t 原材料，两批购料应分别编制两张记账凭证，借记"原材料"账户，反映原材料的增加；三批领料应分别编制三张记账凭证，贷记"原材料"账户，反映原材料的减少。只有将五张记账凭证分别登记到账簿中的"原材料"账户，才能全面反映原材料增加的数额与减少的数额，以及期末库存原材料的数额。通过"原材料"账户可以分析企业各期原材料的购入、耗用情况，以及期末占用在原材料上的资金，从而发现企业在材料采购与领用中的问题，促使企业不断改进工作，提高管理水平。

其次，会计账簿是编制财务报表的主要资料来源。资产负债表是由资产、负债和所有者权益三大会计要素组成的，利润表是由收入、费用和利润三个会计要素组成的，而会计科目和账户正是对六大会计要素的具体分类，因此，会计账簿通过对各类会计要素涉及账户的归类，为编制财务报表提供了主要的直接依据，从而账簿记录正确与否，是否完整、系统地记录了企业的经济业务，直接影响财务报表的质量。

(二) 会计账簿的种类

1. 会计账簿按用途分类

会计账簿按用途分类，可分为序时账簿、分类账簿和备查账簿三种。

(1) 序时账簿也称日记账，是按照经济业务发生时间的先后顺序，逐日逐笔进行登记的簿记。日记账按照记录内容的不同，可分为普通日记账和特种日记账两种。对于采用电子计算机数据处理系统的企业，将其全部业务分类、逐日逐笔登记的日记账叫作普通日记账。特种日记账是用来记录某类重要的经济业务，逐日逐笔登记的日记账。我国企事业单位主要设置库存现金日记账和银行存款日记账两种特种日记账。

(2) 分类账簿是根据设置的账户对经济业务分类登记的账簿。分类账簿按其提供核算资料的详细程度不同，又分为总分类账簿和明细分类账簿两类。总分类账簿简称总账，是根据会计科目开设的，用来提供总括核算资料；明细分类账簿简称明细账，是根据总分类账簿中的总账科目开设的，用来提供某个总账科目的详细会计核算资料。

(3) 备查账簿也称辅助账簿，是对某些不能在序时账簿和分类账簿中记录或记录不全的经济事项进行补充登记的账簿。备查账簿不是企业必须设置的账簿，是根据企业对某些经济业务数据的实际要求情况设置的。例如，租入固定资产登记簿、受托加工材料登记簿等。

2. 会计账簿按外表形式分类

会计账簿按外表形式分类，可分为订本式账簿、活页式账簿和卡片式账簿三种。

(1) 订本式账簿是在使用之前就装订成册的账簿。这种账簿的账页印有连续编号，可以避免账页散失和被人抽换；但该账簿在同一时间内，只能由一个人登记，不便于分工，也不便于根据需要增减账页。企业的日记账和总分类账一般采用订本式账簿。

(2) 活页式账簿简称活页账，是在使用时将零散的账页装在账夹内，可以根据实际需要随时增减账页的账簿。活页账便于多人分工记账；但其账页容易散失和被人抽换。

(3) 卡片式账簿简称卡片账，是在使用时将许多具有一定格式的零散的卡片存放在卡片箱内由专人保管的账簿。这种账簿主要用于记录内容比较复杂的财产明细账，如固定资产明细账等。

活页账和卡片账在使用完毕或换新账时，应装订成册，妥善保管。

(三) 会计账簿的基本内容

不同类别的会计账簿，由于记录经济业务内容的不同，其格式有较大区别，但各类账簿都应具备以下基本内容：

(1) 封面，主要注明账簿名称和记账单位名称。

(2) 扉页，主要填列账簿起用的日期和截止日期；页数、册次、经管账簿人员一览表及其签章；账户目录、主管会计人员签章等。

(3) 账页，主要记录经济业务的内容，具体包括：

1) 账户名称（总账科目、二级科目或明细科目）。
2) 登账日期栏与凭证种类号数栏。
3) 摘要栏。
4) 借、贷方金额及余额栏。
5) 本账簿页数与本账户页数。

(四) 会计账簿的结构与登记

任何一个财务独立核算单位，均应设置一定种类和数量的账簿，具体包括日记账和分类账。

1. 日记账的结构与登记

由于库存现金和银行存款是直接的流通货币，因而是会计核算的重点内容，在我国，企业应设置库存现金和银行存款的特种日记账，以进行库存现金和银行存款的序时核算。日记账一般采用三栏式订本账。库存现金或银行存款日记账的格式，如表2-9和表2-10所示。

表 2-9　库存现金日记账　　　　　　　　　　　　　　　　单位：元

2018年		凭证		摘要	对方科目	收入	付出	结余
月	日	字	号					
1	2	银付	3	提取现金	银行存款	2 000		2 000
1	3	现付	1	付差旅费	其他应收款		800	1 200
1	4	现付	2	采购复印纸	管理费用		100	1 100

表 2-10　银行存款日记账　　　　　　　　　　　　　　　　单位：元

2018年		凭证		摘要	结算凭证		对方科目	收入	付出	结余
月	日	字	号		种类	号数				
1	2	银收	1	收出资额	支票		实收资本	500 000		500 000
1	3	银付	2	采购设备	支票		固定资产		200 000	300 000
1	4									

库存现金日记账和银行存款日记账是由出纳员根据审核后的收款凭证和付款凭证，逐日逐笔顺序登记的。每日终了，应分别计算当日收入、支出现金的合计数，结出账面余额，并将账面余额与库存现金实存数核对相符。银行存款日记账应定期与银行对账单逐笔核对。

2. 总分类账的结构与登记

总分类账是记录企业全部经济业务，提供总括会计核算资料的账簿，是编制财务报表的主要依据。总分类账的格式一般采用借方、贷方、余额三栏式订本账。其具体格式，如表 2-11 所示。

表 2-11　总分类账

会计科目：原材料　　　　　　　　　　　　　　　　　　　　　　　　　单位：元

2018年		凭证		摘要	借方	贷方	借或贷	余额
月	日	字	号					
1	31	转	6	本月购入	150 000		借	150 000
		转	8	本月发出		40 000	借	110 000
1	31			本月合计	150 000	40 000	借	110 000

总分类账的登记方法和依据，取决于企业所采用的账务处理程序。账务处理程序也称记账程序，常见的账务处理程序按照登记总分类账的依据不同，可分为记账凭证账务处理程序、科目汇总表账务处理程序、汇总记账凭证账务处理程序以及日记总账账务处理程序。由于篇幅所限，这里仅介绍前两种。

（1）记账凭证账务处理程序。记账凭证账务处理程序的特点是直接根据记账凭证，逐笔登记总分类账，它是最基本的账务处理程序。其具体记账步骤如下：

1）根据原始凭证编制汇总原始凭证。

2）根据各种原始凭证或汇总原始凭证编制记账凭证，包括收款凭证、付款凭证和转账凭证。

3）根据收款凭证、付款凭证逐笔登记库存现金日记账与银行存款日记账。

4）根据原始凭证、汇总原始凭证和记账凭证登记各种明细分类账。

5）根据记账凭证逐笔登记总分类账。

6）月末，将库存现金日记账、银行存款日记账的余额及各种明细分类账的余额合计数，分别与总分类账中有关的账户余额核对相符。

7）月末根据审核无误的总分类账与各种明细分类账的记录，编制财务报表。

记账凭证账务处理程序如图2-6所示。

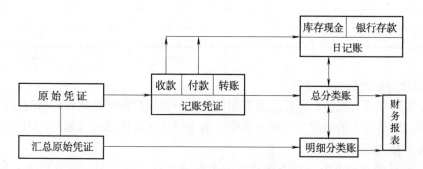

图2-6　记账凭证账务处理程序

（2）科目汇总表账务处理程序。科目汇总表账务处理程序是定期将所有的记账凭证编制成科目汇总表，根据科目汇总表登记总分类账。其具体记账步骤如下：

1）根据原始凭证与汇总原始凭证，编制收款凭证、付款凭证与转账凭证。

2）根据收款凭证与付款凭证，逐笔登记库存现金日记账与银行存款日记账。

3）根据原始凭证、汇总原始凭证与记账凭证登记各种明细分类账。

4）根据一定时期内的全部记账凭证汇总编制科目汇总表。

5）根据定期编制的科目汇总表登记总分类账。

6）月末，将库存现金日记账、银行存款日记账的余额和各种明细分类账的余额合计，分别与总分类账中有关账户的余额核对相符。

7）月末根据核对无误的总分类账与各种明细分类账的记录编制财务报表。科目汇总表账务处理程序如图2-7所示。

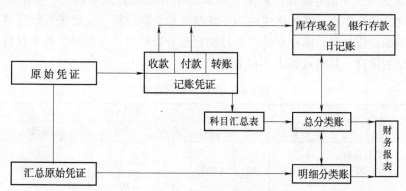

图2-7　科目汇总表账务处理程序

科目汇总表是对一定期间内的全部记账凭证按照会计科目进行归类，计算出每一个总账科目的本期借方、贷方发生额的合计数。科目汇总表的格式，如表2-12所示。

表 2-12　科目汇总表

编号　　　　　　　　　　　　　年　月　日～　日

会计科目	期初余额		本期发生额		备注
	借　方	贷　方	借　方	贷　方	

财务主管：　　　　　　　记账：　　　　　　　复核：　　　　　　　制表：

3. 明细分类账的结构与登记

明细分类账根据总账科目开设，是提供某一总分类账户的明细核算资料的账簿。明细分类账也是编制财务报表的依据。明细分类账一般采用活页式账簿；固定资产明细账采用卡片式账簿。具体格式主要有：

（1）三栏式明细分类账。其结构和总分类账簿相同，账页内只设置借方、贷方和余额三个金额栏。这种格式适用于只需要进行金额核算，不要求进行数量核算的债权债务类科目，例如，应收账款、应付账款等科目的明细分类核算，可以为企业的债权债务管理提供详细资料。其格式如表 2-13 所示。

表 2-13　应收账款明细账

明细科目：A 公司　　　　　　　　　　　　　　　　　　　　　　单位：元

2018 年		凭证		摘　要	借　方	贷　方	借或贷	余　额
月	日	字	号					
1	10	转	7	销售 A 产品	100 000		借	100 000
1	28							
1	28	银收	9	收 A 产品款		100 000	平	0
				本月合计	100 000	100 000	平	0

（2）数量金额式明细分类账。数量金额式明细分类账分别在收入、发出和结存栏内设数量栏、单价栏和金额栏。这种格式适用于既要进行金额核算，又要进行数量核算的财产物资类科目，例如，原材料、库存商品等科目的明细分类核算，可以提供各类材料或各种产品占用资金的详细信息。其格式如表 2-14 所示。

表 2-14　库存商品明细账　　　　　　　　　　　　　　　　单位：元

2018 年		凭证		摘　要	收　入			发　出			结　存		
月	日	字	号		数量/t	单价	金额	数量/t	单价	金额	数量/t	单价	金额
2	1			期初余额							20	80	1 600
2	8			入库	100	80	8 000				120	80	9 600
2	9			发出				60	80	4 800	60	80	4 800
				本月合计	100	80	8 000	60	80	4 800	60	80	4 800

（3）多栏式明细分类账。多栏式明细分类账是在同一张账页上设置若干专栏，用以反映某一总分类账户中各明细账户或明细项目的详细资料。例如，生产成本、制造费用、管理

费用明细账一般使用这种格式，能够提供某个具体的成本项目或费用项目的详细信息，有利于进行产品成本的控制和费用支出的监督。其格式如表 2-15 所示。

表 2-15 生产成本明细账

品种：A 产品　　　　　　　　　　　　　　　　　　　　　　　　　　　　单位：元

2018 年		凭证		摘　要	借　方			
月	日	字	号		直接材料	直接人工	制造费用	合　计
2	8			领用材料	6 000			6 000
2	28			分配工资		1 000		1 000
2	28			分配制造费用			2 000	2 000
2	28			本月合计	6 000	1 000	2 000	9 000
2	28			完工转出	3 600	600	1 200	5 400
2	28			月末在产品	2 400	400	800	3 600

明细分类账的登记方法，应根据经济业务的繁简程度和企业管理的实际需要而定。根据记账凭证并参考原始凭证或原始凭证汇总表进行登记。一般而言，固定资产、债权债务类明细账应当逐笔登记；存货类明细账既可以逐笔登记，也可以逐日汇总登记；收入、费用类明细账既可以逐笔登记，也可以逐日或者定期汇总登记。各种明细分类账在每次登记完毕后，应结出余额，以便随时核对账目。

（五）总分类账与明细分类账的平行登记

总分类账与明细分类账反映经济业务的内容是相同的，但是，总分类账提供总括的会计核算资料，明细分类账提供详细的核算资料，因此，总分类账与明细分类账的作用不同。总分类账提供的总括信息是对明细分类账详细信息的综合，它对明细分类账具有统驭作用；而明细分类账提供的详细信息是对总分类账的补充、解释和说明，是总分类账的具体化。因此，企业发生的每一项经济业务，都应根据会计凭证既登记总分类账，反映总括资料；又登记明细分类账，反映详细资料，这种登记账簿的方法称之为总分类账与明细分类账的平行登记。平行登记的要点如下：

（1）依据相同。总分类账户与明细分类账户一般应依据相同的记账凭证或者原始凭证进行登记。

（2）期间相同。对同一项经济业务在同一会计期间内既要登记相应的总分类账，又要登记总分类账所属的明细分类账。

（3）方向一致。总分类账户中记录经济业务的方向必须与明细分类账户中记录经济业务的方向相同。

（4）金额相等。记入总分类账户的金额与记入明细分类账户的金额或金额合计必须相等。

例如，未来公司 2017 年 3 月份应收账款总账期初余额为 120 000 元，其所属明细账期初余额为：甲公司 100 000 元，乙公司 20 000 元。

3 月份发生下列经济业务：

（1）3 月 2 日接到银行通知，收到甲公司的货款 20 000 元。

借：银行存款　　　　　　　　　　　　　　　　　　　　　　　　　　　　20 000

贷：应收账款——甲公司　　　　　　　　　　　　　　　　　　　　　　　　20 000

（2）3月6日，向乙公司销售产品一批，货款60 000元（假设不考虑增值税），尚未收取。

借：应收账款——乙公司　　　　　　　　　　　　　　　　　　　　　　　　60 000
　　贷：主营业务收入　　　　　　　　　　　　　　　　　　　　　　　　　60 000

根据以上会计凭证，对应收账款总账及其所属明细账平行登记如表2-16～表2-18所示。

表2-16　总分类账

应收账款　　　　　　　　　　　　　　　　　　　　　　　　　　　　　　单位：元

2017年		凭证		摘要	借方	贷方	借或贷	余额
月	日	字	号					
2	28			余额			借	120 000
3	2	收	01	收到货款		20 000	借	100 000
3	6	转	16	销售商品	60 000		借	160 000

表2-17　应收账款明细分类账

甲公司　　　　　　　　　　　　　　　　　　　　　　　　　　　　　　　单位：元

2017年		凭证		摘要	借方	贷方	借或贷	余额
月	日	字	号					
2	28			余额			借	100 000
3	2	收	01	收到货款		20 000	借	80 000

表2-18　应收账款明细分类账

乙公司　　　　　　　　　　　　　　　　　　　　　　　　　　　　　　　单位：元

2017年		凭证		摘要	借方	贷方	借或贷	余额
月	日	字	号					
2	28			余额			借	20 000
3	6	转	16	销售商品	60 000		借	80 000

第四节　财务会计循环

一、财务会计循环的概念与步骤

财务会计循环是指会计信息系统的经济业务自发生开始至以财务报表的形式将企业经营活动的过程和结果反映出来所经过的具体步骤。

基本的会计循环过程包括会计凭证、会计账簿和财务报表三个步骤。企业进行会计信息的加工处理必须在经济业务发生后填制会计凭证，根据会计凭证登记会计账簿，根据会计账簿及相关资料编制财务报表。不同经济规模、不同性质的企业，经济业务的内容与繁简程度可能不同，但基本的会计循环过程是相同的。

在基本会计循环的基础上，根据会计信息系统的运行规律，其会计循环的具体步骤如图2-8所示。

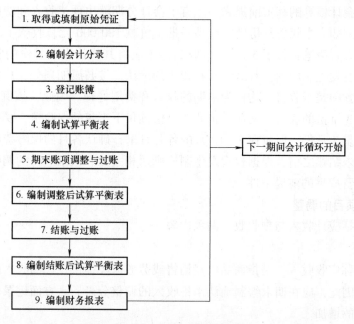

图 2-8　财务会计循环图

应当指出，以上是手工记账模式下会计循环的步骤。会计电算化以后，会计循环的各个步骤是通过会计软件的指令在瞬间完成的，虽然会计循环各操作步骤不是很明确，但其会计工作过程依然如此。

二、分录与过账

分录与过账是指财务会计循环的第一至第四步，这是财务会计的日常工作。

（1）取得或填制原始凭证。经济业务发生后，首先，会计部门应取得或填制原始凭证；其次，应审核经济业务的合理、合法性。

（2）编制会计分录。编制会计分录即填制记账凭证，应根据审核无误的原始凭证，按照借贷记账法的记账规则，编制记账凭证。

（3）登记账簿。登记账簿也称过账，应根据记账凭证或相关的原始凭证，按照总分类账与明细分类账平行登记的要点，登记有关的日记账、总分类账和明细分类账，并结出各账户的本期发生额和期末余额。

（4）编制调整前试算平衡表。为了检查日常经济业务记录的正确性，应将各总分类账的本期借贷方发生额一一列入试算平衡表。按照发生额试算平衡法与余额试算平衡法进行借贷方的试算平衡。

三、账项调整与过账

账项调整是财务会计的期末工作。首先，应根据权责发生制原则，确认应归属于本期的收入和费用，编制调整分录，并过入有关账簿。其次，编制调整后试算平衡表。根据调整前试算平衡表，将调整后的各总账账户的借贷方发生额列入调整后试算平衡表，再次检验账项调整后会计账簿记录的正确性。

会计分期是会计核算的基本前提之一。有了会计分期就出现了收入和费用确认的本期与非本期的区别。例如，本年3月份销售产品一批，价款100 000元，收款手续已经办妥，货物已发运给购货方。该笔货款于5月12日收到，则应将其确认为3月份的收入还是5月份的收入？按照权责发生制原则，其对收入和费用的确认，按归属期划分，只要属于本期的收入和费用，不论款项是否收付，均作为本期的收入和费用处理。因此，该例中的100 000元货款，应确认为3月份的收入。又如，企业7月份预付下半年的保险费，受益期是7～12月份。虽然付款期是7月份，但应在7～12月的各月月末，确认各月的保险费用，可见，账项调整是在会计期末结账之前，根据权责发生制原则对相关账户记录进行的调整和补充，也是正确计算各期经营成果的前提条件。

（一）收入项目的调整

收入项目包括应计收入与预收收入两项内容。

1. 应计收入

应计收入也称应收收入，是指商品已经销售或劳务已经提供，说明收入已经实现，但其款项尚未收讫，因此，应在期末编制确认销售收入的调整分录，一方面记录收入的增加，另一方面记录债权的增加。

味品质公司1月份发生12项经济业务之后，又发生如下经济事项：

【例2-13】 本月18日，石化公司从味品质公司取走货物，货款1 600元尚未支付（假设不考虑增值税）。

本月月末，虽然货款尚未收到，但商品已经销售，因此，期末应确认为本月的销售收入，编制调整分录如下：

借：应收账款　　　　　　　　　　　　　　　　　　　　　　　　1 600
　　贷：主营业务收入　　　　　　　　　　　　　　　　　　　　　　　　1 600

2. 预收收入

预收收入也称递延收入，是指商品尚未发出或劳务尚未提供，但其款项已经收妥入账。预收收入不符合收入确认条件，它只是企业的一项负债。因此，会计期末应对预收收入进行账项调整，只有已经实现销售或劳务已经提供的预收收入才能确认为本期收入。预收收入主要有预收销货款、预收租金等。

【例2-14】 味品质公司于年初将一间店面房屋出租给普林洗衣公司，并预收了半年的租金6 000元，存入银行。

年初收到房屋租金时，应编制会计分录如下：

借：银行存款　　　　　　　　　　　　　　　　　　　　　　　　6 000
　　贷：预收账款　　　　　　　　　　　　　　　　　　　　　　　　　　6 000

本期期末，出租的房屋已经提供，将预收收入确认为本期收入（假设不考虑增值税），应编制调整分录如下：

借：预收账款　　　　　　　　　　　　　　　　　　　　　　　　1 000
　　贷：其他业务收入　　　　　　　　　　　　　　　　　　　　　　　　1 000

（二）费用项目的调整

费用项目的调整包括应计费用和预付费用等内容。

1. 应计费用

应计费用是一种应付未付的负债性费用。这类费用虽然未在本期支付，但已经使本期受益，因此，应确认为本期的费用。在日常会计核算中，这类费用因尚未支付款项而没有入账，会计期末，应编制调整分录，并登记入账，一方面补记当期费用，另一方面记录负债的增加。

【例2-15】 例2-9中，味品质公司向银行借入款项100 000元，期限1年，利率6%，到期一次还本付息。本月应负担利息费用500元（100 000×6%÷12），应编制调整分录如下：

借：财务费用　　　　　　　　　　　　　　　　　　　　　　　　500
　　贷：应付利息　　　　　　　　　　　　　　　　　　　　　　500

2. 预付费用

预付费用是指本期已经付款入账，但因受益期限较长，应由本期和以后各期共同负担的费用，如预付保险费、预付租金、预付报刊订阅费用等。这类费用的特点是款项支付期在前，费用归属期在后，在支付款项时，先记入资产类"预付账款"账户，等待以后各受益期期末分期确认费用。

【例2-16】 例2-12中，味品质公司本年1月份预付1年的房屋租金96 000元，本月应负担费用8 000元（96 000÷12），应编制调整分录如下：

借：管理费用　　　　　　　　　　　　　　　　　　　　　　　8 000
　　贷：预付账款　　　　　　　　　　　　　　　　　　　　　8 000

3. 其他费用

（1）固定资产折旧。企业取得的固定资产要服务于本期及以后多个会计期间，该项支出属于资本性支出而非收益性支出，应将其支出作为固定资产的取得成本，不应作为取得期间的费用。但是，固定资产在使用期间会发生有形损耗和无形损耗，为了维持固定资产的简单再生产，应根据固定资产的相关资料，确定相对合理的损耗费用，即固定资产折旧费用，计入各个受益期间。

【例2-17】 例2-2中，味品质公司购置设备花费200 000元，该批设备本期应计提固定资产折旧2 000元，其中，管理用设备800元，营业用设备1 200元，期末应编制调整分录如下：

借：管理费用　　　　　　　　　　　　　　　　　　　　　　　　800
　　销售费用　　　　　　　　　　　　　　　　　　　　　　　1 200
　　贷：累计折旧　　　　　　　　　　　　　　　　　　　　　2 000

另外，会计期末，企业也应对使用年限有限的无形资产进行摊销。借记"管理费用""其他业务成本"等账户，贷记"累计摊销"账户。

（2）资产减值损失。企业的应收账款、存货、投资、固定资产、无形资产等因各种原因会使其可收回金额低于账面价值，从而发生资产减值。按照会计核算的谨慎性原则，对有确凿证据表明可能发生减值的资产，企业应计提资产减值准备，因此，期末应编制调整分录如下：

借：资产减值损失
　　贷：坏账准备（或存货跌价准备、固定资产减值准备等）

除了以上账项调整的内容外，会计期末企业还应结转完工产品成本、主营业务成本，以及分配工资费用，计算出应当缴纳的各种税金等。

（三）账项调整的试算平衡

在对期末调整事项编制调整分录后，应将各项业务过入有关账簿，至此，各总分类账户已经完整、系统地记录了某个会计期间的全部经济业务。为了检查账项调整后账簿登记的正确性，应在调整前试算平衡表的基础上，编制调整后试算平衡表，如表2-19所示。

表 2-19 调整后试算平衡表

味品质公司　　　　　　　　2018 年 1 月 31 日　　　　　　　　单位：元

账户名称	本期发生额 借方	本期发生额 贷方	期末余额 借方	期末余额 贷方
库存现金	2 000		2 000	
银行存款	686 000	369 000	317 000	
应收账款	1 600		1 600	
原材料	150 000	40 000	110 000	
预付账款	96 000	8 000	88 000	
固定资产	200 000		200 000	
累计折旧		2 000		2 000
短期借款		100 000		100 000
应付账款	100 000	150 000		50 000
预收账款	1 000	6 000		5 000
应付利息		500		500
实收资本		550 000		550 000
主营业务收入		81 600		81 600
其他业务收入		1 000		1 000
主营业务成本	40 000		40 000	
管理费用	17 800		17 800	
销售费用	13 200		13 200	
财务费用	500		500	
合　　计	1 308 100	1 308 100	790 100	790 100

四、对账与结账

（一）对账

对账是在过账之后，为保证账簿记录的正确性所进行的账目核对工作。对账是编制财务报表前必要的准备工作。对账的主要内容如下：

（1）账证核对。账证核对是指各种账簿记录与有关的原始凭证、记账凭证进行核对。

（2）账账核对。账账核对是指账簿与账簿之间的核对。企业一般设置特种日记账、各种总分类与明细分类账，各种账簿之间互有衔接，相互依存，这种衔接依存关系称作勾稽关系。通过账簿之间的勾稽关系，能够发现记账工作是否有误。账账核对包括：

1）总分类账簿各账户的本期借方发生额合计数与本期贷方发生额合计数应核对相符；期末借方余额合计数与贷方余额合计数核对相符。

2）总分类账簿各账户的本期发生额、期末余额应与其所属明细分类账簿的本期发生额之和，以及期末余额之和核对相符。

3）总分类账簿各账户的本期发生额、期末余额应与其序时账簿的本期发生额之和，以及期末余额之和核对相符。

4）会计部门各种财产物资明细账的期末余额应与财产物资保管和使用部门的明细账核对相符。

（3）账实核对　账实核对是指账簿记录与各项财产物资、债权债务的实际结存额之间的核对，即财产清查。账实核对的主要内容有：

1）库存现金日记账账面余额应与库存现金数额核对相符。

2）银行存款日记账账面余额应与银行对账单的余额核对相符。

3）债权债务明细账账面余额应与对方单位的账面记录核对相符。

4）各项财产物资明细账账面余额应与财产物资的实有数额核对相符。

（二）结账

结账包括两方面的内容：一是把一定时期内的经济业务全部登记入账以后，计算出每个账户的本期发生额和期末余额，并将其余额结转至下期或新的账簿；二是在会计期末，编制结账分录，计算出本年的财务成果，也称年终结账。

1. 实账户结账

前已述及，会计科目分类中的资产类、负债类、所有者权益类以及成本类账户，均属于资产负债表账户，反映企业在特定时点的财务状况。这类账户在调整分录登记入账之后，已经全面、系统地记录了整个会计期间的经济业务，因此，调整分录过账后便可结出各账户的期末余额，并将余额结转至下一个会计期间，作为下期的期初余额。

2. 虚账户结账

损益类账户包括收入类和费用类账户，属于利润表账户，反映企业一定时期的经营成果。会计期末，这些账户的余额应转入"本年利润"账户，使本期的收入和费用相配比，计算出当期损益。年终结账后各损益类账户的期末余额为零，故称之为虚账户。下一会计期间再重新设置收入类和费用类账户，汇集下期的收入与费用。

年终结账不仅要计算期末余额，而且要编制结账分录。结账分录的编制程序如下：

(1) 将本期所有收入类账户的余额转入"本年利润"账户的贷方。

借：主营业务收入

　　其他业务收入

　　投资收益

　　营业外收入

　　贷：本年利润

(2) 将本期所得税以外减少利润的账户余额转入"本年利润"账户的借方。

借：本年利润

　　贷：主营业务成本

　　　　税金及附加

　　　　其他业务成本

　　　　销售费用

　　　　管理费用
　　　　财务费用
　　　　营业外支出
　　(3) 根据"本年利润"账户贷方与借方的差额，计算出利润总额与应交所得税，并编制相应的会计分录。

　　根据结账分录，"本年利润"账户的贷方减去借方后的差额为利润总额，据此计算出应交所得税，其计算公式与会计分录如下：

$$应交所得税 = 利润总额或应纳税所得额 \times 所得税税率$$

借：所得税费用
　　贷：应交税费——应交所得税

　　(4) 将所得税费用转入"本年利润"账户，计算出本年的税后净利润。

借：本年利润
　　贷：所得税费用

　　(5) 将"本年利润"账户中的税后净利润转入"利润分配——未分配利润"账户。至此，便可以进行利润分配了。

借：本年利润
　　贷：利润分配——未分配利润

根据表2-19，编制年终结账会计分录如下：

【例2-18】 根据表2-19，将主营业务收入81 600元，其他业务收入1 000元，转入"本年利润"账户。

借：主营业务收入　　　　　　　　　　　　　　　　　　　　　　　81 600
　　其他业务收入　　　　　　　　　　　　　　　　　　　　　　　　1 000
　　贷：本年利润　　　　　　　　　　　　　　　　　　　　　　　　　　82 600

【例2-19】 根据表2-19，将主营业务成本40 000元，管理费用17 800元，销售费用13 200元，财务费用500元，转入"本年利润"账户。

借：本年利润　　　　　　　　　　　　　　　　　　　　　　　　　71 500
　　贷：主营业务成本　　　　　　　　　　　　　　　　　　　　　　　40 000
　　　　管理费用　　　　　　　　　　　　　　　　　　　　　　　　　17 800
　　　　销售费用　　　　　　　　　　　　　　　　　　　　　　　　　13 200
　　　　财务费用　　　　　　　　　　　　　　　　　　　　　　　　　　　500

【例2-20】 承前例，计算出本年的利润总额与应交所得税，并编制会计分录如下（假设味品质公司所得税税率为25%）：

本年利润总额 = 82 600元 − 71 500元 = 11 100元
应交所得税 = 11 100元 × 25% = 2 775元

借：所得税费用　　　　　　　　　　　　　　　　　　　　　　　　2 775
　　贷：应交税费——应交所得税　　　　　　　　　　　　　　　　　　　2 775

【例2-21】 将所得税费用2 775元转入"本年利润"账户。

借：本年利润　　　　　　　　　　　　　　　　　　　　　　　　　2 775
　　贷：所得税费用　　　　　　　　　　　　　　　　　　　　　　　　2 775

【例2-22】 将"本年利润"账户的贷方余额转入"利润分配——未分配利润"账户。

借：本年利润 8 325
　　贷：利润分配——未分配利润 8 325

（三）编制结账后试算平衡表

结账后，所有虚账户已经结平，余额为零，因此，结账后的试算平衡是所有实账户的试算平衡，并以此作为编制资产负债表的依据。结账后试算平衡表如表2-20所示。

表2-20　结账后试算平衡表

味品质公司　　　　　　　　　　　201×年1月31日　　　　　　　　　　　单位：元

账 户 名 称	借方余额	贷方余额
库存现金	2 000	
银行存款	317 000	
应收账款	1 600	
原材料	110 000	
预付账款	88 000	
固定资产	200 000	
累计折旧		2 000
短期借款		100 000
应付账款		50 000
预收账款		5 000
应付利息		500
应交税费		2 775
实收资本		550 000
利润分配		8 325
合　　计	718 600	718 600

五、财务报表的编制

会计期末，企业在进行账项调整之后，就可以对账、结账，并编制财务报表。

根据前述会计循环的步骤，企业的经济业务已经通过编制会计凭证和登记账簿，分类收集和汇总了各类会计信息，然而，这些分散在账簿中的信息仍然缺乏综合性和概括性，因此，需要对账簿中的会计信息按照信息使用者的要求进行综合汇总，形成具有一定格式和内容的报告文件，以全面反映企业的财务状况、经营成果和现金流量，这种报告文件就是财务会计工作的最终产品，即财务会计报告，简称财务报告。财务报告包括财务报表和财务报表附注。财务报表是财务报告的主体，一般包括资产负债表、利润表、现金流量表和所有者权益变动表。附注是对财务报表中列示项目的文字描述或明细资料，以及对未能在报表中列示项目的说明。财务报表的编制是会计循环的最后一个步骤，本部分只是从会计循环的角度简单介绍四张主表，即资产负债表、利润表、现金流量表和所有者权益变动表。财务报告的具体内容将在第九章详细介绍。

1. 利润表的编制

利润表又称损益表，是反映企业在一定会计期间经营成果的报表。利润表的结构由收入－费用＝利润的会计等式构成，其格式有单步式和多步式两种。单步式利润表是将企业本会计期间增加利润的各类收入，包括主营业务收入、其他业务收入、投资收益、营业外收入等列示在表的上方，将减少利润的各类费用和损失，包括主营业务成本、税金及附加、其他业务成本、销售费用、管理费用、财务费用、营业外支出等列示在表的下方，两者的差额即利润。

多步式利润表的特点是按步骤计算。

根据味品质公司结账后各损益类账户的数据，编制利润表，按营业利润、利润总额、净利润和每股收益，分别列示利润的形成过程，如表 2-21 所示。

表 2-21　利润表

编制单位：味品质公司　　　　2018 年 1 月份　　　　　　　　　　　　单位：元

项　　目	金　　额
一、营业收入	82 600
减：营业成本	40 000
税金及附加	
管理费用	17 800
销售费用	13 200
财务费用	500
资产减值损失	—
加：公允价值变动收益	—
投资收益	
二、营业利润	11 100
三、利润总额	11 100
减：所得税费用	2 775
四、净利润	8 325
五、其他综合收益的税后净额	—
六、综合收益总额	8325
七、每股收益	—
（一）基本每股收益	
（二）稀释每股收益	

2. 资产负债表的编制

资产负债表是反映企业特定日期财务状况的报表。资产负债表的结构由资产－负债＝所有者权益的基本会计等式构成，其格式有账户式和报告式两种。账户式资产负债表的左方列示资产；资产项目应当分别流动资产和非流动资产列示；流动资产一般包括货币资金、以公允价值计量且其变动计入当期损益的金融资产、应收及预付款项、存货等项目；非流动资产包括持有至到期投资、长期股权投资、固定资产、无形资产等项目。表的右方按照求偿权先后顺序上下分布，上方列示需要偿还的负债，分别按照偿还期的长短依次排列，如先列示短期借款、应付票据等流动负债，再列示长期借款等非流动负债。在企业清算之前不需要偿还的所有者权益项目排在最后。所有者权益包括投入资本、其他综合收益和留存收益三部分内容。

报告式资产负债表是按照资产、负债、所有者权益的顺序上下分布。

根据表 2-20，编制资产负债表如表 2-22 所示。

表 2-22 资产负债表

编制单位：味品质公司　　　　2018 年 1 月 31 日　　　　　　　　　　　　　单位：元

资产	金额	负债和所有者权益	金额
流动资产：		负债	
货币资金	319 000	流动负债：	
以公允价值计量且其变动计入当期损益的金融资产		短期借款	100 000
		以公允价值计量且其变动计入当期损益的金融负债	
应收票据			
应收账款	1 600	应付账款	50 000
预付款项	88 000	预收款项	5 000
应收股利		应付利息	500
其他应收款		应交税费	2 775
存货	110 000	应付职工薪酬	
流动资产合计	518 600	流动负债合计	158 275
		非流动负债：	
		长期借款	
非流动资产：		长期应付款	
可供出售金融资产		应付债券	
持有至到期投资		递延所得税负债	
长期股权投资		非流动负债合计	
投资性房地产		所有者权益	
固定资产	198 000	实收资本	550 000
生物资产		资本公积	
递延所得税资产		其他综合收益	
无形资产		盈余公积	
非流动资产合计	198 000	未分配利润	8 325
资产总计	716 600	负债和所有者权益总计	716 600

3. 现金流量表的编制

资产负债表反映企业特定时点的财务状况，是从静态角度反映企业年末与年初资产、负债、所有者权益变化的结果；但是，各项资产、负债、所有者权益变化的原因是什么，资产负债表不能做出解释。

利润表反映企业在一定会计期间的经营成果，综合反映经营活动、投资活动和筹资活动对利润的影响；但利润表却不能反映究竟以多大规模的投资赚取了投资收益，也不能反映以多大筹资规模赚取了营业利润，利润表只是反映了各种利润的结果。

现金流量表提供了企业在一定会计期间内经营活动、投资活动和筹资活动各部分现金及现金等价物流入、流出的信息。根据现金流量表，不仅能够分析企业的偿债能力。而且能够预测企业未来产生现金的能力，以及判断企业财务状况和经营成果的可靠性。现金流量表的基本格式如表 2-23 所示。

表 2-23　现金流量表（简表）

编制单位：　　　　　　　　　年度　　　　　　　　　单位：元

项　目	行　次	本 期 金 额
一、经营活动产生的现金流量		
经营活动现金流入小计		
经营活动现金流出小计		
经营活动产生的现金流量净额		
二、投资活动产生的现金流量		
投资活动现金流入小计		
投资活动现金流出小计		
投资活动产生的现金流量净额		
三、筹资活动产生的现金流量		
筹资活动现金流入小计		
筹资活动现金流出小计		
筹资活动产生的现金流量净额		
四、汇率变动对现金及现金等价物的影响		
五、现金及现金等价物净增加额		
六、期末现金及现金等价物余额		

4. 所有者权益变动表的编制

所有者权益变动表是反映企业年末所有者权益（或股东权益）变动的情况的报表。所有者权益变动不仅包括所有者投入和减少资本；而且包括直接计入所有者权益的利得和损失与最终属于所有者权益变动的净利润。所有者权益变动表分别反映所有者权益各项内容的上年年末余额、本年年初余额、本年增减变动金额和本年年末余额，主要强调本年度各项所有者权益增减变动的具体内容。所有者权益变动表的基本格式如表 2-24 所示。

表 2-24　所有者权益变动表（简表）

编制单位：　　　　　　　　　年度　　　　　　　　　单位：元

项　目	本年金额						
	实收资本（或股本）	资本公积	减：库存股	其他综合收益	盈余公积	未分配利润	所有者权益合计
一、上年年末余额							
加：会计政策变更							
前期差错更正							
二、本年年初余额							
三、本年增减变动金额（减少以"－"号填列）							
（一）综合收益总额							
（二）所有者投入和减少资本							
1. 所有者投入资本							
2. 股份支付计入所有者权益的金额							
3. 其他							

(续)

项 目	本年金额						
	实收资本（或股本）	资本公积	减：库存股	其他综合收益	盈余公积	未分配利润	所有者权益合计
（三）利润分配							
1. 提取盈余公积							
2. 对所有者（或股东）的分配							
3. 其他							
（四）所有者权益内部结转							
1. 资本公积转增资本（或股本）							
2. 盈余公积转增资本（或股本）							
3. 盈余公积弥补亏损							
4. 其他							
四、本年年末余额							

本 章 小 结

资产＝负债＋所有者权益，是基本会计等式。它说明了某一会计主体在某一特定时点所拥有的各种资产，以及债权人和投资者对企业资产要求权的基本状况；也是复式记账、会计核算的基础。如果将基本等式移项，即资产－负债＝所有者权益，则是从所有者的角度说明所有者权益，它是企业全部资产抵偿全部负债以后的剩余，也称剩余权益或净资产。收入－费用＝利润，是利润表等式。它是经营者利用债权人和出资人提供的资金赚取的利润。该等式是对资产负债表等式的补充和说明。

根据会计要素构成的会计等式能够反映和记录企业经营活动的过程和结果。任何一项经济业务均不会破坏会计等式的平衡关系。经济业务对会计等式的影响可归纳为四种类型：① 等式左方资产项目与等式右方负债和所有者权益项目同时增加，增加金额相等；② 等式左方资产项目与等式右方负债和所有者权益项目同时减少，减少金额相等；③ 等式左方资产项目内部一增一减，增减金额相等；④ 等式右方负债和所有者权益项目一增一减，增减金额相等。

会计科目是按照经济内容对会计要素所做的具体分类。同时，应根据会计科目设置账户、编制凭证及登记账簿。会计科目分为五大类，即资产类、负债类、所有者权益类、成本类和损益类。账户是根据会计科目的名称设置的，具有一定的格式和结构的实体，能够分类反映会计要素的增减变动情况和结果。通过账户的记录，可提供期初余额、本期增加发生额、本期减少发生额、期末余额四项核算指标。

借贷记账法是指以借和贷作为记账符号，对企业发生的每一项经济业务均要以相等的金额同时在两个或两个以上相互联系的账户中进行登记的一种记账方法。借贷记账法账户的基本结构分为左、右两方，左方为借方，右方为贷方。资产类、成本类、费用类均为借方记录增加额，贷方记录减少额，期末余额，一般应在借方；负债类、所有者权益类、收入类均为贷方记录增加额，借方记录减少额，期末余额，一般应在贷方。而损益类中的收入类账户与费用类账户，期末时应转入"本年利润"账户，因此，期末一般无余额。

会计凭证是记录经济业务、明确经济责任的书面证明，也是登记账簿的依据。会计账簿在会计循环系统中处于承前启后的作用。首先，会计账簿通过对记账凭证中分散的会计资料的归类记录，能够为各类资金管理提供数据。其次，会计账簿是编制财务报表的主要资料来源。

会计循环包括取得或填制原始凭证、编制会计分录、登记账簿、编制试算平衡表、账项调整、结账与过账、编制结账后试算平衡表、编制财务报表等步骤。

思 考 题

1. 什么是会计等式？会计等式有几种表达方式？各种会计等式的意义及其相互关系如何？
2. 经济业务与会计等式的关系是什么？
3. 什么是会计科目？什么是账户？二者之间的区别与联系是什么？
4. 何谓借贷记账法？其账户结构与记账规则是什么？
5. 什么是会计分录？如何编制会计分录？
6. 什么是会计凭证？其作用是什么？
7. 原始凭证的意义、种类、填制要求有哪些？记账凭证的意义与种类有哪些？
8. 什么是账簿？企业应设置哪些账簿？
9. 总分类账与明细分类账的关系是什么？如何进行总分类账与明细分类账的平行登记？
10. 会计循环的具体步骤有哪些？
11. 会计期末为何要进行账项调整？应调整哪些内容？
12. 何谓对账与结账？如何进行年终结账？
13. 什么是财务报表？三张主表分别反映了那些会计信息？为什么要编制财务报表？
14. 如果你是公司的股东，你最想了解公司的哪些信息？
15. 作为公司的管理者，应当如何利用会计信息？

自 测 题

一、选择题

1. 正确的会计等式有(   )。
   A. 资产 = 负债 + 所有者权益　　　　　　B. 资产 = 负债 – 所有者权益
   C. 资产 + 负债 = 所有者权益　　　　　　D. 资产 – 债 = 所有者权益
2. 借贷记账法下的负债类科目是(   )。
   A. 预收账款　　　　B. 应收账款　　　　C. 预付账款　　　　D. 其他应收款
3. 下列项目中，属于会计凭证的有(   )。
   A. 限额领料单　　　B. 收款凭证　　　　C. 固定资产卡片　　D. 库存现金日记账
4. 下列项目中，属于会计账簿的有(   )。
   A. 固定资产总账　　B. 固定资产卡片　　C. 银行存款日记账　D. 科目汇总表
5. 总分类账与明细分类账平行登记的要点包括(   )。
   A. 登账依据相同　　　　　　　　　　　　B. 必须在同一天登记

C. 登记的金额必须相等　　　　　　　　　　D. 记账方向必须一致

6. 财务会计循环的步骤包括(　　)。

A. 编制会计分录　　B. 登记账簿　　C. 编制财务报表　　D. 会计分期

7. 属于期末账项调整的会计事项有(　　)。

A. 确认属于本期的销售收入　　　　　　　　B. 收到预收款项

C. 以银行存款支付银行利息　　　　　　　　D. 预付半年的房屋租金

8. 下列项目中，属于实账户的有(　　)。

A. 应付利息　　B. 应付账款　　C. 银行存款　　D. 本年利润

9. 企业财务报告包括(　　)。

A. 资产负债表　　　　　　　　　　　　　　B. 利润表

C. 财务报表附注　　　　　　　　　　　　　D. 所有者权益变动表

10. 若一项经济业务发生后，引起银行存款减少8 000元，则相应地可能引起(　　)。

A. 固定资产增加8 000元　　　　　　　　　B. 短期借款增加8 000元

C. 应付账款减少8 000元　　　　　　　　　D. 实收资本减少8 000元

二、判断题

1. 资产、负债及所有者权益三个会计要素是资产负债表的基本构件。　　　　　(　　)
2. 企业的所有者权益是指所有者的出资额。　　　　　　　　　　　　　　　　(　　)
3. 企业提取固定资产的折旧费会减少所有者权益。　　　　　　　　　　　　　(　　)
4. "制造费用"账户一般期末没有余额，因此属于损益类账户。　　　　　　　　(　　)
5. 登记总分类账的依据是明细分类账。　　　　　　　　　　　　　　　　　　(　　)
6. 从银行提取现金，只编制银行存款付款凭证。　　　　　　　　　　　　　　(　　)
7. 会计账簿是编制财务报表的唯一资料来源。　　　　　　　　　　　　　　　(　　)
8. 年终结账是指在会计期末编制结账分录，计算出本年的财务成果。　　　　　(　　)
9. 银行存款日记账账面余额应与银行对账单的余额核对相符。　　　　　　　　(　　)
10. 基本的会计循环过程包括会计凭证、会计账簿和财务报表三个步骤。　　　(　　)

业务练习题

华德公司于2017年6月1日开业。6月月末各账户的余额如下（单位：元）：

(1) 其他应收款　　　　　　　　　　　　　6 000
(2) 银行存款　　　　　　　　　　　　　607 500
(3) 原材料　　　　　　　　　　　　　　45 000
(4) 固定资产　　　　　　　　　　　　150 000
(5) 应付账款　　　　　　　　　　　　　45 000
(6) 短期借款　　　　　　　　　　　　　15 000
(7) 管理费用　　　　　　　　　　　　　1 500
(8) 实收资本　　　　　　　　　　　　750 000

要求：

(1) 说明以上账户的性质。
(2) 根据以上账户余额，判断该企业发生了哪些经济业务。

案例分析题

王林于2018年1月份注册了一家茶艺公司,并开始营业。其本月的经济业务如下:

(1) 1日,注册资本200 000元,已存入企业在银行的存款户。

(2) 8日,租用了公司用房,租赁合同已经签订,租期五年,每年年初支付租金36 000元,已转账划给出租方。

(3) 12日,向A公司购置各种茶艺用品24 000元,款项尚未支付。

(4) 12日,购买各种茶叶250斤,以银行存款支付货款140 000元。

(5) 15日,提取现金,支付职工工资20 000元。

(6) 18日,销售C级茶叶50斤(每斤进价300元,售价600元),收到现金30 000元,已存入银行存款户。

(7) 22日,茶艺现金收入20 000元,已存入银行存款户,消耗茶叶20斤(每斤进价100元)。

(8) 31日,月末结转茶叶销售成本,并编制调整分录。

要求:

(1) 根据以上经济业务编制会计分录。

(2) 用T形账户计算出有关账户的本期发生额合计和期末余额。

(3) 编制有关账户的发生额及余额试算平衡表。

(4) 编制结转本年利润的会计分录与结账后试算平衡表(该企业免缴所得税)。

(5) 编制资产负债表与利润表,并从会计等式的角度说明两个报表的关系。

(6) 假设销售茶叶收入与茶艺收入尚未收款,则对公司利润有影响吗?

(7) 假设销售茶叶收入与茶艺收入尚未收款,A公司通知王林本月必须还款,则茶艺公司会破产吗?

(8) 如果你是公司的股东,应如何评价公司的财务状况?

第二篇 财务会计

第三章 资　产

案例与引言

　　李凡在环保研究所工作五年后发明并申请了一项污水处理装置技术专利，由于对环保行业了如指掌，便与同学郭力、肖锋注册成立了凡力锋污水处理实业公司，专门生产各种污水处理装置产品。三人共出资80万元，李凡的污水处理装置技术专利经评估作价20万元。按照各自分工，先后购置了厂房、设备及生产产品用原材料与辅料。公司投入运营后，经营势头很好，两年就收回了投资；五年后公司资本实力大增，在满足正常生产运营的前提下，公司购置了借力环保公司40%的股份，以保证公司产品所需原材料的充足供应。

　　请问：公司进行正常运营需要哪些资产？各项资产如何确认、计量与记录？公司购置的借力环保公司40%的股份也是公司的资产吗？这类资产能够取得收益吗？

　　对以上问题的回答，正是本章的学习目标。

本章学习目标

- ◆ 资产的概念及构成
- ◆ 企业资产的分类
- ◆ 金融资产的分类
- ◆ 货币资金的核算与内部控制
- ◆ 应收款项的确认、计量和记录
- ◆ 存货的计价与核算
- ◆ 固定资产的确认、计量与记录
- ◆ 无形资产的确认、计量与记录
- ◆ 投资性房地产的内容与核算
- ◆ 持有至到期投资的特点与核算
- ◆ 可供出售金融资产的意义
- ◆ 长期股权投资的意义与核算
- ◆ 各项资产在资产负债表中的披露

第一节 货币资金

货币资金是企业以货币形态存在的资产,它是企业资产中流动性最强的资产,因此,列在资产负债表资产项目的第一项。货币资金按其存放地点和用途的不同分为库存现金、银行存款和其他货币资金。就会计核算而言,货币资金的核算比较简单,但是,由于库存现金和银行存款是直接的流通货币,因此,在组织会计核算过程中,强化货币资金的内部控制,关注货币资金的构成与运用质量是其核算与管理的关键环节。

一、库存现金

库存现金是存放于企业财会部门,由出纳人员经管的货币,包括库存的人民币和外币。

(一) 库存现金管理制度

根据国务院发布的《现金管理暂行条例》的规定,现金管理制度主要包括以下内容:

1. 库存现金使用范围

企业可用现金支付的款项有:① 职工工资、津贴;② 个人劳务报酬;③ 根据国家规定颁发给个人的科学技术、文化艺术、体育等各种奖金;④ 各种劳保、福利费用以及国家规定的对个人的其他支出;⑤ 向个人收购农副产品和其他物资的款项;⑥ 出差人员必须随身携带的差旅费;⑦ 结算起点(现行规定为1 000元人民币)以下的零星支出;⑧ 中国人民银行确定需要支付现金的其他支出。除上述情况可以用现金支付外,其他款项的支付应通过银行转账结算。

2. 核定库存现金限额

库存现金限额是指为保证各单位日常零星支付,按规定允许留存现金的最高数额。为了控制现金的使用范围,使现金数额既能保证企业日常零星开支的需要,又符合货币流通的要求,确保现金的完整与安全,应根据企业规模的大小、距离银行的远近和现金收付业务的实际需要,由企业与开户银行共同核定库存现金限额。一般企业按3~5天的日常零星开支核定限额,边远地区和交通不便的企业可以适当放宽额度,但最多不能超过15天的日常零星开支。

3. 库存现金收支的规定

(1) 严格控制坐支。坐支是指企业从现金收入中直接支付的行为。现金管理制度规定,对企业的现金收入和现金支出实行收支两条线管理。即企业取得的现金收入必须送存银行,不能用作其他开支;企业支付现金时,可以从企业库存现金限额中支付,或者从开户银行提取。

(2) 不准用不符合财务制度的凭证顶替库存现金,即不得"白条抵库";不准谎报用途套取现金;不准用银行账户代其他单位和个人存入或支取现金,逃避国家金融监管,即不得"出租出借账户";不准将单位收入的现金以个人名义存入储蓄,即不得"公款私存";不准保留账外公款,即不得设置"小金库";不准单位间相互借用现金,扰乱市场经济秩序;不准发行变相货币,不准以任何内部票据代替人民币在社会上流通。银行对于违反上述规定的单位,将按照违规金额的一定比例予以处罚。

(二) 库存现金的核算

1. 库存现金的总分类核算

为了总括地反映现金的收入、支出和结存情况,应设置"库存现金"总账科目。企业内部各部门周转使用的备用金，可以单独设置"备用金"科目核算。

（1）现金收入的核算。现金收入的业务有从银行提取现金、零星销售收入现金、职工出差报销时交回的剩余借款、收取对个人的罚款等。

【例3-1】 祥达实业股份公司（以下简称祥达实业）从开户银行提取现金30 000元备用。其会计处理如下：

借：库存现金　　　　　　　　　　　　　　　　　　　　　　30 000
　　贷：银行存款　　　　　　　　　　　　　　　　　　　　　30 000

【例3-2】 祥达实业出售废料200元、积压材料1 000元，收入现金1 200元。其会计处理如下：

借：库存现金　　　　　　　　　　　　　　　　　　　　　　1 200
　　贷：其他业务收入　　　　　　　　　　　　　　　　　　　1 200

（2）现金支出的核算。

【例3-3】 祥达实业以现金支付职工培训讲课费1 600元。其会计处理如下：

借：管理费用　　　　　　　　　　　　　　　　　　　　　　1 600
　　贷：库存现金　　　　　　　　　　　　　　　　　　　　　1 600

【例3-4】 祥达实业主管会计报销由其个人垫支的购买账簿款260元，以现金付讫。其会计处理如下：

借：管理费用　　　　　　　　　　　　　　　　　　　　　　260
　　贷：库存现金　　　　　　　　　　　　　　　　　　　　　260

2. 库存现金的明细分类核算

为了全面、系统、连续、详细地反映有关现金的收支情况，企业应设置库存现金日记账（库存现金日记账的格式见表2-9），由出纳人员根据审核无误的收付款凭证，按照业务发生的先后顺序逐日逐笔登记，每日终了时应计算库存现金收入合计、库存现金支出合计及结余数，并同库存现金数核对，保证账款相符、账账相符。库存现金日记账必须是订本账，一般采用三栏式账页，借方栏根据库存现金收款凭证登记，贷方栏根据库存现金付款凭证登记，但对于从银行提取现金的业务因为只编制银行存款付款凭证，故此应根据银行存款付款凭证登记库存现金日记账的借方栏。

3. 库存现金清查的核算

库存现金清查是指对库存现金的盘点与核对，包括出纳人员每日终了前进行的库存现金账款核对和清查小组进行的定期或不定期的现金盘点、核对。库存现金清查一般采用实地盘点法。清查小组清查时，出纳人员必须在场，清查的内容主要是检查是否有挪用库存现金、白条抵库、超限额留存库存现金，以及账款是否相符等。

对于库存现金清查的结果，企业应编制库存现金盘点报告单，注明库存现金溢缺的金额，并由出纳人员和盘点人员签字盖章。如果有挪用库存现金、白条抵库情况，应及时予以纠正；对于超限额留存的库存现金要及时送存银行；如果账款不符，应及时查明原因，并将短款或长款记入"待处理财产损溢"科目。查明原因后，应分别情况处理：属于记账差错的应及时予以更正，对无法查明原因的长款应计入营业外收入；对于库存现金短款，应由责任人员赔偿，无法查明原因的，经批准后，计入当期损益。

二、银行存款

(一) 银行结算制度

银行存款是指企业存放于银行的货币资金。银行存款收付应严格遵守银行结算制度的规定。银行结算制度的主要依据是中国人民银行发布施行的《支付结算办法》。结算是指单位、个人在社会经济活动中使用票据、信用卡和汇兑、托收承付、委托收款等结算方式进行货币给付及其资金清算的行为。结算有现金结算和转账结算两种。现金结算是以直接收付库存现金的方式,结清因商品交易、劳务供应等业务的往来款项,按照规定,只有在现金使用范围内的业务,才能使用现金结算。转账结算是指收付款双方通过银行以划拨清算的方式,把款项从付款单位存款户转入收款单位存款户。企业除了按照规定的现金使用范围可用现金进行结算以外,都必须通过银行进行转账结算。

企业应当按照《人民币银行结算账户管理办法》的规定开立和使用基本存款账户、一般存款账户、临时存款账户和专用存款账户。其中,基本存款账户是指企业办理日常转账结算和现金收付的账户;一般存款账户是指企业在基本存款账户以外的银行借款转存、与基本存款账户的企业不在同一地点的附属非独立核算单位开立的账户,本账户可以办理转账结算和现金缴存,但不能支取现金;临时存款账户是指企业因临时生产经营活动的需要而开立的账户,本账户既可以办理转账结算,又可以根据国家现金管理规定存取现金;专用存款账户是指企业因特定用途所开立的账户。

根据中国人民银行《支付结算办法》的规定,现行的银行转账结算办法有八种,即银行汇票、商业汇票、银行本票、支票、信用卡、汇兑、托收承付、委托收款。

(二) 银行存款的核算

1. 银行存款的总分类核算

为了总括地反映银行存款的收入、付出、结存情况,企业应设置"银行存款"总账科目。"银行存款"科目是资产类科目,借方登记银行存款的增加数额,贷方登记银行存款的减少数额,余额在借方,表示期末企业银行存款的实际结存数额。

上述银行转账结算方式中,银行汇票、商业汇票、银行本票和支票四种方式均为票据,在我国目前的会计核算中只有商业汇票作为票据核算,故商业汇票的内容与核算将分别在应收票据和应付票据的核算中介绍;银行汇票、银行本票和信用卡的核算则在其他货币资金的核算中说明。因此,本部分内容只介绍支票、汇兑、托收承付、委托收款等结算方式的核算。

(1) 支票。支票是出票人签发的,委托办理支票存款业务的银行在见票时无条件支付确定的金额给收款人或持票人的票据。

支票上印有"现金"字样的为现金支票,现金支票只能用于支取现金。支票上印有"转账"字样的为转账支票,转账支票只能用于转账。支票上未印有"现金"或"转账"字样的为普通支票,普通支票可以用于支取现金,也可以用于转账。普通支票左上角画两条平行线的,为划线支票,划线支票只能用于转账,不得支取现金。单位和个人在同一票据交换区域的各种款项结算,均可以使用支票。

企业不得签发空头支票,不得签发与其预留银行签章不符的支票。支票的提示付款期自出票日期10日,超过提示付款期限尚未付款的,出票人开户银行不予受理,付款人不予付款。

企业开出支票时，根据支票存根，借记有关科目，贷记"银行存款"科目；企业收到支票并填制进账单到银行办理收款手续后，借记"银行存款"科目，贷记有关科目。

（2）汇兑。汇兑是汇款人委托银行将其款项支付给收款人的结算方式。单位和个人各种款项的结算均可使用汇兑结算方式。汇兑分为信汇、电汇两种，由汇款人选择使用。汇入银行对于收款人拒绝接受的款项，应即办理退汇。汇入银行对于向收款人发出取款通知，经过两个月无法交付的汇款，应主动办理退汇。

付款单位根据银行签发的汇款回单，借记有关科目，贷记"银行存款"科目；收款单位根据银行转来的收款通知，借记"银行存款"科目，贷记有关科目。

（3）托收承付。托收承付是根据购销合同由收款人发货后委托银行向异地付款人收取款项，由付款人向银行承认付款的结算方式。使用托收承付结算方式的收款单位和付款单位，必须是国有企业、供销合作社以及经营管理较好并经开户银行审查同意的城乡集体所有制工业企业。办理托收承付结算的款项必须是商品交易以及因商品交易而产生的劳务供应的款项。代销、寄销、赊销商品的款项，不得办理托收承付结算。收款人办理托收，必须具有商品确已发出的证件（包括铁路、航运、公路等运输部门签发的运单、运单副本和邮局包裹回执）以及其他有效证件。托收承付结算每笔的金额起点为 10 000 元。新华书店系统每笔结算的金额起点为 1 000 元。

付款人开户银行收到托收凭证及其附件后，应及时通知付款人付款。承付货款分为验单付款和验货付款两种，由收付双方选用。验单付款的承付期为 3 天，从付款人开户银行发出通知的次日算起（承付期内遇法定休假日顺延）。验货付款的承付期为 10 天，从运输部门向付款人发出提货通知的次日算起。

若因没有签订购销合同或经查验货物与合同规定或发货清单不符的款项等拒付款项的情况存在时，企业应填写"拒绝付款理由书"并签章，以拒绝付款。

付款企业承认付款后，根据有关凭证，借记"物资采购"或"在途物资""应交税费——应交增值税"科目，贷记"银行存款"科目。

销货企业收到银行转来的收款通知和有关托收结算凭证，借记"银行存款"科目，贷记"应收账款"等科目。

（4）委托收款。委托收款是收款人委托银行向付款人收取款项的结算方式。单位和个人凭已承兑商业汇票、债券、存单等付款人债务证明办理款项的结算，均可以使用委托收款结算方式。委托收款在同城、异地均可以使用。委托收款结算款项的划回方式，分邮寄和电报两种，由收款人选用。

收款人办理委托收款应向银行提交委托收款凭证和有关债务证明。银行接到寄来的委托收款凭证及债务证明，审查无误办理付款。其中，以银行为付款人的，银行应当在当日将款项主动支付给收款人；以单位为付款人的，银行应及时通知付款人。按照有关规定，需将有关债务证明交给付款人，并签收。

付款单位接到银行付款通知、审查债务凭证后付出款项时，借记"应付账款"等科目，贷记"银行存款"科目。收款单位收到银行收款通知后，根据有关凭证借记"银行存款"科目，贷记"应收账款"科目。

2. 银行存款的明细分类核算

为了全面、系统、连续、详细地反映有关银行存款收支的情况，企业应设置银行存款日记账（银行存款日记账的格式见表2-10），由出纳人员根据审核无误的银行存款收付款凭证，按照业务发生的先后顺序逐日逐笔登记。银行存款日记账必须是订本账，一般采用三栏式账页，借方栏根据银行存款收款凭证或库存现金付款凭证登记，贷方栏根据银行存款付款凭证登记。每日终了时应计算银行存款收入合计、银行存款支出合计及结余数，定期与银行转来的对账单核对相符。

3. 银行存款的清查

为保证银行存款的安全完整，准确掌握银行存款的实际金额，企业应定期对银行存款进行清查。银行存款的清查是指企业银行存款日记账的账面余额与其开户银行转来的对账单的余额进行的核对。核对结果若双方记账都无差错，但对账单与日记账的余额仍不相符，说明存在未达账项，应通过编制银行存款余额调节表予以调整。

所谓未达账项，是指企业与银行之间由于结算凭证传递导致的双方入账时间不一致，使得一方已经入账而另一方尚未入账的款项。未达账项一般有以下四种情况：

（1）银行已经收款入账，企业尚未收款入账的款项。
（2）银行已经付款入账，企业尚未付款入账的款项。
（3）企业已经收款入账，银行尚未收款入账的款项。
（4）企业已经付款入账，银行尚未付款入账的款项。

对查明的未达账项，应采用余额调节法将双方余额调节相符。余额调节法是指在双方账面余额基础上，各自加上对方已收款记账而本单位尚未收款记账的数额，减去对方已经付款记账而本单位尚未付款记账的数额，将双方余额调节相符的方法。其计算公式如下：

企业银行存款日记账余额 + 银行已收款记账企业未收款记账的数额 − 银行已付款记账企业未付款记账的数额 = 银行对账单余额 + 企业已收款记账银行未收款记账的数额 − 企业已付款记账银行未付款记账的数额

在实际工作中，一般是根据上述原理编制银行存款余额调节表进行调节。

【例3-5】 祥达实业6月30日银行存款日记账余额为67 500元，银行转来对账单的余额为64 575元，相差2 925元。经核对，双方记账没有差错，但有以下未达账项：

（1）6月30日收到某公司货款3 750元，银行已入账，企业未接到收账通知。
（2）6月30日银行为企业划出一笔托收账款4 350元，付款通知未到企业。
（3）6月30日企业送存转账支票4 800元，银行尚未记账。
（4）6月30日企业开出转账支票2 475元，持票人未到银行办理转账，银行尚未入账。

财会部门根据上述资料编制的银行存款余额调节表，如表3-1所示。

表3-1 银行存款余额调节表
2017年6月30日　　　　　　　　　　　　　　单位：元

项目	金额	项目	金额
银行存款日记账余额	67 500	银行对账单余额	64 575
加：银行已收而企业未收的款项	3 750	加：企业已收而银行未收的款项	4 800
减：银行已付而企业未付的款项	4 350	减：企业已付而银行未付的款项	2 475
调节后余额	66 900	调节后余额	66 900

调节后的余额相等,都是66 900元,说明核算准确;若调节后余额仍不相等,则说明有记账或其他错误,应继续核对。

应该强调,银行存款余额调节表即银行存款调节后的余额,只能作为动用存款和分析问题的参考,不是调整企业未达账项的依据,未达账项必须在企业收到有关结算凭证时才能登记入账。

三、其他货币资金

其他货币资金是指企业现金和银行存款以外的货币资金,包括外埠存款、银行汇票存款、银行本票存款、信用证保证金存款、信用卡存款和存出投资款等。因其存放地点和用途都与库存现金和银行存款不同,在会计上称为其他货币资金。

外埠存款是指企业到外地进行临时或零星采购时,汇往采购地银行开立采购专户的款项。银行汇票存款是企业为了取得银行汇票,按照规定存入银行的款项。银行本票存款是企业为了取得银行本票,按照规定存入银行的款项。信用证保证金存款是指采用信用证结算方式的企业为开具信用证而存入银行信用证保证金专户的款项。信用卡存款是企业为了取得信用卡,按照规定存入银行的款项。存出投资款是指企业已存入证券公司但尚未进行投资的现金。

企业应设置"其他货币资金"总账科目,在总账科目下设置外埠存款、存出投资款、银行汇票、银行本票、信用证、信用卡等明细科目进行明细核算。

【例3-6】 祥达实业采购员到上海采购原材料,委托银行将采购资金250 000元汇往采购地银行开立专户,取得的增值税专用发票上注明价款200 000元,增值税34 000元。其会计处理如下:

(1) 委托银行将采购资金250 000元汇往采购地银行开立专户时:

借:其他货币资金——外埠存款　　　　　　　　　　　　　　250 000
　　贷:银行存款　　　　　　　　　　　　　　　　　　　　　250 000

(2) 根据增值税专用发票等有关凭证支付货款时:

借:原材料　　　　　　　　　　　　　　　　　　　　　　　200 000
　　应交税费——应交增值税(进项税额)　　　　　　　　　　34 000
　　贷:其他货币资金——外埠存款　　　　　　　　　　　　　234 000

(3) 多余款项打回入账时:

借:银行存款　　　　　　　　　　　　　　　　　　　　　　16 000
　　贷:其他货币资金——外埠存款　　　　　　　　　　　　　16 000

四、货币资金的内部控制

货币资金是企业资产中流动性最强的资产,加强对货币资金的控制,必须建立有效的内部控制制度,主要包括:

1. 严格职责分工

企业应建立货币资金业务的岗位责任制,明确相关部门和岗位的职责、权限。对货币资金业务的全过程进行合理分工,不相容的岗位相互分离,分由不同的人员担任,形成牵制机制，进行制约和监督。具体内容有：① 会计与经营业务相分离。不仅会计职能应该完全独立于经营部门，如制造部门、销售部门等，而且对存货的记录也应是会计人员而不是销售人员或生产人员。② 会计记录与资产的保管相分离。特定的人员办理出纳业务，出纳掌管现金，但不负责现金的会计处理；会计不能经管现金，但要负责现金的会计记录。同样，应由不负责会计记录的库房人员管理存货；在电算化会计系统中，保管资产的人不应负责会计记录的输入。③ 会计责任的分离。会计部门的各项工作应相互独立，以减少错误和欺诈机会。例如，应由不同的会计负责现金收入和现金支出；出纳人员不得兼任稽核、会计档案保管和收入、支出、费用、债权债务账目的登记工作；单位不得由一人办理货币资金业务的全过程；货币资金支出的审批人应同出纳员、支票保管员和记账员分离等。

2. 实行定期轮岗制度

办理货币资金业务的人员应当具备良好的职业品质，忠于职守、廉洁奉公、遵纪守法、客观公正，不断提高业务素质和职业道德水平；尽管如此，定期轮岗不仅能够使会计人员全面了解企业的业务，更重要的是轮岗意味着在会计人员之间进行工作互查，有助于会计人员保持诚实和恪守职业道德，减少货币资金管理和控制中产生舞弊的可能性，以便于及时发现有关人员的舞弊行为。

3. 合理授权

企业应对货币资金业务建立严格的授权批准制度，明确审批人员对货币资金业务的授权批准方式、权限、程序、责任和相关控制措施，规定经办人办理货币资金业务的职责范围和工作要求。未经授权的部门和人员不得办理货币资金业务。审批人应当根据货币资金授权批准制度的规定，在授权范围内进行审批，不得超越审批权限。经办人应当在职责范围内，按照审批人的批准意见办理货币资金业务。例如，董事会授权财务部门负责人负责审批常规业务的日常现金收支；授权总会计师负责审批非常规业务的日常现金收支与达到一定金额的重要收支；授权总经理负责重大项目的现金收支。

4. 票据与印章管理

单位应当加强与货币资金相关的票据管理，明确各种票据的购买、保管、领用、背书转让、注销等环节的职责权限和程序，并专设登记簿进行记录，防止空白票据的遗失和被盗用。同时，单位应当加强银行预留印鉴的管理。财务专用章应有专人保管，个人名章必须由本人或其授权人员保管。严禁一人保管支付款项所需的全部印章。按规定需要有关负责人签字或盖章的经济业务，必须严格履行签字或盖章手续。

5. 严格执行货币资金支付程序

货币资金支付程序主要包括支付申请、支付审批、支付复核和办理支付四个部分。支付申请是指企业有关部门或个人用款时，应当提前向审批人员提交货币资金支付申请，注明款项的用途、金额预算、支付方式等内容，并附有效经济合同或相关证明。支付审批是指审批人根据其授权制度在规定的职责、权限和相应程序内对支付申请进行审批。对不符合规定的货币资金支付，审批人应当拒绝批准。支付复核是指复核人应当对批准后的货币资金支付申请进行复核，复核货币资金支付申请的批准程序是否正确、金额计算是否准确、支付方式是否妥当等。复核无误后，交由出纳人员办理支付手续。办理支付是指出纳人员应当根据复核无误的支付申请，按规定办理货币资金支付手续，及时登记库存现金和银行存款日记账册。

6. 实行集体决策和审批制度

企业应根据其规模和业务性质明确对货币资金实行授权审批和集体决策的事项和金额。对于重要货币资金支付业务，应当实行集体决策和审批制度，任何个人无权决策划转巨额货币资金，同时，建立责任追究制度，严防货币资金的挪用、贪污、侵占、外逃等非法行为。

第二节 交易性金融资产

一、交易性金融资产的特点

金融资产不同于普通意义的资产。普通资产包括有形资产和无形资产。有形资产主要有厂房、设备、原材料、在产品、产成品等；无形资产主要有专利权、非专利技术、商标权、著作权等。普通资产的生产与交换是通过要素市场和产品市场转移到消费者手中；而金融资产的产生与交换是通过金融市场的媒介作用为企业带来经济利益。金融市场是现代经济体系的重要组成部分，是买卖金融工具的场所。金融市场上的金融工具种类繁多，如货币市场的票据、国债，资本市场的债券、股票、证券投资基金，外汇市场的外汇，保险市场的保单，衍生金融工具市场的期货、期权等。

金融工具是指形成一个企业的金融资产，同时形成另一个企业的金融负债或权益工具的合同。金融工具的本质是一项合同，合同形成一方的金融资产，对应形成另一方的金融负债或权益工具。权益工具是指能证明拥有某个企业在扣除所有负债后的资产中剩余权益的合同。例如，企业发行普通股，对于发行企业而言形成权益工具，而对于购买方而言形成股权投资；又如，企业发行债券，对于发行企业而言形成金融负债，而对于购买方而言形成债权投资。金融工具按照属性分类，可分为基础金融工具和衍生金融工具。基础金融工具是指过去的交易或事项，形成的金融资产或金融负债，如应收账款、应付账款等，符合现行资产、负债的定义。衍生金融工具是从传统金融工具中派生出来的创新金融工具，如金融期货就是以商品期货为基础产生的金融工具。

综上所述，金融资产源自金融市场上的商品，是投资方或出售方在金融市场买卖金融工具而形成的一种合同权利。企业持有的现金、银行存款是一种基本的金融资产。现金是流动性最强的交换媒介；企业或个人在银行的存款也是一种合同权利，表示存款人有权从商业银行取得现金，或者根据存款余额签发支票。应收账款、应收票据也是基本的金融资产，是企业销售商品取得收取款项的合同权利。而存货、固定资产等有形资产以及专利权、商标权等无形资产不是企业的金融资产，因为企业持有的存货，只有将其出售才能够取得收取款项的合同权利或流入现金；同样，预付账款也不是企业的金融资产，因为预付账款产生的未来经济利益是收取商品或劳务。

根据2017年修订的《企业会计准则第22号——金融工具确认和计量》，企业根据管理金融资产的业务模式和合同现金流量特征，将金融资产划分为三类内容：① 以摊余成本计量的金融资产；② 以公允价值计量且变动计入其他综合收益的金融资产；③ 以公允价值计量且变动计入当期损益的金融资产。企业管理金融资产的业务模式是指企业如何管理金融资产以产生现金流量。以摊余成本计量的金融资产，其业务模式是持有该资产以收取合同现金流量；以公允价值计量且变动计入其他综合收益的金融资产，其业务模式是持有以收取合同现金流量和出售金融资产二者兼有。合同现金流量特征是指金融资产的合同现金流量是否仅仅包含本金和以未支付本金为基础的利息。一般而言，普通债券、贷款、应收款项等符合该现金流量特征；混合型债权工具要根据具体条款逐一判断是否符合现金流量特征；权益工具和衍生工具等不符合该现金流量特征。

以公允价值计量且其变动计入当期损益的金融资产，可以进一步分为交易性金融资产和直接指定为以公允价值计量且其变动计入当期损益的金融资产。如果某项金融资产，其取得目的，主要是为了近期内出售；或者属于进行集中管理的可辨认金融工具组合的一部分，且有客观证据表明企业近期采用短期获利方式对该组合进行管理；或者属于衍生工具，则应当划分为交易性金融资产。交易性金融资产的特点是：① 该类金融资产必须存在活跃市场，才能易于取得其公允价值；② 企业持有交易性金融资产的目的，是为了充分利用闲置资金，从其价格的短期波动中获利。直接指定为以公允价值计量且其变动计入当期损益的金融资产比较少见。

二、交易性金融资产的核算

企业应设置"交易性金融资产""投资收益""公允价值变动损益"等科目。"交易性金融资产"科目的借方登记取得交易性金融资产时按照公允价值确认的成本金额，以及资产负债表日交易性金融资产的公允价值高于其账面余额的差额；贷方登记因出售而转出的交易性金融资产的成本和公允价值变动的金额。本科目期末借方余额，反映企业交易性金融资产的公允价值。该科目应当按照交易性金融资产的类别和品种，分别以"成本""公允价值变动"等二级科目进行明细核算。交易性金融资产的核算，主要包括以下四部分内容：

1. 交易性金融资产成本的确定

企业取得交易性金融资产时，应当按照交易性金融资产的公允价值作为初始成本确认，借记"交易性金融资产"科目；发生的交易费用，包括支付给代理机构、咨询公司、券商等的手续费、佣金以及其他必要的支出，计入当期损益，借记"投资收益"科目，取得的交易性金融资产支付的价款中包含的已到付息期但尚未领取的利息或已宣告但尚未发放的现金股利，借记"应收利息"或"应收股利"科目；按实际支付的金额，贷记"银行存款"或"其他货币资金"科目。

【例3-7】 2017年1月1日，祥达实业以银行存款购入当日发行的按年付息、到期还本的三年期国库券500 000元，作为交易性金融资产管理与核算。祥达实业的会计处理如下：

借：交易性金融资产——成本　　　　　　　　　　　　　　　500 000
　　贷：银行存款　　　　　　　　　　　　　　　　　　　　500 000

【例3-8】 2016年3月31日祥达实业委托某证券公司购入丁公司的股票100 000股，每股买价17元（其中包括已宣告而尚未发放的股利2元），另外支付手续费12 000元，全部款项从公司在该证券公司开设的存款户中支付。祥达实业的会计处理如下：

借：交易性金融资产——成本　　　　　　　　　　　　　　1 500 000
　　应收股利　　　　　　　　　　　　　　　　　　　　　　200 000
　　投资收益　　　　　　　　　　　　　　　　　　　　　　 12 000
　　贷：其他货币资金——存出投资款　　　　　　　　　　1 712 000

2. 收到现金股利和利息

企业收到的交易性金融资产的现金股利和利息，包括两部分内容：① 取得交易性金融资产时实际支付的价款中包含的已宣告但尚未领取的现金股利，或实际支付的价款中包含的已到期尚未领取的利息；② 企业在持有交易性金融资产期间，被投资单位宣告发放的现金股利或债券利息。对于前者，在取得时已记入"应收股利""应收利息"科目，在实际收到这部分现金股利和利息时，应冲减"应收股利""应收利息"科目。对于后者，则应按被投资单位宣告发放的金额，借记"应收股利"或"应收利息"科目，贷记"投资收益"科目。

【例3-9】 承例3-7，祥达实业2017年12月31日收到国库券利息收入15 000元。祥达实业的会计处理如下：

借：应收利息　　　　　　　　　　　　　　　　　　　　15 000
　　贷：投资收益　　　　　　　　　　　　　　　　　　　　　15 000

同时：

借：银行存款　　　　　　　　　　　　　　　　　　　　15 000
　　贷：应收利息　　　　　　　　　　　　　　　　　　　　　15 000

【例3-10】 承例3-8，2017年4月6日祥达实业收到丁公司分来的现金股利200 000元，祥达实业的会计处理如下：

借：银行存款　　　　　　　　　　　　　　　　　　　　200 000
　　贷：应收股利　　　　　　　　　　　　　　　　　　　　　200 000

3. 资产负债表日，交易性金融资产公允价值变动的后续计量

资产负债表日，企业应将交易性金融资产的公允价值变动计入当期损益。交易性金融资产的公允价值高于其账面余额的差额，借记"交易性金融资产——公允价值变动"科目，贷记"公允价值变动损益"科目；公允价值低于其账面余额的差额，做相反的会计分录。

【例3-11】 承例3-8，2017年6月30日，丁公司的股票每股市价16元，假定不考虑其他因素，祥达实业的会计处理如下：

祥达实业持有丁公司股票的账面余额=1 500 000元
丁公司股票的公允价值=16元/股×100 000股=1 600 000元

借：交易性金融资产——公允价值变动　　　　　　　　　100 000
　　贷：公允价值变动损益　　　　　　　　　　　　　　　　　100 000

4. 交易性金融资产的处置

出售交易性金融资产时，应按实际收到的金额，借记"银行存款"科目，按该金融资产的账面余额，贷记"交易性金融资产"科目，按其差额，贷记或借记"投资收益"科目。同时，将原计入该金融资产的公允价值变动数额转出，借记或贷记"公允价值变动损益"科目，贷记或借记"投资收益"科目。

【例3-12】 承例3-11，2017年11月26日，祥达实业因需要资金，将丁公司的股票按每股16.50元出售，实际收到的款项1 645 000元已存入银行，祥达实业的会计处理如下：

借：银行存款　　　　　　　　　　　　　　　　　　　　1 645 000
　　贷：交易性金融资产——成本　　　　　　　　　　　　　1 500 000
　　　　　　　　　　　——公允价值变动　　　　　　　　　　100 000
　　　　投资收益　　　　　　　　　　　　　　　　　　　　　45 000

同时：
　　借：公允价值变动损益　　　　　　　　　　　　　　　　　　100 000
　　　　贷：投资收益　　　　　　　　　　　　　　　　　　　　　　　　100 000

第三节　应　收　款　项

应收款项是指企业因销售产品、提供劳务等发生的应向有关债务人收取的款项。它是资产负债表资产方流动资产的重要组成部分，主要包括应收票据、应收账款和其他应收款等。预付款项是指企业因采购货物等预先支付给有关单位的款项，也属于流动资产。应收款项的收取对象是货币资金，预付款项的收取对象是有关货物。

一、应收票据

（一）应收票据的内容

票据是指载明一定金额，在一定日期持票人可向出票人或指定付款人支取款项的凭证，包括支票、银行本票、银行汇票和商业汇票等。在上述票据中，支票、银行本票和银行汇票，属于即期兑付的票据，收到这几种票据即可视同收到货币资金，因此，不在应收票据核算范围内。只有收到商业汇票，因其是远期票据，企业取得商业汇票时只是取得了一项债权，因此应在应收票据中核算。应收票据是指企业因采用商业汇票支付方式销售商品、产品等而收到的商业汇票。

商业汇票是一种由出票人签发，委托付款人在指定日期无条件支付确定金额给收款人或者持票人的票据。商业汇票的付款期限，最长不得超过6个月，商业汇票提示付款期限自汇票到期日10日内，商业汇票可以背书转让。符合条件的商业汇票的持票人，可以持未到期的商业汇票连同贴现凭证向银行申请贴现。

根据承兑人不同，商业汇票分为商业承兑汇票和银行承兑汇票。商业承兑汇票是指由银行以外的付款人签发并承兑，或由收款人签发交由付款人承兑的汇票。银行承兑汇票是指由在承兑银行开立存款账户的存款人（这里也是出票人）签发，由承兑银行承兑的票据。

根据票据是否带息，商业汇票分为带息商业汇票（简称带息票据）和不带息商业汇票（简称不带息票据）。

带息票据是指汇票到期时，承兑人按票据面额及应计利息之和向收款人付款的商业汇票。在这类商业汇票中，票面价值为本金，另外标有票面利率。

不带息票据是指票据到期时，承兑人仅按票据面值向收款人付款的票据。因此，票据到期值就是票据面值。

（二）应收票据的核算

1. 取得应收票据

因企业销售货物等取得的应收票据，借记"应收票据"科目，贷记"主营业务收入""应交税费——应交增值税（销项税额）"等科目。因债务人抵偿前欠货款而取得的应收票据，借记"应收票据"科目，贷记"应收账款"科目。

2. 到期收回票款

不带息票据的到期值即是票据的面值，因此，收回时按照票面金额借记"银行存款"

科目，贷记"应收票据"科目。

带息票据到期收回时，应计算票据到期值。按到期值收回票款时，借记"银行存款"科目，按票面金额贷记"应收票据"科目，按票据利息额贷记"财务费用"科目。

$$应收票据到期值 = 票据面值 + 票据利息$$

$$应收票据利息 = 票据面值 \times 票面利率 \times 票据期限$$

公式中的票面利率一般是年利率；票据期限是指签发日至到期日止的时间。有以下两种表示方式：

(1) 以"天数"表示，即采用票据签发日与到期日"算头不算尾"或"算尾不算头"的方法，按照实际天数计算到期日。

【例3-13】 祥达实业销售产品收到一张8月6日签发，面值为40 000元，利率为9%，90天到期的商业汇票，其到期日为11月4日。即8月份26天（8月6日计入），9月份30天，10月份31天，11月份3天（11月4日不计入），计90天。其到期值如下：

应收票据到期值 = 40 000元 + 40 000元 × 9% ÷ 360 × 90 = 40 900元

(2) 以"月数"表示。票据到期日以签发日数月后的对日计算，而不论各月份实际日历天数多少。如上例中应收票据的期限采用"月数法"，即规定3个月后到期，则到期日应为11月6日，其到期值如下：

应收票据到期值 = 40 000元 + 40 000元 × 9% ÷ 12 × 3 = 40 900元

收到上述应收票据的票款时：

借：银行存款　　　　　　　　　　　　　　　　　　　　　　　　40 900
　　贷：应收票据　　　　　　　　　　　　　　　　　　　　　　　40 000
　　　　财务费用　　　　　　　　　　　　　　　　　　　　　　　　　900

3. 应收票据背书转让

企业可以将自己持有的商业汇票背书转让。背书是指持票人在票据背面签字，签字人称为背书人，背书人对票据的到期付款负连带责任。

企业将持有的应收票据背书转让，以其取得所需物资时，按应计入物资成本的价值，借记"在途物资""原材料"等科目，按取得的增值税专用发票上注明的增值税，借记"应交税费——应交增值税（进项税额）"等科目，按应收票据的票面价值，贷记"应收票据"科目，如有差额，借记或贷记"银行存款"等科目。

【例3-14】 祥达实业向米林公司购买原材料，将一张期限3个月，面值50 000元的不带息商业汇票背书转让给米林公司。该批原材料价款100 000元，增值税为17 000元，差额67 000元以银行存款支付。祥达实业的会计处理如下：

借：原材料　　　　　　　　　　　　　　　　　　　　　　　　　100 000
　　应交税费——应交增值税（进项税额）　　　　　　　　　　　　17 000
　　贷：应收票据　　　　　　　　　　　　　　　　　　　　　　　50 000
　　　　银行存款　　　　　　　　　　　　　　　　　　　　　　　67 000

二、应收账款

(一) 应收账款的计价

应收账款是指企业因销售商品、产品或提供劳务等原因，应向客户收取的款项或代垫的运杂费等。

确认应收账款应遵循三个标准：① 应收账款是在销售活动中产生的，且没有采用票据形式结算的债权；② 应收账款是属于流动资产的债权；③ 应收账款一般应以销售收入确认日作为入账时间。

应收账款通常按实际发生额计价入账。其入账价值包括销售货物或提供劳务的价款、增值税，以及代购货方垫付的包装费、运杂费等。计价时，还需要考虑商业折扣和现金折扣等因素。

1. 商业折扣

商业折扣是销货企业为鼓励客户多购商品而在商品标价上给予的扣除。例如，企业可能规定，购买10件以上商品给予客户10%的折扣，或客户每买10件送1件；企业为了尽快出售一些残次、陈旧的商品，也可能降价（即打折）销售。由于商业折扣在销售发生时即已发生，对应收账款的入账价值没有实质性影响，企业只需按扣除商业折扣后的净额确认销售收入和应收账款。

2. 现金折扣

现金折扣是企业为了鼓励客户提前偿付货款而向客户提供的债务扣除。现金折扣一般用符号"折扣/付款期限"来表示。例如，"2/10，1/20，$N/30$"表示买方在10天内付款，销货企业将按商品售价给客户（即购货企业）2%的折扣；买方在20天内付款，企业可按售价给客户1%的折扣；企业允许客户最长的付款期限为30天，但客户在21~30天内付款，将不能享受到现金折扣。

现金折扣使销货企业应收账款的实际数额随客户的付款时间而异，其应收账款入账价值的确定有两种处理方法可供选择：一种是总价法，另一种是净价法。

总价法是将未减去现金折扣前的金额作为实际售价，记作应收账款的入账价值。现金折扣只有客户在折扣期内支付货款时，才予以确认。在这种方法下，销售方把给予客户的现金折扣视为融资的理财费用，会计上作为财务费用处理。我国的会计实务中通常采用此方法。

净价法是将扣减现金折扣后的金额作为实际售价，据以确认应收账款的入账价值。这种方法是把客户取得折扣视为正常现象，认为客户一般都会提前付款，而将由于客户超过折扣期限而多收入的金额，视为提供信贷获得的收入。

（二）应收账款的核算

为了反映应收账款的增减变动及其结存情况，应设置"应收账款"科目，借方登记应收账款的增加数，贷方登记应收账款的收回数及确认的坏账损失数，余额一般在借方，表示尚未收回的应收账款数。

（1）企业发生的应收账款，在没有商业折扣的情况下，按应收的全部金额入账。

【例3-15】 祥达实业销售A产品一批，按价目表标明的价格计算，金额为87 000元，适用的增值税税率为17%，代购货单位垫付运杂费2 000元，已办妥委托银行收款手续。其会计处理如下：

借：应收账款　　　　　　　　　　　　　　　　　　　　　　　103 790
　　贷：主营业务收入　　　　　　　　　　　　　　　　　　　　87 000
　　　　应交税费——应交增值税（销项税额）　　　　　　　　　14 790
　　　　银行存款　　　　　　　　　　　　　　　　　　　　　　 2 000

收到货款时：

借：银行存款　　　　　　　　　　　　　　　　　　　　　　　　　　103 790
　　贷：应收账款　　　　　　　　　　　　　　　　　　　　　　　　　　　103 790

（2）企业发生的应收账款，在有商业折扣的情况下，应按扣除商业折扣后的金额入账。

【例3-16】　祥达实业销售的A产品，由于是成批销售，销售方给予购货方10%的商业折扣，金额为8 700元，销货方应收账款的入账金额为78 300元，其会计处理如下：

借：应收账款　　　　　　　　　　　　　　　　　　　　　　　　　　　93 611
　　贷：主营业务收入　　　　　　　　　　　　　　　　　　　　　　　　　78 300
　　　　应交税费——应交增值税（销项税额）　　　　　　　　　　　　　13 311
　　　　银行存款　　　　　　　　　　　　　　　　　　　　　　　　　　　2 000

收到货款时：

借：银行存款　　　　　　　　　　　　　　　　　　　　　　　　　　　93 611
　　贷：应收账款　　　　　　　　　　　　　　　　　　　　　　　　　　　93 611

（3）企业发生的应收账款在有现金折扣的情况下，采用总价法入账，发生的现金折扣作为财务费用处理。

【例3-17】　10月20日，祥达实业销售产品20 000元给丙企业，规定的现金折扣条件为2/10、N/30，适用的增值税税率为17%，产品交付办妥委托收款手续。其会计处理如下：

借：应收账款——丙企业　　　　　　　　　　　　　　　　　　　　　　23 400
　　贷：主营业务收入　　　　　　　　　　　　　　　　　　　　　　　　　20 000
　　　　应交税费——应交增值税（销项税额）　　　　　　　　　　　　　　3 400

收到货款时，根据购货企业是否得到现金折扣的情况入账。如果上述货款在10天内收到，则会计处理如下：

借：银行存款　　　　　　　　　　　　　　　　　　　　　　　　　　　23 000
　　财务费用　　　　　　　　　　　　　　　　　　　　　　　　　　　　　400
　　贷：应收账款——丙企业　　　　　　　　　　　　　　　　　　　　　23 400

如果超过了现金折扣的最后期限，则会计处理如下：

借：银行存款　　　　　　　　　　　　　　　　　　　　　　　　　　　23 400
　　贷：应收账款——丙企业　　　　　　　　　　　　　　　　　　　　　　23 400

企业应收账款改用应收票据结算时，在收到承兑的商业汇票时，借记"应收票据"科目，贷记"应收账款"科目。

（三）应收债权融资

1. 应收票据贴现

应收票据贴现是指持票人因急需资金，将未到期的商业汇票背书后转让给银行，贴给银行一定利息后收取剩余票款的业务活动。银行计算贴现利息的利率称为贴现率，企业从银行获得的票据到期值扣除贴现利息后的货币收入，称为贴现收入。

2. 应收账款抵押

企业因应收账款占压资金造成暂时的现金短缺时，一般可以采用以应收账款为质押取得借款的方式，或者将应收账款出售给银行等金融机构，将应收账款转化为现金的方式来筹集资金。

三、预付账款与其他应收款

(一) 预付账款

1. 预付账款核算的内容

预付账款是指企业按照合同规定预付给供应单位的货款。预付账款是企业暂时被供货单位占用的资金。企业预付货款后，有权要求对方按照合同规定发货。预付账款必须以购销双方签订的购销合同为条件，按照规定的程序和方法进行核算。

为了反映和监督预付账款的增减变动情况，企业应设置"预付账款"科目，借方登记预付的款项和补付的款项，贷方登记收到采购货物时按发票金额冲销的预付账款数和因预付货款多余而退回的款项，余额一般在借方，表示预付的货款数。

预付货款不多的企业，可以不设"预付账款"科目，而并入"应付账款"科目核算。企业进行在建工程预付的工程价款，也在本科目核算。

2. 预付账款的核算

预付账款的核算包括预付款项和收回货物两个方面。

【**例 3-18**】 祥达实业向 W 公司采购 A 材料 200t，单价 2 200 元，B 材料 100t，单价 4 400 元，货款总额 880 000 元。按照合同规定向 W 公司预付货款的 60%，验收货物后补付其余款项。其会计处理如下：

(1) 企业根据购销合同的规定向销货方预付货款时：

借：预付账款——W 公司　　　　　　　　　　　　　　　　528 000
　　贷：银行存款　　　　　　　　　　　　　　　　　　　　　528 000

(2) 收到 W 公司发来的 300t 材料，验收发现 B 材料规格有误，经协商对方同意退货。有关发票记载的 A 材料货款为 440 000 元，增值税为 74 800 元。

借：原材料　　　　　　　　　　　　　　　　　　　　　　440 000
　　应交税费——应交增值税（进项税额）　　　　　　　　　 74 800
　　贷：预付账款——W 公司　　　　　　　　　　　　　　　514 800

(3) 收到 W 公司退回的预付货款时：

借：银行存款　　　　　　　　　　　　　　　　　　　　　 13 200
　　贷：预付账款——W 公司　　　　　　　　　　　　　　　 13 200

(二) 其他应收款

1. 其他应收款核算的内容

其他应收款是指除应收票据、应收账款、预付账款、应收股利、应收利息、长期应收款以外的其他各种应收、暂付款项。其主要内容包括：① 应收的各种赔款、罚款，如因职工失职造成一定损失而应向该职工收取的赔款，或因企业财产等遭受意外损失而应向有关保险公司收取的赔款等；② 应收出租包装物的租金；③ 存出保证金，如租入包装物支付的押金；④ 应向职工收取的各种垫付款项；⑤ 采用售后回购方式融出的资金额，按销售价格与原购买价格之间的差额，应在售后回购期间内按期计提利息费用；⑥ 其他各种应收、暂付款项。

2. 其他应收款的核算

为了反映和监督各种应收和暂付款的支取和使用情况，应设置"其他应收款"科目。

企业发生其他应收款时，按应收金额借记"其他应收款"科目，贷记有关科目。

【例3-19】 祥达实业租入包装物一批，以银行存款向出租方支付押金10 000元。其会计处理如下：

借：其他应收款——押金　　　　　　　　　　　　　　　　　　10 000
　　贷：银行存款　　　　　　　　　　　　　　　　　　　　　　　　10 000

【例3-20】 租入包装物按期如数退回，收到出租方退还的押金10 000元，已存入银行。其会计处理如下：

借：银行存款　　　　　　　　　　　　　　　　　　　　　　　　10 000
　　贷：其他应收款——押金　　　　　　　　　　　　　　　　　　　10 000

四、应收款项减值

应收款项是企业拥有的金融资产。根据《企业会计准则第22号——金融工具确认和计量》的规定，企业应当在资产负债表日对以公允价值计量且其变动计入当期损益的金融资产以外的金融资产的账面价值进行检查，有客观证据表明该金融资产发生减值的，应当计提减值准备。

（一）金融资产减值的判断标准

表明金融资产发生减值的客观证据是指金融资产初始确认后实际发生的、对该金融资产的预计未来现金流量有影响，且企业能够对该影响进行可靠计量的事项。金融资产发生减值的客观证据，包括下列各项：

（1）发行方或债务人发生严重财务困难。

（2）债务人违反了合同条款，如偿付利息或本金发生违约或逾期等。

（3）债权人出于经济或法律等方面因素的考虑，对发生财务困难的债务人做出让步。

（4）债务人很可能倒闭或进行其他财务重组。

（5）因发行方发生重大财务困难，该金融资产无法在活跃市场继续交易。

（6）无法辨认一组金融资产中的某项资产的现金流量是否已经减少，但根据公开的数据对其进行总体评价后发现，该组金融资产自初始确认以来的预计未来现金流量确已减少且可计量，如该组金融资产的债务人支付能力逐步恶化，或债务人所在国家或地区失业率提高、担保物在其所在地区的价格明显下降、所处行业不景气等。

（7）债务人经营所处的技术、市场、经济或法律环境等发生重大不利变化，使权益工具投资人可能无法收回投资成本。

（8）权益工具投资的公允价值发生严重或非暂时性下跌。

（9）其他表明金融资产发生减值的客观证据。

金融资产发生减值时，应当将该金融资产的账面价值减记至预计未来现金流量（不包括尚未发生的未来信用损失）现值，减记的金额确认为资产减值损失，计入当期损益。

（二）应收款项减值损失的确定

企业对应收款项进行减值测试，应根据本单位的实际情况分为单项金额重大和非重大的应收款项，分别进行减值测试，计算确定减值损失，计提坏账准备。应收款项的减值损失也称坏账准备。

对于单项金额重大的应收款项，应当单独进行减值测试，有客观证据表明其发生了减值的，应当根据其未来现金流量现值低于其账面价值的差额，确认减值损失，计提坏账准备。首先，要合理预计各项应收款项的未来现金流量，采用一定折现率计算未来现金流量的现值；其次，与该应收款项的账面价值比较，来确定是否发生减值损失。对于单项金额非重大的应收账款，可以单独进行减值测试，或包括在具有类似信用风险特征的应收款项组合中进行减值测试，计算确定减值损失，计提坏账准备。

短期应收款项的预计未来现金流量与其现值相差很小的，在确定相关减值损失时，可不对其预计未来现金流量进行折现。

(三) 应收款项减值损失的核算

应收款项减值损失的核算方法主要有直接转销法和备抵法。

1. 直接转销法

直接转销法是指企业实际发生坏账时直接转销应收款项，计入当期损益，借记"资产减值损失"科目，贷记"应收账款""预付账款""应收利息""其他应收款""长期应收款"等科目。该方法简便易行，其缺点是不符合会计核算的谨慎性原则。

2. 备抵法

备抵法是指期末在检查应收款项收回可能性的前提下，按期预计坏账损失，计提坏账准备，当某一应收款项全部或部分被确认为坏账时，应冲减计提的坏账准备，同时转销相应的应收款项金额的一种核算方法。因此，根据我国企业会计核算规定，企业应收款项减值损失的核算应采用备抵法。

采用备抵法，企业需设置"坏账准备"科目。该科目是应收款项科目的抵减科目，贷方记录提取的坏账准备和已确认并转销坏账以后又收回的金额；借方记录实际发生坏账损失的冲减额；余额通常在贷方，表示企业已提取的坏账准备。期末在资产负债表上列作各项应收款项的减项。

应收款项减值的核算内容包括三个方面：① 期末按一定方法确定应收款项的减值损失，计提坏账准备的账务处理；② 实际发生坏账时的账务处理；③ 已确认的坏账又收回的账务处理。

企业采用备抵法进行坏账核算时，应按期预计应收款项减值损失。预计应收款项减值损失的方法主要有应收账款余额百分比法、账龄分析法及个别认定法等。一般而言，对单项金额非重大的应收款项减值损失的预计，适用于应收账款余额百分比法和账龄分析法；对于单项金额重大的应收款项减值损失的预计，适用于个别认定法。

(1) 应收账款余额百分比法。该方法是根据会计期末应收账款的余额乘以预计减值百分比，提取坏账准备。会计期末，企业应提取的坏账准备大于其账面余额的，按其差额提取；企业应提取的坏账准备小于其账面余额的，按其差额冲回坏账准备。企业当期应提取坏账准备的金额可按下列公式计算：

$$\text{当期应提取坏账准备的金额} = \text{当期按应收款项余额和预计减值百分比计算提取的坏账准备} - \text{"坏账准备"科目贷方余额}$$

【例 3-21】 祥达实业本年度第一次计提坏账准备，年末应收账款的余额为 1 000 000 元，提取坏账准备的比例为 1%，第二年发生了坏账损失 15 000 元，其中甲企业 6 000 元，乙企业 9 000 元，年末应收账款为 1 200 000 元，第三年，已冲销的上年甲企业应收账款 6 000 元又收回，期末应收账款 1 300 000 元。其各年应提取的坏账准备与会计处理如下：

1)第一年提取坏账准备10 000元(1 000 000×1%)。
　　借:资产减值损失　　　　　　　　　　　　　　　　　　　　　10 000
　　　　贷:坏账准备　　　　　　　　　　　　　　　　　　　　　　　　10 000
2)第二年冲销坏账。
　　借:坏账准备　　　　　　　　　　　　　　　　　　　　　　　　15 000
　　　　贷:应收账款——甲企业　　　　　　　　　　　　　　　　　　　6 000
　　　　　　　　——乙企业　　　　　　　　　　　　　　　　　　　　　9 000
3)第二年年末"坏账准备"科目余额应为12 000元(1 200 000×1%)。应提取坏账准备为17 000元(12 000+5 000)。
　　借:资产减值损失　　　　　　　　　　　　　　　　　　　　　17 000
　　　　贷:坏账准备　　　　　　　　　　　　　　　　　　　　　　　　17 000
4)第三年,上年已冲销的甲企业账款6 000元又收回入账。
　　借:应收账款——甲企业　　　　　　　　　　　　　　　　　　　6 000
　　　　贷:坏账准备　　　　　　　　　　　　　　　　　　　　　　　　6 000
同时:
　　借:银行存款　　　　　　　　　　　　　　　　　　　　　　　　6 000
　　　　贷:应收账款——甲企业　　　　　　　　　　　　　　　　　　　6 000
5)第三年年末"坏账准备"科目余额应为13 000元(1 300 000×1%),应提取坏账准备为-5 000元(13 000-18 000)。
　　借:坏账准备　　　　　　　　　　　　　　　　　　　　　　　　5 000
　　　　贷:资产减值损失　　　　　　　　　　　　　　　　　　　　　　5 000

(2)账龄分析法。该方法是根据应收账款账龄的长短来预计应收款项减值损失的方法。账龄是客户所欠账款的时间。一般而言,应收账款逾期拖欠的时间越长,发生坏账的可能性就越大,相应地,预计应收款项减值损失应越高。

【例3-22】 祥达实业2017年12月31日应收账款账龄分析相关资料如表3-2所示。

表3-2　坏账损失估计表　　　　　　　　　　　　　　　　　　　　单位:元

账　　龄	应收账款余额	预计应收账款减值损失百分比(%)	预计应收账款减值损失数额
未到期	260 000	0.5	1 300
过期1个月	100 000	1	1 000
过期2个月	60 000	2	1 200
过期3个月	50 000	3	1 500
过期6个月	80 000	10	8 000
过期1年以上	50 000	50	25 000
合计	600 000		38 000

该企业上年"坏账准备"科目的贷方余额为1 200元,则本年度应计提坏账准备的金额及会计处理如下:

当期应提取坏账准备的金额=38 000元-1 200元=36 800元

借：资产减值损失　　　　　　　　　　　　　　　　　　　　　　　36 800
　　　贷：坏账准备　　　　　　　　　　　　　　　　　　　　　　　　36 800

（3）个别认定法。该方法是根据每一项应收账款的具体情况来预计应收款项减值损失的方法。对于单项金额重大的应收款项，应当单独进行减值测试。

【例3-23】 2017年年末，祥达实业应收乙公司货款10 000 000元，预计在2018年年末能收回9 000 000元，其余无法收回。假设折现率为9%，则应提取的坏账准备与会计处理如下：

预计未来现金流量的现值＝900万元÷$(1+9\%)^3$＝695万元

应收账款账面余额为1 000万元，应计提坏账准备305万元（1 000－695）。

借：资产减值损失　　　　　　　　　　　　　　　　　　　　　　3 050 000
　　　贷：坏账准备　　　　　　　　　　　　　　　　　　　　　　　　3 050 000

采用备抵法计提坏账准备，符合会计核算的谨慎性原则。不仅将预计不能收回的应收账款作为减值损失及时计入费用，避免企业虚增利润；而且，在财务报表上列示应收账款净额，使报表阅读者能更了解企业真实的财务情况。

第四节　存　　货

一、存货的确认

存货的确认是指确定某项资产在性质上是否属于存货，在范围上是否是本企业的存货。存货确认的原则包括两个方面：① 需要符合存货的定义；② 需要符合存货的确认条件。

（一）存货的定义

存货是指企业在日常活动中持有以备出售的产成品或商品、处在生产过程中的在产品、在生产过程或提供劳务过程中耗用的材料和物料等。

存货在性质上属于流动资产，它与长期资产相比具有较强的流动性。但是一项资产是否属于存货，除须视其能否在一年或一个营业周期被销售或耗用以外，还须视企业的性质及企业持有该资产的用途而定。例如一项机器设备，当它在企业中作为劳动手段使用时，它是一项固定资产，但是在生产和销售机器设备的企业，它则是一项存货。与货币性资产相比，存货的变现受未来价格等因素的影响，变现时间与变现价值不易确定，因此，具有发生潜在损失的可能性。另外，企业为建造固定资产等各项工程而储备的各种材料等资产，不符合存货的定义，因而不作为存货进行核算。

（二）存货的确认条件

存货的确认条件有：

（1）该存货包含的经济利益很可能流入企业。一般而言，企业拥有存货的所有权是存货包含的经济利益很可能流入企业的一个重要标志。所有权属于企业的物品，不论其存放何处或处于何种状态，都应确认为企业的存货；反之，所有权不属于企业的物品，即使存放于企业，也不应确认为企业的存货。

（2）该存货的成本能够可靠地计量。存货作为企业资产的重要组成部分，只有其成本能够可靠地计量，才能够确认为企业的存货。存货成本的可靠计量必须以取得确凿、可靠的证据为依据，并且具有可验证性。

（三）存货的分类

1. 按存货用途分类

（1）制造业存货。制造业存货具体分为：

1）原材料。它是指企业通过采购或其他方式取得的，经加工改变其形态或性质并构成产品主要实体，或有助于产品形成的各种原料及主要材料、辅助材料、外购半成品、修理用备件、包装材料、燃料等。

2）委托加工物资。它是指企业因技术和经济原因而委托外单位代为加工的各种材料物资。

3）周转材料。它是指企业能够多次使用，逐渐转移其价值但仍保持原有形态不确认为固定资产的材料。例如，包装用的箱、桶、袋等；办公用品、生产工具、劳保用品等低值易耗品，以及企业（建造承包商）的钢模板、木模板、脚手架和其他周转使用的材料等。

4）在产品。它是指正在生产阶段加工或装配的产品，以及已经加工完成，尚未验收入库的产品。

5）半成品。它是指已经经过一定加工过程，并已验收入库，仍需进一步加工或可直接对外销售的中间产品。

6）产成品。它是指企业加工生产并已完成全部生产过程，可以对外销售的制成品。因此，又可将其称为商品。

7）委托代销商品。它是指企业委托其他单位代销的商品。

（2）商品流通企业存货。商品流通企业存货主要分为商品、材料物资、包装物、低值易耗品等。其中，商品存货是商品流通企业存货的主要组成部分。商品在销售以前，保持其原有物质形态。

（3）其他行业存货。服务企业，如旅行社、饭店、宾馆、娱乐场所、美容美发店、照相馆、修理店、中介机构等，既不生产产品也不经销商品。一般仅存有少量物料用品、办公用品、家具用具等，供业务活动时使用，这些物品也作为存货处理。

2. 按存货地点分类

（1）库存存货。它是指已验收合格并入库的各种存货。

（2）在途存货。它是指货款已经支付、正在运输途中的存货，以及已经运达企业但尚未验收入库的存货。

（3）加工中存货。它是指本企业正在加工中的存货和委托其他单位加工的存货。

（4）委托代销存货。它是指本企业委托其他单位代销的存货。

二、存货的计量

存货的计量是存货会计的核心内容，即正确地确定收入、发出及结存存货的价值。

存货的计量方法，依据计量基础的不同分为以历史成本为基础与以非历史成本为基础两类。目前通行做法是存货取得的计价一般以实际成本为基础；存货发出的计价有实际成本法（售价金额法）、计划成本法。其中在采用实际成本法时，通过"商品进销差价"科目将商品的售价调整为实际成本（进价）；采用计划成本法时可通过"材料成本差异"或"产品成本差异"科目将材料或产成品的计划成本调整为实际成本。期末存货采用成本与可变现净值孰低法计价。

（一）存货的入账价值

存货在取得时，应按实际成本记账。取得存货的实际成本包括采购成本、加工成本和其他成本。存货的采购成本包括购买价款、相关税费、运输费、装卸费、保险费以及其他可归属于存货采购成本的费用。存货的加工成本包括直接人工以及按照一定方法分配的制造费用。存货的其他成本是指除采购成本、加工成本以外的，使存货达到目前场所和状态所发生的其他支出。取得存货的途径不同，其成本构成也各不相同。

1. 外购存货

（1）买价与采购费用。一般来讲，企业购入的存货，应根据发票金额确认购货价格。但由于存在商业折扣与现金折扣等原因，可能出现发票价格与实际付款额不一致的情况。商业折扣不构成存货成本；现金折扣构成存货的成本。

采购费用是指买价以外的运输费、装卸费、保险费、包装费以及运输途中的合理损耗和入库前的挑选整理费用等。在实务中，企业也可以将发生的运输费、装卸费、保险费以及其他可归属于存货采购成本的费用等进货费用先进行归集，期末，按照所购商品的存销情况进行分摊。对于已销售商品的进货费用，计入主营业务成本；对于未销售商品的进货费用，计入期末存货成本。企业采购商品的进货费用金额较小的，可以在发生时直接计入当期损益。

（2）税金。企业在采购存货时要缴纳流转税，对于缴纳的流转税是否应该计入存货的入账价值，目前我国采用了两种处理方法：一种是价内税，另一种是价外税。

1）价内税。价内税即价格内包含了流转税，是价格的组成部分，应计入存货的成本。例如，消费税、资源税、城市维护建设税等。

2）价外税。价外税主要是指增值税。应区别情况处理：

① 经确认为一般纳税企业的，其采购存货支付的增值税，按照税法规定可以作为进项税额单独记账的（如增值税专用发票或完税凭证中注明的进项税额），不计入采购存货的成本，否则，应计入所采购存货的成本。

② 经确认为小规模纳税企业的，其采购存货支付的增值税，无论是否在发票账单上单独列明，一律计入所采购存货的成本。购入物资不能取得增值税专用发票的企业，其采购存货支付的增值税也一律计入所采购存货的成本。

③ 企业从国外采购存货，进口报关时按照有关规定缴纳的海关关税，构成进口货物的成本。

2. 自制存货

自制存货，如半成品、产成品等，按照制造过程中的各项支出构成实际成本，包括材料费用与加工成本。加工成本包括直接人工以及按照一定方法分配的制造费用。制造费用是指企业为生产产品和提供劳务而发生的各项间接费用。企业应当根据制造费用的性质，合理地选择制造费用分配方法。

3. 委托加工存货

委托外单位加工完成的存货，以实际耗用的原材料或者半成品和加工费、运输费、装卸费和保险费等费用以及按规定应计入成本的税金，作为实际成本。

4. 投资者投入的存货

投资者投入存货的成本，应当按照投资合同或协议约定的价值确定，但合同或协议约定价值不公允的除外。在投资合同或协议约定价值不公允的情况下，按照该项存货的公允价值作为其入账价值。

5. 其他方式取得的存货

其他方式取得的存货包括接受捐赠的存货，债务重组、以非货币性交易换入的存货，企业合并取得的存货以及存货盘盈等。

（二）发出存货的计价方法

1. 存货数量的确定

要确定存货的数量，需要对存货进行盘存，常用的存货数量盘存方法主要有实地盘存制和永续盘存制两种。

（1）实地盘存制。实地盘存制也称定期盘存制，是指会计期末对各项存货逐一清点，以确定各项存货的实存数量，然后分别乘以各项存货的盘存单价，计算出期末存货的总金额，记入各有关存货科目，倒算出本期已耗用或已销售存货的成本。采用这种方法，平时只记录存货借方购进的数量和金额，不记发出的数量，发出的数量与金额是在期末盘存后计算出来的，并记入有关存货科目的贷方。这一方法通常也称为"以存计耗"或"以存计销"。其依据的基本等式如下：

$$\text{期初存货成本} + \text{本期购货成本} = \text{发出存货成本} + \text{期末存货成本}$$

如果存货采用实际成本计价，则上式可改为：

$$\text{发出存货成本} = \text{期初存货成本} + \text{本期购货成本} - \text{期末存货成本}$$

上式中，期初存货成本和本期购货成本可从账簿记录中取得，再通过实地盘存，确定期末存货成本，即可计算出本期耗用（或销售）成本。

（2）永续盘存制。永续盘存制也称账面盘存制，是指对存货项目设置经常性的库存记录，即分别品名规格设置有关存货明细账，逐笔或逐日地登记收入发出的存货，并随时记列结存数。通过会计账簿资料，就可以完整地反映存货的收入、发出和结存情况。在没有发生丢失和被盗的情况下，有关存货账户的余额应当与实际库存相符。采用永续盘存制，并不排除对存货的实物盘点，为了核对存货账面记录，加强对存货的管理，每年至少应对存货进行一次全面盘点，具体盘点次数视企业内部控制要求而定。

（3）存货盘存结果的处理。企业进行存货清查盘点时，会出现账面存货与实际存货不一致的情况，账面存货小于实际存货，为存货的盘盈，账面存货大于实际存货为存货的盘亏。无论盘盈或盘亏均需根据盘点时填制的存货盘存报告单，记入"待处理财产损溢"科目，查明原因后进行处理。

发生盘盈的存货，按盘盈存货的市场价格借记有关存货科目，贷记"待处理财产损溢——待处理流动资产损溢"科目。经有关部门批准后，再冲减管理费用。

发生盘亏和毁损的存货，在报经批准以前，应按其成本（计划成本或实际成本）借记"待处理财产损溢——待处理流动资产损溢"科目，贷记有关存货科目。报经批准后，再根据造成盘亏和毁损的原因，经批准后转作管理费用或营业外支出。

2. 发出存货的实际成本法

企业取得的存货入账以后，会被陆续地耗用或出售，因此，企业存货总是处在不断流入和流出的流转之中。存货流转包括实物流转和成本流转两个方面。在理论上，存货的成本流转与实物流转应当一致，但在实际工作中，这种一致的情况非常少见。存货会计通常按照不同的成本流转顺序确定发出存货的成本和期末结存存货的成本,从而出现了存货成本流转的假设。采用某种存货成本流转的假设,在期末存货与发出存货之间分配成本,就产生了不同的存货成本分配方法,即发出存货的计价方法。《企业会计准则第1号——存货》中规定的发出存货实际成本计价方法有个别计价法、先进先出法、加权平均法。

(1) 个别计价法。个别计价法又称个别认定法、具体辨认法、分批实际法。采用这一方法是假设存货的成本流转与实物流转相一致,发出存货按照所发存货入库时的实际单位成本计价的方法。采用这种方法,要求每次发货时,都要辨认清楚每批发出存货的数量及入账时的单位成本,以此确定各批发出存货的实际成本。这种方法适用于容易识别、存货品种数量不多、单位成本较高的存货计价,如房产、船舶、飞机、重型设备、珠宝、名画等贵重物品。

(2) 先进先出法。先进先出法是以先入库的存货先发出为假定前提,发出存货按库存存货中最先入库的那批存货的实际单位成本计价的一种方法。采用这种方法计价,要求在有关存货明细账中逐笔登记每批入库存货的数量、单价和金额,以便发出存货时能按入库的先后顺序,确定发出存货的单价和金额。发出存货时,也要在明细账中逐笔登记发出存货的数量、单价和金额。先进先出法的具体做法如表3-3所示。

表3-3 库存商品明细账　　　　　　　　　　　　　单位:元

年	月	日	凭证号	摘要	收入			发出			结存		
					数量	单价	金额	数量	单价	金额	数量	单价	金额
	1	1		余额							200kg	20	4 000
	1	7		购入	600kg	22	13 200				200kg 600kg	20 22	4 000 13 200
	1	13		发出				200kg 500kg	20 22	4 000 11 000	100kg	22	2 200
	1	19		购入	400kg	24	9 600				100kg 400kg	22 24	2 200 9 600
	1	27		发出				100kg 300kg	22 24	2 200 7 200	100kg	24	2 400
	1	31		合计	1 000kg		22 800	1 100kg		24 400	100kg	24	2 400

(3) 月末一次加权平均法。月末一次加权平均法是月末一次计算全月存货加权平均单价,发出存货成本按加权平均单价计价的一种方法。其计算公式如下:

$$\text{全月一次加权平均单价} = \frac{\text{月初结存存货实际成本} + \text{本月收入存货实际成本}}{\text{月初结存存货数量} + \text{本月收入存货数量}}$$

本期发出存货实际成本 = 发出存货数量 × 全月一次加权平均单价

期末结存存货实际成本 = 期末结存存货数量 × 全月一次加权平均单价

根据表3-3中的存货购入、发出、结存数据说明月末一次加权平均法的运用。

全月一次加权平均单价 = (4 000 + 22 800)元/(200 + 1 000)kg = 22.333 3 元/kg

本期发出存货实际成本 = 1 100kg × 22.333 3 元/kg = 24 566.63 元

期末结存存货实际成本 = 100kg × 22.333 3 元/kg = 2 233.33 元

或

期末结存存货实际成本 = 4 000 元 + 22 800 元 − 24 566.63 元 = 2 233.33 元

月末一次加权平均法的特点是，发出存货的平均单价每月月末计算一次，因此，平时发出存货时，有关存货明细账只登记发出数量不登记金额，月末计算出加权平均单价后再登记金额。

（4）移动加权平均法。移动加权平均法是每入库一次存货就计算一次加权平均单价，发出存货的实际成本按发货时的移动加权平均单价计价的一种方法。其计算公式如下：

$$\frac{\text{发出存货移动}}{\text{加权平均单价}} = \frac{\text{以前结存存货实际成本} + \text{本批收入存货实际成本}}{\text{以前结存存货数量} + \text{本批收入存货数量}}$$

发出存货实际成本 = 发出存货数量 × 本次发货前的存货单位成本

期末结存存货实际成本 = 期末结存存货数量 × 期末存货单位成本

仍以表 3-3 提供的数据为例，说明移动加权平均法的运用，如表 3-4 所示。

表 3-4　库存商品明细账　　　　　　　　　　　　　　　　　　　　　　　单位：元

年		摘要	收入			发出			结存		
月	日		数量	单价	金额	数量	单价	金额	数量	单价	金额
1	1	余额							200kg	20	4 000
1	7	购入	600kg	22	13 200				800kg	21.50	17 200
1	13	发出				700kg	21.50	15 050	100kg	21.50	2 150
1	19	购入	400kg	24	9 600				500kg	23.50	11 750
1	27	发出				400kg	23.50	9 400	100kg	23.50	2 350
		合计	1 000kg		22 800	1 100kg		24 450	100kg	23.50	2 350

第一批购入存货后的加权平均单价 = (4 000 + 13 200) 元 / (200 + 600) kg = 21.50 元/kg

第一批发出存货的实际成本 = 700kg × 21.50 元/kg = 15 050 元

第二批购入存货后的加权平均单价 = (2 150 + 9 600) 元 / (100 + 400) kg = 23.50 元/kg

第二批发出存货的实际成本 = 400kg × 23.50 元/kg = 9 400 元

这种方法的特点是，入库存货的单价变动一次，就要重新计算一次加权平均单价。采用这种方法，平时发货时可登记发出存货的数量和金额，有利于存货的日常管理，但在存货收入批数较多的企业，计算存货单价的工作量较大。这种方法在电子记账的企业应用较普遍。

（5）发出存货实际成本计价方法的比较分析。在永续盘存制下，以上计算方法的共同点，均是将期初存货成本与本期购货成本之和在发出存货成本与期末存货成本之间进行分配，从而计算出发出存货的实际成本与期末存货的实际成本。但是，因存货成本的流转顺序不同，使得不同的存货计价方法计算出的发出存货实际成本与期末存货的实际成本有较大区别，如表 3-5 所示。

表 3-5　存货实际成本计价方法的比较　　　　　　　　　　　　　　　　　单位：元

项　　目	先进先出法	月末一次加权平均法	移动加权平均法
本期发出存货实际成本	24 400	24 566.63	24 450
期末存货实际成本	2 400	2 233.33	2 350

由表 3-5 可见，在物价持续上涨的情况下，先进先出法的发出存货实际成本最低，期末存货的实际成本则最高；月末一次加权平均法是全月存货单价的平均；移动加权平均法是每次进货后存货单价的平均，接近先进先出法。

因为采用不同的存货计价方法，计算出的发出存货的实际成本与期末存货的实际成本不同，从而对企业财务状况——资产负债表相关项目和盈亏状况——利润表相关项目会产生不同的影响，主要表现在以下方面：

1）存货计价对企业损益计算的直接影响。在先进先出法下，期末存货计价较高，但是，因降低了发出存货的成本，会造成成本补偿不足；而相应增加的当期收益会造成利润的超额分配，影响企业再生产的顺利进行。

2）存货计价方法不同，对资产负债表项目的影响。首先，影响资产负债表流动资产总额。在先进先出法下，期末存货计价较高，使得流动资产总额接近现实的物价水平。其次，影响资产负债表所有者权益项目。在先进先出法下，因降低了发出存货的成本，相应增加的当期收益会虚增所有者权益。

3）不同的存货计价方法，对结转当期销售成本的数额有所不同，从而影响企业当期应纳税利润数额的确定。在物价持续上涨时，采用先进先出法，虚增当期利润，从而多交企业所得税。反之，在物价持续下跌时，采用先进先出法便可以达到节约税收的目的。如果物价比较平稳，则上述方法的计算结果基本相同。

发出存货实际成本计价方法的确定，体现了财务报表基础观念的差异，企业会计准则依据的是资产负债观而非收入费用观。资产负债观视会计为一种计量资产和负债的手段，其目的是通过确认计量各项资产和负债的价值来反映整个企业的价值，因此，企业资产减去负债后净资产的保值与增值才是衡量企业的主要指标。而收入费用观确定的企业损益只是资产负债计价过程的一部分。移动加权平均法较月末一次加权平均法计算复杂，增大了会计核算的工作量。

3. 发出存货的计划成本计价方法

存货品种繁多的企业，为了简化核算工作量，可以按计划成本对存货进行日常的收发核算。收入、发出存货时，按计划单位成本计价，对存货实际成本与计划成本之间的差额，专门设置科目予以核算。具体内容将在存货的核算中介绍。

4. 商品流通企业发出存货的计价方法

（1）毛利率法。该种方法是根据本期实际销售额乘以上期实际（或本期计划）毛利率匡算本期销售毛利，据以计算发出存货和期末结余存货成本的一种方法。这一方法是商品流通企业，尤其是商业批发企业常用的计算本期商品销售成本和期末库存商品成本的方法。

（2）零售价法。采用零售价法时，平时商品的购进、储存、销售均按售价记账，售价与进价的差额通过"商品进销差价"科目反映，期末计算进销差价率和本期已销商品应分摊的进销差价，并据以调整本期销售成本。

（三）期末存货价值的确定

确定期末存货的价值是指会计期末企业在编制资产负债表时，确定的流动资产中"存货"项目的金额。

企业期末存货的价值通常按实际成本计价，但是当存货的可变现净值跌至成本以下时，仍以实际成本计价，会虚增资产，不符合稳健性原则，因此，应采用成本与可变现净值孰低法计量。

1. 成本与可变现净值孰低法的基本内容

成本与可变现净值孰低法是指对期末存货按照成本与可变现净值两者之中较低者计价的

方法。即当成本低于可变现净值时，存货按成本计价；当可变现净值低于成本时，存货按可变现净值计价。其中，成本是指存货的实际成本（或历史成本），即按照先进先出法、加权平均法等以历史成本为基础计算的期末存货价值。可变现净值是指在日常活动中，存货的估计售价减去至完工时估计将要发生的成本、估计的销售费用以及相关税费后的金额，并不是指存货的现行售价；可变现净值是存货的预计未来净现金流入量而不是存货的售价或合同价。企业预计的销售存货现金流入量，并不完全等于存货的可变现净值。存货在销售过程中可能发生相关税费和销售费用，以及为达到预定可销售状态还可能发生的加工成本等相关支出，构成现金流入的抵减项目。在预计可变现净值时，还应当考虑持有存货的其他因素，如持有存货的目的。企业持有以备出售的商品、产成品存货，有合同约定的，通常按合同价作为计算基础，没有合同约定的存货则以一般销售价格为计算基础；在生产过程或提供劳务过程中耗用的材料等存货的价值，将体现在用其生产的产成品上，因此，在确定需要经过加工的材料存货的可变现净值时，需要用以其生产的产成品的可变现净值与该产成品的成本进行比较，如果高于成本，则该材料应当按照成本计量。

成本与可变现净值孰低法的理论基础是使存货符合资产的定义。如果存货的可变现净值下跌至成本以下，则由此所形成的损失已不符合资产的定义，因而应将这部分损失从资产价值中扣除，列入当期损益。否则，当存货的可变现净值低于其成本价值时，仍然以其历史成本计价，就会出现虚夸资产的现象，这对企业的生产经营来讲是不稳健的。成本与可变现净值孰低法是谨慎性原则在存货会计上的具体运用，是对历史成本原则的修正。

企业采用成本与可变现净值孰低法对存货计价时，有三种不同的计算方法。

（1）单项比较法。单项比较法也称逐项比较法或个别比较法，是指对存货中每一种存货的成本和可变现净值逐项进行比较，每项存货均取较低者来确定存货的期末成本。

（2）分类比较法。分类比较法是指按存货类别的成本与可变现净值进行比较，每类存货取其较低者来确定存货的期末成本。

（3）总额比较法。总额比较法也称综合比较法，是指按全部存货的总成本与可变现净值总额进行比较，以较低者作为期末全部存货的成本。

【例3-24】 祥达实业有甲、乙两大类A、B、C、D四种存货，各种存货分别按三种计算方式确定期末成本，如表3-6所示。

表3-6 成本与可变现净值孰低法的运用   单位：元

项 目	数量	成 本		可变现净值		单项比较法	分类比较法	总额比较法
		单价	总 额	单价	总 额			
甲类存货								
A	80kg	120	9 600	110	8 800	8 800		
B	40kg	400	16 000	410	16 400	16 000		
合计			25 600		25 200		25 200	
乙类存货								
C	40kg	300	12 000	310	12 400	12 000		
D	20kg	720	14 400	710	14 200	14 200		
合计			26 400		26 600		26 400	
总计			52 000		51 800	51 000	51 600	51 800

从表中的计算结果可以看出，单项比较法计算的期末成本总计最低（51 000元），分类比较法次之（51 600元），总额比较法最高（51 800元）。这是因为单项比较法所确定的均为各项存货的最低价，据此计算的结果比较准确，但该种方法的工作量大，对于存货品种繁多的企业更是如此。总额比较法工作量虽小，但计算结果不够准确；分类比较法则介于二者之间。

《企业会计准则第1号——存货》规定，企业应当按单个存货项目的成本与可变现净值计量。对于数量繁多、单价较低的存货，可以按存货类别计量成本与可变现净值。

2. 成本与可变现净值孰低法的会计处理

企业应在每一会计期末，比较成本与可变现净值，如果由于存货遭受毁损、全部或部分陈旧过时或销售价格低于成本等原因，使存货成本不可收回，则应当提取存货跌价准备。

提取存货跌价准备的会计处理方法也有直接转销法和备抵法两种。直接转销法是将可变现净值低于成本的损失直接转销存货账户，将计提的存货跌价准备借记"资产减值损失"科目，贷记相关的存货科目。企业会计准则规定企业提取存货跌价准备，应采用备抵法。

备抵法是对于存货可变现净值低于成本的损失不直接冲减有关存货科目，而是单独设置"存货跌价准备"科目，记录存货持有损失。"存货跌价准备"是有关存货科目的备抵科目。贷方登记可变现净值低于成本的差额，借方登记已提取跌价准备的存货价值以后又得以恢复的金额，其贷方余额反映企业已提取的存货跌价准备。其本期应提取存货跌价准备的金额可按下列公式计算：

$$\text{本期应提取的存货跌价准备} = \text{本期可变现净值低于成本的数额} - \text{"存货跌价准备"科目的贷方余额}$$

【例3-25】 祥达实业2015年年末存货实际成本为400 000元，可变现净值为380 000元；2016年年末存货实际成本为350 000元，可变现净值为325 000元；2017年6月30日，该批存货的可变现净值升为340 000元；2017年年末存货实际成本为600 000元，可变现净值为605 000元。其会计处理如下：

2015年年末计提存货跌价准备：

借：资产减值损失——计提的存货跌价准备　　　　　　　　　　　　20 000
　　贷：存货跌价准备　　　　　　　　　　　　　　　　　　　　　　20 000

2016年年末计提存货跌价准备：

借：资产减值损失——计提的存货跌价准备　　　　　　　　　　　　 5 000
　　贷：存货跌价准备　　　　　　　　　　　　　　　　　　　　　　 5 000

2017年6月30日计提存货跌价准备 = 10 000元 − 25 000元 = −15 000元

借：存货跌价准备　　　　　　　　　　　　　　　　　　　　　　　 15 000
　　贷：资产减值损失——计提的存货跌价准备　　　　　　　　　　 15 000

2017年年末冲减存货跌价准备：

借：存货跌价准备　　　　　　　　　　　　　　　　　　　　　　　 10 000
　　贷：资产减值损失——计提的存货跌价准备　　　　　　　　　　 10 000

应当注意，以前减记存货价值的影响因素已经消失的，减记的金额应当予以恢复，并在原已计提的存货跌价准备金额内转回，转回的金额计入当期损益。

三、存货的核算

(一) 原材料

原材料是指企业通过采购或其他方式取得的,经加工改变其形态或性质并构成产品主要实体,或有助于产品形成的各种原料及主要材料、辅助材料、外购半成品、修理用备件、包装材料、燃料等。

1. 按实际成本计价的核算

按实际成本计价的材料核算是指材料的收发凭证与总分类核算和明细分类核算都按实际成本计价记录。

(1) 会计科目设置。按实际成本计价进行材料核算时,主要设置"原材料"和"在途物资"科目。

"原材料"科目是资产类科目,用来核算企业库存的各种材料的实际成本,借方登记入库材料的实际成本,贷方登记出库材料的实际成本,余额在借方,表示期末库存材料的实际成本。

"在途物资"科目是资产类科目,用来核算企业货款已经支付但尚未验收入库材料的增减变动情况,借方登记支付的材料价款,贷方登记验收入库材料的金额,余额在借方,表示已经支付货款但尚未验收入库的材料金额。

(2) 收入材料的核算

1) 购入的原材料。企业外购材料时,由于结算方式和采购地点的不同,材料入库和货款的支付在时间上不一定完全同步,其账务处理也有所不同。

① 发票账单与材料同时到达的采购业务的账务处理。

【例3-26】 甲企业经有关部门核定为一般纳税人,某日该企业购入原材料一批,取得的增值税专用发票上注明的原材料价款为 200 000 元,增值税为 34 000 元,材料已验收入库,发票等结算凭证已经收到,货款已通过银行转账支付。其会计处理如下:

 借:原材料   200 000
   应交税费——应交增值税(进项税额)   34 000
  贷:银行存款   234 000

② 已经付款或已开出商业汇票,但材料尚未到达或尚未验收入库业务的账务处理。

【例3-27】 假设上例购入材料的业务,发票等结算凭证已到,货款已经支付,但材料尚未运到。其会计处理如下:

企业收到发票等结算凭证时:

 借:在途物资   200 000
   应交税费——应交增值税(进项税额)   34 000
  贷:银行存款   234 000

上述材料到达验收入库时:

 借:原材料   200 000
  贷:在途物资   200 000

③ 对于材料已到达并验收入库,但发票账单等结算凭证未到,货款尚未支付的采购业务的账务处理。

【例3-28】 假设例3-26中购入材料的业务，材料已经运到，并验收入库，但发票等结算凭证尚未收到，货款尚未支付。其会计处理如下：

月末按照暂估价入账，假设其暂估价为190 000元：

借：原材料	190 000
贷：应付账款——暂估应付账款	190 000

下月月初用红字将上述分录原账冲回：

借：原材料	190 000
贷：应付账款——暂估应付账款	190 000

收到有关结算凭证，并支付款项时：

借：原材料	200 000
应交税费——应交增值税（进项税额）	34 000
贷：银行存款	234 000

2）自制的原材料。在材料自制完工并验收入库时，按其实际成本，借记"原材料"科目，贷记"生产成本"科目。

【例3-29】 企业辅助生产车间自制备件一批，实际成本15 700元，已验收入库，其会计处理如下：

借：原材料	15 700
贷：生产成本——辅助生产成本	15 700

(3) 发出材料的核算。企业发出材料业务频繁，为简化日常核算工作，平时一般只登记原材料明细账，反映各种材料的收发和结存金额，月末根据实际成本计价的发料凭证，按领用部门和用途，汇总编制发料凭证汇总表，据以编制记账凭证，一次登记总分类账。

1）生产经营领用、加工发出的原材料，根据发料凭证汇总表记账时，借记"生产成本""制造费用""管理费用""销售费用""委托加工物资"等科目，贷记"原材料"科目。

2）基建、福利部门领用原材料，按实际成本加上不予抵扣的增值税等，借记"在建工程""应付职工薪酬"等科目，按实际成本，贷记"原材料"科目，按不予抵扣的增值税，贷记"应交税费——应交增值税（进项税额转出）"等科目。

3）出售原材料，于月度终了，按其实际成本，借记"其他业务成本"科目，贷记"原材料"科目。

【例3-30】 祥达实业本月发料凭证汇总表中列明各部门领用B材料的情况如下：生产车间生产产品领用60 000元；车间管理部门领用8 000元；产品销售部门领用6 000元；企业管理部门领用7 000元；基建工程领用15 000元，增值税为2 550元；委托外单位加工发出材料5 000元。根据发料凭证汇总表，其会计处理如下：

借：生产成本	60 000
制造费用	8 000
销售费用	6 000
管理费用	7 000
在建工程	17 550

委托加工物资		5 000
贷：原材料——B 材料		101 000
应交税费——应交增值税（进项税额转出）		2 550

2. 按计划成本计价的核算

按计划成本计价的材料核算是指材料的收发凭证与总分类核算和明细分类核算都按计划成本计价。材料实际成本与计划成本的差异通过"材料成本差异"科目核算。

（1）收入材料的核算。为了总括反映和监督材料收入、发出和结存的计划成本及其成本差异，应设置"材料采购""材料成本差异"和"原材料"等科目。其中"原材料"科目与按实际成本计价时的唯一区别是计价不同，其借方、贷方都按计划成本登记。"材料采购"和"材料成本差异"科目是按计划成本核算时专门设置的科目。

1)"材料采购"科目是资产类科目，用来核算外购材料的实际采购成本，确定材料采购成本差异，反映在途材料占用资金情况。其借方登记已付款已入库材料的实际成本、已付款未入库材料的实际成本、已入库材料的采购成本节约额；贷方登记已付款已入库材料的计划成本、已入库材料的采购成本超支额；期末余额在借方表示在途材料的实际成本。

2)"材料成本差异"科目是资产类科目，核算材料实际成本与计划成本之间的计价差额。实际成本小于计划成本是节约差异额，实际成本大于计划成本是超支差异额；借方登记入库材料的超支差异额；贷方登记入库材料的节约差异额和发出材料应负担的材料成本差异（超支差异用蓝字，节约差异用红字）；期末如为借方余额，则表示库存材料的超支差异，如为贷方余额，则表示库存材料的节约差异。

"材料成本差异"科目是材料类科目（包括原材料、包装物、低值易耗品）的备抵调整科目。某类材料科目的借方期末余额，加上"材料成本差异"科目的借方期末余额，或减去"材料成本差异"科目的贷方期末余额，就是期末库存材料的实际成本。

按计划成本进行材料收入核算，月末在材料验收入库时，应按其各自的计划成本，借记"原材料"科目，同时结转材料成本差异，借记或贷记"材料成本差异"科目。为简化核算，结转材料采购成本差异的处理，一般在月末集中一次处理。

（2）发出材料的核算。按计划成本计价进行材料发出的核算，平时发出材料一律按计划成本计价，但到月末要将发出材料的计划成本调整为实际成本，需要计算发出材料应负担的成本差异。

发出材料应负担的成本差异，可按当月的成本差异率计算；期初成本差异率与本期成本差异率相差不大的，也可按期初的成本差异率计算。计算方法一经确定，不得任意变更。成本差异的计算公式如下：

$$本月材料成本差异率 = \frac{月初结存材料成本差异 + 本月收入材料成本差异}{月初结存材料计划成本 + 本月收入材料计划成本} \times 100\%$$

$$月初材料成本差异率 = \frac{月初结存材料成本差异}{月初结存材料计划成本} \times 100\%$$

$$发出材料应负担的成本差异 = 发出材料计划成本 \times 材料成本差异率$$

（二）库存商品

制造业的库存商品主要是指产成品。为了反映和监督库存商品的增减变化及其结存情况，企业应设置"库存商品"科目，在库存商品按照实际成本计价核算下，其借方登记验收入库库存商品的实际成本；贷方登记发出库存商品的实际成本；余额在借方，表示结存的库存商品的实际成本。

1. 库存商品完工并验收入库的核算

企业生产产品应设置"生产成本——基本生产成本"和"制造费用"账户。

"生产成本——基本生产成本"账户，用于核算企业进行工业性生产所发生的各项生产费用及产品和劳务的成本，包括生产各种产成品、自制半成品、自制材料、自制设备和提供劳务等所发生的各项费用及其成本。生产过程中发生的各项生产费用，应按"原材料""职工薪酬""制造费用"成本项目分别归集。直接发生的、专门用于产品生产的原材料费用、生产工人的职工薪酬，应直接记入"生产成本——基本生产成本"科目的"原材料""职工薪酬"成本项目。

"制造费用"账户用于核算企业为生产产品和提供劳务而发生的各种未单设成本项目的生产费用。企业发生的制造费用，记入"制造费用"账户借方，贷记"原材料""应付职工薪酬""累计折旧""银行存款"等账户。应按企业成本核算办法的规定，期末，将制造费用分配计入有关的成本计算对象，由"制造费用"账户贷方转入"生产成本——基本生产成本"等账户。

企业生产的产品完工后，应结转完工产品的成本，借记"库存商品"账户，贷记"生产成本——基本生产成本"账户。

2. 库存商品发出的核算

库存商品发出主要是指对外销售及企业内部的在建工程耗用等。

（1）对外销售库存商品，应根据不同的销售方式，进行会计处理。对于已实现销售的产品，在结转其销售成本时，应借记"主营业务成本"科目，贷记"库存商品"科目。

（2）在建工程等部门领用库存商品，是指企业非主营业务部门所领用的库存商品，企业应根据其用途，记入"在建工程""应交税费——应交增值税（销项税额）"等有关科目，贷记"库存商品"科目。

企业产品制造成本的形成、产品完工入库制造成本的结转、对外销售库存商品制造成本结转的核算，如图 3-1 所示。

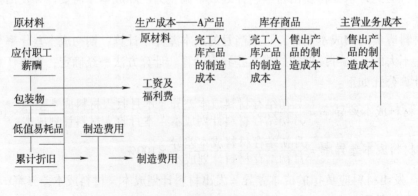

图 3-1　制造成本核算图

第五节 固定资产

一、固定资产的确认

（一）固定资产的概念与特征

固定资产是指同时具有下列特征的有形资产：① 为生产商品、提供劳务、出租或经营管理而持有的；② 使用寿命超过一个会计年度，如房屋建筑物、机器设备、运输设备、工具器具等。其中"出租"不包括作为投资性房地产的以经营租赁方式租出的建筑物。

固定资产具有以下三个基本特征：① 持有目的不是为了出售，而是作为企业的劳动手段用于生产商品、提供劳务、出租或经营管理的需要。② 使用寿命一般超过一个会计年度。固定资产的使用寿命是指企业使用固定资产的预计期间，或者该固定资产所能生产产品或提供劳务的数量。企业固定资产属于非流动资产，其给企业的收益期超过一年，能够在一年以上的时间里为企业创造经济利益。③ 固定资产是具有实物形态的有形资产，以区别于同为非流动资产的无形资产。

（二）固定资产的确认条件

固定资产在符合定义的前提下，应同时满足以下两个条件，才能加以确认：

1. 该固定资产包含的经济利益很可能流入企业

判断该项固定资产所包含的经济利益是否很可能流入企业，是确认固定资产的必备条件。如果该项固定资产包含的经济利益不是很可能流入企业，那么，即使其满足固定资产确认的其他条件，企业也不应将其确认为固定资产。

在实务中，判断固定资产包含的经济利益是否很可能流入企业，主要是判断与该固定资产所有权相关的风险和报酬是否转移到了企业。其中，与固定资产所有权相关的风险是指由于经营情况变化造成的相关收益的变动，以及由于资产闲置、技术陈旧等原因造成的损失；与固定资产所有权相关的报酬是指在固定资产使用寿命内直接使用该资产而获得的收入，以及处置该资产所实现的利得等。通常，取得固定资产的所有权是判断其相关风险和报酬转移到企业的重要标志。凡是所有权已属于企业，无论企业是否收到或持有该固定资产，均可作为企业的固定资产；反之，如果没有取得所有权，即使存放在企业，也不能作为企业的固定资产。另外，某项固定资产的所有权虽然不属于企业，但是，企业能够控制与该项固定资产有关的经济利益流入企业。在这种情况下，企业应将该项固定资产予以确认。例如，融资租赁方式下租入固定资产，企业（承租人）虽然不拥有该项固定资产的所有权，但企业能够控制该固定资产有关的经济利益，与固定资产所有权相关的风险和报酬实质上已转移到了企业，因此，符合固定资产确认的第一个条件。

2. 该固定资产的成本能够可靠地计量

成本能够可靠地计量，是资产确认的一项基本条件。要确认固定资产，企业取得该固定资产所发生的支出也必须能够可靠地计量。企业在确定固定资产成本时，有时需要根据所获得的最新资料，对固定资产的成本进行合理的估计。例如，企业对于已达到预定可使用状态的固定资产，在尚未办理竣工决算前，需要根据工程预算、工程造价或者工程实际发生的成本等资料，按暂估价值确定固定资产的入账价值，待办理了竣工决算手续后再做调整。

应当注意的是，由于企业的经营内容、经营规模等各不相同，固定资产的标准也不应强求绝对一致，各企业应根据《企业会计准则第 4 号——固定资产》，结合企业的具体情况，制定适合本企业实际情况的固定资产目录、分类方法、每类或每项固定资产的折旧年限、折旧方法、预计净残值等，并编制成册，经股东大会或董事会、经理（厂长）会议或类似机构批准，作为固定资产核算的依据；并按照法律、行政法规等的规定报送有关各方备案。

（三）固定资产的分类

对固定资产进行科学合理的分类，是实现固定资产管理和正确组织固定资产核算的重要手段之一。根据不同的管理需要和核算要求，对固定资产的分类主要有以下几种方法：

1. 按固定资产的经济用途分类

按固定资产的经济用途，固定资产可以分为生产经营用固定资产和非生产经营用固定资产。

（1）生产经营用固定资产是指直接服务于企业生产、经营过程的各种固定资产，如生产经营用的房屋、建筑物、机器、设备、器具、工具等。

（2）非生产经营用固定资产是指不直接服务于企业生产、经营过程的各种固定资产，如职工宿舍、食堂、浴室、理发室等使用的房屋、设备和其他固定资产等。

2. 按固定资产的使用情况分类

按固定资产的使用情况，固定资产可以分为使用中的固定资产、未使用固定资产和不需用固定资产。

（1）使用中的固定资产是指正在使用中的经营性和非经营性的固定资产，包括由于季节性经营或大修理等原因暂停使用的固定资产、企业出租给其他单位使用的固定资产、内部替换使用的固定资产。

（2）未使用固定资产是指已完工或已购建的尚未达到预定可使用状态的新增固定资产，以及因进行改建、扩建等原因暂停使用的固定资产。

（3）不需用固定资产是指本企业多余或不适用，需要调配处理的各种固定资产。

3. 综合分类

按固定资产的经济用途和使用情况等综合分类，可以把企业的固定资产划分为以下七大类：

（1）生产经营用固定资产。

（2）非生产经营用固定资产。

（3）租出固定资产（指企业在经营租赁方式下出租给外单位使用的固定资产）。

（4）不需用固定资产。

（5）未使用固定资产。

（6）土地（指过去已经估价单独入账的土地。因征地而支付的补偿费，应计入与土地有关的房屋、建筑物的价值内，不单独作为土地价值入账。企业取得的土地使用权，应作为无形资产管理）。

（7）融资租入固定资产（指企业以融资租赁方式租入的固定资产，在租赁期内，应视同自有固定资产进行管理）。

由于企业的经营性质不同，经营规模各异，对固定资产的分类不可能完全一致。但在实际工作中，企业大多采用综合分类的方法作为编制固定资产目录、进行固定资产核算的依据。

二、固定资产的初始计量

固定资产的初始计量是确定固定资产的取得成本，即已确认为企业的固定资产应以多少金额作为其成本。取得成本包括企业为购建某项固定资产达到预定可使用状态前所发生的一切合理、必要的支出。这些支出包括直接发生的价款、相关税费（不包括允许抵扣的增值税进项税额，下同）、运杂费、包装费和安装成本等，也包括间接发生的，如应承担的借款利息、外币借款折算差额以及应分摊的其他间接费用。为了组织固定资产的核算，企业一般需要设置"固定资产""累计折旧""工程物资""在建工程"等科目。

"固定资产"科目核算企业所有固定资产的原价，借方登记增加的固定资产原价，贷方登记减少的固定资产原价，期末借方余额反映全部在用、未用、融资租入固定资产的原价。

"累计折旧"科目是"固定资产"科目的调整科目，核算企业所提取的固定资产折旧及固定资产折旧的累计数额。期末贷方余额反映固定资产折旧的累计数。

"工程物资"科目核算企业库存的、用于建造或修理本企业固定资产工程项目的各种物资的实际成本。借方登记购入工程物资的实际成本，贷方登记领出工程物资的实际成本，期末借方余额反映企业库存工程物资的实际成本。

"在建工程"科目核算企业为建造或修理固定资产而进行的各项基建工程、安装工程、技术改造工程、大修理工程等所发生的实际支出，包括需要安装设备的价值。借方登记企业各项在建工程的实际支出，贷方登记完工工程转出的实际支出，期末借方余额反映尚未完工工程的实际成本。

由于固定资产的取得方式不同，其取得成本的构成与会计处理也有所区别。企业取得固定资产的方式主要有外购、自行建造、投资者投入、融资租赁、盘盈、非货币性资产交换、债务重组、企业合并等。

（一）外购固定资产

企业外购的固定资产，应按实际支付的购买价款、相关税费、使固定资产达到预定可使用状态前所发生的可归属于该项资产的运输费、装卸费、安装费和专业人员服务费等，作为固定资产的取得成本。

外购固定资产是否达到预定可使用状态，需要根据具体情况进行分析判断。如果购入不需要安装的固定资产，则购入后即可达到可使用状态。如果购入需要安装的固定资产，则只有安装调试后达到设计要求或合同规定的标准，才说明该项固定资产达到了预定可使用状态。

企业以一笔款项同时购入多项没有单独标价的固定资产，如果这些资产均符合固定资产的定义，并满足固定资产的确认条件，则应将各项资产单独确认为固定资产，并按照各项固定资产公允价值比例对总成本进行分配，分别确定各项固定资产的成本。如果以一笔款项购入的多项资产中还包括固定资产以外的其他资产，也应按类似的方法予以处理。

【例 3-31】 祥达实业以银行存款购入一台不需要安装的机器设备，取得的增值税专用发票上注明的设备价款为 500 000 元，增值税为 85 000 元，发生的运杂费为 2 000 元，假定不考虑其他税费。祥达实业的会计处理如下：

借：固定资产　　　　　　　　　　　　　　　　　　　　　　　　　502 000

　　　　应交税费——应交增值税（进项税额）　　　　　　　　　　　85 000
　　　　贷：银行存款　　　　　　　　　　　　　　　　　　　　　　　587 000

　　企业购入需要安装的固定资产，应在购入固定资产取得成本的基础上加上安装调试成本等，作为固定资产的成本。

　　【例3-32】 祥达实业购入一台需要安装的设备，取得的增值税专用发票上注明买价为650 000元，增值税为110 500元，支付的运输费为1 000元，支付的安装费为4 000元。其会计处理如下：

　　支付设备价款、税金、运输费时：
　　　　借：在建工程　　　　　　　　　　　　　　　　　　　　　　651 000
　　　　　　应交税费——应交增值税（进项税额）　　　　　　　　　110 500
　　　　　　贷：银行存款　　　　　　　　　　　　　　　　　　　　　761 500
　　支付安装费时：
　　　　借：在建工程　　　　　　　　　　　　　　　　　　　　　　　4 000
　　　　　　贷：银行存款　　　　　　　　　　　　　　　　　　　　　　4 000
　　设备安装完毕交付使用时：
　　　　借：固定资产　　　　　　　　　　　　　　　　　　　　　　655 000
　　　　　　贷：在建工程　　　　　　　　　　　　　　　　　　　　　655 000

（二）自行建造固定资产

　　自行建造固定资产的成本，由建造该项资产达到预定可使用状态前所发生的必要支出构成，包括工程物资成本、人工成本、交纳的相关税费、应予资本化的借款费用以及应分摊的间接费用等。自建固定资产应先通过"在建工程"科目核算，工程完工达到预定可使用状态时，再从"在建工程"科目转入"固定资产"科目。企业建造生产线等动产领用生产用材料时，不需要将材料购入时的进项税额转出；但建造厂房等不动产领用材料时，则需要视情况将材料购入时的进项税额部分转出。此外，企业自行建造固定资产，主要有自营和出包两种方式，由于采用的建造方式不同，其会计处理也不同。无论采用何种方式，所建工程都应当按照实际发生的支出确定其工程成本。

　　1. 自营工程

　　自营工程是指企业自行组织工程物资采购、自行组织施工人员施工的建筑工程和安装工程。实务中，企业较少采用自营方式建造固定资产，多数情况下采用出包方式。企业如有以自营方式建造固定资产，则其成本应当按照直接材料、直接人工、直接机械施工费等计量。

　　【例3-33】 祥达实业自行建造一间简易生产车间，购入为工程准备的各种物资200 000元，支付的增值税为34 000元，全部用于工程建设。此外，还领用本企业生产的水泥一批，实际成本为18 000元，售价为20 000元，增值税税率为17%。支付工程人员工资15 000元。支付其他费用6 000元。工程完工交付使用。其会计处理如下：

　　（1）购入工程物资：
　　　　借：工程物资　　　　　　　　　　　　　　　　　　　　　　200 000
　　　　　　应交税费——应交增值税（进项税额）　　　　　　　　　 34 000
　　　　　　贷：银行存款　　　　　　　　　　　　　　　　　　　　　234 000
　　（2）工程领用物资：

借：在建工程——自营工程	200 000	
贷：工程物资		200 000

(3) 工程领用本企业生产的水泥：

借：在建工程——自营工程	18 000	
贷：库存商品		18 000

(4) 支付工程人员工资：

借：在建工程——自营工程	15 000	
贷：应付职工薪酬		15 000

(5) 支付工程发生的其他费用：

借：在建工程——自营工程	6 000	
贷：银行存款		6 000

(6) 工程完工交付使用，计算固定资产的实际成本。

固定资产的实际成本 = 200 000元 + 18 000元 + 15 000元 + 6 000元 = 239 000元

借：固定资产	239 000	
贷：在建工程——自营工程		239 000

2. 出包工程的会计处理

出包工程是指企业通过招标等方式将工程项目发包给建造承包商，由建造承包商（即施工企业）组织施工和安装工程。出包方式建造固定资产的入账价值，应当按照建造该项固定资产达到预定可使用状态前所发生的必要支出确定，包括建筑工程支出、安装工程支出以及需分摊计入固定资产价值的待摊支出。出包方式建造固定资产的具体支出，由建造承包商核算，"在建工程"科目实际成为企业与建造承包商的结算科目，企业将与建造承包商结算的工程价款作为工程成本，通过"在建工程"科目核算。

【例3-34】 2017年9月28日，祥达实业将一栋新建厂房的工程出包给韩建公司承建，预计完工日期为12月30日。按规定先向韩建公司预付工程价款300万元，工程完工后，收到韩建公司有关工程结算单据，补付工程款200万元，工程完工经验收后交付使用。其会计处理如下：

(1) 预付工程价款：

借：预付账款——出包工程	3 000 000	
贷：银行存款		3 000 000

(2) 12月30日，工程完工，收到韩建公司有关工程结算单据，需补付工程款200万元：

借：预付账款——出包工程	2 000 000	
贷：银行存款		2 000 000

同时，结算工程款：

借：在建工程——出包工程	5 000 000	
贷：预付账款——出包工程		5 000 000

(3) 工程完工交付使用：

借：固定资产	5 000 000	
贷：在建工程——厂房工程		5 000 000

(三) 投资者投入的固定资产

投资者投入的固定资产,在办理完固定资产移交手续后,应当按照投资合同或协议约定的价值确定其成本,但合同或协议约定价值不公允的除外。在投资合同或协议约定价值不公允的情况下,按照该项固定资产的公允价值作为入账价值。

【例3-35】 2018年1月20日,祥达实业收到戊企业作为资本投入不需要安装的机器设备一台。该设备的原价为100 000元,已提折旧25 000元,按照投资协议约定的价值为80 000元。其会计处理如下:

借:固定资产　　　　　　　　　　　　　　　　　　　　　　80 000
　　贷:实收资本——戊企业　　　　　　　　　　　　　　　　　80 000

(四) 租入固定资产

企业在生产经营过程中,因季节性或临时性需要,或出于融资方面的考虑,对于生产经营所需固定资产可以采用租赁的方式取得。租赁按其性质和形式的不同分为经营租赁和融资租赁两种。

(1) 经营租赁。从承租人(即租入资产方企业)的角度来看,采用经营性租赁方式租入的资产,主要是为了解决生产经营的季节性、临时性的需要,并不是长期拥有,租赁期限相对较短;资产的所有权仍归属于出租人,企业只是在租赁期内拥有资产的使用权;租赁期满,企业将资产退还给出租人。在这种租赁方式下,与租赁资产相关的风险和报酬仍然归属于出租人。

鉴于经营租赁的上述特点,作为承租人的企业,对租入的资产不需要也不应该作为本企业的资产计价入账,也无须计提折旧;发生的租金应当在租赁期内的各个期间,一般按照直线法计入相关资产成本或当期损益。

(2) 融资租赁。这种租赁方式与经营租赁相比,一般租赁期限较长,租赁费用包括了设备的价款、租赁费、借款利息等,而且,在租赁期满后,设备所有权一般要转给承租人。因此,与租赁资产有关的主要风险和报酬已由出租人转归承租人。

在进行会计核算时,企业应在"固定资产"科目下单设"融资租入固定资产"明细科目,核算以融资方式租入的固定资产。租赁期满,如果合同规定将设备所有权转归承租企业,则应将固定资产从"融资租入固定资产"明细科目转入有关明细科目。

(五) 其他方式取得的固定资产

其他方式取得的固定资产是指以债务重组、以非货币性资产交换、企业合并等方式取得的固定资产。其成本应当分别按照《企业会计准则第12号——债务重组》《企业会计准则第7号——非货币性资产交换》《企业会计准则第20号——企业合并》的规定确定。但是,其后续计量应当执行《企业会计准则第4号——固定资产》的规定。

三、固定资产折旧

(一) 固定资产折旧的性质

固定资产折旧是指企业的固定资产随着其磨损而逐渐转移的价值。这部分转移的价值以折旧费的形式计入成本费用,并从企业营业收入中得以补偿,转化为货币资金。也就是说,固定资产损耗的价值,应在固定资产的使用寿命内,按照确定的方法对应计折旧额进行系统分摊。其中,应计折旧额是指应计提固定资产原价扣除预计净残值后的余额;若已对固定资产计提减值准备，还应扣除已计提固定资产减值准备的累计金额；固定资产的使用寿命是指固定资产预期使用的期限。

从本质上讲，折旧也是一种费用，只不过这一费用没有在计提期间付出货币资金，但这种费用是前期已经发生的支出，而这种支出的收益在资产投入使用后的有效使用期内实现，因此，正确地计算并提取折旧，是合理确定企业的营业成本与损益的前提条件。

影响固定资产折旧的因素主要有：① 固定资产原价，即取得固定资产的原始成本，它是计提固定资产折旧的基数。② 固定资产预计净残值，即假定固定资产预计使用寿命已满并处于使用寿命终了时的预期状态，企业目前从该项资产处置中获得的扣除预计处置费用后的金额。③ 固定资产的使用寿命，即企业使用固定资产的预计期间，或者该固定资产所能生产产品或提供劳务的数量。固定资产使用寿命的长短直接影响各期应提的折旧额。企业在确定固定资产使用寿命时，不仅要考虑固定资产的预计生产能力或实物产量；还要考虑固定资产的有形损耗与无形损耗，以及法律或者类似规定对资产使用的限制。结合本企业的具体情况合理地确定固定资产的折旧年限。④ 固定资产减值准备，即固定资产已计提的减值准备累计金额。固定资产计提减值准备后，应当在剩余使用寿命内根据调整后的固定资产账面价值（固定资产账面余额扣减累计折旧和累计减值准备后的金额）和预计净残值重新计算确定折旧率和折旧额。

（二）固定资产折旧范围

企业应当对所有的固定资产计提折旧，但是已提足折旧仍继续使用的固定资产和单独计价入账的土地除外。企业对固定资产进行更新改造时，应将更新改造固定资产的账面价值转入在建工程，并在此基础上确定经更新改造后的固定资产原价。处于更新改造过程而停止使用的固定资产，因已转入在建工程，因此，不计提折旧，待更新改造项目达到预定可使用状态转为固定资产后，再按重新确定的折旧方法和该项固定资产尚可使用年限计提折旧。

已达到预定可使用状态但尚未办理竣工决算的固定资产，应当按照估计价值确定其成本，并计提折旧；待办理竣工决算后，再按实际成本调整原来的暂估价值，但不需要调整原已计提的折旧额。

融资租入的固定资产，应采用与自有应计折旧固定资产一致的折旧政策。能够合理确定租赁期届满时将会取得租赁资产所有权的，应当在租赁资产使用寿命内计提折旧；无法合理确定租赁期届满时能够取得租赁资产所有权的，应当在租赁期与租赁资产使用寿命两者中较短的期间内计提折旧。

固定资产应当按月计提折旧，应以月初应计折旧的固定资产账面原价为依据，当月增加的固定资产，当月不提折旧；当月减少的固定资产，当月照提折旧，从下月起停止计提折旧。

（三）固定资产折旧方法

企业应当根据固定资产所含经济利益预期实现方式选用折旧方法。折旧方法可以选择使用年限平均法、工作量法、双倍余额递减法和年数总和法等。企业在选择固定资产折旧方法时，应当根据与固定资产有关的经济利益的预期消耗方式做出决定。由于收入可能受到投入、生产过程、销售等因素的影响，这些因素与固定资产有关经济利益的预期消耗方式无关，因此，企业不应以包括使用固定资产在内的经济活动所产生的收入为基础进行折旧。固定资产折旧方法的选用直接影响到企业成本、费用的计算,进而影响到企业的当期损益,因此折旧方法一经确定,不得随意变更。

1. 年限平均法

年限平均法又称直线法,是将固定资产的应计折旧额均衡地分摊到固定资产预计使用寿命的一种方法。采用这种方法计算的每期折旧额均是等额的。其计算公式如下:

$$年折旧率 = \frac{1-预计净残值率}{预计使用寿命} \times 100\%$$

$$月折旧率 = 年折旧率 \div 12$$

$$月折旧额 = 固定资产原值 \times 月折旧率$$

【例3-36】 祥达实业有设备一台,原值为200 000元,预计可使用10年,按照有关规定,该设备的预计净残值率为2%。该设备的折旧率和折旧额的计算如下:

$$年折旧率 = (1-2\%) \div 10 \times 100\% = 9.8\%$$

$$月折旧率 = 9.8\% \div 12 = 0.82\%$$

$$月折旧额 = 200\,000\,元 \times 0.82\% = 1\,640\,元$$

上述折旧率是按个别固定资产单独计算的,称为个别折旧率。此外,还有分类折旧率和综合折旧率。

企业可将固定资产的性质、结构和使用年限接近的固定资产归为一类,计算分类折旧率,其计算公式如下:

$$某类固定资产年分类折旧率 = \frac{按个别折旧率计算的某类固定资产年折旧额之和}{某类固定资产原价之和} \times 100\%$$

综合折旧率是指按企业全部固定资产计算的平均折旧率,其计算公式如下:

$$\frac{固定资产年}{综合折旧率} = \frac{按个别折旧率计算的各项固定资产年折旧额之和}{各项固定资产原价之和} \times 100\%$$

与采用个别折旧率和分类折旧率相比,采用综合折旧率计算固定资产折旧,计算结果的准确性较差。

年限平均法的优点是计算简便;缺点是假设固定资产各期负荷程度相同,各期分摊相同的折旧费用。实际上,固定资产在不同使用年限的经济效益不同,各期发生的维修费用也不同,因此,采用年限平均法计提折旧时,不能反映固定资产的实际使用情况。

2. 工作量法

工作量法是根据实际工作量计提折旧额的一种方法,其基本计算公式如下:

$$每单位工作量折旧额 = \frac{固定资产原价 \times (1-预计净残值率)}{预计总工作量}$$

$$某项固定资产月折旧额 = 该项固定资产当月实际工作量 \times 每单位工作量折旧额$$

【例3-37】 祥达实业的一辆货车的原值为100 000元,预计总行驶里程为50万km,预计净残值率为5%,本月行驶4 000km。该辆货车的月折旧额计算如下:

$$单位里程折旧额 = \frac{100\,000\,元 \times (1-5\%)}{500\,000\,km} = 0.19\,元/km$$

$$本月折旧额 = 4\,000\,km \times 0.19\,元/km = 760\,元$$

3. 双倍余额递减法

双倍余额递减法是在不考虑固定资产残值的情况下,根据每期期初固定资产账面原价减去累计折旧后的金额（即固定资产净值）和双倍的直线法折旧率计算固定资产折旧的一种方法。其计算公式如下：

$$年折旧率 = \frac{2}{预计使用寿命} \times 100\%$$

$$月折旧率 = 年折旧率 \div 12$$

$$月折旧额 = 固定资产年初账面净值 \times 月折旧率$$

由于双倍余额递减法在计算年折旧率时不扣除净残值，因此，实行双倍余额递减法计提折旧，固定资产的账面折余价值不能降低到预计净残值以下，即固定资产预计使用寿命到期以前两年内，将固定资产净值平均摊销。

【例3-38】 祥达实业进口设备一台，价值为80 000元，预计使用5年，预计净残值3 000元。该设备采用双倍余额递减法计算折旧额。

$$双倍直线折旧率 = \frac{2}{5} \times 100\% = 40\%$$

5年中该设备各年折旧额、累计折旧额和账面净值如表3-7所示，其中第1~3年各年折旧额用固定资产账面净值乘以双倍直线折旧率求得；第4、5年则用第3年年末固定资产净值减去净残值后除以2求得。各月折旧额，可用年折旧额除以12求得。

表3-7　各年折旧额、累计折旧额和账面净值　　　　　　　　　　单位：元

年　份	年折旧额 ①	累计折旧额 ② = 上期② + ①	原值及净值 ③ = 上期③ - ①
第0年			80 000
第1年	32 000	32 000	48 000
第2年	19 200	51 200	28 800
第3年	11 520	62 720	17 280
第4年	7 140	69 860	10 140
第5年	7 140	77 000	3 000

4. 年数总和法

年数总和法又称年限合计法，是指固定资产应提折旧的总额乘以固定资产的变动折旧率计算折旧额的一种方法。固定资产的变动折旧率是以固定资产预计使用寿命的各年数字之和作为分母，以各年年初尚可使用的年数作为分子求得的，该方法的计算公式如下：

$$固定资产各年的折旧率 = \frac{固定资产各年年初尚可使用年数}{固定资产预计使用寿命的年数总和} \times 100\%$$

或

$$= \frac{固定资产预计使用年限 - 已使用年限}{固定资产预计使用年限 \times (预计使用年限 + 1) \div 2} \times 100\%$$

$$固定资产月折旧率 = 固定资产年折旧率 \div 12$$

$$固定资产月折旧额 = (固定资产原值 - 预计净残值) \times 月折旧率$$

【例3-39】 祥达实业有一套摄像设备原价100 000元，预计使用4年，预计净残值4 000元。该设备采用年数总和法计提折旧额。该设备各年折旧率、折旧额如表3-8所示。

表 3-8　各年折旧率、折旧额　　　　　　　　　　　　单位：元

年　份	折　旧　率 ①	折　旧　额 ②＝①×96 000	累计折旧额 ③＝上期③＋②
第 0 年			
第 1 年	4/10	38 400	38 400
第 2 年	3/10	28 800	67 200
第 3 年	2/10	19 200	86 400
第 4 年	1/10	9 600	96 000

双倍余额递减法和年数总和法均为加速折旧法。加速折旧法是指在固定资产使用过程中前期多提折旧额、后期少提折旧额的一种方法。采用这种方法计提固定资产折旧，能使企业在较短时间内收回大部分投资，减少固定资产因科学技术的进步、生产力水平的提高和通货膨胀的影响而发生的无形损耗；并且还可增强企业的固定资产投资能力，加快固定资产的更新换代，在一定程度上起到刺激生产力和提高生产力水平的作用。但是运用加速折旧法，会造成企业在固定资产使用前期少纳所得税，尽管少纳的所得税可由后期补齐，但国家财政损失了缓缴税款的时间价值。

（四）固定资产折旧的会计处理

企业应按月计提折旧。计提固定资产折旧时，应根据固定资产的用途，借记有关成本费用科目，贷记"累计折旧"科目。企业基本生产车间使用的固定资产，其计提折旧应计入制造费用。月末，根据产品完工情况分配计入生产成本；企业管理部门使用的固定资产，其计提折旧应计入管理费用；企业销售部门使用的固定资产，其计提折旧应计入销售费用；企业未使用、不需用的固定资产，其计提折旧应计入管理费用；经营租出的固定资产，其应提的折旧额应计入其他业务成本。

【例 3-40】　某企业采用年限平均法提取固定资产折旧，2017 年 2 月份根据固定资产折旧计算表确定车间及厂部管理部门应分配的折旧额为：生产车间 25 000 元，厂部管理部门 8 000 元，销售部门 5 000 元，不需用设备应提折旧 2 000 元；另外，本月新购置两台计算机，其入账价值为 80 000 元，预计使用 5 年。有关会计处理如下：

借：制造费用　　　　　　　　　　　　　　　　　　　　　　　　25 000
　　管理费用　　　　　　　　　　　　　　　　　　　　　　　　10 000
　　销售费用　　　　　　　　　　　　　　　　　　　　　　　　 5 000
　　贷：累计折旧　　　　　　　　　　　　　　　　　　　　　　40 000

应当指出，为准确计算企业的产品成本（或营业成本）和损益，企业至少应当于每年年度终了，对固定资产的使用寿命、预计净残值和折旧方法进行复核。使用寿命、预计净残值预计数与原先估计数有差异的，应当调整其使用寿命与预计净残值。与固定资产有关的经济利益预期实现方式有重大改变的，应当改变固定资产折旧方法。固定资产使用寿命、预计净残值和折旧方法的改变应当作为会计估计变更。

四、固定资产的后续支出

企业的固定资产投入使用后，为维护或提高固定资产的使用效能，或者为了适应新技术发展的需要，往往需要对现有固定资产进行维护、改建、扩建或者改良，即固定资产的后续

支出。企业应以该项支出是否满足固定资产的确认条件为标准，区别资本化后续支出与费用化后续支出。如果该项后续支出满足固定资产的确认条件，则属于资本化后续支出，应将该支出计入固定资产的账面价值；否则，应将其后续支出予以费用化，在发生时计入当期损益。

1. 资本化后续支出

企业通过对厂房进行改建、扩建而使其更加坚固耐用，延长了厂房等固定资产的使用寿命；企业通过对设备的改建，提高了其单位时间内产品的产出数量，提高了机器设备等固定资产的生产能力；企业通过对车床的改良，大大提高了其生产产品的精确度，实现了企业产品的更新换代；企业通过对生产线的改良，促使其产品成本降低，提高了企业产品的价格竞争力等，这类后续支出提高了固定资产原有创利能力。对此，如果该项后续支出满足固定资产的确认条件，则应予以资本化，计入固定资产账面价值。

在固定资产发生可资本化的后续支出时，企业应将该固定资产的原价、已计提的累计折旧和减值准备转销，将固定资产的账面价值转入在建工程。固定资产发生的可资本化的后续支出，通过"在建工程"科目核算。在固定资产发生的后续支出完工并达到预定可使用状态时，应将后续支出资本化后的固定资产账面价值，从在建工程转为固定资产，并按重新确定的使用寿命、预计净残值和折旧方法计提折旧。

企业以经营租赁方式租入的固定资产发生的改良支出，应予资本化，作为长期待摊费用，合理进行摊销。

【例3-41】 2015年12月30日，祥达实业自行建成了一条生产线，建造成本为5 000 000元，采用年限平均法计提折旧；预计净残值率为5%，预计使用寿命为8年。现有生产线的生产能力难以满足公司生产发展的需要，公司决定于2018年1月1日对现有生产线进行改扩建。经过两个月的改扩建，共发生支出1 250 000元，全部以银行存款支付。通过改扩建预计其使用寿命延长2年，即为10年；而且提高了生产能力。假定改扩建后该生产线的预计净残值率仍为5%；折旧方法不变。其会计处理如下：

（1）2018年1月将生产线转入在建工程：

借：在建工程 3 812 500
　　累计折旧（5 000 000×(1-5%)/8×2） 1 187 500
　　贷：固定资产 5 000 000

（2）2018年1月、2月改扩建过程中发生费用：

借：在建工程 1 250 000
　　贷：银行存款 1 250 000

（3）2018年2月月末，该生产线达到预定可使用状态后，后续支出资本化后的固定资产价值为5 062 500元（3 812 500+1 250 000）：

借：固定资产 5 062 500
　　贷：在建工程 5 062 500

（4）2018年3月，按重新确定的使用寿命、预计净残值和折旧方法计提折旧：

应计折旧额=5 062 500元×(1-5%)=4 809 375元

月折旧额=4 809 375元/(7×12+10)=51 163.56元

借：制造费用 51 163.56
　　贷：累计折旧 51 163.56

2. 费用化后续支出

固定资产在其使用过程中,由于各个组成部分耐用程度不同或者使用条件不同,因而往往发生固定资产的局部损坏,为了保持固定资产的正常运转和使用,充分发挥其使用效能,必须对其进行必要的维护与修理。固定资产维护与修理支出只是确保固定资产的正常工作状况,并不导致固定资产性能的改变或固定资产未来经济利益的增加。因此,应在发生时,一次性直接计入当期费用。企业生产车间和行政管理部门等发生的固定资产修理费用等后续支出计入管理费用;企业专设销售机构发生的固定资产修理费用等后续支出计入销售费用。固定资产更新改造支出不满足固定资产确认条件的,也应在发生时直接计入当期损益。

【例3-42】 祥达实业对管理部门使用的奥迪轿车委托奥迪专修公司进行日常维护,共发生工料费计12 000元。其会计处理如下:

借:管理费用　　　　　　　　　　　　　　　　　　　　　　12 000
　　贷:银行存款　　　　　　　　　　　　　　　　　　　　　　12 000

五、固定资产的处置

固定资产的处置是指企业根据生产经营情况、固定资产状况,以及其他原因,出售、报废、毁损、对外投资、以债务重组方式转出、以非货币性交易转出等而减少的固定资产。

企业对不需用或不适用的固定资产,可对外出售,或根据企业的经营计划将固定资产对外投资,以充分发挥其使用效能。固定资产报废分为两种情况:一是因使用年限已满,不能再继续使用或因质量低劣而导致提前报废,此种报废称为正常报废;二是遭受意外灾害或责任事故而失去使用价值,这种报废称为毁损报废。

企业出售、报废或毁损、对外投资、非货币性资产交换、债务重组等原因处置固定资产,一般通过"固定资产清理"科目核算。"固定资产清理"科目核算企业因出售、报废和毁损转入清理的固定资产净值,以及在清理过程中发生的清理费用和清理收入。其借方登记转入清理的固定资产净值、发生的清理费用、应支付的相关税费以及结转清理后的净收益;贷方登记收回出售固定资产的价款、残料价值、变价收入和反映由保险公司或过失人赔偿的损失以及结转清理后的净损失。固定资产清理后的净收益或净损失转入有关科目后,该科目应无余额。该科目的明细账按照被清理的固定资产设置。

企业对固定资产清理核算的步骤如下:

(1) 固定资产的净值,转入"固定资产清理"科目的借方。

(2) 发生的清理费用、应支付的相关税费,记入"固定资产清理"科目的借方。

(3) 出售收入与材料变价收入,记入"固定资产清理"科目的贷方;应收的保险赔偿款,记入"固定资产清理"科目的贷方。

(4) 结转清理净损益。属于生产经营期间的,记入"营业外收入"或"营业外支出"科目;对外投资转出的固定资产,按"固定资产清理"科目的余额,借记"长期股权投资"科目,贷记"固定资产清理"科目。

【例3-43】 祥达实业出售一座建筑物,该建筑物原值200 000元,已提折旧135 000元,未计提减值准备。出售时作价80 000元,价款收到并已送存银行,按规定适用的增值税税率为11%。其会计处理如下:

(1) 将固定资产的净值,转入"固定资产清理"科目的借方时:

借：固定资产清理　　　　　　　　　　　　　　　　　　　65 000
　　累计折旧　　　　　　　　　　　　　　　　　　　　　135 000
　　　贷：固定资产——建筑物　　　　　　　　　　　　　　　　200 000
（2）取得出售固定资产的价款时：
借：银行存款　　　　　　　　　　　　　　　　　　　　80 000
　　　贷：固定资产清理——建筑物　　　　　　　　　　　　　　80 000
（3）计算应缴纳的增值税：
应纳增值税 = 80 000元 × 11% = 8 800元
借：固定资产清理　　　　　　　　　　　　　　　　　　　8 800
　　　贷：应交税费——应交增值税（销项税额）　　　　　　　　8 800
（4）结转清理净损益时：
借：固定资产清理　　　　　　　　　　　　　　　　　　　6 200
　　　贷：营业外收入　　　　　　　　　　　　　　　　　　　6 200

【例3-44】　祥达实业的两台进口设备，因使用期满，经批准报废清理。在清理过程中，以银行存款支付清理费用15 000元，收到残料变价收入26 000元，已存入银行，该设备原值为600 000元，已提折旧545 000元。其会计处理如下：
（1）将固定资产的净值转入"固定资产清理"科目的借方时：
借：固定资产清理　　　　　　　　　　　　　　　　　　　55 000
　　累计折旧　　　　　　　　　　　　　　　　　　　　　545 000
　　　贷：固定资产——经营用固定资产　　　　　　　　　　　600 000
（2）支付清理费用时：
借：固定资产清理　　　　　　　　　　　　　　　　　　　15 000
　　　贷：银行存款　　　　　　　　　　　　　　　　　　　　15 000
（3）收到残料变价收入时：
借：银行存款　　　　　　　　　　　　　　　　　　　　26 000
　　　贷：固定资产清理　　　　　　　　　　　　　　　　　　26 000
（4）结转清理后的净损失时：
借：营业外支出　　　　　　　　　　　　　　　　　　　　44 000
　　　贷：固定资产清理　　　　　　　　　　　　　　　　　　44 000

六、固定资产的清查

企业应当定期或者至少于每年年末对固定资产进行清查盘点，以保证固定资产核算的真实性，充分挖掘企业现有固定资产的潜力。在固定资产清查过程中，如果发现盘盈、盘亏的固定资产，应当填制固定资产盘盈盘亏报告表。清查固定资产的损益，应当及时查明原因，并按照规定程序报批处理。

1. 固定资产的盘盈

企业清查中盘盈的固定资产，应作为前期差错处理。在按管理权限报经批准处理前应先通过"以前年度损益调整"科目核算。盘盈的固定资产，应按重置成本确定其入账价值，借记"固定资产"科目，贷记"以前年度损益调整"科目。

2. 固定资产的盘亏

企业清查中出现盘亏的固定资产，应按其账面价值，通过"待处理财产损溢"科目核算。一方面，对盘亏的管理设备调减固定资产账面余额及相关科目；另一方面，经董事会等机构批准后，将"待处理财产损溢"科目的数额转入"营业外支出"科目。

【例3-45】 祥达实业年末进行财产清查时，发现盘亏管理设备一台，该设备账面原价60 000元，已提折旧10 000元，已提减值准备15 000元，其会计处理如下：

(1) 对盘亏的管理设备调整账实相符：

借：待处理财产损溢——待处理固定资产损溢　　　　　　　　　35 000
　　累计折旧　　　　　　　　　　　　　　　　　　　　　　　10 000
　　固定资产减值准备　　　　　　　　　　　　　　　　　　　15 000
　　贷：固定资产　　　　　　　　　　　　　　　　　　　　　　　　60 000

(2) 经董事会等机构批准后：

借：营业外支出　　　　　　　　　　　　　　　　　　　　　　35 000
　　贷：待处理财产损溢——待处理固定资产损溢　　　　　　　　　　35 000

七、固定资产的期末计价

根据《企业会计准则第8号——资产减值》，企业应于期末或者至少年末，对固定资产逐项进行检查，应根据谨慎性的要求，合理预计可能发生的损失，真实、准确地反映期末固定资产的实际价值。由于存在有形损耗和无形损耗或其他原因导致固定资产的可收回金额低于账面价值，应按其差额计提固定资产减值准备，包括单项资产和资产组。资产组是企业可以认定的最小资产组合。资产组的认定，应当以资产组产生的主要现金流入是否独立于其他资产或者资产组的现金流入为依据。同时，在认定资产组时，应当考虑企业管理层对生产经营活动的管理或监控方式（如是按照生产线、业务种类还是按照地区或者区域等）和对资产的持续使用或者处置的决策方式等。

计提固定资产减值准备需要经过以下步骤：

1. 判断固定资产发生减值的迹象

企业固定资产可能发生减值的迹象，主要可以从外部信息来源和内部信息来源两方面加以判断。

企业的外部信息来源包括：

(1) 资产的市价当期大幅度下跌，其跌幅明显高于因时间的推移或者正常使用而预计的下跌。

(2) 企业经营所处的经济、技术或者法律等环境以及资产所处的市场在当期或者将在近期发生重大变化，从而对企业产生不利影响。

(3) 市场利率或者其他市场投资报酬率在当期已经提高，从而影响企业计算资产预计未来现金流量现值的折现率，导致资产可收回金额大幅度降低。

企业的内部信息来源包括：

(1) 有证据表明资产已经陈旧过时或者其实体已经损坏。

(2) 资产已经或者将被闲置、终止使用或者计划提前处置。

(3) 企业内部报告的证据表明资产的经济绩效已经低于或者将低于预期，如资产所创造的净现金流量或者实现的营业利润（或者亏损）远远低于（或者高于）预计金额等。

在实际工作中，出现上述迹象，并不必然表明该固定资产发生减值，企业应在综合考虑各方面因素的基础上，做出职业判断。

2. 估计固定资产可收回金额

资产存在可能发生减值迹象的，应当进行减值测试，估计可收回金额。资产的可收回金额，应当根据资产的公允价值减去处置费用后的净额与资产预计未来现金流量的现值两者之间的较高者确定。

预计未来现金流量的现值，应当按照资产在持续使用过程中和最终处置时所产生的预计未来现金流量，选择恰当的折现率对其进行折现后的金额加以确定。

预计资产未来现金流量应当包括：① 资产持续使用过程中预计产生的现金流入；② 为实现资产持续使用过程中产生的现金流入所必需的预计现金流出（包括为使资产达到预定可使用状态所发生的现金流出）；③ 资产使用寿命结束时，处置资产所收到或者支付的净现金流量。

折现率是反映当前市场货币时间价值和资产特定风险的税前利率。该折现率是企业在购置或者投资资产时所要求的必要报酬率。

3. 固定资产减值准备的会计处理

可收回金额的计量结果表明，资产的可收回金额低于其账面价值的，应当将资产的账面价值减记至可收回金额，减记的金额确认为资产减值损失，计入当期损益，同时计提相应的资产减值准备。资产减值损失一经确认，在以后会计期间不得转回。

企业应设置"固定资产减值准备"科目核算计提的减值准备。该科目是"固定资产"科目的备抵科目。贷方反映计提的固定资产减值准备，借方反映出售、报废、毁损固定资产时转销的减值准备，该科目期末贷方余额，反映企业已提取的固定资产减值准备。

企业期末应将固定资产的可回收金额与其账面净值进行比较，按其可收回金额低于账面净值的差额，借记"资产减值损失——计提固定资产减值准备"科目，贷记"固定资产减值准备"科目。

【例3-46】 祥达实业2017年年末对单项固定资产进行了检查，结果如表3-9所示。

表3-9 固定资产相关资料　　　　　　　　　　　　　　　　　　　　单位：元

固定资产名称	原　值	已提折旧	账面净值	可回收金额	差　额
摄像设备	150 000	40 000	110 000	90 000	-20 000
专用机器设备	200 000	30 000	170 000	180 000	10 000
合计	350 000	70 000	280 000	270 000	-10 000

根据上述结果，年末的会计处理如下：

借：资产减值损失——计提固定资产减值准备　　　　　　　　　　　　10 000
　　贷：固定资产减值准备　　　　　　　　　　　　　　　　　　　　　　　10 000

如果企业本期有基建工程、安装工程、技术改造工程，期末应对在建工程进行全面检查，若有证据表明在建工程已经发生了减值，也应当计提减值准备。企业应设置"在建工程减值准备"科目，企业发生在建工程减值时，借记"资产减值损失——计提在建工程减值准备"科目，贷记"在建工程减值准备"科目。

第六节　无形资产及其他资产

一、无形资产

(一) 无形资产的确认

1. 无形资产的概念与特征

无形资产是指企业拥有或控制的没有实物形态的可辨认非货币性资产,通常包括专利权、非专利技术、商标权、著作权、土地使用权、特许权等。由于商誉无法与企业自身分离,不具有可辨认性,因此,不属于无形资产。无形资产具有资产的一般特征,即由企业过去的交易或者事项形成并由企业所拥有或控制、可以为企业带来未来经济利益。但与其他资产相比,无形资产还具有以下主要特征:

(1) 没有实物形态。不具有实物形态是无形资产区别于其他资产的一个显著标志。无形资产具有获得超额利润的能力,它没有实物形态,但具有价值,或者能使企业获得高于同行业平均水平的盈利能力。

(2) 无形资产具有可辨认性。无形资产的可辨认性是指无形资产能够从企业中分离或者划分出来,并能单独或者与相关合同、资产或负债一起,用于出售、转移、授予许可、租赁或者交换。这是无形资产区别于商誉的重要特点。

(3) 能在较长的时期内使企业获得经济利益。无形资产能在较长的时期内使用,使企业长期受益,因而,属于一项长期资产,企业为取得无形资产所发生的支出,属于资本性支出。

(4) 无形资产能够给企业提供的未来经济利益具有较大的不确定性。无形资产的经济价值在很大程度上受企业外部因素的影响,其预期的获利能力不能准确地加以确定。无形资产的取得成本不能代表其经济价值,一项取得成本较高的无形资产可能为企业带来较少的经济利益,而取得成本较低的无形资产则可能给企业带来较大的经济利益。

(5) 具有垄断性或独占性。专利权、商标权、著作权等受法律保护,因此,给企业带来的经济利益具有独占性的特点;非专利技术虽然不受法律保护,但其具有的机密性特点,使得发明人对非专利技术创造的经济利益具有垄断性。

2. 无形资产的确认条件

某个项目要作为企业的无形资产予以确认,首先应符合无形资产的定义,其次还应符合无形资产的确认条件。无形资产同时满足下列条件的,才能予以确认:

(1) 与该无形资产有关的经济利益很可能流入企业。企业在判断无形资产产生的经济利益是否很可能流入时,应当对无形资产在预计使用寿命内可能存在的各种经济因素做出合理估计,并且应当有明确证据支持。例如,某项专利权所带来的经济利益能否流入企业,还要看企业是否具备相应的管理队伍、人力资源,相关的设备与材料,以实施该项无形资产为企业带来经济利益。

更为重要的是企业应关注外界因素的影响,如是否存在相关的新技术、新产品,从而影响企业技术的实施或产品的生产。

(2) 该无形资产的成本能够可靠地计量。成本能够可靠地计量是资产确认的一项基本条件。例如，高新技术企业的科技人才，假定其与企业签订了服务合同，且合同规定其在一定期限内不能为其他企业提供服务。虽然这些科技人才的知识在规定期限内预期能够为企业创造经济利益，但由于这些技术人才的知识难以辨认，加之为形成这些知识所发生的支出难以计量，从而不能确认为企业的无形资产。

企业内部形成的无形资产一般要经过研究和开发两个阶段。研究阶段是探索性的，为进一步开发活动进行资料及相关方面的准备，已进行的研究活动将来是否会转入开发、开发后是否会形成无形资产等均具有较大的不确定性。例如，意在获取知识而进行的活动，研究成果或其他知识的应用研究、评价和最终选择，材料、设备、产品、工序、系统或服务替代品的研究，新的或经改进的材料、设备、产品、工序、系统或服务的可能替代品的配制、设计、评价和最终选择等，均属于研究活动。在研究阶段，企业不能证明该项目将会带来未来经济利益。因此，该阶段的支出应在其发生时确认为费用，计入当期损益。

开发阶段相对于研究阶段而言，已完成研究阶段的工作，在很大程度上具备了形成一项新产品或新技术的基本条件。例如，生产前或使用前的原型和模型的设计、建造和测试，不具有商业性生产经济规模的试生产设施的设计、建造和运营等，均属于开发活动。

对于企业内部研究开发项目，开发阶段的支出同时满足下列条件的才能资本化，计入无形资产成本，否则应当计入当期损益（管理费用）。如果确实无法区分研究阶段的支出和开发阶段的支出，应将其所发生的研发支出全部费用化，计入当期损益。

（1）完成该无形资产以使其能够使用或出售在技术上具有可行性。例如，企业已经完成了全部计划、设计和测试活动，这些活动是使资产能够达到设计规划书中的功能、特征和技术所必需的活动，或经过专家鉴定等。

（2）具有完成该无形资产并使用或出售的意图。

（3）无形资产产生经济利益的方式，包括能够证明运用该无形资产生产的产品存在市场或无形资产自身存在市场；无形资产将在内部使用的，应当证明其有用性。

（4）有足够的技术、财务资源和其他资源支持，以完成该无形资产的开发，并有能力使用或出售该无形资产。

（5）归属于该无形资产开发阶段的支出能够可靠地计量。

企业自创商誉以及内部产生的品牌、报刊名等，不应确认为无形资产。

3. 无形资产的内容

无形资产一般包括专利权、非专利技术、商标权、著作权、土地使用权、特许权等。

（1）专利权。专利权是指权利人在法定期限内对某一发明创造所拥有的独占权和专有权。并非所有的专利权都能给专利权持有者带来经济利益，有的专利可能具有很小或没有经济价值。有的专利会随着新技术的产生而淘汰。因此，企业无须将其所拥有的一切专利权都予以资本化作为无形资产管理。会计准则规定，只有那些能够给企业带来较大经济价值，并且企业为此花费了支出的专利才能作为无形资产核算。

（2）非专利技术。非专利技术是指发明人垄断的、不公开的、具有实用价值的先进技术、资料、技能、知识等。非专利技术具有经济性、机密性、动态性等特点。非专利技术未经公开亦未申请专利权，所以不受法律保护，但事实上具有专利权的效用。

（3）商标权。商标权是指企业专门在某种指定的商品上使用特定的名称、图案、标记的权利。根据有关法规规定，经商标局核准注册的商标为注册商标，商标注册人享有商标专用权，受法律保护。商标权的内容包括独占使用权和禁止使用权。商标权的价值在于它能使享有人获得较高的盈利能力。商标权的有效期限为10年，期满前可继续申请延长注册期。

(4) 著作权。著作权是指著作权人对其著作依法享有的出版、发行等方面的专有权利。著作权可以转让、出售或者赠予。著作权包括发表权、署名权、修改权、保护作品完整权、使用权和获得报酬权等。

(5) 土地使用权。土地使用权是指国家准许某一单位在一定期间对国有土地享有开发、利用、经营的权利。根据我国有关土地管理法规的规定，我国土地实行公有制，任何单位和个人不得侵占、买卖或者以其他形式非法转让。国有土地可依法确定给国有企业、集体企业等单位使用，其使用权可依法转让。

免费取得的土地使用权，不能作为无形资产入账。有偿取得土地使用权时花费的支出，应将其资本化，作为无形资产入账。但改变土地使用权用途，用于赚取租金或资本增值的，应当将其作为投资性房地产管理。

(6) 特许权。特许权是指在某一地区经营或销售某种特定商品的权利或是一家企业接受另一家企业使用其商标、商号、技术秘密等的权利。

(二) 无形资产的初始计量

无形资产应按其实际成本进行初始计量，即以取得无形资产并使之达到预定用途而发生的全部支出作为无形资产的成本。无形资产的取得有购入、自行开发、投资者投入以及非货币性资产交换、债务重组、政府补助和企业合并等方式，取得的方式不同，其成本的构成也不同。

1. 购入的无形资产

购入无形资产的成本，包括购买价款、相关税费以及直接归属于使该项资产达到预定用途所发生的其他支出。直接归属于使该项资产达到预定用途所发生的其他支出包括使无形资产达到预定用途所发生的专业服务费用、测试无形资产是否能够正常发挥作用的费用等，但不包括为引入新产品进行宣传发生的广告费、管理费用及其他间接费用，也不包括在无形资产已经达到预定用途以后发生的费用。

购买无形资产的价款超过正常信用条件延期支付，实际上具有融资性质的，无形资产的成本应以购买价款的现值为基础确定。

企业购入无形资产时，应根据购入过程中所发生的全部支出，借记"无形资产"科目，贷记"银行存款"等科目。

【例3-47】 祥达实业以银行存款从中山公司购得一项专利权，支付买价145 000元，同时支付有关手续费5 000元。其会计处理如下：

借：无形资产——专利权　　　　　　　　　　　　　　　150 000
　　贷：银行存款　　　　　　　　　　　　　　　　　　　　150 000

2. 自行开发的无形资产

自行开发无形资产的成本，开发阶段的支出在满足一定条件下可以资本化，因此，自行开发无形资产的成本不仅包括依法取得发生的注册费、律师费等费用，还包括准予资本化的开发费用。但是对于以前期间已经费用化的支出不再调整。

企业应设置"研发支出"科目，核算企业进行研究与开发无形资产过程中发生的各项支出。该科目为成本类科目，其借方记录自行开发无形资产发生的费用化支出和资本化支出；贷方记录达到预定用途形成无形资产的资本化支出。本科目期末借方余额，反映企业正在进行无形资产研究开发项目满足资本化条件的支出。该科目可按研究开发项目，分别"费用化支出""资本化支出"进行明细核算。

【例3-48】 惠普汽车股份有限公司正在研发一项汽车减震技术，共发生研究支出160 000元，其中，领用原材料30 000元、人工支出110 000元、以银行存款支付其他支出20 000元。公司有足够的技术、财务资源和其他资源支持，以完成该无形资产的开发，并有能力使用该无形资产。在开发阶段，发生支出120 000元；其中，领用原材料40 000元，人工支出30 000元，以银行存款支付汽车减震专利申请费、律师费等其他费用支出50 000元。其会计处理如下：

```
借：研发支出——费用化支出                        160 000
    贷：原材料                                     30 000
        应付职工薪酬                              110 000
        银行存款                                   20 000
借：研发支出——资本化支出                        120 000
    贷：原材料                                     40 000
        应付职工薪酬                               30 000
        银行存款                                   50 000
```

同时：
```
借：无形资产——专利权                            120 000
    贷：研发支出——资本化支出                    120 000
```

会计期末，应将"研发支出"科目归集的费用化支出，转入"管理费用"科目。
```
借：管理费用                                     160 000
    贷：研发支出——费用化支出                    160 000
```

3. 投资者投入的无形资产

投资者投入无形资产的成本，应当按照投资合同或协议约定的价值确定。如果投资合同或协议约定价值不公允的，应按无形资产的公允价值入账。

【例3-49】 祥达实业4月份接受长征公司的一项特许权作为投资，拥有此项特许权后祥达实业可以独家经营销售长征公司的某类产品，预计可使其未来利润增长20%。协议中确定的特许权作价为880 000元，祥达实业另支付印花税等相关税费46 000元。祥达实业的会计处理如下：

```
借：无形资产——特许权                            926 000
    贷：实收资本                                  880 000
        银行存款                                   46 000
```

4. 其他方式取得的无形资产

其他方式取得的无形资产包括以非货币性资产交换、债务重组、政府补助和企业合并等方式取得的无形资产，其成本应当分别按照《企业会计准则第7号——非货币性资产交换》《企业会计准则第12号——债务重组》《企业会计准则第16号——政府补助》和《企业会计准则第20号——企业合并》的规定确定。

5. 土地使用权的处理

企业取得的土地使用权通常应确认为无形资产。

土地使用权用于自行开发建造厂房等地上建筑物时，相关的土地使用权账面价值不转入在建工程成本，仍作为无形资产核算。土地使用权与地上建筑物分别进行摊销和提取折旧。下列情况除外：

（1）房地产开发企业取得的土地使用权用于建造对外出售的房屋建筑物，相关的土地使用权应当计入所建造的房屋建筑物成本，即作为存货核算。

（2）企业外购的房屋建筑物支付的价款应当在地上建筑物与土地使用权之间分配，无法合理分配的，应全部确认为固定资产。

企业改变土地使用权的用途，将其作为用于出租或增值目的时，应将其账面价值转为投资性房地产。

（三）无形资产的后续计量

1. 制定无形资产的摊销政策

（1）判断无形资产的使用寿命。无形资产的使用寿命包括法定寿命和经济寿命两个方面。例如，商标权的有效期为10年，该类无形资产的使用寿命受法律、规章或合同的限制，称为法定寿命；经济寿命是指为企业带来经济利益的年限。由于受技术进步、市场竞争因素的影响，无形资产的经济寿命往往短于法定寿命。因此，企业应当于取得无形资产时，综合各种因素，分析判断其使用寿命。

无形资产的使用寿命为有限的，应当考虑相关因素，估计该使用寿命的年限或者构成使用寿命的产量等类似计量单位数量；无法预见无形资产为企业带来经济利益期限的，如永久性特许经营权、非专利技术等的寿命不受法律或合同的限制，应当视为使用寿命不确定的无形资产。使用寿命不确定的无形资产不应摊销。使用寿命有限的无形资产，其应摊销金额应当在使用寿命内系统合理地摊销。

（2）摊销期限的确定。企业摊销无形资产，应当自无形资产可供使用（即其达到预定用途）时起，至终止确认时止。企业持有的无形资产，通常来源于合同性权利或其他法定权利，且合同规定或法律规定有明确的使用年限：① 源自合同性权利或其他法定权利的无形资产，其使用寿命不应超过合同性权利或其他法定权利的期限；如果合同性权利或其他法定权利能够在到期时因续约等延续，当有证据表明企业续约不需要付出重大成本的，续约期才能够包括在使用寿命的估计中。② 没有明确的合同或法律规定无形资产的使用寿命的，企业应当综合各方面因素判断，以确定无形资产为企业带来经济利益的期限。例如，企业聘请相关专家进行论证，与同行业的情况进行比较、参考历史经验等。

经过上述努力，仍然无法合理确定无形资产为企业带来经济利益期限的，才能将其作为使用寿命不确定的无形资产。

2. 使用寿命有限的无形资产摊销的核算

（1）应摊销金额的确定。无形资产的应摊销金额是指其成本扣除预计残值后的金额。已计提减值准备的无形资产，还应扣除已计提无形资产减值准备的累计金额。使用寿命有限的无形资产，其残值一般为零，但下列情况除外：① 有第三方承诺在无形资产使用寿命结束时购买该无形资产；② 可以根据活跃市场得到预计残值信息，并且该市场在无形资产使用寿命结束时很可能存在。无形资产的摊销金额一般应当计入当期损益。某项无形资产包含的经济利益通过所生产的产品或其他资产实现的，其摊销金额应当计入产品成本或相关资产的成本。

（2）摊销方法。企业选择的无形资产摊销方法，如直线法、产量法等，应当反映与该项无形资产有关的经济利益的预期实现方式，并一致地运用于不同会计期间。无法可靠地确定预期实现方式的，应当采用直线法摊销。

【例3-50】 祥达实业2017年2月1日从外单位购得一项管理用专利权，支付买价340 000元，支付相关手续费20 000元，其预计使用年限为10年。该企业采用直线法摊销该项专利权。其各月份的会计处理如下：

借：管理费用（360 000÷10÷12） 3 000
　　贷：累计摊销 3 000

企业至少应当于每年年度终了，对使用寿命有限的无形资产的使用寿命及摊销方法进行复核。如果有证据表明无形资产的使用寿命及摊销方法与以前估计不同的，应当改变摊销期限和摊销方法，并按照会计估计变更进行会计处理。企业应当在每个会计期间对使用寿命不确定的无形资产的使用寿命进行复核，并进行减值测试。

（四）无形资产的处置

1. 无形资产出售

企业出售无形资产时，应按实际取得的转让收入，借记"银行存款"等科目，按已计提的累计摊销额，借记"累计摊销"科目，按该项无形资产已计提的减值准备，借记"无形资产减值准备"科目，按无形资产的账面余额，贷记"无形资产"科目，按应支付的相关税费，贷记"应交税费"等科目，按其差额，贷记"营业外收入——处置非流动资产利得"或借记"营业外支出——处置非流动资产损失"科目。企业出售无形资产确认其利得的时点，应按照收入确认中的相关原则进行确定。

【例3-51】 祥达实业拥有一项商标权，其入账价值360 000元，累计摊销额120 000元，已计提的减值准备为8 000元。年末公司将其出售，取得收入260 000元，适用的增值税税率为6%（不考虑其他税费）。其会计处理如下：

借：银行存款 260 000
　　累计摊销 120 000
　　无形资产减值准备 8 000
　　贷：无形资产——商标权 360 000
　　　　营业外收入——处置非流动资产利得 12 400
　　　　应交税费——应交增值税（销项税额） 15 600

2. 无形资产出租

出租无形资产即转让使用权，出让方仅将无形资产的部分使用权让渡给其他企业，出让方不丧失原占有、使用、收益和处分该项无形资产的权利，受让方只有根据合同的规定使用的权利。因此，出让方无须改变无形资产的账面价值。转让无形资产使用权取得的收入作为其他业务收入，记入"其他业务收入"科目；无形资产的摊销与有关的转让费用（如派出技术服务人员的费用等）作为其他业务成本，记入"其他业务成本"科目。

【例3-52】 2017年4月祥达实业将其一项专利权出租给甲企业，取得不含税租金80 000元，提供咨询服务等耗用材料4 000元，发生工资费用6 000元，其他费用3 000元，款项通过银行收付。会计期末，计提该项专利权的累计摊销额为 1 200 元。适用的增值税税率为 6%。其会计处理如下：

取得转让收入时：

借：银行存款　　　　　　　　　　　　　　　　　　　　　　　　84 800
　　贷：其他业务收入　　　　　　　　　　　　　　　　　　　　80 000
　　　　应交税费——应交增值税（销项税额）　　　　　　　　　 4 800

结转转让成本时：

借：其他业务成本　　　　　　　　　　　　　　　　　　　　　　13 000
　　贷：原材料　　　　　　　　　　　　　　　　　　　　　　　 4 000
　　　　应付职工薪酬　　　　　　　　　　　　　　　　　　　　 6 000
　　　　银行存款　　　　　　　　　　　　　　　　　　　　　　 3 000

会计期末，计提该项专利权的累计摊销额：

借：其他业务成本　　　　　　　　　　　　　　　　　　　　　　 1 200
　　贷：累计摊销　　　　　　　　　　　　　　　　　　　　　　 1 200

3. 无形资产报废

当无形资产预期不能为企业带来经济利益时，例如，该无形资产已被其他新技术等所替代，或者该无形资产不再受法律保护，且不能给企业带来经济利益，企业应将该无形资产的账面价值予以转销。

无形资产预期不能为企业带来经济利益的，应按已计提的累计摊销额，借记"累计摊销"科目，按其账面余额，贷记"无形资产"科目，按其差额，借记"营业外支出"科目。已计提减值准备的，还应同时结转减值准备。

（五）无形资产的期末计价

由于无形资产能够给企业提供的未来经济利益具有较大的不确定性，根据《企业会计准则第 8 号——资产减值》，企业应当定期或者至少在每年年度终了检查各项无形资产预计给企业带来未来经济利益的能力，对预计可收回金额低于其账面价值的，应当计提减值准备。借记"资产减值损失——计提无形资产减值准备"科目，贷记"无形资产减值准备"科目。资产减值损失一经确认，在以后会计期间不得转回。

二、其他资产

其他资产是指除流动资产、固定资产和无形资产等以外的资产，主要指长期待摊费用。

长期待摊费用是指企业已经发生但应由本期和以后各期负担的分摊期限在 1 年以上的各项费用，如以经营租赁方式租入的固定资产发生的改良支出等。

企业以经营租赁方式租入的固定资产，在租赁期间内企业只享有使用权。因此，对租入固定资产发生的改良支出，不能增加租入固定资产的价值；而且，租入固定资产改良支出的摊销期限一般在 1 年以上，则应作为长期待摊费用核算。发生租入固定资产改良支出时，借记"长期待摊费用"科目，贷记"工程物资""银行存款"等科目；摊销时，借记"管理费用""销售费用"等科目，贷记"长期待摊费用"科目。

【例 3-53】 祥达实业以经营租赁方式租入办公用房屋，为提高办公用房的效能，对其进行改良，共发生支出 360 000 元，全部以银行存款支付。假设办公用房的租赁期为 5 年。

其会计处理如下:
发生租入固定资产改良支出时:
借:长期待摊费用　　　　　　　　　　　　　　　　　　　　360 000
　　贷:银行存款　　　　　　　　　　　　　　　　　　　　　　360 000
按月分期摊销时:
借:管理费用 (360 000/5÷12)　　　　　　　　　　　　　　　6 000
　　贷:长期待摊费用　　　　　　　　　　　　　　　　　　　　6 000

第七节　投资性房地产

一、投资性房地产的确认

投资性房地产是指为赚取租金或资本增值,或二者兼有而持有的房地产。投资性房地产应当能够单独计量和出售。从定义来看,企业持有投资性房地产的主要目的是为了赚取租金或资本增值,或二者兼而有之。因此,企业应将投资性房地产与自用房地产区别开来。企业的自用房地产是为了生产商品、提供劳务或者经营管理的目的,应作为固定资产管理与核算。同时,房地产开发企业开发的产品,其主要目的是销售,为销售而开发的房地产应属于房地产开发企业的存货。

投资性房地产应同时满足两个条件,才能予以确认:① 与该投资性房地产有关的经济利益很可能流入企业。在实务中,判断投资性房地产包含的经济利益是否很可能流入企业,主要依据与该所有权相关的风险和报酬是否转移到了企业。通常,取得投资性房地产的所有权是判断与投资性房地产所有权相关的风险和报酬转移到企业的一个重要标志。② 该投资性房地产的成本能够可靠地计量,即为取得该投资性房地产而发生的支出也必须能够可靠地计量。

根据《企业会计准则第3号——投资性房地产》,投资性房地产主要包括:

(1) 已出租的建筑物、土地使用权。已出租的建筑物、土地使用权是指以经营租赁(不含融资租赁)方式出租的建筑物和土地使用权,包括自行建造或开发完成后用于出租的房地产。其中,用于出租的建筑物是指企业拥有产权的建筑物;用于出租的土地使用权是指企业通过受让方式取得的土地使用权。已出租的投资性房地产,因租赁期满暂时空置但继续用于出租的,仍作为投资性房地产。

(2) 持有并准备增值后转让的土地使用权。持有并准备增值后转让的土地使用权是指企业通过受让方式取得的、准备增值后转让的土地使用权。根据我国对土地的使用规定,企业首先要按国家相关政策的规定进行"三通一平"(即水通、电通、路通、场地平整)后才可进行投资性房地产开发或增值。只有在符合国家有关土地政策后并拟用于出租和增值的土地才可确认为投资性房地产。因此,闲置土地不属于持有并准备增值的土地使用权。

在实务中,判断某项房地产是否属于投资性房地产,需要进行职业判断。例如,一项房地产,部分用于赚取租金或资本增值,部分用于生产商品、提供劳务或经营管理,用于赚取租金或资本增值的部分能够单独计量和出售的,可以确认为投资性房地产;否则,不能作为投资性房地产。又如,关联企业之间租赁房地产的,出租方应将出租的房地产确认为投资性房地产。母公司以经营租赁的方式向子公司出租房地产,该项房地产应当确认为母公司的投资性房地产,但在编制合并报表时,作为企业集团的自用房地产。

二、投资性房地产的计量

投资性房地产应当按照成本进行初始计量。在资产负债表日企业应采用成本模式对投资性房地产进行后续计量;如果有确凿证据表明投资性房地产的公允价值能够持续可靠地取得,可以对投资性房地产采用公允价值模式进行后续计量。

(一) 投资性房地产的初始计量

企业取得投资性房地产的方式不同,其成本构成与会计处理也有所区别。

企业进行投资性房地产的核算,一般应设置"投资性房地产"科目。该科目为资产类科目,借方登记投资性房地产的增加,贷方登记投资性房地产的减少,期末余额在借方,表示目前企业投资性房地产的结余价值。如采用公允价值模式计量,则需要在该科目下分别"成本"和"公允价值变动"进行明细核算,其中"投资性房地产——成本"科目反映外购的土地使用权和建筑物发生的实际成本。

1. 外购投资性房地产

外购的土地使用权和建筑物,按照取得时的实际成本进行初始计量。其实际成本包括购买价款、相关税费和可直接归属于该资产的其他支出。企业购入的房地产,部分用于出租(或资本增值)、部分自用,用于出租(或资本增值)的部分应当予以单独确认的,应按照不同部分的公允价值占公允价值总额的比例将成本在不同部分之间进行分配。

【例3-54】 甲公司是一家商品零售企业,出于多种考虑,2017年4月1日以银行存款购得位于繁华商业区的一层商务用楼,并当即进行招租作为投资性房地产核算。该层商务楼的买价为800万元,相关税费28万元。假设不考虑其他因素,甲公司采用成本模式进行后续计量。其会计处理如下:

该商务楼的入账成本 = 买价 + 相关税费 = 800万元 + 28万元 = 828万元

借:投资性房地产　　　　　　　　　　　　　　　　　　　　8 280 000
　　贷:银行存款　　　　　　　　　　　　　　　　　　　　　　8 280 000

2. 自行建造投资性房地产

自行建造投资性房地产的成本,由建造该项资产达到预定可使用状态前所发生的必要支出构成,包括土地开发费、建筑成本、安装成本、应予以资本化的借款费用、支付的其他费用和分摊的间接费用等。

3. 以其他方式取得的投资性房地产

以其他方式取得的投资性房地产的成本,原则上也是按其取得时的实际成本作为入账价值,符合其他相关准则规定的按照相应的准则规定予以确定。

(二) 投资性房地产的后续计量

投资性房地产的后续计量是指已作为投资性房地产核算并确认其入账价值以后的会计处理。我国会计准则规定投资性房地产的后续计量有成本和公允价值两种模式,通常应当采用成本模式计量,满足特定条件时也可以采用公允价值模式计量。但同一企业只能采用一种模式对所有投资性房地产进行后续计量,不得同时采用两种计量模式。

1. 成本模式

在成本模式下，对已出租的建筑物或土地使用权进行后续计量，并计提折旧或摊销；如果存在减值迹象的，应当按照《企业会计准则第8号——资产减值》进行减值测试，计提相应的减值准备。

企业采用成本模式计量的，对于以企业的建筑物等固定资产形成的投资性房地产，应比照《企业会计准则第4号——固定资产》的相关规定处理；对于以企业的土地使用权等无形资产形成的投资性房地产，应比照《企业会计准则第6号——无形资产》的相关规定处理。

【例3-55】 祥达实业2017年6月28日购入一幢办公楼，用于对外出租。该资产的买价为4 000万元，相关税费为10万元，预计使用寿命为40年，预计残值为10万元，祥达实业采用直线法提取折旧。该办公楼的年租金为600万元，于年末一次结清，自2017年7月1日开始出租。假定不考虑其他相关税费，其会计处理如下：

该投资性房地产的入账成本 = 4 000万元 + 10万元 = 4 010万元

2017年的折旧额 = [4 010 - 10]万元 ÷ 40 × 6/12 = 50万元

（1）取得租金时：

借：银行存款　　　　　　　　　　　　　　　　　　　　　　　3 000 000
　　贷：其他业务收入　　　　　　　　　　　　　　　　　　　　3 000 000

（2）当年提取折旧时：

借：其他业务成本　　　　　　　　　　　　　　　　　　　　　　500 000
　　贷：投资性房地产累计折旧　　　　　　　　　　　　　　　　500 000

【例3-56】 2017年4月1日，祥达实业接受A公司投入的一项土地使用权，拟于增值后适时转让。双方协议价为6 000万元，该土地使用权的法定有效期为60年。其会计处理如下：

该投资性房地产的入账成本 = 双方协议价 = 6 000万元

借：投资性房地产　　　　　　　　　　　　　　　　　　　　　60 000 000
　　贷：实收资本　　　　　　　　　　　　　　　　　　　　　　60 000 000

2017年的摊销额 = 6 000万元 ÷ 60 × 9/12 = 75万元

借：其他业务成本　　　　　　　　　　　　　　　　　　　　　　750 000
　　贷：投资性房地产累计摊销　　　　　　　　　　　　　　　　750 000

2. 公允价值模式

（1）采用公允价值模式进行计量的投资性房地产，应当同时具备以下两个条件：

1）投资性房地产所在地有活跃的房地产交易市场。所在地，通常是指投资性房地产所在的城市。对于大中城市，应当具体化为投资性房地产所在的城区。活跃市场是指同时具有下列特征的市场：① 市场内交易对象具有同质性；② 可随时找到自愿交易的买方和卖方；③ 市场价格信息是公开的。

2）企业能够从房地产交易市场上取得同类或类似房地产的市场价格及其他相关信息，从而对投资性房地产的公允价值做出合理的估计。同类或类似的房地产，对于建筑物而言，是指所处地理位置和地理环境相同、性质相同、结构类型相同或相近、新旧程度相同或相近、可使用状况相同或相近的建筑物；对于土地使用权而言，是指同一城区、同一位置区域、所处地理环境相同或相近、可使用状况相同或相近的土地。

（2）公允价值模式的核算方法。采用公允价值模式进行后续计量的，不对投资性房地产计提折旧或进行摊销，应当以资产负债表日投资性房地产的公允价值为基础调整其账面价值，公允价值与原账面价值之间的差额计入当期损益。已采用公允价值模式计量的投资性房地产，不得从公允价值模式转为成本模式。

公允价值模式的采用，意味着会计期末投资性房地产账面价值总是处于变动状态，从而影响企业的利润数额。为避免利润额的随意波动，《企业会计准则第 3 号——投资性房地产》规定，企业对投资性房地产的计量模式一经确定，不得随意变更。成本模式转为公允价值模式的，应当作为会计政策变更，按照《企业会计准则第 28 号——会计政策、会计估计变更和差错更正》处理。

具体而言，在资产负债表日，企业应按照投资性房地产的公允价值高于其原账面价值之间的差额，借记"投资性房地产——公允价值变动"科目，贷记"公允价值变动损益"科目；投资性房地产的公允价值低于其原账面价值之间的差额，借记"公允价值变动损益"科目，贷记"投资性房地产——公允价值变动"科目。

【例 3-57】 承例 3-55，2017 年 12 月 31 日，祥达实业作为投资性房地产核算的办公楼，其公允价值为 4 200 万元。其会计处理如下：

借：投资性房地产——公允价值变动　　　　　　　　　　　1 900 000
　　贷：公允价值变动损益　　　　　　　　　　　　　　　　　　1 900 000

（三）投资性房地产的后续支出

1. 资本化的后续支出

与投资性房地产有关的后续支出，满足投资性房地产的两个确认条件的，应作为资本化支出，计入投资性房地产成本。

采用成本模式计量的，投资性房地产进入改扩建或装修阶段后，应将其账面价值转入改扩建工程。借记"投资性房地产——在建""投资性房地产累计折旧"等科目，贷记"投资性房地产"科目。改扩建或装修完成后，借记"投资性房地产"科目，贷记"投资性房地产——在建"科目。

采用公允价值模式计量的，投资性房地产进入改扩建或装修阶段后，应将其账面价值转入改扩建工程。借记"投资性房地产——在建"科目，贷记"投资性房地产——成本""投资性房地产——公允价值变动"等科目。改扩建或装修完成后，借记"投资性房地产——成本"科目，贷记"投资性房地产——在建"科目。

企业对某项投资性房地产进行改扩建等再开发且将来仍作为投资性房地产的，再开发期间应继续将其作为投资性房地产，不计提折旧或摊销。

2. 费用化的后续支出

与投资性房地产有关的后续支出，不能够满足投资性房地产两个确认条件的，应作为费用化支出，应当在发生时计入当期损益。即按照后续支出金额，借记"其他业务成本"科目，贷记"银行存款""工程物资""原材料"等科目。

三、投资性房地产的转换与处置

（一）投资性房地产的转换

1. 转换条件

企业有确凿证据表明房地产用途发生改变，满足下列条件之一的，应当将投资性房地

转换为其他资产或者将其他资产转换为投资性房地产:

(1) 自用建筑物停止自用,改为出租。

(2) 作为存货的房地产,改为出租。

(3) 自用土地使用权停止自用,用于赚取租金或资本增值。

(4) 投资性房地产开始自用。

(5) 房地产企业将用于经营租出的房地产重新开发用于对外销售,从投资性房地产转换为存货。

2. 投资性房地产转换后入账价值的确定

(1) 成本模式下的转换

1) 企业将自用房地产转换为投资性房地产时,应当按该项建筑物或土地使用权在转换日的原价、累计折旧、减值准备等,分别转入"投资性房地产""投资性房地产累计折旧(摊销)""投资性房地产减值准备"科目;按其账面余额,借记"投资性房地产"科目,贷记"固定资产"或"无形资产"科目;按已计提的折旧或摊销,借记"累计折旧"或"累计摊销"科目,贷记"投资性房地产累计折旧(摊销)"科目;原已计提减值准备的,借记"固定资产减值准备"或"无形资产减值准备"科目,贷记"投资性房地产减值准备"科目。

2) 企业将作为存货的房地产转换为投资性房地产时,应当按该项存货在转换日的账面价值,借记"投资性房地产"科目,原已计提跌价准备的,借记"存货跌价准备"科目。按其账面余额,贷记"开发产品"等科目。

3) 企业将投资性房地产转换为自用房地产时,应当按该项投资性房地产在转换日的账面余额、累计折旧(摊销)、减值准备等,分别转入"固定资产""累计折旧""固定资产减值准备"等科目;按投资性房地产的账面余额,借记"固定资产"或"无形资产"科目,贷记"投资性房地产"科目;按已计提的折旧或摊销,借记"投资性房地产累计折旧(摊销)"科目,贷记"累计折旧"或"累计摊销"科目;原已计提减值准备的,借记"投资性房地产减值准备"科目,贷记"固定资产减值准备"或"无形资产减值准备"科目。

4) 企业将投资性房地产转换为存货时,应当按照该项投资性房地产在转换日的账面价值,借记"开发产品"科目,按照已计提的折旧或摊销,借记"投资性房地产累计折旧(摊销)"科目,原已计提减值准备的,借记"投资性房地产减值准备"科目,按其账面余额,贷记"投资性房地产"科目。

【例3-58】 丽水房地产公司,将其开发的楼房一幢出租给乐丰物业公司,该存货的账面价值为1 000万元,公允价值为1 100万元,该公司采用成本模式计量该投资性房地产。其会计处理如下:

借:投资性房地产　　　　　　　　　　　　　　　　　　　　10 000 000
　　贷:开发产品　　　　　　　　　　　　　　　　　　　　　　10 000 000

(2) 公允价值模式下的转换

1) 企业将投资性房地产转换为自用房地产时,应当以其转换当日的公允价值作为自用房地产的账面价值,公允价值与原账面价值的差额计入当期损益。

转换日,按投资性房地产的公允价值,借记"固定资产"或"无形资产"科目,按该项投资性房地产的成本,贷记"投资性房地产——成本"科目;按该项投资性房地产的累计公允价值变动，贷记或借记"投资性房地产——公允价值变动"科目；按其差额，贷记或借记"公允价值变动损益"科目。

【例 3-59】 承例 3-57，2017 年 7 月 6 日，祥达实业将作为投资性房地产核算的办公楼转为自用，其公允价值为 4 250 万元。其会计处理如下：

借：固定资产　　　　　　　　　　　　　　　　　　　　　　　42 500 000
　　贷：投资性房地产——成本　　　　　　　　　　　　　　　　40 100 000
　　　　　　　　　　——公允价值变动　　　　　　　　　　　　 1 900 000
　　　　公允价值变动损益　　　　　　　　　　　　　　　　　　 　 500 000

2）企业将采用公允价值模式计量的投资性房地产转换为存货时，应当以其转换当日的公允价值作为存货的账面价值，公允价值与原账面价值的差额计入当期损益。

转换日，按该项投资性房地产的公允价值，借记"开发产品"科目，按该项投资性房地产的成本，贷记"投资性房地产——成本"科目；按该项投资性房地产的累计公允价值变动，贷记或借记"投资性房地产——公允价值变动"科目；按其差额，贷记或借记"公允价值变动损益"科目。

3）企业将自用房地产转换为采用公允价值模式计量的投资性房地产时，应当按该项土地使用权或建筑物在转换日的公允价值，借记"投资性房地产——成本"科目；按已计提的累计摊销或累计折旧，借记"累计摊销"或"累计折旧"科目；原已计提减值准备的，借记"无形资产减值准备""固定资产减值准备"科目；按其账面余额，贷记"固定资产"或"无形资产"科目。同时，转换日的公允价值小于账面价值的，按其差额，借记"公允价值变动损益"科目；转换日的公允价值大于账面价值的，按其差额，贷记"其他综合收益"科目。待该项投资性房地产处置时，因转换计入其他综合收益的部分应转入当期损益。

4）企业将作为存货的房地产转换为采用公允价值模式计量的投资性房地产时，应当按该项房地产在转换日的公允价值，借记"投资性房地产——成本"科目；原已计提跌价准备的，借记"存货跌价准备"科目；按其账面余额，贷记"开发产品"等科目。同时，转换日的公允价值小于账面价值的，按其差额，借记"公允价值变动损益"科目；转换日的公允价值大于账面价值的，按其差额，贷记"其他综合收益"科目。待该项投资性房地产处理时，因转换计入其他综合收益的部分应转入当期损益。

【例 3-60】 承例 3-58，假设一，丽水房地产公司采用公允价值模式计量该投资性房地产；假设二，该存货的公允价值为 980 万元。其会计处理如下：

假设一：
借：投资性房地产——成本　　　　　　　　　　　　　　　　　11 000 000
　　贷：开发产品　　　　　　　　　　　　　　　　　　　　　　10 000 000
　　　　其他综合收益——公允价值变动　　　　　　　　　　　　 1 000 000

假设二：
借：投资性房地产——成本　　　　　　　　　　　　　　　　　 9 800 000
　　公允价值变动损益　　　　　　　　　　　　　　　　　　　 　 200 000
　　贷：开发产品　　　　　　　　　　　　　　　　　　　　　　10 000 000

（二）投资性房地产的处置

投资性房地产的处置是指企业根据生产经营情况、投资性房地产的状况，出售、转让、报废投资性房地产或者发生投资性房地产毁损而减少的投资性房地产。企业应将处置收入扣除其账面价值和相关税费后的金额计入当期损益。

1. 成本模式计量的投资性房地产

处置投资性房地产时，应按实际收到的金额，借记"银行存款"等科目，贷记"其他业务收入"科目。按该项投资性房地产的账面价值，借记"其他业务成本"科目，按照已计提的折旧或摊销，借记"投资性房地产累计折旧（摊销）"科目，按其账面余额，贷记"投资性房地产"科目，已计提减值准备的，借记"投资性房地产减值准备"科目。

2. 公允价值模式计量的投资性房地产

处置采用公允价值模式计量的投资性房地产时，应按实际收到的金额，借记"银行存款"等科目，贷记"其他业务收入"科目；按该项投资性房地产的账面余额，借记"其他业务成本"科目，贷记"投资性房地产——成本"科目，按其累计公允价值变动，贷记或借记"投资性房地产——公允价值变动"科目。同时结转投资性房地产累计公允价值变动。若存在原转换日计入其他综合收益的金额，也一并结转。

【例3-61】 祥达实业将多年作为投资性房地产、以公允价值模式计量的一处房产出售，收到价款100万元。该房产账面原价70万元，公允价值变动损益20万元。假定不考虑其他因素。其会计处理如下：

借：银行存款　　　　　　　　　　　　　　　　　　　　　　1 000 000
　　贷：其他业务收入　　　　　　　　　　　　　　　　　　　　1 000 000
借：其他业务成本　　　　　　　　　　　　　　　　　　　　　900 000
　　贷：投资性房地产——成本　　　　　　　　　　　　　　　　700 000
　　　　　　　　　　——公允价值变动　　　　　　　　　　　　200 000
借：公允价值变动损益　　　　　　　　　　　　　　　　　　　200 000
　　贷：其他业务成本　　　　　　　　　　　　　　　　　　　　200 000

第八节　持有至到期投资

一、持有至到期投资的特点

一般而言，能够划分为以摊余成本计量的金融资产，主要是债权性投资，如企业从二级市场上购入的固定利率国债、浮动利率公司债券等。根据2017年修订的《企业会计准则第22号——金融工具确认和计量》，以摊余成本计量的金融资产具有以下特点：

（1）到期日固定、回收金额固定或可确定。这是指相关的合同明确了投资者能够在确定的期限内获取现金流量（例如，投资利息和本金）的金额和时间，而且企业通常将该类投资持有至到期，故也称之为持有至到期投资。购入的股权投资因没有固定的到期日，不符合以摊余成本计量的金融资产的条件，不能划分为此类金融资产。

（2）符合企业管理金融资产的业务模式和合同现金流量特征。以摊余成本计量的金融资产，其业务模式是持有该资产以收取合同现金流量，其合同现金流量仅为本金和以未支付本金为基础的利息。

二、持有至到期投资的核算

以摊余成本计量的金融资产,其会计核算主要解决该金融资产实际利率的计算、摊余成本的确定、持有期间的收益确认以及处置时损益的处理等。

企业应设置"持有至到期投资"和"持有至到期投资减值准备"科目。其中,"持有至到期投资"科目,应当按照持有至到期投资的类别和品种,分别"成本""利息调整""应计利息"进行明细核算。以摊余成本计量金融资产核算的内容主要有以下几个方面:

1. 以摊余成本计量金融资产的初始计量

企业取得的持有至到期投资,应当按取得时的公允价值和相关交易费用之和作为初始入账金额。按该项投资的面值,借记"持有至到期投资——成本"科目,按支付的价款中包含的已到付息期但尚未领取的利息,借记"应收利息"科目,按实际支付的金额,贷记"银行存款"等科目,按其差额,借记或贷记"持有至到期投资——利息调整"科目。

持有至到期投资初始确认时,应当计算确定其实际利率,并在该持有至到期投资预期存续期间或适用的更短期间内保持不变。

实际利率是指将金融资产在预期存续期间或适用的更短期间内的未来现金流量,折现为该金融资产当前账面价值所使用的利率。

【例3-62】 2017年4月1日祥达实业购入乙公司于2017年1月1日发行的到期一次还本付息债券。该债券票面利率为10%、期限为3年、面值为100 000元,祥达实业共支付价款105 000元(其中包括经纪人佣金等费用2 500元)。祥达实业的会计处理如下:

应计利息 = 100 000元 × 10% ÷ 12 × 3 = 2 500元

借:持有至到期投资——成本　　　　　　　　　　　　　100 000
　　　　　　　　——应计利息　　　　　　　　　　　　　2 500
　　　　　　　　——利息调整　　　　　　　　　　　　　2 500
　贷:银行存款　　　　　　　　　　　　　　　　　　　　105 000

2. 持有至到期投资的后续计量

持有至到期投资的后续计量是指企业应在持有至到期投资持有期间,采用实际利率法,按照摊余成本和实际利率计算确认利息收入,实际利率与票面利率差别较小的,也可按票面利率计算利息收入,计入投资收益。

实际利率法是指按照金融资产的实际利率计算各期的利息收入及其摊余成本的方法。摊余成本是指该金融资产的初始确认金额经下列调整后的结果:① 扣除已偿还的本金;② 加上或减去采用实际利率法将该初始确认金额与到期日金额之间的差额进行摊销形成的累计摊销额;③ 扣除已发生的减值损失。

具体而言,资产负债表日,持有至到期投资为分期付息、一次还本的债券投资的,应按票面利率计算确定的应收未收利息,借记"应收利息"科目,按持有至到期投资摊余成本和实际利率计算确定的利息收入的金额,贷记"投资收益"科目,按其差额,借记或贷记"持有至到期投资——利息调整"科目。

持有至到期投资为一次还本付息债券投资的,应按票面利率计算确定的应收未收利息,借记"持有至到期投资——应计利息"科目,按持有至到期投资摊余成本和实际利率计算确定的利息收入,贷记"投资收益"科目,按其差额,借记或贷记"持有至到期投资——

利息调整"科目。

收到持有至到期投资按合同支付的利息时,借记"银行存款"等科目,贷记"应收利息"或"持有至到期投资——应计利息"科目。

【例3-63】 2017年1月1日,祥达实业购入B公司当日发行的固定利率为5%、期限为5年、面值100 000元、每年年末支付利息、到期还本的公司债券,公允价值为80 000元,相关交易费用为1 055元。祥达实业的会计处理如下:

采用插值法确定该项金融资产的实际利率(假设按10%的利率计算):

81 055元 = 100 000元 × 5% × (P/A,10%,5) + 100 000元 × (P/F,10%,5),得:实际利率 = 10%

(1) 2017年1月1日,祥达实业购入B公司债券时:

借:持有至到期投资——成本　　　　　　　　　　　　　　　　100 000
　　贷:银行存款　　　　　　　　　　　　　　　　　　　　　　81 055
　　　　持有至到期投资——利息调整　　　　　　　　　　　　　18 945

(2) 分期确认摊余成本、利息收入与现金流量,如表3-10所示。

表3-10 摊余成本、利息收入与现金流量　　　　　　　　　　单位:元

年　度	年初摊余成本 ①	利息收入 ② = ① × 10%	现金流量 ③ = 面值 × 5%	年末摊余成本 ④ = ① + ② - ③
2017年	81 055.00	8 105.50	5 000	84 160.50
2018年	84 160.50	8 416.05	5 000	87 576.55
2019年	87 576.55	8 757.66	5 000	91 334.21
2020年	91 334.21	9 133.42	5 000	95 467.63
2021年	95 467.63	9 532.37 *	5 000 + 100 000	0

注:*数字考虑了计算过程中出现的尾差14.39元。

(3) 祥达实业的会计处理如下:

1) 2017年年末:

借:应收利息　　　　　　　　　　　　　　　　　　　　　　　5 000
　　持有至到期投资——利息调整　　　　　　　　　　　　　　3 105.50
　　贷:投资收益　　　　　　　　　　　　　　　　　　　　　8 105.50

2018年年初及以后各年收到应收利息时:

借:银行存款　　　　　　　　　　　　　　　　　　　　　　　5 000
　　贷:应收利息　　　　　　　　　　　　　　　　　　　　　5 000

2) 2018年年末:

借:应收利息　　　　　　　　　　　　　　　　　　　　　　　5 000
　　持有至到期投资——利息调整　　　　　　　　　　　　　　3 416.05
　　贷:投资收益　　　　　　　　　　　　　　　　　　　　　8 416.05

3) 2019年年末:

借:应收利息　　　　　　　　　　　　　　　　　　　　　　　5 000
　　持有至到期投资——利息调整　　　　　　　　　　　　　　3 757.66
　　贷:投资收益　　　　　　　　　　　　　　　　　　　　　8 757.66

4）2020 年年末：

借：应收利息		5 000
持有至到期投资——利息调整		4 133.42
贷：投资收益		9 133.42

5）2021 年年末：

借：应收利息		5 000
持有至到期投资——利息调整		4 532.37
贷：投资收益		9 532.37

【例3-64】 祥达实业2017年7月1日购入C企业当日发行的到期一次还本付息（单利计息）两年期债券100张，票面利率6%，面值1 000元，公允价值103 000元，相关交易费用555.20元。假设公司按年确认利息收入。祥达实业的会计处理如下：

采用试误法与内插法确定该项金融资产的实际利率（假设按4%的利率计算）：

103 555.2 元 =（100×1 000×6%×2+100 000）元×(P/F,4%,2)，得：实际利率 =4%

（1）2017年7月1日，祥达实业购入C企业债券：

借：持有至到期投资——成本		100 000
——利息调整		3 555.2
贷：银行存款		103 555.2

（2）分期确认摊余成本、利息收入与现金流量，如表3-11所示，并进行会计处理。

表3-11 摊余成本、利息收入与现金流量　　　　　　　　　　　单位：元

年　度	年初摊余成本 ①	利息收入 ②=①×4%	现金流量 ③=面值×6%	年末摊余成本 ④=①+②-③
2017 年	103 555.20	2 071.10	0	105 626.30
2018 年	105 626.30	4 225.05	0	109 851.35
2019 年	109 851.35	2 148.65*	12 000+100 000	0

注：*数字考虑了计算过程中出现的尾差48.38元。

2017年12月31日确认利息收入并摊销利息调整：

借：持有至到期投资——应计利息		3 000
贷：投资收益		2 071.1
持有至到期投资——利息调整		928.9

2018年12月31日确认利息收入并摊销利息调整：

借：持有至到期投资——应计利息		6 000
贷：投资收益		4 225.05
持有至到期投资——利息调整		1 774.95

2019年6月30日确认利息收入并摊销利息调整：

借：持有至到期投资——应计利息		3 000
贷：投资收益		2 148.65
持有至到期投资——利息调整		851.35

3. 持有至到期投资的处置

出售持有至到期投资时，应将所取得对价的公允价值与该投资账面价值之间的差额确认

为投资收益。应按收到的金额，借记"银行存款"等科目，已计提减值准备的，借记"持有至到期投资减值准备"科目，按其账面余额，贷记"持有至到期投资——成本、利息调整、应计利息"科目，按其差额，贷记或借记"投资收益"科目。

4. 持有至到期投资的减值

资产负债表日，确定持有至到期投资发生减值的，按应减记的金额，借记"资产减值损失"科目，贷记"持有至到期投资减值准备"科目。

已确认减值损失的持有至到期投资，如有客观证据表明该金融资产价值已恢复，且客观上与确认该损失后发生的事项有关的，应在原确认的减值损失范围内，按已恢复的金额，借记"持有至到期投资减值准备"科目，贷记"资产减值损失"科目。

第九节 可供出售金融资产

一、可供出售金融资产的概念

根据 2017 年修订的《企业会计准则第 22 号——金融工具确认和计量》，企业取得复杂的、混合型债权工具，非交易性权益工具投资，根据企业管理金融资产的业务模式与合同现金流量特征，如果其业务模式是持有以收取合同现金流量和出售金融资产获取差价二者兼有，应划分为以公允价值计量且变动计入其他综合收益的金融资产，一经划定，不得撤销。新修订的《企业会计准则第 22 号——金融工具确认和计量》中金融资产分类标准的变化，说明企业管理金融资产的业务模式改变时，三类金融资产可以进行重分类。业务模式的变更必须由高管人员基于企业的外部或者内部相关因素的变化而决定，而且，这种变化必须对企业的经营具有重要影响，并能够向外部各方予以证实。

二、可供出售金融资产的核算

企业应设置"可供出售金融资产"科目，包括划分为可供出售的股票投资、债券投资等金融资产。该科目应按可供出售金融资产的类别和品种，分别"成本""利息调整""应计利息""公允价值变动"等进行明细核算。

可供出售金融资产的会计处理，与以公允价值计量且其变动计入当期损益金融资产会计处理的相同点是均要求按其公允价值进行后续计量。不同点有二：首先，可供出售金融资产取得时发生的交易费用计入初始入账金额；其次，可供出售金融资产后续计量时公允价值变动记入所有者权益的"其他综合收益"科目。

可供出售金融资产的核算，主要包括以下五部分内容：

1. 可供出售金融资产成本的确定

企业取得可供出售金融资产，应按其公允价值和交易费用之和作为初始确认金额，借记"可供出售金融资产——成本"科目，按支付的价款中包含的已宣告但尚未发放的现金股利，借记"应收股利"科目，按实际支付的金额，贷记"银行存款"等科目。

企业取得的可供出售金融资产为债券投资的，应按债券的面值，借记"可供出售金融资产——成本"科目，按支付的价款中包含的已到付息期但尚未领取的利息，借记"应收利息"科目，按实际支付的金额，贷记"银行存款"等科目，按其差额，借记或贷记"可供出售金融资产——利息调整"科目。

【例3-65】 2017年7月1日，祥达实业以银行存款购入当日发行的按年付息、到期还本的三年期国库券1 000 000元，作为可供出售金融资产管理与核算。其会计处理如下：

借：可供出售金融资产——成本　　　　　　　　　　　　　　1 000 000
　　贷：银行存款　　　　　　　　　　　　　　　　　　　　　　　1 000 000

2. 持有期间确认、收到现金股利和债券利息

（1）资产负债表日，可供出售债券为分期付息、一次还本债券投资的，应按票面利率计算确定的应收未收利息，借记"应收利息"科目，按可供出售债券的摊余成本和实际利率计算确定的利息收入，贷记"投资收益"科目，按其差额，借记或贷记"可供出售金融资产——利息调整"科目。收到可供出售债券持有期间支付的利息，借记"银行存款"科目，贷记"应收利息"科目。

（2）可供出售债券为一次还本付息债券投资的，应于资产负债表日按票面利率计算确定的应收未收利息，借记"可供出售金融资产——应计利息"科目，按可供出售债券的摊余成本和实际利率计算确定的利息收入，贷记"投资收益"科目，按其差额，借记或贷记"可供出售金融资产——利息调整"科目。

（3）可供出售权益工具投资持有期间被投资单位宣告发放的现金股利，按应享有的份额，借记"应收股利"科目，贷记"投资收益"科目。收到可供出售权益工具投资持有期间被投资单位宣告发放的现金股利，借记"银行存款"科目，贷记"应收股利"科目。

3. 可供出售金融资产的后续计量

资产负债表日，可供出售金融资产应当以公允价值计量，且公允价值变动计入所有者权益。其公允价值高于账面余额的差额，借记"可供出售金融资产"科目，贷记"其他综合收益"科目；其公允价值低于账面余额的差额，做相反的会计分录。

【例3-66】 2017年11月16日，祥达实业购入A公司债券作为可供出售金融资产管理与核算。该债券公允价值为660 000元，交易费用1 000元。12月31日该债券公允价值为680 000元。假定不考虑其他因素，祥达实业的会计处理如下：

2017年11月16日，祥达实业购入某公司债券时：

借：可供出售金融资产——成本　　　　　　　　　　　　　　　661 000
　　贷：银行存款　　　　　　　　　　　　　　　　　　　　　　　　661 000

2017年12月31日，后续计量时：

借：可供出售金融资产——公允价值变动　　　　　　　　　　　　19 000
　　贷：其他综合收益——公允价值变动　　　　　　　　　　　　　　19 000

4. 可供出售金融资产的处置

出售可供出售金融资产时，应按实际收到的金额，借记"银行存款"科目，按可供出售金融资产的账面余额，贷记"可供出售金融资产——成本、公允价值变动、利息调整、应计利息"科目，按应从所有者权益中转出的公允价值累计变动额，借记或贷记"其他综合收益"科目，按其差额，贷记或借记"投资收益"科目。

【例3-67】 承例3-66，2018年1月6日，祥达实业将A公司债券全部出售，实收价款706 000元，假定不考虑其他因素，祥达实业的会计处理如下：

借：银行存款　　　　　　　　　　　　　　　　　　　　　　　　706 000

贷：可供出售金融资产——成本		661 000
——公允价值变动		19 000
投资收益		26 000
借：其他综合收益	19 000	
贷：投资收益		19 000

5. 可供出售金融资产的减值

可供出售金融资产发生减值时，即使该金融资产没有终止确认，原直接计入所有者权益的因公允价值下降形成的累计损失，也应当予以转出计入当期损益。该转出的累计损失，等于可供出售金融资产的初始取得成本扣除已收回本金和已摊余金额、当前公允价值和原已计入损益的减值损失后的余额。

在活跃市场中没有报价且其公允价值不能可靠计量的权益工具投资，发生减值时，应当将该权益工具投资的账面价值，与按照类似金融资产当时市场收益率对未来现金流量折现确定的现值之间的差额，确认为减值损失，计入当期损益。

对于已确认减值损失的可供出售债务工具，在随后的会计期间公允价值已上升且客观上与确认原减值损失后发生的事项有关的，原确认的减值损失应当予以转回，计入当期损益。可供出售权益工具投资发生的减值损失，在该权益工具价值回升时，应通过权益即其他综合收益转回，不得通过损益转回。但是，在活跃市场中没有报价且其公允价值不能可靠计量的权益工具投资发生的减值损失，不得转回。

可供出售金融资产发生减值的，按应减记的金额，借记"资产减值损失"科目，按应从所有者权益中转出原计入其他综合收益的累计损失金额，贷记"其他综合收益"科目，按其差额，贷记"可供出售金融资产——减值准备"科目。

对于已确认减值损失的可供出售金融资产，在随后会计期间内公允价值已上升且客观上与原确认减值损失后事项有关的，应在原确认减值损失范围内按已恢复的金额，借记"可供出售金融资产——减值准备"等科目，贷记"资产减值损失"科目；可供出售金融资产为股票等权益工具投资减值损失的转回，借记"可供出售金融资产——减值准备"等科目，贷记"其他综合收益"科目。

第十节 长期股权投资

一、长期股权投资的类型

长期股权投资是指通过付出现金或非现金资产等取得被投资单位的股份或股权的权益性投资。投资企业取得被投资单位的股权，相应地享有被投资单位净资产的一定份额，通过被投资单位分得现金股利或利润以及待被投资单位增值后出售等获利。

根据《企业会计准则第2号——长期股权投资》，按照投资方在获取投资以后，对被投资单位施加影响的程度分为控制性与共同控制性投资，以及重大影响性投资三类，即投资方对子公司、合营企业以及联营企业的投资。

投资方能够对被投资单位实施控制的，被投资单位为其子公司。控制是指投资方可以对被投资方实施控制，通过参与被投资方的相关活动而享有可变回报，并且有能力运用对被投资方的控制影响其回报金额。投资方要实现控制，必须同时具备两项基本要素：① 因涉入被投资方而享有可变回报；② 可以对被投资方实施控制，并且有能力运用对被投资方的控制影响其回报金额。实际工作中，投资方在判断其能否控制被投资方时，应综合考虑所有相关事实和情况，以判断是否同时满足控制的两个要素。在确定能否对被投资单位实施控制时，投资方应当按照《企业会计准则第 33 号——合并财务报表》的有关规定进行判断。

企业与其他投资方能够对被投资单位实施共同控制的，被投资单位为其合营企业。共同控制是指按照相关约定对某项安排所共有的控制，并且该安排的相关活动必须经过分享控制权的参与方一致同意后才能决策。在确定被投资单位是否为合营企业时，应当按照《企业会计准则第 40 号——合营安排》的有关规定进行判断。

投资方能够对被投资单位施加重大影响的，被投资单位为其联营企业。重大影响是指投资方对被投资单位的财务和经营政策有参与决策的权力，但并不能够控制或者与其他方一起共同控制这些政策的制定。在确定能否对被投资单位施加重大影响时，应当考虑投资方和其他方持有的被投资单位当期可转换公司债券、当期可执行认股权证等潜在表决权因素。

二、长期股权投资的初始计量

企业取得长期股权投资的方式主要有两类：① 企业合并以外的其他方式取得的长期股权投资，如以支付现金取得的长期股权投资、以发行权益性证券取得的长期股权投资、接受投资者投入的长期股权投资、通过非货币性资产交换、债务重组取得的长期股权投资；② 企业合并形成的长期股权投资。根据《企业会计准则第 20 号——企业合并》，企业合并分为同一控制下的企业合并和非同一控制下的企业合并。

企业合并的方式有三种：① 控股合并。合并方（或购买方）在企业合并中取得对被合并方（或被购买方）的控制权，企业合并后能够通过所取得的股权等主导被合并方的生产经营决策并能够自被合并方的生产经营活动中获益，被合并方（或被购买方）在合并后仍保持其独立的法人资格并继续经营，合并方（或购买方）确认企业合并形成的对被合并方（或被购买方）的投资。该类企业合并中，因合并方通过企业合并交易或者事项取得了对被合并方的控制权，被合并方成为其子公司，在企业合并发生后，被合并方应当纳入合并方合并财务报表的编制范围。② 吸收合并。合并方（或购买方）通过企业合并取得被合并方（或被购买方）的全部净资产，合并后注销被合并方（或被购买方）的法人资格，被合并方（或被购买方）原持有的资产、负债，在合并后成为合并方（或购买方）的资产、负债，合并方作为存续公司继续经营。③ 新设合并。参与合并的各方在合并后法人资格均被注销，重新注册成立一家新的企业，新企业持有参与合并各方的资产、负债，并继续经营。

企业合并形成的长期股权投资，还应按同一控制下的企业合并和非同一控制下的企业合并分别确定长期股权投资的初始投资成本。企业长期股权投资的取得方式不同，其初始投资成本的确定也各不相同。

为反映长期股权投资的发生、投资额的增减变动、投资收回以及投资损益，应设置"长期股权投资"和"投资收益""资本公积"科目。对外投资时按投资成本记入"长期股权投资"科目的借方，收回投资时记入该科目的贷方。

第三章 资　产

（一）企业合并以外的其他方式取得的长期股权投资

1. 以支付现金取得的长期股权投资

以支付现金取得的长期股权投资，按实际支付的购买价款，包括与取得长期股权投资直接相关的费用、税金及其他必要支出，作为初始投资成本，借记"长期股权投资——投资成本"科目，贷记"银行存款"等科目；实际支付的价款中包含已宣告但尚未发放的现金股利或利润的，应记入"应收股利"科目单独核算，不作为初始投资成本。

【例3-68】 祥达实业为建立原材料供应基地，于2017年4月1日在公开交易的股票市场购买了普林公司200万股股票，每股2.5元，占其股本总额的65%，另外支付手续费、佣金等相关费用8万元，款项以银行存款支付。祥达实业的会计处理如下：

借：长期股权投资——投资成本　　　　　　　　　　　　　　　5 080 000
　　贷：银行存款　　　　　　　　　　　　　　　　　　　　　5 080 000

2. 以发行权益性证券取得的长期股权投资

以发行权益性证券取得的长期股权投资，应当按照发行权益性证券的公允价值作为初始投资成本，借记"长期股权投资——投资成本"科目，按权益性证券的面值，贷记"股本"科目，按权益性证券的面值与公允价值之间的差额，贷记"资本公积"科目。其中，为发行权益性证券支付给有关证券承销机构等的手续费、佣金等与权益性证券发行直接相关的费用，不构成取得长期股权投资的成本。该部分费用按照《企业会计准则第37号——金融工具列报》的规定，应自权益性证券的溢价发行收入中扣除，权益性证券的溢价收入不足冲减的，应依次冲减盈余公积和未分配利润。

【例3-69】 2017年6月1日，祥达实业和惠康公司达成合并协议。约定以增发权益性证券作为对价，向惠康公司投资。当日，权益性证券增发成功，共增发普通股股票150万股，每股面值1元，实际发行价格3元。与发行权益性证券直接相关的税费为60万元，以银行存款支付。祥达实业的会计处理如下：

借：长期股权投资　　　　　　　　　　　　　　　　　　　　4 500 000
　　贷：股本　　　　　　　　　　　　　　　　　　　　　　1 500 000
　　　　资本公积　　　　　　　　　　　　　　　　　　　　3 000 000
借：资本公积　　　　　　　　　　　　　　　　　　　　　　　600 000
　　贷：银行存款　　　　　　　　　　　　　　　　　　　　　600 000

3. 接受投资者投入的长期股权投资

一般而言，投资者投入的长期股权投资应根据法律法规的要求进行评估作价，在公平交易中，投资者投入的长期股权投资的公允价值，与所发行证券的公允价值不应存在重大差异。如有确凿证据表明，取得长期股权投资的公允价值比所发行证券的公允价值更加可靠的，以投资者投入的长期股权投资的公允价值作为其初始投资成本。

4. 通过非货币性资产交换、债务重组取得的长期股权投资

通过非货币性资产交换、债务重组取得的长期股权投资应按照《企业会计准则第7号——非货币性资产交换》《企业会计准则第12号——债务重组》的规定，确定长期股权投资的初始投资成本。

（二）同一控制下企业合并形成的长期股权投资

所谓同一控制下的企业合并，是指参与合并的企业在合并前后均受同一方或相同的多方最终控制且该控制并非暂时性的。同一控制下的企业合并，在合并日取得对其他参与合并企业控制权的一方为合并方，参与合并的其他企业为被合并方。合并日是指合并方实际取得对被合并方控制权的日期。

（1）合并方以支付现金、转让非现金资产或承担债务方式作为合并对价的，应当在合并日按照被合并方所有者权益在最终控制方合并财务报表中净资产账面价值的份额作为长期股权投资的初始投资成本。被合并方在合并日的净资产账面价值为负数的，长期股权投资成本按零确定，同时在备查簿中予以登记。长期股权投资初始投资成本与支付的现金、转让的非现金资产以及所承担债务账面价值之间的差额，应当调整资本公积（资本溢价或股本溢价）；资本公积（资本溢价或股本溢价）的余额不足冲减的，依次冲减盈余公积和未分配利润。

合并方发生的审计、法律服务、评估咨询等中介费用以及其他相关管理费用，应当于发生时计入当期损益（管理费用）。

（2）合并方以发行权益性证券作为合并对价的，应当按照发行股份的面值总额作为股本，长期股权投资初始投资成本与所发行股份面值总额之间的差额，应当调整资本公积（股本溢价）；资本公积（股本溢价）不足冲减的，依次冲减盈余公积和未分配利润。

具体而言，对于以上两种支付对价的方式，其合并方均应在合并日按取得被合并方所有者权益在最终控制方合并财务报表中净资产账面价值的份额，借记"长期股权投资"科目，按支付的合并对价的账面价值，贷记或借记有关资产、负债科目，按其差额，贷记"资本公积——资本溢价或股本溢价"科目；如为借方差额，则借记"资本公积——资本溢价或股本溢价"科目，资本公积（资本溢价或股本溢价）不足冲减的，应依次借记"盈余公积""利润分配——未分配利润"科目。

【例3-70】A公司和B公司同为甲公司的子公司。2017年12月1日，A公司和B公司达成合并协议，约定A公司以固定资产、无形资产和银行存款500万元作为对价，向B公司投资，占B公司所有者权益份额的70%。2017年12月1日，B公司所有者权益总额为3 000万元。A公司作为对价的固定资产原值3 200万元，已提折旧额1 200万元，未提固定资产减值准备；无形资产账面原价为600万元，已摊销280万元，未提无形资产减值准备。假定A公司资本公积账面余额为820万元。A公司的会计处理如下：

借：固定资产清理 20 000 000
　　累计折旧 12 000 000
　贷：固定资产 32 000 000
借：长期股权投资 21 000 000
　累计摊销 2 800 000
　资本公积 7 200 000
　贷：固定资产清理 20 000 000
　　无形资产 6 000 000
　　银行存款 5 000 000

【例3-71】C公司和D公司同为乙公司的子公司。2018年1月16日，C公司和D公司达成合并协议，约定C公司以增发权益性证券作为对价，向D公司投资，占D公司所有者权益份额的60%。当日，C公司权益性证券增发成功，共增发普通股股票1 000万股，每股面值1元，实际发行价格3.5元。D公司所有者权益总额为6 000万元。C公司的会计处理如下：

  借：长期股权投资   36 000 000
    贷：股本   10 000 000
      资本公积   26 000 000

（三）非同一控制下企业合并形成的长期股权投资

  所谓非同一控制下企业合并，是指参与合并的各方在合并前后不受同一方或相同的多方最终控制。非同一控制下的企业合并，在购买日取得对其他参与合并企业控制权的一方为购买方，参与合并的其他企业为被购买方。购买日是指购买方实际取得对被购买方控制权的日期。

  （1）非同一控制下的控股合并，购买方应当按照确定的企业合并成本作为长期股权投资的初始成本。企业合并成本为购买方在购买日为取得对被购买方的控制权而付出的资产、发生或承担的负债以及发行的权益性证券的公允价值之和。购买方为进行企业合并发生的审计、法律服务、评估咨询等中介费用以及其他相关管理费用，应当于发生时计入当期损益（管理费用）；购买方作为合并对价发行的权益性或债务性工具的交易费用，应当计入权益性或债务性工具的初始确认金额。

  具体进行会计处理时，对于非同一控制下的控股合并形成的长期股权投资，应在购买日按企业合并成本，借记"长期股权投资"科目，按享有被投资单位已宣告但尚未发放的现金股利或利润，借记"应收股利"科目，按支付合并对价的账面价值，贷记有关资产或负债科目，按其差额，贷记"营业外收入"或"投资收益"等科目，或借记"营业外支出"或"投资收益"等科目。按发生的直接相关费用，借记"管理费用"科目，贷记"银行存款"等科目。

  非同一控制下的控股合并涉及以库存商品等作为合并对价的，应按库存商品的公允价值，贷记"主营业务收入"或"其他业务收入"科目，并同时结转相关的成本。以可供出售金融资产作为合并对价的，原可供出售金融资产持有期间公允价值变动形成的综合收益应一并转入投资收益，借记"其他综合收益"科目，贷记"投资收益"科目。

  【例3-72】 2018年2月1日，E公司和H公司达成合并协议（在此业务之前，E公司和H公司不存在任何投资关系），约定E公司以固定资产、无形资产和银行存款900万元作为对价，向H公司投资，占H公司所有者权益份额的55%。该固定资产原值1 200万元，已提折旧额400万元，未提固定资产减值准备，公允价值1 000万元；无形资产账面原价为580万元，已摊销280万元，未提无形资产减值准备，公允价值600万元。E公司的会计处理如下：

  借：固定资产清理   8 000 000
    累计折旧   4 000 000
    贷：固定资产   12 000 000
  借：长期股权投资——投资成本（10 000 000+6 000 000+9 000 000） 25 000 000
    累计摊销   2 800 000
    贷：固定资产清理   8 000 000
      银行存款   9 000 000

　　　　无形资产　　　　　　　　　　　　　　　　　　　　　　　　　　5 800 000
　　　　营业外收入　　　　　　　　　　　　　　　　　　　　　　　　　5 000 000

（2）企业通过多次交易分步实现的非同一控制下企业合并的，应当区分个别报表和合并财务报表进行会计处理。在编制个别报表时，应当按照原有的股权投资的账面价值加上新增投资成本之和，作为改按成本法核算的初始投资成本。

三、长期股权投资后续计量

长期股权投资持有期间，根据对被投资企业影响程度的不同，应分别采用成本法、权益法进行"长期股权投资""投资收益"等科目的核算。

（一）长期股权投资核算的成本法

成本法是指长期股权投资按其初始投资成本计价，持有过程中除发生减值等情况以外，不随被投资单位权益的增减而调整投资企业的长期股权投资账面价值的方法。

1. 成本法的适用范围

长期股权投资的成本法适用于投资方对被投资单位实施控制的长期股权投资，即投资方对子公司的投资应当采用成本法核算。投资方为投资性主体且子公司不纳入其合并财务报表的除外。

2. 成本法的核算

（1）初始投资或追加投资时，按照初始投资或追加投资时的投资成本增加长期股权投资的账面价值。追加投资时，按照追加投资支付的成本的公允价值及发生的相关交易费用增加长期股权投资的账面价值。

【例3-73】2017年9月1日，祥达实业购入丙公司50%的股份，实际投资成本为1 056 000元，取得该部分股权后，能够有权力主导丙公司的相关活动并获得可变回报。其会计处理如下：

　　借：长期股权投资——丙公司　　　　　　　　　　　　　　　　　1 056 000
　　　　贷：银行存款　　　　　　　　　　　　　　　　　　　　　　　　　1 056 000

（2）除取得投资时实际支付的价款或对价中包含的已宣告但尚未发放的现金股利或利润外，投资企业应当按照享有被投资单位宣告发放的现金股利或利润确认为投资收益，不管有关利润分配是属于对取得投资前还是取得投资后被投资单位实现净利润的分配。

投资企业在确认自被投资单位应分得的现金股利或利润后，应当考虑长期股权投资是否发生减值。在判断该类长期股权投资是否存在减值迹象时，应当关注长期股权投资的账面价值是否大于享有被投资单位净资产（包括相关商誉）账面价值的份额等情况。出现类似情况时，应当按照《企业会计准则第8号——资产减值》的规定对长期股权投资进行减值测试，可收回金额低于长期股权投资账面价值的，应当计提减值准备。

【例3-74】承上例，2018年4月18日，丙公司宣告分派2017年的现金股利1 600 000元，祥达实业的会计处理如下：

　　借：应收股利　　　　　　　　　　　　　　　　　　　　　　　　　800 000
　　　　贷：投资收益　　　　　　　　　　　　　　　　　　　　　　　　　 800 000

【例3-75】2016年4月1日祥达实业购入丁公司65%的股份，实际投资成本为175万元，取得该部分股权后，能够有权力主导丁公司的相关活动并获得可变回报。2016年4月

20日，丁公司宣告分派现金股利120万元。2016年年末，丁公司实现净利润380万元。2017年4月26日，丁公司宣告以4月1日为基准日分派现金股利300万元。祥达实业的会计处理如下：

2016年4月1日，祥达实业购入丁公司股票。

借：长期股权投资——丙公司　　　　　　　　　　　　　　1 750 000
　　贷：银行存款　　　　　　　　　　　　　　　　　　　　　　1 750 000

2016年4月20日，丁公司宣告分派2015年的现金股利，祥达实业应享有78万元（120×65%）。

借：应收股利　　　　　　　　　　　　　　　　　　　　　　780 000
　　贷：投资收益　　　　　　　　　　　　　　　　　　　　　　780 000

2016年年末，丁公司实现净利润3 800 000元，祥达实业不做账务处理。

2017年4月26日，丁公司宣告以4月1日为基准日分派2016年的现金股利300万元。祥达实业应享有195万元（300×65%）。

借：应收股利　　　　　　　　　　　　　　　　　　　　　　1 950 000
　　贷：投资收益　　　　　　　　　　　　　　　　　　　　　　1 950 000

（3）子公司将未分配利润或盈余公积直接转增股本（实收资本），且未向投资方提供等值现金股利或利润的选择权时，母公司并没有获得收取现金股利或利润的权力，这通常属于子公司自身权益结构的重分类，母公司不应确认相关的投资收益。

（二）长期股权投资核算的权益法

权益法是指初始投资以投资成本计量，在持有期间内，根据被投资单位所有者权益的变动，投资企业按照应享有被投资单位所有者权益的份额调整其投资账面价值的方法。

1. 权益法的适用范围

根据企业会计准则的规定，投资企业持有的对合营企业投资及联营企业投资，应当采用权益法核算。

投资方在判断对被投资单位是否具有共同控制、重大影响时，应综合考虑直接持有的股权和通过子公司持有的股权。

2. 权益法的核算

采用权益法核算的企业，应在"长期股权投资"科目下设置"投资成本""损益调整""其他权益变动""其他综合收益"等明细科目。

（1）初始投资或追加投资时，按照初始投资或追加投资的成本增加长期股权投资的账面价值。

（2）比较初始投资成本与投资时应享有被投资单位可辨认净资产公允价值的份额，如果长期股权投资的初始投资成本大于投资时应享有被投资单位可辨认净资产公允价值的份额，不调整长期股权投资的初始投资成本；如果长期股权投资的初始投资成本小于投资时应享有被投资单位可辨认净资产公允价值的份额，应当按照两者之间的差额调整长期股权投资的账面价值，同时计入当期损益（营业外收入）。被投资单位可辨认净资产的公允价值，应当比照《企业会计准则第20号——企业合并》的有关规定确定。

【例3-76】科林公司2017年4月1日以银行存款960 000元投资F企业普通股，占F企业有表决权股份的40%，并能对其施加重大影响，科林公司按权益法对F企业的投资进行核算。2017 年 3 月 31 日 F 企业可辨认净资产的公允价值为 2 000 000 元。假定不考虑其他因素，科林公司的会计处理如下：

科林公司应享有 F 企业可辨认净资产公允价值的份额 = 2 000 000 元 × 40% = 800 000 元

借：长期股权投资——F 企业（投资成本）　　　　　　　　960 000
　　贷：银行存款　　　　　　　　　　　　　　　　　　　　　960 000

【例 3-77】 假设上例中，科林公司 2017 年 4 月 1 日以银行存款 720 000 元投资 F 企业普通股。其他资料不变，科林公司的会计处理如下：

借：长期股权投资——F 企业（投资成本）　　　　　　　　800 000
　　贷：银行存款　　　　　　　　　　　　　　　　　　　　　720 000
　　　　营业外收入　　　　　　　　　　　　　　　　　　　　 80 000

(3) 持有期间，随着被投资单位所有者权益的变动而相应调整增加或减少长期股权投资的账面价值。在会计核算上主要解决的问题包括：

1) 投资损益的确认。投资企业取得长期股权投资后，应当按照应享有或应分担的被投资单位实现的净损益的份额，确认投资损益并调整长期股权投资的账面价值。投资企业按照被投资单位宣告分派的利润或现金股利计算应分得的部分，相应减少长期股权投资的账面价值。

投资企业在确认应享有（或分担）被投资单位净利润（或净亏损）的份额时，应当以取得投资时被投资单位各项可辨认资产等的公允价值为基础，对被投资单位的净利润进行调整，在调整时应考虑以下因素的影响：

① 按照投资方的会计政策及会计期间对被投资单位的财务报表进行调整，并据以确认投资损益和其他综合收益等。

② 基于重要性原则，以取得投资时被投资单位固定资产、无形资产的公允价值为基础计提的折旧额或摊销额以及减值准备的金额对被投资单位净利润的影响。其他项目如为重要的，也应进行调整。

2) 被投资单位其他综合收益变动的处理。被投资单位其他综合收益发生变动的，投资方应当按照归属于本企业的部分，相应调整长期股权投资的账面价值，同时增加或减少其他综合收益。

3) 超额亏损的确认。权益法下，投资方确认应分担被投资单位发生的损失或被投资单位其他综合收益减少，原则上应当以长期股权投资的账面价值以及其他实质上构成对被投资单位净投资的长期权益（简称其他长期权益。通常是指长期应收项目，不包括投资方与被投资单位之间因销售商品、提供劳务等日常活动所产生的长期债权）减记至零为限，投资方负有承担额外损失义务的除外。被投资单位以后实现净利润的，投资企业在其收益分享额弥补未确认的亏损分担额后，恢复确认收益分享额。

投资方在确认应分担被投资单位发生的亏损或被投资单位其他综合收益减少时，应按照以下顺序处理：

首先，减记长期股权投资的账面价值。在发生投资损失时或被投资单位其他综合收益减少时，应借记"投资收益"或"其他综合收益"科目，贷记"长期股权投资——损益调整"科目。

其次，在长期股权投资的账面价值减记至零的情况下，考虑是否有其他构成长期权益的项目，如果有，则以其他实质上构成对被投资单位长期权益的账面价值为限，继续确认投资损失，冲减长期应收项目等的账面价值，借记"投资收益"科目，贷记"长期应收款"等科目。

最后，在其他实质上构成对被投资单位长期权益的账面价值也减记至零的情况下，如果按照投资合同或协议约定，投资方需要履行其他额外的损失赔偿义务，则需按预计将承担责任的金额确认预计负债，计入当期投资损失，借记"投资收益"科目，贷记"预计负债"科目。

除按上述顺序已确认的损失以外仍有额外损失的，应在账外备查登记，不再予以确认。

在确认了有关投资损失或被投资单位其他综合收益减少净额以后，被投资单位在以后期间实现净利润或其他综合收益增加净额时，投资方应当按照以前确认或登记有关投资净损失时的相反顺序进行会计处理。

【例3-78】2015年1月6日博为公司以银行存款1 200 000元，在公开交易的证券市场上购买E企业普通股股票，占E企业有表决权资本的30%，能够对其施加重大影响。当日，E企业可辨认净资产的公允价值为2 000 000元。2015年E企业全年实际净利润1 900 000元，2016年3月宣告分派现金股利1 600 000元；2016年年末，E企业全年净亏损4 600 000元；2017年年末全年实际净利润1 760 000元（假设投资时E企业可辨认资产的公允价值与其账面价值相比，两者之间的差额不具有重要性，博为公司按照E企业的账面净利润与持股比例计算确认投资收益）。假设没有其他实质上构成对被投资单位长期权益，也不涉及投资合同或协议约定的投资方需要履行其他额外的损失赔偿义务。博为公司的会计处理如下：

(1) 2015年1月6日购买E企业普通股股票。

借：长期股权投资——E企业（投资成本）   1 200 000
    贷：银行存款   1 200 000

(2) 2015年12月31日，应享有投资收益570 000元（1 900 000×30%）。

借：长期股权投资——E企业（损益调整）   570 000
    贷：投资收益——股权投资收益   570 000

2015年年末，"长期股权投资——E企业"科目账面余额为1 770 000元（1 200 000 + 570 000）。

(3) 2016年3月，宣告分派2015年现金股利，应分得480 000元（1 600 000×30%）。

借：应收股利——E企业   480 000
    贷：长期股权投资——E企业（损益调整）   480 000

宣告分派股利后，"长期股权投资——E企业"科目账面余额为1 290 000元（1 770 000 - 480 000）。

(4) 2016年12月31日，E企业亏损4 600 000元，博为公司负担亏损应减少"长期股权投资——E企业"科目账面价值的金额至零为限，即1 290 000元[备查簿应记录未减记长期股权投资的金额为90 000元（4 600 000×30% - 1 290 000）]。

借：投资收益——股权投资损失   1 290 000
    贷：长期股权投资——E企业（损益调整）   1 290 000

2016年12月31日"长期股权投资——E企业"科目的账面余额为零。

(5) 2017年12月31日，可恢复"长期股权投资——E企业"科目账面价值438 000元

（1 760 000×30% -90 000）。

借：长期股权投资——E企业（损益调整） 438 000
　　贷：投资收益——股权投资收益 438 000

4）被投资单位除净损益、其他综合收益以及利润分配以外的所有者权益的其他变动。被投资单位除净损益、其他综合收益以及利润分配以外的所有者权益的其他因素变动，主要包括被投资单位接受其他股东的资本性投入、被投资单位发行可分离交易的可转债中包含的权益成分、以权益结算的股份支付、其他股东对被投资单位增资导致投资方持股比例变动等。投资方应按照持股比例计算应享有的份额，调整长期股权投资的账面价值，同时增加或减少资本公积（其他资本公积），并在备查簿中予以登记，投资方在后续处置股权投资但对剩余股权仍采用权益法核算的，应按处置比例将这部分资本公积转入当期投资收益；对剩余股权终止权益法时，将这部分资本公积全部转入当期投资收益。

【例3-79】承上例，2017年1月10日，E企业的第一大股东增资1 000万元，导致被投资方所有者权益增加。博为公司的会计处理如下：

借：长期股权投资——E企业（其他权益变动）（10 000 000×30%） 3 000 000
　　贷：资本公积——其他资本公积 3 000 000

（三）成本法与权益法的转换

1. 权益法转换为成本法

原持有对联营企业、合营企业的长期股权投资，因追加投资等原因，能够对被投资单位实施控制的，长期股权投资账面价值的调整应当按照本节前述关于对子公司投资初始计量的相关规定处理。

2. 成本法转换为权益法

因处置投资等原因导致对被投资单位的影响力下降，由控制转为具有重大影响，或与其他投资方一起实施共同控制的，在投资企业的个别财务报表中，按照处置或收回投资的比例结转应终止确认的长期股权投资成本。

四、长期股权投资的处置

处置长期股权投资时，应相应结转与所售股权相对应的长期股权投资的账面价值，出售价款与处置长期股权投资账面价值之间的差额，应确认为处置损益。具体而言，应按实际收到的金额，借记"银行存款"等科目，原已计提减值准备的，借记"长期股权投资减值准备"科目，按其账面余额，贷记"长期股权投资——投资成本"科目，按尚未领取的现金股利或利润，贷记"应收股利"科目，按其差额，贷记或借记"投资收益"科目。

部分处置某项长期股权投资时，应按该项投资的总平均成本确定其处置部分的投资成本，按相应比例结转已计提的减值准备，按其差额，确认为投资收益。

采用权益法核算的长期股权投资，原计入其他综合收益（不能结转损益的除外）或资本公积（其他资本公积）中的金额，如处置后因重大影响或共同控制仍然采用权益法核算的，在处置时也应进行结转，将所出售股权相对应的部分在处置时自其他综合收益或资本公积转入当期损益。如处置后对有关投资终止采用权益法的，则原计入其他综合收益（不能结转损益的除外）或资本公积（其他资本公积）中的金额应全部结转。

【例3-80】祥达实业2017年3~4月份三次购入P公司股票共60万股（每次购入20

万股），占P公司有表决权资本的10%。购入成本分别为200万元、190万元、180万元，2017年年末，公司为该股票计提跌价准备28万元。2018年4月份，公司将该股票的40%出售，收到价款210万元。其会计处理如下：

借：银行存款　　　　　　　　　　　　　　　　　　　　　　　　　2 100 000
　　长期股权投资减值准备（280 000×40%）　　　　　　　　　　　　　112 000
　　投资收益　　　　　　　　　　　　　　　　　　　　　　　　　　　68 000
　贷：长期股权投资——投资成本[（2 000 000+1 900 000+1 800 000）×40%]
　　　　　　　　　　　　　　　　　　　　　　　　　　　　　　　2 280 000

五、长期股权投资的期末计价

投资企业应当按照《企业会计准则第8号——资产减值》对长期股权投资进行减值测试，其可收回金额低于账面价值的，应当将该长期股权投资的账面价值减记至可收回金额，减记的金额确认为减值损失，计入当期损益，同时计提相应的资产减值损失。

有迹象表明该类资产可能发生减值的，企业应当以单项资产为基础估计其可收回金额。企业应设置"长期股权投资减值准备"科目，核算企业提取的长期股权投资减值准备。按照减记的金额，借记"资产减值损失——计提的长期股权投资减值准备"科目，贷记"长期股权投资减值准备"科目。处置长期股权投资时，应同时结转已计提的长期股权投资减值准备。长期股权投资减值损失一经确认，在以后会计期间不得转回。

【例3-81】祥达实业持有甲企业股票账面价值826万元。甲企业因经营不善，连续亏损，其股票市价下跌至706万元，短期内难以恢复。会计期末，祥达实业首次对其提取长期股权投资减值准备，其会计处理如下：

借：资产减值损失——计提的长期股权投资减值准备　　　　　　　　1 200 000
　贷：长期股权投资减值准备——甲企业　　　　　　　　　　　　　1 200 000

第十一节　资产的披露

在资产负债表中必须将流动资产与非流动资产分别列示。流动资产项目按照货币资金、以公允价值计量且其变动计入当期损益的金融资产、应收票据、应收账款、预付款项、应收利息、应收股利、其他应收款、存货、一年内到期的非流动资产、其他流动资产等顺序排列。其中货币资金项目应根据"库存现金""银行存款""其他货币资金"科目的期末余额合计数填列。应收账款项目与其他应收款项目，应反映各该科目的期末余额减去"坏账准备"科目期末余额后的净额，应根据"应收账款""预收账款"总账科目所属明细科目的期末借方余额合计数填列。预付款项项目应根据"应付账款""预付账款"总账科目所属明细科目的期末借方余额合计数填列。存货项目应根据核算存货的"原材料""周转材料""库存商品""材料成本差异"各科目，进行相关调整后确定各科目的期末余额，减去"存货跌价准备"科目期末余额后的净额列示。

非流动资产在资产负债表中的排列顺序，依次为可供出售金融资产、持有至到期投资、长期应收款、长期股权投资、投资性房地产、固定资产、在建工程、固定资产清理、无形资产、开发支出、商誉、长期待摊费用、递延所得税资产、其他非流动资产等顺序排列。可供出售金融资产、持有至到期投资、长期股权投资、在建工程、递延所得税资产、商誉等项目，反映各项相关资产的公允价值或摊余成本或账面价值，应根据"长期股权投资""在建工程"等相应科目的期末余额减去"长期股权投资减值准备""在建工程减值准备"等科目余额后的净额填列。长期应收款、长期待摊费用等项目，反映各项相关资产的账面价值，应根据"长期应收款""长期待摊费用"等相应科目的期末余额扣除"长期应收款""长期待摊费用"等科目所属的明细科目中将在一年内到期的非流动资产后的金额计算填列。投资性房地产、固定资产、无形资产等项目，反映各项相关资产的账面价值，应根据"投资性房地产""固定资产""无形资产"等科目的期末余额减去"累计折旧""累计摊销""固定资产减值准备""无形资产减值准备"备抵科目余额后的净额填列。

根据祥达实业的相关资料，资产负债表资产项目的披露内容与顺序，如表3-12所示。

表3-12 资产负债表

编制单位：祥达实业　　　　　2017年12月31日　　　　　　　　　　　单位：元

资产	期末余额	年初余额	负债和所有者权益	期末余额	年初余额
流动资产：			流动负债：		
货币资金	1 738 731 729	907 183 112	短期借款		
以公允价值计量且其变动计入当期损益的金融资产	158 553 890	4 558 709	以公允价值计量且其变动计入当期损益的金融负债		
应收票据	636 710 918	6 065 759 933	应付票据		
应收账款	3 110 693 440	1 205 803 404	应付账款		
预付款项	260 297 061	323 763 972	预收款项		
应收利息			应付职工薪酬		
应收股利			应交税费		
其他应收款	1 719 234 476	104 878 148	应付利息		
存货	6 159 410 714	7 465 509 312	应付股利		
一年内到期的非流动资产			其他应付款		
其他流动资产			一年内到期的非流动负债		
流动资产合计	13 783 632 228	16 077 456 590	其他流动负债		
非流动资产：			流动负债合计		
可供出售金融资产			非流动负债：		
持有至到期投资			长期借款		
长期应收款			应付债券		
长期股权投资	179 689 921	179 437 261	长期应付款		
投资性房地产	13 920 000		专项应付款		
固定资产	1 785 651 922	1 513 055 023	预计负债		
在建工程	532 027 124	627 954 376	递延所得税负债		
工程物资	471 697		其他非流动负债		

(续)

资　　产	期末余额	年初余额	负债和所有者权益	期末余额	年初余额
固定资产清理	245 509	1 046 045	非流动负债合计		
生产性生物资产			负债合计		
油气资产			股东权益：		
无形资产	167 520 055	171 053 885	实收资本（或股本）		
开发支出			资本公积		
商誉			减：库存股		
长期待摊费用	43 720 542	4 134 615	其他综合收益		
递延所得税资产			盈余公积		
其他非流动资产			未分配利润		
非流动资产合计	2 723 246 770	2 496 681 205	股东权益合计		
资产总计	16 506 878 998	18 574 137 795	负债及股东权益总计		

本章小结

　　货币资金按其存放地点和用途的不同分为库存现金、银行存款和其他货币资金。货币资金是企业资产中流动性最强的资产。

　　以公允价值计量且其变动计入当期损益的金融资产，分为交易性金融资产和直接指定为以公允价值计量且其变动计入当期损益的金融资产。重点掌握交易性金融资产成本的确定；收到现金股利和利息；资产负债表日，交易性金融资产公允价值且其变动计入当期损益的后续计量与处置等内容。

　　应收款项是指企业因销售产品、提供劳务等发生的应向有关债务人收取的款项，主要包括应收票据、应收账款、其他应收款、预付款项等。应收款项是企业拥有的金融资产。资产负债表日，有客观证据表明该金融资产发生减值的，企业应当计提减值准备。应收款项减值的核算既是本章的难点也是本章的重点。

　　存货是指企业在日常活动中持有以备出售的产成品或商品、处在生产过程中的在产品、在生产过程或提供劳务过程中耗用的材料和物料等。存货计量是存货会计的核心内容，即正确地确定收入、发出及结存存货的价值。目前通行做法是存货取得的计价一般以实际成本为基础，辅之以公允价值计价；存货发出的计价有实际成本计价法、计划成本计价法等；期末存货采用成本与可变现净值孰低法计价。企业会计准则规定的发出存货实际成本计价方法有个别计价法、先进先出法、加权平均法。各种方法的应用及对财务报表的影响是本章的重点。

　　固定资产是指为生产商品、提供劳务、出租或经营管理而持有的，使用寿命超过一个会计年度的有形资产。固定资产的初始计量、后续计量以及固定资产的处置是本章的重点。

　　无形资产是指企业拥有或控制的没有实物形态的可辨认非货币性资产。无形资产的特点、初始计量、后续计量及处置也是本章重点。其他资产主要是指长期待摊费用。

投资性房地产是指为赚取租金或资本增值，或两者兼有而持有的房地产。投资性房地产的初始计量和后续计量模式的应用、公允价值模式的核算方法、投资性房地产的转换与处置是本章的重点。

持有至到期投资核算的内容主要有四个方面：① 持有至到期投资成本的确定；② 分期确认持有至到期投资摊余成本、利息收入与现金流量；③ 持有至到期投资的处置；④ 持有至到期投资的减值。其中，分期确认持有至到期投资摊余成本、利息收入与现金流量是本章的重点。

可供出售金融资产的核算，主要包括五部分内容：① 可供出售金融资产成本的确定；② 持有期间确认并收到现金股利和债券利息；③ 资产负债表日，可供出售金融资产的后续计量；④ 可供出售金融资产的处置；⑤ 可供出售金融资产的减值。其中，资产负债表日，可供出售金融资产的后续计量；可供出售金融资产的处置是本章的重点。

长期股权投资是指投资方对被投资单位实施控制、重大影响的权益性投资，以及对其合营企业的权益性投资，主要包括投资方持有的对子公司、合营企业以及联营企业的投资。企业取得长期股权投资的方式主要有两类：一类是以现金购入的长期股权投资，以发行权益性证券取得的长期股权投资，接受投资者投入的长期股权投资，通过非货币性资产交换、债务重组取得的长期股权投资。另一类是企业合并形成的长期股权投资。应重点掌握第一类以现金购入的长期股权投资的核算，以及长期股权投资核算成本法和权益法的适用范围与基本会计处理。

思 考 题

1. 什么是金融资产？可将其分为哪几类？
2. 货币资金包括哪些内容？
3. 如何加强现金和银行存款的管理？
4. 简述银行转账结算方式的种类。
5. 什么是其他货币资金？其他货币资金有哪些种类？
6. 如何实施货币资金的内部控制？
7. 什么是应收票据？如何核算应收票据？
8. 什么是商业折扣和现金折扣？存在商业折扣和现金折扣的情况下，如何对应收账款进行计价？
9. 什么是坏账损失？如何进行坏账损失的核算？
10. 预付账款和其他应收款包括哪些内容？应如何核算？
11. 什么是存货？如何对其进行分类？
12. 如何确定存货的入账价值？
13. 存货按实际成本计价发出的方法有哪些？如何应用？
14. 存货计价方法对财务报表有哪些影响？
15. 什么是成本与可变现净值孰低法？如何运用？
16. 什么是可供出售金融资产？它有哪些特点？
17. 什么是持有至到期投资？应如何核算？
18. 什么是成本法？其适用范围有哪些？如何运用？
19. 什么是权益法？其适用范围有哪些？如何运用？

20. 固定资产有哪些特点？
21. 按固定资产的综合分类，可把企业的固定资产划分为哪几类？
22. 如何理解固定资产计提折旧的范围？
24. 采用加速折旧的依据是什么？如何采用加速折旧法计提折旧额？
25. 什么是投资性房地产？主要包括哪几种？
26. 如何对投资性房地产进行初始计量与后续计量？
27. 无形资产的特征是什么？
28. 无形资产的内容有哪些？如何进行无形资产的核算？

自 测 题

一、选择题

1. 企业取得交易性金融资产时，发生的交易费用，应借记的会计科目是( )。
   A. 交易性金融资产　　B. 投资收益　　　　C. 财务费用　　　　D. 管理费用
2. 资产负债表日，交易性金融资产的公允价值低于其账面余额的差额，其会计处理方法为( )。
   A. 不进行会计处理　　　　　　　　　　　B. 计提跌价准备
   C. 确认为资产减值损失　　　　　　　　　D. 确认为公允价值变动损益
3. 不属于其他货币资金核算范围的是( )。
   A. 在途货币资金　　B. 信用证存款　　　C. 外币存款　　　　D. 银行本票存款
4. 按总价法核算，销售方给予客户的现金折扣，会计上应作为( )处理。
   A. 冲减产品销售收入　B. 财务费用　　　　C. 产品销售费用　　D. 营业外支出
5. 销售产品一批，价目表标明售价（不含税）为 40 000 元，商业折扣条件为 10%，现金折扣条件为 3/10、2/20、N/30，客户于第 16 天付款，增值税税率为 17%，应收账款的入账金额为( )元。
   A. 42 120　　　　　B. 46 800　　　　　C. 41 400　　　　　D. 36 000
6. 应收账款包括( )。
   A. 销售商品应收的货款　　　　　　　　　B. 职工预借的差旅费
   C. 提供劳务应收的账款　　　　　　　　　D. 代垫的包装费和运杂费
7. 下列各项资产中，不属于存货核算范围的有( )。
   A. 在途材料　　　　　　　　　　　　　　B. 特种储备物资
   C. 委托加工物资　　　　　　　　　　　　D. 委托代销商品
8. 成本与可变现净值孰低法中的"成本"是指存货的( )。
   A. 重置成本　　　　　　　　　　　　　　B. 现行成本
   C. 历史成本　　　　　　　　　　　　　　D. 市价
9. 存货采用先进先出法计价，在物价上涨的情况下，将会使企业的( )。
   A. 期末库存升高，当期利润减少　　　　　B. 期末库存升高，当期利润增加
   C. 期末库存降低，当期利润增加　　　　　D. 期末库存降低，当期利润减少
10. 我国企业会计制度规定，存货跌价准备应按( )方法计算提取。
    A. 单项比较　　　　　　　　　　　　　　B. 分类比较
    C. 总额比较　　　　　　　　　　　　　　D. 以上都不是
11. 甲企业于 2017 年 4 月 1 日将自用的一幢房屋转换为投资性房地产，并采用成本计量模式。转换日该房屋的原价为 180 万元，累计折旧为 60 万元，已计提的减值准备为 10 万元。转换后，该投资性房地产的成本为( )万元。

A. 110　　　　　　　　B. 120　　　　　　　　C. 170　　　　　　　　D. 180

12. 《企业会计准则第 8 号——资产减值》规定，(　　)计提的减值损失一经确认，在以后会计期间不得转回。

　　A. 固定资产　　　　　　　　　　　　B. 长期股权投资
　　C. 存货　　　　　　　　　　　　　　D. 应收款项

13. 《企业会计准则第 8 号——资产减值》规定可收回金额的确定应当根据(　　)。

　　A. 资产的公允价值确定
　　B. 资产预计未来现金流量的现值确定
　　C. 资产的公允价值减去处置费用后的净额与资产预计未来现金流量的现值两者之间较高者确定
　　D. 资产的公允价值减去处置费用后的净额与资产预计未来现金流量的现值两者之间较低者确定

14. 按照《现金管理暂行条例》规定，开户单位可以使用现金的有(　　)。

　　A. 个人劳务报酬　　　　　　　　　　B. 向农民收购农副产品
　　C. 各种劳保福利费用　　　　　　　　D. 出差人员必备差旅费

15. 应记入"坏账准备"账户贷方发生额的有(　　)。

　　A. 已发生的坏账损失　　　　　　　　B. 坏账收回
　　C. 冲回多提取的坏账准备　　　　　　D. 提取坏账准备

16. 我国会计上作为应收票据核算内容的票据有(　　)。

　　A. 银行支票　　　　　　　　　　　　B. 支票
　　C. 商业承兑汇票　　　　　　　　　　D. 银行承兑汇票

17. 属于其他应收款核算范围的项目有(　　)。

　　A. 应收股利　　　　　　　　　　　　B. 代购货单位垫支的运杂费
　　C. 存储保证金　　　　　　　　　　　D. 应收职工欠款

18. 企业存货实际成本的构成包括(　　)。

　　A. 商业折扣　　　　　　　　　　　　B. 购买材料的运费和包装费
　　C. 可以抵扣的进项税额　　　　　　　D. 进口关税

19. 期末存货计价过高，可能会引起(　　)。

　　A. 当期收益增加　　　　　　　　　　B. 当期收益减少
　　C. 所有者权益增加　　　　　　　　　D. 所得税减少

20. 下列情况中，长期股权投资应当采用权益法核算的是(　　)。

　　A. 短期持有被投资企业的股权
　　B. 长期持有被投资企业的股权
　　C. 与其他企业共同控制被投资企业
　　D. 长期持有被投资企业的股权，但对被投资企业无重大影响

21. 采用工作量法计提折旧的特点在于(　　)。

　　A. 按固定资产在各期的使用程度计提折旧　　B. 前期计提的折旧额多，后期少
　　C. 在相同时期内计提的折旧额相等　　　　　D. 后期计提的折旧额多，前期少

22. 因报废减少的固定资产，借记(　　)科目，借记"累计折旧"科目，贷记"固定资产"科目。

　　A. "营业外支出"　　　　　　　　　　B. "固定资产清理"
　　C. "管理费用"　　　　　　　　　　　D. "待处理财产损溢"

23. 投资性房地产采用的计量模式包括(　　)。

　　A. 成本计量模式　　　　　　　　　　B. 市价计量模式
　　C. 公允价值计量模式　　　　　　　　D. 重置成本计量模式

24. 下列情况中，长期股权投资应当采用成本法核算的是(　　)。

A. 投资企业对被投资单位具有重大影响　　B. 投资企业对被投资单位具有共同控制
C. 投资企业能够对被投资单位实施控制　　D. 持股比例为1%，且无重大影响

25. 采用权益法核算时，当受资企业（　　）时，投资企业应调整"长期股权投资"科目。
A. 当年发生亏损　　B. 宣告分配现金股利
C. 当年实现净利润　　D. 发放现金股利

二、判断题

1. 每个企业只能在银行开立一个基本存款账户，企业的工资、资金等现金的支取只能通过该账户办理。（　　）
2. 企业的应收票据无论是带息票据还是不带息票据，在年末资产负债表中均以原账面价值反映。（　　）
3. 在存在现金折扣的情况下，若采用总价法核算，则应收账款应按销售收入扣除预计现金折扣后的余额确认。（　　）
4. 企业按年末应收账款余额的一定比例计算的坏账准备金额，应等于年末结账后"坏账准备"账户的余额。（　　）
5. 存货范围的确认，应以企业对存货是否具有法定所有权和是否存放在本企业为依据。（　　）
6. 成本与可变现净值孰低法的理论基础主要是使存货符合资产的定义和谨慎性原则。（　　）
7. 按照现行会计制度的规定，已提足折旧的固定资产不再提折旧，未提足折旧提前报废的固定资产必须补提折旧，直至提足折旧为止。（　　）
8. 采用双倍余额递减法计提折旧时，不考虑该固定资产的净残值。（　　）
9. 企业的投资性房地产，既可以采用公允价值模式计量，也可以采用成本模式计量。（　　）
10. 当无形资产预期不能为企业带来经济利益时，应将该项无形资产的账面价值予以转销，计入当期的管理费用。（　　）

业务练习题

1. 祥达实业2018年2月份发生如下经济业务：
（1）3日，开出现金支票一张，从银行提取现金20 000元备用。
（2）5日，职工王力上海出差，预借差旅费6 000元，以现金支付。
（3）5日，以银行存款20万元办理银行汇票一张，王力携其采购原材料。
（4）15日，收到立阳公司转账支票一张，面额80 000元，用以支付前欠货款。
（5）21日，转账支付纬创证券公司开立证券专户900 000元。
（6）26日，以汇兑方式支付给金昌公司前欠货款36 000元。
要求：编制以上经济业务的会计分录。

2. 2017年1月6日，祥达实业以银行存款购入A公司已宣告但尚未分派现金股利的股票30 000股作为交易性金融资产，每股成交价为11.10元，其中，0.10元为已宣告但尚未分派的现金股利，另支付相关税费1 000元，祥达实业于3月22日收到A公司发放的现金股利。6月月末，A公司的股票价格为每股10元。
要求：编制祥达实业购买A公司股票相关的会计分录。

3. 祥达实业采用应收账款余额百分比法核算坏账损失，坏账准备的提取比例为2%，有关资料如下：
（1）该企业2014年年末应收账款为1 000 000元。
（2）2015年和2016年年末应收账款余额分别为2 500 000元和2 200 000元，2015年和2016年均未发生坏账损失。

(3) 2017 年 6 月，经有关部门确认一笔坏账损失，金额为 18 000 元。

(4) 2017 年 10 月，上述已核销的坏账又收回 5 000 元。

(5) 2017 年年末应收账款余额为 2 000 000 元。

要求：根据上述资料，编制有关会计分录。

4. 祥达实业为一般纳税人，原材料按实际成本核算，2017 年 10 月月初"原材料"账户借方余额为 100 000 元，其中，甲材料 30 000 元，乙材料 50 000 元，丙材料 20 000 元，10 月份发生的材料采购业务如下：

(1) 10 月 8 日，从本地购入甲材料一批，价款 80 000 元，增值税专用发票上注明的进项税额为 13 600 元，材料已经验收入库，发票等结算凭证同时收到，货款已通过银行支付。

(2) 10 月 10 日，从宁波采购乙材料一批，价款 20 000 元，增值税专用发票上注明的进项税额为 3 400 元，发票等结算凭证已经到达，货款已通过银行支付，但材料尚未达到。

(3) 10 月 11 日，从陕西采购甲材料一批，价款 50 000 元，供应单位代垫运杂费 2 000 元，增值税专用发票上注明的进项税额为 8 500 元，发票账单等结算凭证已到，签发、承兑一张 2 个月后到期的商业汇票，以结算材料价款和运杂费，材料尚未验收入库。同日，从宁波采购的乙材料到达并验收入库。

(4) 10 月 14 日，根据合同规定，向宏大企业预付货款 40 000 元用于采购甲材料。

(5) 10 月 19 日，一批本公司加工的丙材料完工验收入库，其实际成本共计 80 000 元。

(6) 10 月 21 日，从陕西采购的甲材料到达并验收入库。

(7) 10 月 26 日，预付货款采购的甲材料到达并验收入库，收到发票账单等结算凭证，共支付货款 60 000 元和增值税进项税额 10 200 元，当即通过银行补付 30 200 元货款。

(8) 10 月 28 日，根据合同从天津采购的甲材料价款 18 000 元，运达企业并验收入库，但是发票账单等结算凭证尚未到达，货款尚未支付。

(9) 该公司本月份的发料凭证汇总表中列明，各部门领用原材料情况如下：

生产车间领用甲材料 60 000 元，乙材料 10 000 元，丙材料 20 000 元。

车间管理部门领用甲材料 10 000 元，乙材料 200 元，丙材料 10 000 元。

产品销售部门领用甲材料 16 000 元。

企业管理部门领用甲材料 12 000 元，丙材料 8 000 元。

食堂维修领用甲材料 20 000 元，增值税为 3 400 元。

要求：做出上述业务的会计分录。

5. 祥达实业采用成本与可变现净值孰低法对存货进行计价，本月月末 A、B 两类存货有关资料如表 3-13 所示。

表 3-13　成本与可变现净值资料表　　　　　　　　　　单位：元

项　目	数　量	成本单价	可变现净值单价
A 类			
甲产品	800 件	20	16
乙产品	400 件	48	50
B 类			
丙产品	400 件	10	8
丁产品	600 件	16	18

要求：根据上述资料采用单项比较法对期末存货进行计价，并按备抵法编制有关会计分录。

6. 祥达实业于 2017 年 1 月 10 日以银行存款购买华达公司股票 100 000 股作为长期投资，每股买入价 10 元，每股价格中包含 0.2 元的已宣告分派的现金股利，另付有关税费 7 000 元。购入时，华达公司可辨认净资产的公允价值为 500 万元。2017 年年末，发放已宣告的现金股利，同时华达公司实现利润 200 万元；2018 年 4 月发放现金股利 80 万元。

假设：（1）祥达实业能够对华达公司实施控制，持股比例为 60%。
（2）祥达实业能够对华达公司施加重大影响，持股比例为 30%。

要求：根据上述资料对以上两种情况进行相关的会计处理。

7. 祥达实业 2017 年 3 月份购置一台机器设备，价款 93 500 元，增值税为 15 895 元，运杂费共计 6 500 元，该固定资产预计使用年限为 5 年，预计净残值为 2 000 元。

要求：
（1）计算固定资产的入账价值。
（2）采用平均年限法计提各月份的固定资产折旧额。
（3）采用双倍余额递减法计算各年的折旧率和折旧额。
（4）采用年数总和法计算各年的折旧率和折旧额。
（5）三年后，企业将该项固定资产出售，取得收入 56 000 元，存入银行，应交增值税 2 800 元（采用平均年限法计提固定资产折旧额），编制相应的会计分录。

8. 2014 年 1 月 1 日，祥达实业购入一项专利权，双方协商价为 150 000 元，有效期为 10 年，以支票付款。该企业于 2018 年 1 月 2 日将专利权的所有权转让给普惠企业，取得转让收入 88 000 元，款项存入银行。增值税税率为 6%，假设不考虑其他相关税费。

要求：编制购入、摊销、转让专利权所有权的会计分录。

案例分析题

1. 下面描述了两种现金收款的情形和两种购买设备的情形。在每一组中，一种情形下的内部控制明显要好于另一种。评价每一种情形下的内部控制是强是弱，并给出你的理由。

（1）现金收款

1）通过邮递收到的现金被直接送给会计，会计还负责记录从客户处收款情况，即借记"库存现金"科目，贷记"应收账款"科目；然后将现金存入银行。

2）通过邮递收到的现金首先被送至信件室，在这里收信员打开信封并统计当天现金收款的总数。然后收信员将客户支票交给出纳，出纳存入银行并将汇款票根交给会计部，会计部再做贷记客户账户的记录。

（2）购买设备

1）百年家庭公司要求建筑负责人对他们建设所需要的设备提出要求。公司供应处再购买这些设备并把它们运至建筑地点。

2）路旁建筑公司要求项目负责人购买建筑项目所需设备。然后负责人持付款发票去供应处报销。这一政策使负责人能迅速得到他们所需设备并保证建筑工作进行。

2. 假设你是祥达实业的财务主管，该公司计划向银行贷款 100 万元。该公司主营业务为购入并销售一种微型电子设备。当年进货及销售情况如表 3-14 所示。

表 3-14 进货及销售情况　　　　　　　　　　　　单位：元

购货月份	购入数量	单位成本	总成本
1 月	500 件	7 500	3 750 000
3 月	2 500 件	7 000	17 500 000
8 月	2 000 件	6 000	12 000 000
11 月	1 000 件	5 500	5 500 000

该公司年末有存货 1 750 件。全年销售总额 37 000 000 元，销售费用 4 250 000 元。该公司尚未确定发出存货的计价方法。

要求：

(1) 请分别编制先进先出法、月末一次加权平均法下的利润表（月末一次加权平均法单位成本保留两位小数）。

(2) 为能顺利贷款，存货成本计价方法应选哪种？

(3) 假设该公司适用所得税税率为 25%，从公司角度出发，应选择哪种计价方法？

3. 祥达实业将固定资产分为两类：房屋建筑物和机器设备。房屋建筑物的预计使用年限为 45 年，其中，中心办公楼原值 800 万元，已提折旧 88 万元；机器设备的预计使用年限分别为 5 年和 8 年，其中，小轿车原值 128 万元，预计每年行使 3 000km。该公司固定资产的预计净残值率均为 1%。本年度，该公司与固定资产有关的业务如下：

(1) 办公楼增建一层，耗用材料 663 000 元，人工成本 497 000 元；6 月月末已达到预定可使用状态，7 月份交付使用。

(2) 本年小轿车实际行驶 3 200km。因进行大修理，以支票支付修理费 29 000 元。

(3) 购置计算机 15 台，每台 10 800 元。

(4) 购置办公楼办公用写字台 10 个，每个 800 元；衣柜 10 个，每个 400 元。

(5) 购置办公楼办公用品支付运费 1 100 元。

(6) 计算机日常维护费用支出 2 000 元。

要求：

(1) 根据上述资料，指出该公司现行固定资产折旧政策的具体体现。

(2) 如果你是财务经理，如何制定该公司的固定资产折旧政策？

(3) 做出本年有关固定资产折旧业务的会计处理，并对有关政策做出评价。

4. 华达公司是保健品生产的上市企业。2017 年 12 月 31 日有关交易和资产状况如下：

(1) 2017 年 12 月 31 日，A 产品有库存 200 套，每台单位成本 0.5 万元，账面余额为 100 万元。A 产品市场销售价格为每台 0.70 万元，预计销售费用及税金为每套 0.2 万元。华达公司按单项存货、按年计提跌价准备，年末计提跌价准备前，A 产品没有存货跌价准备余额。

公司基于市场销售价格高于成本的事实，没有对 A 产品计提存货跌价准备。

(2) 2017 年 3 月，华达公司购入甲公司发行的 3 年期债券一批，作为持有至到期投资。2017 年年末计提减值准备前该债券的账面价值为 800 万元。甲公司发行债券后，市场行情不好，2017 年半年报发生严重亏损；12 月又发布了预亏公告。2017 年 12 月 31 日，华达公司该项持有至到期投资预计未来现金流量现值为 790 万元。华达公司对该债券计提了 10 万元减值准备，将计提的减值准备冲减了所有者权益。

(3) 2017 年 12 月 31 日，公司一台机床账面原值 700 万元，累计折旧 550 万元，已提取减值准备 50 万元，该设备生产的产品中不合格品数量逐渐增加，准备终止使用。华达公司对其全额计提了减值准备，并将其 100 万元计入了当期损益。

要求：分析判断华达公司提取减值准备业务的正确性，并说明理由；如不正确，予以改正。

第四章 负 债

案例与引言

乐陶公司的资金总额共计 2 000 万元,其中所有者的出资额为 1 800 万元,负债资金 200 万元。两年来,由于广告支出增速较快,造成资金周转困难,于是经公司董事会讨论决定,并经相关部门批准,发行 5 年期债券 1 000 万元。2017 年年末负债类账户的期末余额如下(单位:元):

应付账款	1 000 000
应付票据	200 000
应交税费	800 000
应付债券	10 000 000

其中,应付账款将于 2018 年 1 月到期,应付票据在 2018 年 9 月末之前相继到期,而应付债券则于 2019 年 7 月 1 日到期。

请问:企业负债类账户中列示的负债,偿还期限相同吗?如何进行负债的分类?各种负债应如何进行确认与计量?公司负债项目如何列示在期末资产负债表中?为什么?

对以上问题的回答,正是本章的学习目标。

本章学习目标

- ◆ 负债的含义、特征和分类
- ◆ 流动负债的核算内容及其账务处理
- ◆ 非流动负债的核算内容及其账务处理
- ◆ 负债项目的披露

第一节 负债概述

一、负债的含义

负债是指企业过去的交易或者事项形成的、预期会导致经济利益流出企业的现时义务。

现时义务是指企业在现行条件下已承担的义务。未来发生的交易或者事项形成的义务，不属于现时义务，不应当确认为负债。

在同时满足以下条件时，才可以确认为负债：

(1) 与该义务有关的经济利益很可能流出企业。

(2) 未来流出的经济利益的金额能够可靠地计量。

符合负债定义和负债确认条件的项目，应当列入资产负债表；符合负债定义，但不符合负债确认条件的项目，不应当列入资产负债表。

二、金融负债的含义和分类

金融负债也属于金融工具，例如，企业发行债券，对于发行企业而言形成金融负债；相对于购买方而言则形成金融资产。

金融负债应当在初始确认时划分为以下两类：

(1) 以公允价值计量且其变动计入当期损益的金融负债。例如，华达公司经批准在全国银行间债券市场公开发行5亿元人民币短期融资券，并直接指定为以公允价值计量且其变动计入当期损益的金融负债。

(2) 其他金融负债，一般是指以成本或摊余成本计量的金融负债。例如，企业发行的债券、因购买商品产生的应付账款、长期应付款等，应当划分为其他金融负债。

第二节 流动负债

一、流动负债的定义与分类

(一) 流动负债的定义

流动负债是指将在一年（含一年）或者超过一年的一个营业周期内偿还的债务，主要包括短期借款、以公允价值计量且其变动计入当期损益的金融负债、应付票据、应付账款、预收账款、应付职工薪酬、应付股利、应付利息、应交税费、其他应付款和一年内到期的长期借款等。流动负债必须符合两个条件：① 到期日在一年或一个营业周期以内；② 到期时，通常以流动资产或新流动负债为偿债手段。

(二) 流动负债的分类

1. 按未来可支付货币金额是否具有可确定性分类

按未来可支付货币金额是否具有可确定性，流动负债可以分为以下三类：

(1) 金额已经确定的流动负债。金额已经确定的流动负债是指根据合同、契约或法律规定具有确切金额、确切的付款日，到期必须偿还的债务，如短期借款、应付票据、应付账款、预收账款、应付利息等。

(2) 金额取决于经营成果的流动负债。金额取决于经营成果的流动负债是指需待一定的经营阶段结束或期末能确定金额的债务，如应交税费、应付职工薪酬、其他应付款等。

(3) 金额需要估计的流动负债。金额需要估计的流动负债是指已发生的现存义务，其金额或偿还日期是在编制资产负债表时难以确定的负债，如应付产品质量担保估计负债等。

2. 按产生的原因分类

按产生的原因，流动负债可以分为以下三类：

（1）融资活动形成的流动负债。融资活动形成的流动负债是指企业为筹集生产经营周转使用的资金而向银行及其他金融机构借入的短期借款。这类流动负债有确切的到期日，需在到期日前以银行存款或新借入的短期借款偿付原借款金额，而且还应偿付其利息，主要包括短期借款、应付利息以及一年内到期的非流动负债等。

（2）营业活动形成的流动负债。营业活动形成的流动负债是指由于企业正常的生产经营活动所形成的流动负债，包括企业外部业务结算中形成的和企业内部往来形成的两种。其中企业外部业务结算中形成的流动负债包括应付票据、应付账款、预收款项等；企业内部往来形成的流动负债包括应付职工薪酬等。

（3）收益分配形成的流动负债。收益分配形成的流动负债是指企业在对所实现净收益（利润）进行分配过程中形成的各种负债项目，包括应交所得税、应付股利、应付利润等。

二、短期借款和应付利息

1. 短期借款的定义和种类

短期借款是指企业向银行或其他金融机构等借入的期限在一年以下（含一年）的各种借款。短期借款是企业为维持正常的生产经营所需的资金而借入的或者为抵偿某项债务而借入的款项。其债权人一般为银行和其他金融机构等。

现阶段我国企业的短期借款主要有经营（生产）周转借款、票据贴现借款、结算借款、买方信贷等几类。

（1）经营周转借款。经营周转借款又称生产周转借款，是指企业为生产销售一定数量的产品所需的流动资金不足时，向银行或其他金融机构取得的借款。这种借款在银行批准的年度借款计划内申请，期限一般不超过1年。

（2）票据贴现借款。票据贴现借款是指持有银行承兑汇票或商业承兑汇票的企业，在发生经营周转困难时，申请票据贴现的借款，期限一般不应超过3个月。

（3）结算借款。结算借款是指企业在采用托收承付结算方式进行销售业务时，在发出商品后委托银行收款到收款银行通知购买单位承付货款之前，为解决结算资产占用的资金需要，以托收承付结算凭证为保证向银行取得的借款。

（4）买方信贷。买方信贷是指产品列入国家计划，质量在全国处于领先地位的企业，经批准采取分期销售而引起生产经营资金不足而向银行申请取得的借款。这种借款应按货款收回的进度分次归还，期限一般为1~2年。

2. 短期借款的核算

短期借款核算的总账账户是"短期借款"；明细账户按借款单位或个人的户名或人名设置。账户的贷方反映短期借款本金的借入数，借方反映短期借款本金的偿还数；期末余额在贷方，表示企业尚未归还的短期借款本金余额。企业借入各种短期借款时，借记"银行存款"科目，贷记"短期借款"科目。

企业取得短期借款而发生的利息费用，一般应作为财务费用处理，可以在支付时确认，也可以采用按月预提的方式。

如果企业的短期借款利息按月支付，或者利息是在借款到期归还本金时一并支付，且数额不大，可以在实际支付或收到银行的计息通知时，直接计入当期损益，借记"财务费用"科目，贷记"银行存款"或"库存现金"科目。

【例4-1】 祥达实业2017年4月1日从当地中国银行借入偿还期限为6个月的借款5 000 000元，年利率为12%，款项收存银行，到期后一次还本付息，其会计处理如下：

(1) 借入款项时：

借：银行存款		5 000 000
贷：短期借款		5 000 000

(2) 到期还本付息，应付利息为300 000元（5 000 000×12%÷12×6）：

借：短期借款		5 000 000
财务费用		300 000
贷：银行存款		5 300 000

3. 应付利息的核算

应付利息是指企业按照合同约定应支付的利息，包括短期借款、分期付息到期还本的长期借款与企业债券等应支付的利息。

如果企业的短期借款利息按期支付（如按季），或者利息是在借款到期归还本金时一并支付，且数额较大，可以采用预提的办法，按月预提计入当期损益，预提时，借记"财务费用"科目，贷记"应付利息"科目；实际支付时，按已经预提的利息金额，借记"应付利息"科目，按实际支付的利息金额与已经预提的利息金额的差额（即尚未计提的部分），借记"财务费用"科目，按实际支付的利息金额，贷记"银行存款"科目。

上述例4-1中的借款利息金额较大，假设按季付息，公司采用预提的办法处理。其会计处理如下：

4、5月月末分别预提利息费用时：

利息费用 = 5 000 000元 × 12% ÷ 12 × 1 = 50 000元

借：财务费用		50 000
贷：应付利息		50 000

6月月末，实际支付本季度利息费用时：

借：应付利息		100 000
财务费用		50 000
贷：银行存款		150 000

三、应付和预收款项

应付和预收款项包括应付票据、应付账款、预收账款等。

（一）应付票据

应付票据是指企业采用商业汇票结算方式延期付款购入货物应付的票据款。商业汇票的付款期限最长为6个月，因而应付票据属于流动负债。商业汇票，按承兑人分类，可以分为银行承兑汇票和商业承兑汇票；按是否带息分类，可以分为不带息商业汇票和带息商业汇票两种。

商业承兑汇票和银行承兑汇票核算的总账账户是"应付票据"。该账户贷方反映应付票据实际发生数，借方反映应付票据实际承付数；期末余额在贷方，表示尚未承兑的应付票据总额。应付票据备查簿应详细登记应付票据的种类、号数、签发日期、到期日、票面金额、收款人姓名、地址及付款日期等内容。

1. 不带息商业汇票的核算

企业签发不带息的商业汇票，不论是商业承兑汇票还是银行承兑汇票，其到期价值即为票面价值。按照重要性原则，应付票据应按业务发生时的金额即票面价值（亦即到期价值）入账。企业取得结算凭证并签发商业汇票后，应按票面价值借记"库存商品""应交税费"等科目，贷记"应付票据"科目。企业向银行申请承兑支付的手续费，应计入财务费用。

【例4-2】祥达实业2017年11月1日从甲公司购入价值为300 000元的商品，增值税税额为51 000元。商品已验收入库，企业开出3个月的商业承兑汇票。根据上述资料，其会计处理如下：

借：库存商品　　　　　　　　　　　　　　　　　　　　　　　　300 000
　　应交税费——应交增值税（进项税额）　　　　　　　　　　　　51 000
　　贷：应付票据　　　　　　　　　　　　　　　　　　　　　　　351 000

如果在上例中，供货方要求商业汇票必须由银行承兑，那么购货方应向银行提出承兑申请，银行按规定审查。同意承兑的，银行要向承兑申请人收取面值1‰的手续费（每笔承兑手续费不足10元的，按10元收取）。祥达实业向银行支付承兑手续费351元。其会计处理如下：

借：财务费用　　　　　　　　　　　　　　　　　　　　　　　　　　351
　　贷：银行存款　　　　　　　　　　　　　　　　　　　　　　　　　351

祥达实业票据到期偿还时，其会计处理如下：

借：应付票据　　　　　　　　　　　　　　　　　　　　　　　　351 000
　　贷：银行存款　　　　　　　　　　　　　　　　　　　　　　　351 000

2. 带息商业汇票的核算

带息商业汇票的到期价值为票面价值与应计利息之和。在这种情况下，其票面价值为应付票据的现值，应付票据仍应按业务发生时的金额及票面价值（亦即现值）入账。企业取得结算凭证并签发商业汇票后，应按票面价值借记"库存商品""应交税费"等科目，贷记"应付票据"科目。

对于带息应付票据，通常应在期末时，对尚未支付的应付票据计提利息，计入当期财务费用，借记"财务费用"科目，贷记"应付票据"科目。票据到期支付票款时，尚未计提的利息部分直接计入当期财务费用，按票据账面余额，借记"应付票据"科目，按未计提的利息，借记"财务费用"科目，按实际支付的金额，贷记"银行存款"科目。

【例4-3】假定例4-2中，祥达实业于2017年11月1日开出并承兑带息商业汇票，年利率为10%，期限为3个月，其他条件不变。祥达实业的会计处理如下：

（1）2017年11月1日购入商品时：

借：库存商品　　　　　　　　　　　　　　　　　　　　　　　　300 000
　　应交税费——应交增值税（进项税额）　　　　　　　　　　　　51 000
　　贷：应付票据　　　　　　　　　　　　　　　　　　　　　　　351 000

（2）2017年12月31日计算两个月的应计利息5 850元（351 000×10%÷12×2）：

借：财务费用　　　　　　　　　　　　　　　　　　　　　　　　　5 850

　　　　贷：应付票据　　　　　　　　　　　　　　　　　　　　　　　　　　　5 850

（3）2018年2月1日到期支付票据本息时：

应付票据账面价值 = 351 000元 + 5 850元 = 356 850元

应计利息 = 351 000元 × 10% ÷ 12 × 1 = 2 925元

其会计处理如下：

　　借：应付票据　　　　　　　　　　　　　　　　　　　　　　　　　　356 850
　　　　财务费用　　　　　　　　　　　　　　　　　　　　　　　　　　　2 925
　　　　贷：银行存款　　　　　　　　　　　　　　　　　　　　　　　　　359 775

（4）若上述商业汇票到期时祥达实业无款支付，则应转作应付账款：

　　借：应付票据　　　　　　　　　　　　　　　　　　　　　　　　　　356 850
　　　　财务费用　　　　　　　　　　　　　　　　　　　　　　　　　　　2 925
　　　　贷：应付账款——甲公司　　　　　　　　　　　　　　　　　　　　359 775

（5）若上述商业汇票为银行承兑汇票，到期时祥达实业无款支付，承兑银行将代为支付票据款，对祥达实业尚未支付的汇票金额转作逾期借款处理，并按万分之五的利率计收利息。

　　借：应付票据　　　　　　　　　　　　　　　　　　　　　　　　　　356 850
　　　　财务费用　　　　　　　　　　　　　　　　　　　　　　　　　　　2 925
　　　　贷：短期借款　　　　　　　　　　　　　　　　　　　　　　　　　359 775

（二）应付账款

应付账款是企业在经营过程中以赊购商品或接受劳务供应而发生的尚未清偿的债务。

应付账款入账时间的确定，应以所购买物资的所有权已经转移或劳务已接受为标志。在实务中，以收到供货单位提供的发票账单为准。如果所购货物已经验收入库，而发票账单月末尚未到达，则企业应对其进行估价，同时确认资产和负债（即所购物资的成本和应付债务），下月月初再用红字记账凭证冲回。

应付账款的核算应设置"应付账款"科目，且按照债权单位和个人设置明细科目进行明细核算。"应付账款"科目属于负债类科目，贷方反映应付账款的实际发生数，借方反映应付账款的实际偿还数，期末余额在贷方，表示尚未还清的款项。

应付账款一般按应付金额入账。企业如果因为债权单位撤销或其他原因而无法或无须支付的应付款项应记入"营业外收入"科目，借记"应付账款"科目，贷记"营业外收入——债务重组利得"科目。

【例4-4】祥达实业2017年12月5日从本市五金经销商店购入阀门500个，每个价值18元，增值税税率为17%，阀门入库，货款尚未支付。其会计处理如下：

　　借：原材料——阀门　　　　　　　　　　　　　　　　　　　　　　　9 000
　　　　应交税费——应交增值税（进项税额）　　　　　　　　　　　　　　1 530
　　　　贷：应付账款——五金商店　　　　　　　　　　　　　　　　　　　10 530

10日后，企业以转账支票支付货款，根据付款凭证及支票存根：

　　借：应付账款——五金商店　　　　　　　　　　　　　　　　　　　　10 530
　　　　贷：银行存款　　　　　　　　　　　　　　　　　　　　　　　　　10 530

（三）预收账款

预收账款是买卖双方协议商定，由购货方预先支付一部分货款给供应方而发生的一项负债，这项负债要用以后的商品、劳务等偿付。

预收账款核算的总账账户是"预收账款"。预收账款按预收账款的单位和个人设置明细账，进行明细核算。企业预收账款的核算，应视具体情况而定。如果企业预收账款比较多，可以设置"预收账款"科目核算；而预收账款不多的企业，也可以将预收的款项直接记入"应收账款"科目的贷方，不设置"预收账款"科目。

【例4-5】 祥达实业向乙公司销售货物一批，价款300 000元，增值税税额为51 000元；祥达实业预收货款300 000元，余款在商品发出时收取，其会计处理如下：

（1）按合同向购货单位预收货款，根据实际收到的款项：

借：银行存款　　　　　　　　　　　　　　　　　　　　　　　　300 000
　　贷：预收账款——乙公司　　　　　　　　　　　　　　　　　　　　300 000

（2）当产品销售实现时，应按实际价款和增值税冲转预收账款：

借：预收账款——乙公司　　　　　　　　　　　　　　　　　　　　351 000
　　贷：主营业务收入　　　　　　　　　　　　　　　　　　　　　　　300 000
　　　　应交税费——应交增值税（销项税额）　　　　　　　　　　　　51 000

（3）预收货款小于实际支付款项的差额为51 000元，收到乙公司补足的余款时：

借：银行存款　　　　　　　　　　　　　　　　　　　　　　　　51 000
　　贷：预收账款　　　　　　　　　　　　　　　　　　　　　　　　51 000

如果预收货款为400 000元，大于实际支付款项，则应退给购货单位货款价差，按实际退款额做账：

借：预收账款　　　　　　　　　　　　　　　　　　　　　　　　49 000
　　贷：银行存款　　　　　　　　　　　　　　　　　　　　　　　　49 000

四、应付职工薪酬

（一）职工薪酬的内容

职工薪酬是指企业为获得职工提供的服务或解除劳动关系而给予的各种形式的报酬或补偿。职工薪酬包括短期薪酬、离职后福利、辞退福利和其他长期职工福利。

1. 短期薪酬

短期薪酬是指企业在职工提供相关服务的年度报告期间结束后12个月内需要全部予以支付的职工薪酬，因解除与职工的劳动关系给予的补偿除外，具体包括：

（1）职工工资、奖金、津贴和补贴。职工工资、奖金、津贴和补贴是指按照构成工资总额的计时工资、计件工资、支付给职工的超额劳动报酬和增收节支的劳动报酬、为补偿职工特殊或额外的劳动消耗和因其他特殊原因支付给职工的津贴，以及为保证职工工资水平不受物价影响支付给职工的物价补贴等。其中，企业按照短期奖金计划向职工发放的奖金属于短期薪酬，按照长期奖金计划向职工发放的奖金属于其他长期职工福利。

（2）职工福利费。职工福利费是指企业向职工提供的生活困难补助、丧葬补助费、抚恤费、职工异地安家费、防暑降温费等职工福利支出。

（3）医疗保险费、工伤保险费和生育保险费等社会保险费。医疗保险费、工伤保险费和生育保险费等社会保险费是指企业按照国家规定的基准和比例计算，向社会保险经办机构缴纳的医疗保险费、工伤保险费和生育保险费。

（4）住房公积金。住房公积金是指企业按照国家规定的基准和比例计算，向住房公积金管理机构缴存的住房公积金。

（5）工会经费和职工教育经费。工会经费和职工教育经费是指企业为了改善职工文化生活、为职工学习先进技术与提高文化水平和业务素质，用于开展工会活动和职工教育及职业技能培训等相关支出。

（6）短期带薪缺勤。短期带薪缺勤是指职工虽然缺勤但企业仍向其支付报酬的安排，包括年休假、病假、婚假、产假、丧假、探亲假等。

（7）短期利润分享计划。短期利润分享计划是指因职工提供服务而与职工达成的基于利润或其他经营成果提供薪酬的协议。

（8）其他短期薪酬。其他短期薪酬是指除上述薪酬以外的其他为获得职工提供的服务而给予的短期薪酬。

2. 离职后福利

离职后福利是指企业为获得职工提供的服务而在职工退休或与企业解除劳动关系后，提供的各种形式的报酬和福利。企业应当将离职后福利计划分类为设定提存计划和设定受益计划。

3. 辞退福利

辞退福利是指企业在职工劳动合同到期之前解除与职工的劳动关系，或者为鼓励职工自愿接受裁减而给予职工的补偿。

4. 其他长期职工福利

其他长期职工福利是指除短期薪酬、离职后福利、辞退福利之外所有的职工薪酬，包括长期带薪缺勤、长期残疾福利、长期利润分享计划等。

（二）职工薪酬的核算

企业应当设置"应付职工薪酬"科目，核算应付职工薪酬的计提、结算、使用等情况。该科目的贷方登记已分配计入有关成本费用项目的职工薪酬的数额，借方登记实际发放职工薪酬的数额，包括扣还的款项等；该科目期末贷方余额，反映企业应付未付的职工薪酬。

"应付职工薪酬"科目应当按照"工资、奖金、津贴和补贴""职工福利费""非货币性福利""社会保险费""住房公积金""工会经费和职工教育经费""带薪缺勤""利润分享计划""设定提存计划""设定受益计划义务""辞退福利"等职工薪酬项目设置明细账进行明细核算。

1. 货币性职工薪酬

（1）工资、奖金、津贴和补贴。对于职工工资、奖金、津贴和补贴等货币性职工薪酬，企业应当在职工为其提供服务的会计期间，将实际发生的职工工资、奖金、津贴和补贴等，根据职工提供服务的受益对象，将应确认的职工薪酬，借记"生产成本""制造费用""劳务成本"等科目，贷记"应付职工薪酬——工资、奖金、津贴和补贴"科目。

【例4-6】 祥达实业2017年7月份应付工资总额693 000元，工资费用分配汇总表中列示的产品生产人员工资为480 000元，车间管理人员工资为105 000元，企业行政管理人员工资为90 600元，专设销售机构人员工资为17 400元。该企业应编制如下会计分录：

借：生产成本——基本生产成本　　　　　　　　　　　　　　480 000
　　　制造费用　　　　　　　　　　　　　　　　　　　　　105 000
　　　管理费用　　　　　　　　　　　　　　　　　　　　　　90 600
　　　销售费用　　　　　　　　　　　　　　　　　　　　　　17 400
　　贷：应付职工薪酬——工资、奖金、津贴和补贴　　　　　693 000

企业按照有关规定向职工支付工资、奖金、津贴、补贴等，借记"应付职工薪酬——工资、奖金、津贴和补贴"科目，贷记"银行存款""库存现金"等科目；企业从应付职工薪酬中扣还的各种款项（代垫的家属药费、个人所得税等），借记"应付职工薪酬"科目，贷记"银行存款""库存现金""其他应收款""应交税费——应交个人所得税"等科目。

【例4-7】　承例4-6，根据该公司工资费用分配汇总表结算本月应付职工工资总额693 000元，其中企业代扣职工房租32 000元、代垫职工家属医药费8 000元，实发工资653 000元。该公司应编制如下会计分录：

(1) 从银行提取现金：
借：库存现金　　　　　　　　　　　　　　　　　　　　　653 000
　　贷：银行存款　　　　　　　　　　　　　　　　　　　　653 000

(2) 以库存现金发放工资：
借：应付职工薪酬——工资、奖金、津贴和补贴　　　　　　653 000
　　贷：库存现金　　　　　　　　　　　　　　　　　　　　653 000

如果通过银行发放工资，企业应借记"应付职工薪酬"科目，贷记"银行存款"科目。

(3) 代扣款项：
借：应付职工薪酬——工资、奖金、津贴和补贴　　　　　　 40 000
　　贷：其他应收款——职工房租　　　　　　　　　　　　　 32 000
　　　　　　　　　——代垫医药费　　　　　　　　　　　　　8 000

(2) 职工福利费。企业应当在实际支付职工福利费时，根据实际发生额计入当期损益或相关资产成本，借记"生产成本""制造费用""管理费用""销售费用"等科目，贷记"应付职工薪酬——职工福利费"科目。

(3) 国家规定计提标准的职工薪酬。国家规定了计提基础和计提比例的医疗保险费、工伤保险费、生育保险费等社会保险费和住房公积金，以及按规定提取的工会经费和职工教育经费，企业应当在职工为其提供服务的会计期间，根据规定的计提基础和计提比例计算确定相应的职工薪酬金额，并确认相关负债，按照受益对象计入当期损益或相关资产成本，借记"生产成本""制造费用""管理费用"等科目，贷记"应付职工薪酬"科目。

(4) 短期带薪缺勤。企业应当根据其性质及职工享有的权利，分为累积带薪缺勤和非累积带薪缺勤两类。企业应当对累积带薪缺勤和非累积带薪缺勤分别进行会计处理。如果带薪缺勤属于长期带薪缺勤的，企业应当作为其他长期职工福利处理。

1) 累积带薪缺勤。累积带薪缺勤是指带薪权利可以结转下期的带薪缺勤，本期尚未用完的带薪缺勤权利可以在未来期间使用。企业应当在职工提供了服务从而增加了其未来享有的带薪缺勤权利时，确认与累积带薪缺勤相关的职工薪酬，并以累积未行使权利而增加的预期支付金额计量。确认累积带薪缺勤时，借记"管理费用"等科目，贷记"应付职工薪酬——带薪缺勤——短期带薪缺勤——累积带薪缺勤"科目。

2）非累积带薪缺勤。非累积带薪缺勤是指带薪权利不能结转下期的带薪缺勤，本期尚未用完的带薪缺勤权利将予以取消，并且职工离开企业时也无权获得现金支付。我国企业职工休婚假、产假、丧假、探亲假、病假期间的工资通常属于非累积带薪缺勤。由于职工提供服务本身不能增加其能够享受的福利金额，企业在职工未缺勤时不应当计提相关费用和负债。为此，企业应当在职工实际发生缺勤的会计期间确认与非累积带薪缺勤相关的职工薪酬。

企业确认职工享有的与非累积带薪缺勤权利相关的薪酬，视同职工出勤确认的当期损益或相关资产成本。通常情况下，与非累积带薪缺勤相关的职工薪酬已经包括在企业每期向职工发放的工资等薪酬中，因此，不必额外做相应的账务处理。

2. 非货币性职工薪酬

企业以其自产产品作为非货币性福利发放给职工的，应当根据受益对象，按照该产品的公允价值计入相关资产成本或当期损益，同时确认应付职工薪酬，借记"管理费用""生产成本""制造费用"等科目，贷记"应付职工薪酬——非货币性福利"科目。企业将拥有的房屋等资产无偿提供给职工使用的，应当根据受益对象，将该住房每期应计提的折旧计入相关资产成本或当期损益，同时确认应付职工薪酬，借记"管理费用""生产成本""制造费用"等科目，贷记"应付职工薪酬——非货币性福利"科目，并且同时借记"应付职工薪酬——非货币性福利"科目，贷记"累计折旧"科目。租赁住房等资产供职工无偿使用的，应当根据受益对象，将每期应付的租金计入相关资产成本或当期损益，并确认应付职工薪酬，借记"管理费用""生产成本""制造费用"等科目，贷记"应付职工薪酬——非货币性福利"科目。难以认定受益对象的非货币性福利，直接计入当期损益和应付职工薪酬。

【例4-8】 祥达实业共有职工2 000名，其中1 600名为直接参加生产的职工，400名为总部管理人员。2017年，公司为总部部门经理以上职工20名，提供汽车免费使用，假定每辆汽车每月计提折旧1 500元；同时为副总裁以上共5名高级管理人员每人租赁一套住房，月租金为每套6 000元。本年2月，公司以其生产的生产成本为50元的加湿器作为福利发放给公司每名职工。该型号的加湿器市场售价为每台80元，公司适用的增值税税率为17%。该公司的有关会计处理如下：

应确认的应付职工薪酬 = 20×1 500元 + 5×6 000元 = 60 000元

借：管理费用	60 000	
贷：应付职工薪酬——非货币性福利		60 000
借：应付职工薪酬——非货币性福利	60 000	
贷：累计折旧		30 000
其他应付款		30 000

应确认的应付职工薪酬 = 2 000×80元 + 2 000×80元×17% = 187 200元

其中，应记入"生产成本"科目的金额 = 1 600×80元 + 1 600×80元×17% = 149 760元

应记入"管理费用"科目的金额 = 400×80元 + 400×80元×17% = 37 440元

公司决定发放加湿器为非货币性福利时，应做如下会计处理：

借：生产成本	149 760	
管理费用	37 440	
贷：应付职工薪酬——非货币性福利		187 200

公司实际发放加湿器为非货币性福利时，应做如下会计处理：
借：应付职工薪酬——非货币性福利　　　　　　　　　　　　　　　187 200
　　贷：主营业务收入　　　　　　　　　　　　　　　　　　　　　160 000
　　　　应交税费——应交增值税（销项税额）　　　　　　　　　　 27 200
借：主营业务成本　　　　　　　　　　　　　　　　　　　　　　　100 000
　　贷：库存商品　　　　　　　　　　　　　　　　　　　　　　　100 000

五、应交税费

应交税费是指企业根据一定时期取得的营业收入和实现的利润，按规定向国家交纳的税费。企业缴纳税金的义务，一般随其经营活动的进行而产生，会计核算基于权责发生制原则于会计期末预计应缴税金并计入有关账户；但是，企业实际向税务机关缴纳税金，则是定期集中进行的。一般做法是企业每月应缴的税费于下月月初上缴。因此，一定时期内企业应缴未缴的各项税金，形成企业对国家的一项负债。印花税、耕地占用税等不需要预计应缴数额，在纳税义务产生的同时直接缴纳。

目前企业依法缴纳的各种税费主要有增值税、消费税、城市维护建设税、资源税、企业所得税、土地增值税、房产税、车船税、土地使用税、教育费附加、矿产资源补偿费、印花税、耕地占用税等。

（一）应交增值税

增值税是以商品（含应税劳务、应税行为）在流转过程中实现的增值额作为计税依据而征收的一种流转税。我国增值税相关法规规定，在我国境内销售货物，提供加工修理或修配劳务（简称应税劳务），销售应税劳务、无形资产和不动产（简称应税行为）以及进口货物的企业单位和个人为增值税的纳税人。其中，应税劳务包括交通运输服务、邮政服务、金融服务、电信服务、现代服务、生活服务。

增值税的纳税人分为一般纳税人和小规模纳税人。

1. 一般纳税企业增值税的核算

增值税一般纳税人计税方法，是按照当期销售额和适用税率计算出销项税额，再以该销项税额对当期购进项目支付的税款（即进项税额）进行抵扣，从而间接计算出当期的应纳税额。当期应纳税额的计算公式如下：

$$当期应纳税额 = 当期销项税额 - 当期进项税额$$

其中，当期销项税额是指纳税人当期销售货物、提供应税劳务，发生的应税行为按照销售额和增值税税率计算并向购买方收取的增值税税额。销项税额的计算公式如下：

$$销项税额 = 销售额 \times 适用税率$$

当期进项税额是指纳税人当期购进货物，接受加工修理或修配劳务、应税服务、无形资产和不动产所支付或承担的增值税税额。

不同行业的增值税归类如下：

（1）一般纳税人销售（另有列举的货物除外）或者进口货物、提供加工修理或修配劳务、有形动产租赁，税率一律为17%，即基本税率。

（2）一般纳税人销售农产品（含粮食）、自来水、暖气、石油液化气、天然气、食用植物油、冷气、热水、煤气、居民用煤炭制品、食用盐、农机、饲料、农药、农膜、化肥、沼气、二甲醚、图书、报纸、杂志、音像制品、电子出版物等货物，适用11%的低税率。

（3）提供交通运输、邮政、基础电信、建筑、不动产租赁服务，销售不动产，转让土地使用权，适用11%的低税率。

（4）提供增值电信服务、金融服务、现代服务（租赁服务除外）、生活服务、转让土地使用权以外的其他无形资产，适用6%的低税率。

（5）一般纳税人出口货物、境内单位或个人发生的跨境应税行为（如转让无形资产）符合条件的，税率为零。

一般纳税企业的增值税核算，应在"应交税费"科目下设置"应交增值税""未交增值税""预交增值税""待抵扣进项税额""待认证进项税额""待转销项税额"等明细科目进行核算。

（1）购进货物、接受加工修理或修配劳务或者服务、取得无形资产或者不动产。借记"在途物资""原材料""库存商品""生产成本""固定资产""无形资产""管理费用"等科目，借记"应交税费——应交增值税（进项税额）"科目，按应付或实际支付的金额，贷记"应付账款""应付票据""银行存款"等科目。

【例4-9】 祥达实业为增值税一般纳税人，本期购入一批原材料，增值税专用发票上注明的原材料价款为400万元，增值税为68万元。货款已经支付，材料已经到达并验收入库。根据上述经济业务，其会计处理如下：

借：原材料 4 000 000
　　应交税费——应交增值税（进项税额） 680 000
　贷：银行存款 4 680 000

企业购入农产品可以按照买价和规定的扣除率11%计算进项税额，并准予从销项税额中扣除。

【例4-10】 祥达实业为增值税一般纳税人，收购农产品一批，实际支付的价款为150万元，收购的农产品已经验收入库。甲公司应做如下会计分录：

进项税额=150万元×11%=16.5万元

借：库存商品 1 335 000
　　应交税费——应交增值税（进项税额） 165 000
　贷：银行存款 1 500 000

（2）销售物资、提供应税劳务、发生应税行为。企业销售物资，提供加工修理或修配劳务，销售服务、无形资产或不动产，借记"应收账款""应收票据""银行存款"等科目，贷记"应交税费——应交增值税（销项税额）"科目，按取得的收入金额，贷记"主营业务收入""其他业务收入""固定资产清理"等科目。发生的销售退回，做相反的会计处理。

【例4-11】 祥达实业为增值税一般纳税人，当期销售产品的收入为1 000万元（不含应向购买者收取的增值税），符合收入确认条件，货款尚未收到。假如该产品的增值税税率为17%，不缴纳消费税。该企业的会计处理如下：

借：应收账款 11 700 000
　贷：主营业务收入 10 000 000
　　　应交税费——应交增值税（销项税额） 1 700 000

(3) 视同销售。视同销售需要缴纳增值税的事项：企业将自产、委托加工的货物用于非应税项目、集体福利或个人消费；将自产、委托加工或购买的货物用于投资、分配给股东或投资者、无偿赠送他人等，应视同销售货物，需要缴纳增值税，借记"在建工程""长期股权投资""应付职工薪酬""营业外支出"等科目，贷记"应交税费——应交增值税（销项税额）"科目。

【例 4-12】 祥达实业将自己生产的产品用于自建厂房工程。产品成本为 300 000 元，计税价格为 400 000 元。假定该产品的增值税税率为 17%。其会计处理如下：

用于工程的产品的销项税额 = 400 000 元 × 17% = 68 000 元

借：在建工程	368 000
贷：库存商品	300 000
应交税费——应交增值税（销项税额）	68 000

(4) 进项税额转出。企业已单独确认进项税额的购进货物、加工修理修配劳务或者服务、购入无形资产或者不动产，但其事后改变用途，或发生非正常损失，进行会计处理时，借记"待处理财产损溢""应付职工薪酬"等科目，贷记"应交税费——应交增值税（进项税额转出）"科目。

(5) 缴纳增值税。本月上缴本月的应缴增值税，借记"应交税费——应交增值税（已交税金）"科目，贷记"银行存款"科目。

(6) 月终未缴和多缴增值税的结转。月份终了，企业应将当月发生的应缴未缴增值税税额，借记"应交税费——应交增值税（转出未交增值税）"科目，贷记"应交税费——未交增值税"科目；或将当月多缴的增值税税额，借记"应交税费——未交增值税"科目，贷记"应交税费——应交增值税（转出多交增值税）"科目。

未缴增值税在以后月份上缴时，借记"应交税费——未交增值税"科目，贷记"银行存款"科目；多缴的增值税在以后月份退回或抵交当月应缴增值税时，借记"银行存款"科目或"应交税费——应交增值税（已交税金）"科目，贷记"应交税费——未交增值税"科目。

【例 4-13】 祥达实业为一般纳税企业，增值税税率为 17%。2017 年 6 月份发生与增值税有关的经济业务如下：

(1) 采购材料一批，增值税专用发票上注明的增值税为 51 000 元，应计入采购成本的金额为 300 000 元，结算凭证已到，原材料验收入库，公司已开出商业承兑汇票。其会计处理如下：

借：原材料	300 000
应交税费——应交增值税（进项税额）	51 000
贷：应付票据	351 000

(2) 向某单位销售 A 产品 1 000 件，不含税价款为 600 000 元，增值税税率为 17%，价税合计 702 000 元，款项收到并已存入银行。其会计处理如下：

借：银行存款	702 000
贷：主营业务收入	600 000
应交税费——应交增值税（销项税额）	102 000

(3) 购进免税农产品一批，买价 500 000 元，适用的扣除率为 11%，原材料验收入库，货款以银行存款支付。

借：原材料　　　　　　　　　　　　　　　　　　　　　　　445 000
　　应交税费——应交增值税（进项税额）　　　　　　　　 55 000
　　贷：银行存款　　　　　　　　　　　　　　　　　　　　500 000

（4）企业领用原材料一批用于公司职工食堂工程建设，实际成本500 000元。
借：在建工程　　　　　　　　　　　　　　　　　　　　　585 000
　　贷：原材料　　　　　　　　　　　　　　　　　　　　　500 000
　　　　应交税费——应交增值税（进项税额转出）　　　　　 85 000

（5）由于自然灾害，毁坏产成品一批，实际成本400 000元，耗用原材料的成本为200 000元。
借：待处理财产损溢——待处理流动资产损溢　　　　　　　434 000
　　贷：库存商品　　　　　　　　　　　　　　　　　　　　400 000
　　　　应交税费——应交增值税（进项税额转出）　　　　　 34 000

（6）以银行存款70 000元上缴增值税。
借：应交税费——应交增值税（已交税金）　　　　　　　　 70 000
　　贷：银行存款　　　　　　　　　　　　　　　　　　　　 70 000

（7）假设该公司"应交税费——应交增值税"账户6月月初没有未抵扣、欠缴和多缴的增值税，转出6月份未缴的增值税45 000元。
借：应交税费——应交增值税（转出未交增值税）　　　　　 45 000
　　贷：应交税费——未交增值税　　　　　　　　　　　　　 45 000

2. 小规模纳税企业增值税的核算

小规模纳税企业生产经营规模小，会计核算不健全，因此，销售货物或者提供应税劳务，只能开具普通发票，不能开具增值税专用发票，其应纳增值税税额采取简易征收办法，征收率为3%，增值税的简易计税方法是按照销售额与征收率的乘积计算其应纳增值税税额。其应纳税额的计算公式如下：

$$应纳税额 = 销售额 \times 征收率$$

小规模纳税企业的销售额不包括应纳税额，实行销售额和应纳税额合并定价的，应将含税销售额还原为不含税销售额后再计算应纳税额。其计算公式如下：

$$销售额 = 含税销售额 \div (1 + 征收率)$$

从会计核算角度看，首先，小规模纳税企业购入货物无论是否具有增值税专用发票，其支付的增值税均不计入进项税额，不得进行抵扣，而是计入购入货物的成本。付款后，根据进货凭证，借记有关存货科目，贷记"银行存款"或"应付账款"科目。相应地，其他企业从小规模纳税企业购入货物或接受劳务支付的增值税税额，由于不能取得增值税专用发票，也不能作为进项税额抵扣，而应计入购入货物或应税劳务的成本。其次，小规模纳税企业的销售收入按不含税价格计算。最后，小规模纳税企业"应交税费——应交增值税"科目，应采用三栏式账户。

【例4-14】 蓝领鞋业为小规模纳税企业，适用的增值税税率为3%。企业按照实际成本进行日常材料的核算。该企业本期购入原材料，按照增值税专用发票上记载的原材料价款为200 000元，支付的增值税税额为34 000元，企业已开出商业承兑汇票，材料尚未收到。该企业本期销售产品的销售额为824 000元（含税），货款尚未收到。其有关会计处理如下：

(1) 购进原材料时：

借：在途物资　　　　　　　　　　　　　　　　　　　　234 000
　　贷：应付票据　　　　　　　　　　　　　　　　　　　　　234 000

(2) 销售货物时：

不含税价格 = 824 000 元 ÷ (1 + 3%) = 800 000 元

应交增值税 = 800 000 元 × 3% = 24 000 元

借：应收账款　　　　　　　　　　　　　　　　　　　　824 000
　　贷：主营业务收入　　　　　　　　　　　　　　　　　　800 000
　　　　应交税费——应交增值税　　　　　　　　　　　　　24 000

(3) 下月月初缴纳增值税时：

借：应交税费——应交增值税　　　　　　　　　　　　　　24 000
　　贷：银行存款　　　　　　　　　　　　　　　　　　　　24 000

(二) 应交消费税

消费税是价内税，是为体现消费政策，有选择地对特定的消费品，如烟、酒及酒精、化妆品、护肤护发品、贵重首饰及珠宝玉石、鞭炮和焰火、汽油、柴油、汽车轮胎、摩托车、小汽车等进行特殊调节而设立的一种流转税。缴纳消费税的产品，同时也缴纳增值税。消费税的纳税义务人是指在我国境内生产、委托加工和进口应税消费品的单位和个人。

企业将生产的产品直接对外销售，应缴纳的消费税通过"税金及附加"科目核算。企业按规定计算出应缴的消费税，借记"税金及附加"科目，贷记"应交税费——应交消费税"科目。企业以应税消费品对外投资，或用于在建工程、非生产机构等其他方面，按规定应缴纳的消费税，应计入有关的成本，借记"长期股权投资""固定资产""在建工程""营业外支出"等科目，贷记"应交税费——应交消费税"科目。

【例 4-15】 祥达实业为增值税一般纳税人，本期销售其生产的应纳消费税产品，产品售价为 300 000 元（不含应向购买者收取的增值税）。该产品的增值税税率为 17%，消费税税率为 10%。产品已经发出，符合收入确认条件，款项尚未收到。其会计处理如下：

(1) 应向购买者收取的增值税 = 300 000 元 × 17% = 51 000 元

(2) 应缴的消费税 = 300 000 元 × 10% = 30 000 元

借：应收账款　　　　　　　　　　　　　　　　　　　　351 000
　　贷：主营业务收入　　　　　　　　　　　　　　　　　　300 000
　　　　应交税费——应交增值税（销项税额）　　　　　　　51 000

借：税金及附加　　　　　　　　　　　　　　　　　　　　30 000
　　贷：应交税费——应交消费税　　　　　　　　　　　　　30 000

需要缴纳消费税的委托加工物资，于委托方提货时，由受托方代收代缴税款（除受托加工或翻新改制金银首饰按规定由受托方缴纳消费税外）。委托加工物资收回后，直接用于销售的，应将代收代缴的消费税计入委托加工物资的成本，借记"委托加工物资"等科目，贷记"应付账款""银行存款"等科目；委托加工物资收回后用于连续生产的，按规定准予抵扣的，应按代收代缴的消费税，借记"应交税费——应交消费税"科目，贷记"应付账款""银行存款"科目。

【例 4-16】 祥达实业委托外单位加工材料（非金银首饰），原材料价款 200 000 元，加工费用 70 000 元，应缴增值税 11 900 元，由受托方代收代缴的消费税为 5 000 元，材料已经加工完毕并验收入库，加工费用尚未支付。假设该公司材料采用实际成本进行日常核算。该公司的会计处理如下：

(1) 如果委托方收回加工后的材料用于继续生产应税消费品：

借：委托加工物资	200 000
贷：原材料	200 000
借：委托加工物资	70 000
应交税费——应交消费税	5 000
——应交增值税（进项税额）	11 900
贷：应付账款	86 900
借：原材料	270 000
贷：委托加工物资	270 000

(2) 如果委托方收回加工后的材料直接用于销售：

委托方发出材料的会计处理没有变化，不同的是由受托方代收代缴的消费税为 5 000 元，不能抵扣，而应计入委托加工物资的成本。

借：委托加工物资	75 000
应交税费——应交增值税（进项税额）	11 900
贷：应付账款	86 900
借：原材料	275 000
贷：委托加工物资	275 000

（三）其他应交税费

企业应交纳的税费还有多种，包括城市维护建设税、教育费附加等。

国家开征城市维护建设税，是为了加强城市的维护建设，扩大和稳定城市维护建设资金的来源。在会计核算时，按企业缴纳流转税的一定比例，计算出城市维护建设税，借记"税金及附加""其他业务成本"科目，贷记"应交税费——应交城市维护建设税"科目；实际上缴时，借记"应交税费——应交城市维护建设税"科目，贷记"银行存款"科目。

教育费附加是国家为了发展我国的教育事业，提高人民的文化素质而征收的一项费用。这项费用按照企业缴纳流转税的一定比例计算，并与流转税一起交纳。在会计核算时，应交的教育费附加在"应交税费"科目下设置"应交教育费附加"明细科目。企业按规定计算出应交纳的教育费附加，借记"税金及附加""其他业务成本"等科目，贷记"应交税费——应交教育费附加"科目；实际交纳时，借记"应交税费——应交教育费附加"科目，贷记"银行存款"科目。

【例 4-17】蓝领鞋业本期销售产品应缴增值税 220 000 元、应缴消费税 56 000 元，出租固定资产应缴增值税 17 000 元，该企业城市维护建设税、教育费附加的税率分别为 7% 和 3%。其会计处理如下：

借：税金及附加	27 600
其他业务成本	1 700
贷：应交税费——应交城市维护建设税	20 510
——应交教育费附加	8 790

六、应付股利

应付股利是企业经股东大会或类似机构决议确定分配的现金股利或利润,包括应付给投资者的现金股利、应付给国家以及其他单位和个人的利润等。企业与其他单位或个人的合作项目,如按协议或合同规定,应支付给其他单位或个人的利润也通过"应付股利"科目核算。

企业股东大会或类似机构宣告分派的现金股利或利润,在实际支付前,企业按照应支付的现金股利,借记"利润分配"账户,贷记"应付股利"账户;实际支付时,借记"应付股利"账户,贷记"库存现金"等账户。董事会或类似机构决议分派的股票股利,不作为应付股利核算。

【例 4-18】 经股东大会决定,祥达实业 2017 年度利润分配方案为每 10 股普通股派发 0.7 元的现金股利,公司共计 80 000 000 股普通股,其会计处理如下:

现金股利 = 80 000 000 股 ÷ 10 × 0.7 元/股 = 5 600 000 元

(1) 股东大会决议,宣告发放现金股利时:

借:利润分配　　　　　　　　　　　　　　　　　　　5 600 000
　　贷:应付股利　　　　　　　　　　　　　　　　　　　5 600 000

(2) 实际发放现金股利时:

借:应付股利　　　　　　　　　　　　　　　　　　　5 600 000
　　贷:库存现金　　　　　　　　　　　　　　　　　　　5 600 000

七、其他应付款

其他应付款是指企业除了应付票据、应付账款、预收账款、应付职工薪酬、应交税费、应付股利等经营活动以外,发生的其他各种应付、暂收其他单位或个人的款项。

其他应付款的内容主要包括应付经营租入固定资产和包装物的租金、存入保证金等。

第三节　非流动负债

一、非流动负债概述

(一) 非流动负债的特点与利弊分析

1. 非流动负债的特点

非流动负债是指偿还期在一年或者超过一年的一个营业周期以上的债务。它是企业向债权人筹集的可供长期使用的资金。非流动负债除了具有负债的共同特点外,还具有如下特点:

(1) 债务偿还的期限较长,一般可以超过一年或者一个营业周期以上。

(2) 债务的金额较大。

(3) 这项债务可以采用分期偿还本息的方式,或者分期偿还利息,待一定日期后再偿还本金,或者确定债务的日期已满时一次偿还本息。非流动负债主要有长期借款、应付债券、长期应付款等。

2. 非流动负债的利弊分析

企业实行举借非流动债务经营策略与增加所有者的出资额相比,既有其有利的方面,也有其不利的方面。

举债经营有利的方面主要表现在以下几方面：

(1) 可以保持企业原有的经营管理权，有利于控制企业的生产经营。因为只有企业的所有者或股东才享有相应的经营管理权或对经营管理者的选择权，而非流动负债的债权人则无此权力。因此，举借非流动负债可以维护企业原所有者的权限，使之不被削弱。

(2) 以非流动负债获取资金，如果企业的投资利润率高于非流动负债的利率，则可以提高资本金利润率，进而增加企业积累与所有者的收益。

(3) 由于负债费用在所得税前列支，而向投资人分配利润则在所得税后，所以举债经营具有节税作用。

举债经营不利的方面主要表现在以下几方面：

(1) 以非流动负债所筹集的资金在使用上是有期限的。长期负债系企业借入的资金，到期必须归还。因此，企业在资金使用、回收方面必须有所计划，某些长期负债在偿还前还须提存偿债基金。一旦企业不能支付到期负债，就有破产的可能，财务风险较大。

(2) 若企业的投资利润率低于长期负债的固定利率，非流动负债的固定利息支出将使企业承受沉重的财务负担。因为对于非流动负债，无论企业盈利与否，均需向债权人按期支付固定的利息。

(3) 为保证债权人的利益，举借非流动负债往往会附有一定的约束条件，如要求企业设置作为债务担保品的资产、偿债基金，对续借其他非流动负债的限制等。这会使企业在资金调度方面受到制约，从而降低企业经营的灵活性。

(二) 非流动负债费用的处理

非流动负债必然要发生相关费用，即借款费用。借款费用是指企业因借款而发生的利息及其他相关成本。借款费用包括借款利息、折价或者溢价的摊销、辅助费用以及因外币借款而发生的汇兑差额等。

借款费用的处理方法如下：

(1) 企业发生的借款费用，可直接归属于符合资本化条件的资产的购建或者生产的，应当予以资本化，计入相关资产成本。

(2) 其他借款费用，应当在发生时根据其发生额确认为费用，计入当期损益。

符合资本化条件的资产是指需要经过相当长时间的购建或者生产活动才能达到预定可使用或者可销售状态的固定资产、投资性房地产和存货等资产。

二、长期借款

1. 长期借款的种类及借款程序

长期借款是指企业从银行或其他金融机构借入的期限在一年以上不含一年的各项借款，是企业长期资金的一个重要来源。

长期借款按借款用途，可分为基建借款、生产经营借款、技术改造借款等；按有无抵押担保，可分为抵押借款和无抵押借款；按偿还方式，可分为定期偿还借款和分期偿还借款。

银行等金融机构为降低贷款风险，对借款企业提出了必要条件。这些条件包括：① 借款企业应具有法人资格；② 借款企业在宏观上，其经营方向和业务范围应符合国家政策，在微观上，借款用途应属于银行贷款办法规定的范围，并提供有关借款项目的可行性报告；

③ 借款企业具有一定的物资和财产保证，如果由第三方担保，则担保单位应具有相应的经济实力；④ 借款企业每个经营周期都应有足够的净现金流入量以支付当期本息；⑤ 借款企业应在有关金融部门开立账户、办理结算。

企业申请借款的一般程序如下：① 企业提出借款申请，并附资金使用的可行性报告；② 银行或其他金融机构审批；③ 签订借款合同；④ 发放贷款、监督贷款的使用；⑤ 按期归还贷款本息。

2. 长期借款的核算

核算长期借款应设置"长期借款"科目。该科目贷方登记借入长期借款的本金数；借方登记应偿还的本息数；余额在贷方，反映企业尚未偿还的长期借款本金的余额。该科目按贷款单位和贷款种类，分别"本金""利息调整"等进行明细核算。

企业借入各种长期借款，借记"银行存款""在建工程""固定资产"等科目，贷记"长期借款"科目；归还借款本金时，借记"长期借款"科目，贷记"银行存款"科目。

资产负债表日，应按摊余成本和实际利率计算确定长期借款的利息费用，借记"在建工程""制造费用""财务费用""研发支出"等科目，按合同利率计算确定的应付未付利息，贷记"应付利息"科目，按其差额，贷记"长期借款——利息调整"科目。实际利率与合同利率差异较小的，也可以采用合同利率计算确定利息费用。

【例4-19】 祥达实业为建造新产品生产车间，年初向中国建设银行借入4年期借款2 000 000元，合同年利率6%，每月计息一次，该项工程于第二年年末达到预定可使用状态并交付使用。借款于每年年末归还利息。其会计处理如下：

（1）取得借款时：

借：银行存款　　　　　　　　　　　　　　　　　　　　　　2 000 000
　　贷：长期借款——中国建设银行　　　　　　　　　　　　　　　 2 000 000

（2）第一、二年各月借款利息应予以资本化，计入在建工程成本：

借：在建工程——生产车间　　　　　　　　　　　　　　　　　　10 000
　　贷：应付利息　　　　　　　　　　　　　　　　　　　　　　　　10 000

年末归还利息时：

借：应付利息　　　　　　　　　　　　　　　　　　　　　　　120 000
　　贷：银行存款　　　　　　　　　　　　　　　　　　　　　　　120 000

（3）第三年工程达到预定可使用状态后，利息支出应计入当期损益：

借：财务费用——利息费用　　　　　　　　　　　　　　　　　　10 000
　　贷：应付利息　　　　　　　　　　　　　　　　　　　　　　　　10 000

年末归还利息时：

借：应付利息　　　　　　　　　　　　　　　　　　　　　　　120 000
　　贷：银行存款　　　　　　　　　　　　　　　　　　　　　　　120 000

（4）第四年到期还本付息时：

借：长期借款——中国建设银行　　　　　　　　　　　　　　2 000 000
　　应付利息　　　　　　　　　　　　　　　　　　　　　　　120 000
　　贷：银行存款　　　　　　　　　　　　　　　　　　　　　2 120 000

三、应付债券

(一) 一般公司债券

发行债券的企业,应设置"应付债券"科目,用来核算债券的发行、计息与偿还。该科目下应设置"面值""利息调整""应计利息"三个明细科目进行明细核算。"应付债券——面值"科目核算企业发行债券和偿还债券的本金;"应付债券——利息调整"科目核算企业发行债券实际收到的金额与债券票面金额的差额;"应付债券——应计利息"科目核算企业发行的到期一次还本付息债券每期应计提的利息和到期偿还的利息。如果企业发行的是分期付息到期还本的债券,则每期预计利息时,在"应付利息"科目进行核算;如果企业发行可转换债券,还应在"应付债券"科目下设置"可转换公司债券"明细科目,以核算可转换公司债券的发行、偿还或转换的情况。

企业发行的一般公司债券,无论是按面值发行还是溢价发行或折价发行,均按债券面值记入"应付债券"科目的"面值"明细科目,实际收到的款项与面值的差额,记入"利息调整"明细科目。企业发行债券时,按实际收到的款项,借记"银行存款""库存现金"等科目,按债券票面价值贷记"应付债券——面值"科目,按实际收到的款项与票面价值之间的差额,贷记或借记"应付债券——利息调整"科目,利息调整应在债券存续期间内,采用实际利率法进行摊销。

资产负债表日,对于分期付息一次还本的债券,企业应按应付债券的摊余成本和实际利率,计算确定的债券利息费用,借记"在建工程""制造费用""财务费用"等科目,按票面利率计算确定的应付未付利息,贷记"应付利息"科目,按其差额借记或贷记"应付债券——利息调整"科目;对于一次还本付息的债券应于资产负债表日,按摊余成本和实际利率计算确定的债券利息费用,借记"在建工程""制造费用""财务费用"等科目,按票面利率,计算确定的应付未付利息,贷记"应付债券——应计利息"科目,按其差额借记或贷记"应付债券——利息调整"科目。

1. 按债券票面金额发行债券的核算

企业按债券票面金额发行债券时,应按照实际收到的款项借记"银行存款"科目,贷记"应付债券——面值"科目。

资产负债表日,对于一次还本付息的债券,应于资产负债表日按实际利率计算确定的债券利息费用,借记"在建工程""制造费用""财务费用""研发支出"等科目,按票面利率计算确定的应付未付利息,贷记"应付债券——应计利息"科目,按其差额,借记或贷记"应付债券——利息调整"科目。

资产负债表日,对于分期付息、一次还本的债券,应按实际利率计算确定的债券利息费用,借记"在建工程""制造费用""财务费用""研发支出"等科目,按票面利率计算确定的应付未付利息,贷记"应付利息"科目,按其差额,借记或贷记"应付债券——利息调整"(实际利率与票面利率差异较小的,也可以采用票面利率计算确定利息费用)。

债券到期,还本付息时,借记"应付债券——面值""应付债券——应计利息"科目,贷记"银行存款"科目。

【例 4-20】 祥达实业 2017 年 1 月 2 日发行 3 年期债券 1 000 份,用于购建固定资产。每份面值 1 000 元,票面利率为 8%,假定每半年计提并支付利息一次。发行时的市场利率恰好等于票面利率，发行收入已存入银行（假定实际利率与票面利率差异较小，采用票面利率计算确定利息费用）。

其会计处理如下：

(1) 公司按面值发行该批债券：

借：银行存款　　　　　　　　　　　　　　　　　　　　　　　　1 000 000
　　贷：应付债券——面值　　　　　　　　　　　　　　　　　　　　　　1 000 000

(2) 每期计提并支付利息金额为40 000元（1 000 000×8%/2）：

借：在建工程　　　　　　　　　　　　　　　　　　　　　　　　　40 000
　　贷：应付利息　　　　　　　　　　　　　　　　　　　　　　　　　　40 000
借：应付利息　　　　　　　　　　　　　　　　　　　　　　　　　40 000
　　贷：银行存款　　　　　　　　　　　　　　　　　　　　　　　　　　40 000

2. 债券发行价格与债券面值不一致的核算

企业发行的一般公司债券，按债券面值记入"应付债券——面值"科目，实际收到的款项与面值的差额记入"应付债券——利息调整"科目。企业发行债券时按实际收到的款项，借记"银行存款""库存现金"等科目。按债券票面价值，贷记"应付债券——面值"科目，按实际收到的款项与票面价值之间的差额，贷记或借记"应付债券——利息调整"科目，利息调整应在债券存续期间内，采用实际利率法进行摊销。

实际利率法是指按照金融负债的实际利率计算其摊余成本及各期利息收入或利息费用的方法。实际利率是指将金融负债在预期存续期间或适用的更短期间内的未来现金流量，折现为该金融负债当前账面价值所使用的利率。实际利率法的特点是以实际利率乘以本期期初应付债券的摊余成本计算各期的利息费用，由于债券账面价值逐期不同，因而计算出来的利息费用也就逐期不同。

【例4-21】　祥达实业为建造厂房，于2017年1月1日发行债券，面值5 000 000元，5年期，发行价格为5 449 040元，票面利率为6%，实际利率为4%，债券全部售完，收入已存入银行。公司每半年付息一次，采用实际利率法进行溢价摊销，到期归还本金。该项工程于第二年年末达到预定可使用状态并交付使用。

(1) 收到发行债券筹集到的款项时：

借：银行存款　　　　　　　　　　　　　　　　　　　　　　　　5 449 040
　　贷：应付债券——面值　　　　　　　　　　　　　　　　　　　　　　5000 000
　　　　　　——利息调整　　　　　　　　　　　　　　　　　　　　　　449 040

(2) 每半年付息并进行溢价摊销，债券溢价摊销表如表4-1所示。

表4-1　债券溢价摊销表（实际利率法）　　　　　　　　　　　单位：元

付息日期	利息费用 ①=⑤×4%/2	支付利息② =面值×6%/2	溢价摊销 ③=②-①	未摊销溢价④ =上期④-③	账面价值（面值和未摊销溢价之和） ⑤=上期⑤-③
发行时				449 040.00	5 449 040.00
2017年6月30日	108 980.80	150 000	41 019.20	408 020.80	5 408 020.80
2017年12月31日	108 160.42	150 000	41 839.58	366 181.22	5 366 181.22
2018年6月30日	107 323.62	150 000	42 676.38	323 504.84	5 323 504.84

(续)

付息日期	利息费用 ①＝⑤×4%/2	支付利息② ＝面值×6%/2	溢价摊销 ③＝②－①	未摊销溢价④ ＝上期④－③	账面价值（面值和未摊销溢价之和） ⑤＝上期⑤－③
2018年12月31日	106 470.10	150 000	43 529.90	279 974.94	5 279 974.94
2019年6月30日	105 599.50	150 000	44 400.50	235 574.44	5 235 574.44
2019年12月31日	104 711.49	150 000	45 288.51	190 285.93	5 190 285.93
2020年6月30日	103 805.72	150 000	46 194.28	144 091.65	5 144 091.65
2020年12月31日	102 881.83	150 000	47 118.17	96 973.48	5 096 973.48
2021年6月30日	101 939.47	150 000	48 060.53	48 912.95	5 048 912.95
2021年12月31日	101 087.05	150 000	48 912.95	0	5 000 000.00

2017年6月30日付息并进行溢价摊销时：

借：在建工程　　　　　　　　　　　　　　　　108 980.80
　　应付债券——利息调整　　　　　　　　　　 41 019.20
　　　贷：应付利息　　　　　　　　　　　　　　　　　150 000
借：应付利息　　　　　　　　　　　　　　　　150 000
　　　贷：银行存款　　　　　　　　　　　　　　　　　150 000

2019年6月30日付息并进行溢价摊销时：

借：财务费用　　　　　　　　　　　　　　　　105 599.5
　　应付债券——利息调整　　　　　　　　　　 44 400.5
　　　贷：应付利息　　　　　　　　　　　　　　　　　150 000
借：应付利息　　　　　　　　　　　　　　　　150 000
　　　贷：银行存款　　　　　　　　　　　　　　　　　150 000

工程已于第二年年末达到预定可使用状态并交付使用。

(3) 债券到期归还本金时：

借：应付债券——面值　　　　　　　　　　　　5000 000
　　　贷：银行存款　　　　　　　　　　　　　　　　　5 000 000

【例4-22】 承例4-21，若债券以8%的市场利率折价发行，债券的发行价格4 594 120元。其会计处理如下：

(1) 收到发行债券筹集到的款项时：

借：银行存款　　　　　　　　　　　　　　　　4 594 120
　　应付债券——利息调整　　　　　　　　　　 405 880
　　　贷：应付债券——面值　　　　　　　　　　　　　5 000 000

(2) 每半年付息并进行折价摊销，债券折价摊销表如表4-2所示。

表4-2　债券折价摊销表（实际利率法）　　　　　　　　　　　　单位：元

付息日期	利息费用① ＝⑤×8%/2	支付利息② ＝面值×6%/2	折价摊销 ③＝①－②	未摊销折价④ ＝上期④－③	账面价值（面值和未摊销折价之差） ⑤＝上期⑤＋③
发行时				405 880.00	4 594 120.00
2017年6月30日	183 764.80	150 000	33 764.80	372 115.20	4 627 884.80

（续）

付息日期	利息费用① =⑤×8%/2	支付利息② =面值×6%/2	折价摊销 ③=①-②	未摊销折价④ =上期④-③	账面价值（面值和未摊销折价之差） ⑤=上期⑤+③
2017年12月31日	185 115.39	150 000	35 115.39	336 999.81	4 663 000.19
2018年6月30日	186 520.01	150 000	36 520.01	300 479.80	4 699 520.20
2018年12月31日	187 980.81	150 000	37 980.81	262 498.99	4 737 501.01
2019年6月30日	189 500.04	150 000	39 500.04	222 998.95	4 777 001.05
2019年12月31日	191 080.04	150 000	41 080.04	181 918.91	4 818 081.09
2020年6月30日	192 723.24	150 000	42 723.24	139 195.67	4 860 804.33
2020年12月31日	194 432.17	150 000	44 432.17	94 763.50	4 905 236.50
2021年6月30日	196 209.46	150 000	46 209.46	48 554.04	4 951 445.96
2021年12月31日	198 554.04	150 000	48 554.04	0	5 000 000.00

2017年6月30日付息并进行折价摊销时：

借：在建工程　　　　　　　　　　　　　　　　　　　　　　183 764.80
　　贷：应付债券——利息调整　　　　　　　　　　　　　　　　33 764.80
　　　　应付利息　　　　　　　　　　　　　　　　　　　　　150 000
借：应付利息　　　　　　　　　　　　　　　　　　　　　　150 000
　　贷：银行存款　　　　　　　　　　　　　　　　　　　　　150 000

2019年6月30日付息并进行折价摊销时：

借：财务费用　　　　　　　　　　　　　　　　　　　　　　189 500.04
　　贷：应付债券——利息调整　　　　　　　　　　　　　　　　39 500.04
　　　　应付利息　　　　　　　　　　　　　　　　　　　　　150 000
借：应付利息　　　　　　　　　　　　　　　　　　　　　　150 000
　　贷：银行存款　　　　　　　　　　　　　　　　　　　　　150 000

工程已于第二年年末达到预定可使用状态并交付使用。

（3）债券到期归还本金时：

借：应付债券——面值　　　　　　　　　　　　　　　　　　5000 000
　　贷：银行存款　　　　　　　　　　　　　　　　　　　　　5 000 00

（二）可转换公司债券

企业发行的可转换公司债券，应当在初始确认时，将其包含的负债成分和权益成分进行分拆。将负债成分确认为应付债券，将权益成分确认为其他权益工具。在进行分拆时，应当先对负债成分的未来现金流量进行折现，确定负债成分的初始确认金额，再按发行价格总额扣除负债成分初始确认金额后的金额，确定权益成分的初始确认金额。发行可转换公司债券发生的交易费用，应当在负债成分和权益成分之间，按照各自的相对公允价值进行分摊。

对于可转换公司债券的负债成分在转换为股份前，其会计处理与一般公司债券相同。即按照实际利率和摊余成本，确认利息费用；按照面值和票面利率确认应付债券差额，作为利息调整。可转换公司债券持有者在债券存续期间内行使转换权利，将可转换公司债券转换为股份时，对于债券面额不足转换成股份的部分，企业应当以现金偿还。

【例 4-23】 祥达实业经批准于 2017 年 1 月 1 日按每份面值 100 元发行了 1 000 000 份 5 年期一次还本、分期付息的可转换公司债券，共计 100 000 000 元，款项已收存银行，债券票面年利率为 6%。债券发行 1 年后可转换为该公司普通股股票，转股时每份债券可转 10 股，股票面值为每股 1 元。

假定 2017 年 1 月 1 日债券持有人将持有的可转换公司债券全部转换为该公司普通股股票。该公司发行可转换公司债券时二级市场上与其类似的没有转换权的债券市场利率为 9%。该可转换公司债券发生的利息费用不符合资本化条件。该公司会计处理如下：

(1) 2017 年 1 月 1 日，发行可转换公司债券时：

可转换公司债券负债成分的公允价值 = 100 000 000 × $(P/S,9\%,5)$ + 100 000 000 × 6% × $(P/A,9\%,5)$ = 100 000 000 元 × 0.6499 + 6 000 000 元 × 3.8897 = 88 328 200 元

可转换公司债券权益成分的公允价值 = 100 000 000 元 − 88 328 200 元 = 11 671 800 元

借：银行存款　　　　　　　　　　　　　　　　　　　　　　100 000 000
　　应付债券——可转换公司债券——利息调整（倒挤）　　　11 671 800
　　贷：应付债券——可转换公司债券——面值　　　　　　　100 000 000
　　　　其他权益工具——可转换公司债券　　　　　　　　　 11 671 800

(2) 2017 年 12 月 31 日，确认利息费用时：

应计入财务费用的利息 = 88 328 200 元 × 9% = 7 949 538 元

当期应付未付的利息费用 = 100 000 000 元 × 6% = 6 000 000 元

借：财务费用　　　　　　　　　　　　　　　　　　　　　　7 949 538
　　贷：应付利息　　　　　　　　　　　　　　　　　　　　6 000 000
　　　　应付债券——可转换公司债券——利息调整　　　　　1 949 538

支付利息的分录略。

(3) 2018 年 1 月 1 日，债券持有人行使转换权时：

转换的股份数 = 1 000 000 份 × 10 股/份 = 10 000 000 股

【每 1 份转 10 股，100 万份转 1000 万股】

借：应付债券——可转换公司债券——面值　　　　　　　　100 000 000
　　其他权益工具——可转换公司债券　　　　　　　　　　 11 671 800
　　贷：股本　　　　　　　　　　　　　　　　　　　　　 10 000 000
　　　　应付债券——可转换公司债券——利息调整　　　　　9 722 262
　　　　资本公积——股本溢价　　　　　　　　　　　　　　91 949 538

四、长期应付款

长期应付款是指企业除长期借款和应付债券以外的其他各种长期应付款项，包括应付融资租入固定资产的租赁费、以分期付款方式购入固定资产发生的应付款项、采用补偿贸易方式引进国外设备发生的应付款项等。

核算长期应付款应设置"长期应付款"账户；该账户下按长期应付款的种类和债权人进行明细核算。"长期应付款"账户贷方登记长期应付款及其利息支出；借方登记归还长期应付款的本息；贷方余额表示尚未偿还的长期应付款的本息。

1. 融资租入的固定资产

融资租赁是指实质上转移了与资产所有权有关的全部风险和报酬的租赁。其所有权最终可能转移，也可能不转移。融资租入固定资产在租赁有效期限内，租赁资产的所有权仍归出租方所有，承租方享有使用该资产的权利。企业融资租入固定资产时，应与出租方签订合同，明确规定融资租入固定资产的名称、种类、规格、价款、数量、租赁期限及租金费用等有关条款。通常，企业所付租金的总额要高于购置固定资产的费用，租赁期满后，一般由承租人支付一笔名义买价，即可购入该固定资产。

采用融资租入固定资产，可以改善企业的财务状况，使设备保持一流水平，降低无形损耗带来的损失，加速资金周转，提高盈利水平。这种租赁发展到现在已有很多种类，如托拉斯租赁、分成租赁、回租等，很多公司已提供了个性化租赁。

在租赁期开始日，承租人应当将租赁开始日租赁资产公允价值与最低租赁付款额现值两者中较低者作为租入资产的入账价值，将最低租赁付款额作为长期应付款的入账价值，其差额作为未确认融资费用。承租人在租赁谈判和签订租赁合同过程中发生的，可归属于租赁项目的手续费、律师费、差旅费、印花税等初始直接费用，应当计入租入资产价值。承租人在计算最低租赁付款额的现值时，能够取得出租人租赁内含利率的，应当采用租赁内含利率作为折现率；否则，应当采用租赁合同规定的利率作为折现率。承租人无法取得出租人的租赁内含利率且租赁合同没有规定利率的，应当采用同期银行贷款利率作为折现率。

企业融资租入的固定资产，在租赁期开始日，按应计入固定资产成本的金额（租赁开始日租赁资产公允价值与最低租赁付款额现值两者中较低者，加上初始直接费用），借记"在建工程"或"固定资产"科目，按最低租赁付款额，贷记"长期应付款"科目，按发生的初始直接费用，贷记"银行存款"等科目，按其差额，借记"未确认融资费用"科目。未确认融资费用应当在租赁期内各个期间进行分摊。承租人应当采用实际利率法计算确认当期的融资费用。

按期支付的租金，借记"长期应付款"科目，贷记"银行存款"等科目。

【例 4-24】 祥达实业 2017 年 1 月 1 日融资租入一台不需安装的设备，租赁设备的公允价值为 5 000 万元，按租赁协议确定的最低租赁付款额为 6 000 万元，租赁合同规定的利率为 6%，租赁价款分 8 年于每年年末偿还。该设备的折旧年限为 8 年，采用直线法计提折旧。租赁期满后，该设备转为祥达实业所有。采用实际利率法计算确认当期的融资费用。其会计处理如下：

每年应付金额 = 6 000 万元/8 = 750 万元

最低租赁付款额现值 = 750 万元×年金现值系数 = 750 万元×6.21 = 4 657.5 万元

租入固定资产时：

借：固定资产——融资租入固定资产	46 575 000
未确认融资费用	13 425 000
贷：长期应付款——融资租入固定资产应付款	60 000 000

每年年末支付融资租赁费时：

借：长期应付款——融资租入固定资产应付款	7 500 000
贷：银行存款	7 500 000

第一年年末采用实际利率法计算确认当期的融资费用：

当期的融资费用 = 46 575 000 元 × 6% = 2 794 500 元

借：财务费用　　　　　　　　　　　　　　　　　　　2 794 500
　　贷：未确认融资费用　　　　　　　　　　　　　　　　　2 794 500

按年计提折旧时：

每年折旧额 = 46 575 000 元/8 = 5 821 875 元

借：制造费用　　　　　　　　　　　　　　　　　　　5 821 875
　　贷：累计折旧　　　　　　　　　　　　　　　　　　　5 821 875

2. 分期付款方式购入固定资产

购入有关资产超过正常信用条件延期支付价款、实质上具有融资性质的，应按购买价款的现值，借记"固定资产""在建工程"等科目，按应支付的金额，贷记"长期应付款"科目，按其差额，借记"未确认融资费用"科目。按期支付价款时，借记"长期应付款"科目，贷记"银行存款"科目。未确认融资费用应当在信用期内各个期间采用实际利率法计算摊销，计入相关资产成本或当期损益。

【例 4-25】 祥达实业 2017 年 1 月 1 日从 C 公司购入 N 型机器作为固定资产使用，该机器已收到。购货合同约定，N 型机器的总价款为 1 000 万元，分 3 年支付，2017 年 12 月 31 日支付 500 万元，2018 年 12 月 31 日支付 300 万元，2019 年 12 月 31 日支付 200 万元。假定 3 年期银行借款年利率为 6%。其入账的会计处理如下：

第一步：计算总价款的现值。

总价款的现值 = 500 万元/（1+6%）+ 300 万元/（1+6%）^{2} + 200 万元/（1+6%）^{3}
　　　　　　 = 471.70 万元 + 267.00 万元 + 167.92 万元 = 906.62 万元

第二步：确定总价款与现值的差额。

总价款与现值的差额 = 1 000 万元 - 906.62 万元 = 93.38 万元

第三步：编制会计分录。

借：固定资产　　　　　　　　　　　　　　　　　　　906.62
　　未确认融资费用　　　　　　　　　　　　　　　　 93.38
　　贷：长期应付款　　　　　　　　　　　　　　　　　　1 000

第四节　负债的披露

在资产负债表中必须将流动负债与非流动负债分别列示。流动负债项目按照短期借款、以公允价值计量且其变动计入当期损益的金融负债、应付票据、应付账款、预收款项、应付利息、应付职工薪酬、应付股利、应交税费、其他应付款、一年内到期的非流动负债、其他流动负债等顺序排列。其中应付账款项目应根据"应付账款"和"预付账款"总账科目所属明细账户的期末贷方余额合计数填列；预收款项项目应根据"应收账款""预收账款"总账科目所属明细科目的期末贷方余额合计数填列。

非流动负债在资产负债表中的排列顺序，依次为长期借款、应付债券和长期应付款、专项应付款、预计负债、递延所得税负债、其他非流动负债项目。其中长期借款项目应根据"长期借款"账户的期末余额扣除将于一年内到期的长期借款后的数额填列，该项扣除数应当在流动负债类下的"一年内到期的非流动负债"项目单独反映；应付债券项目应根据

"应付债券"账户的期末余额扣除将于一年内到期的应付债券后的数额填列,该扣除数应当在流动负债类下的"一年内到期的非流动负债"项目单独反映。

根据祥华实业相关账簿各科目期末余额及其他资料,填列资产负债表负债项目如表 4-3 所示。

表 4-3 资产负债表

编制单位:祥华实业　　　　　　　2017 年 12 月 31 日　　　　　　　　　　　　单位:元

资产	期末余额	年初余额	负债和所有者权益	期末余额	年初余额
流动资产:			流动负债:		
货币资金			短期借款	237 984 245	1 153 000 000
以公允价值计量且其变动计入当期损益的金融资产			以公允价值计量且其变动计入当期损益的金融负债		
应收票据			应付票据	1 431 312 171	5 031 620 414
应收账款			应付账款	1 446 186 787	1 158 400 489
预付款项			预收款项	260 395 348	273 663 261
应收利息			应付职工薪酬	157 629 224	122 542 989
应收股利			应交税费	11 290 735	20 348 537
其他应收款			应付利息	905 456	587 775
存货			应付股利	2 970 818	4 955 532
一年内到期的非流动资产			其他应付款	55 390 948	73 767 466
其他流动资产			一年内到期的非流动负债	30 000 000	
流动资产合计			其他流动负债		
非流动资产:			流动负债合计	3 634 065 732	7 838 886 463
可供出售金融资产			非流动负债:		
持有至到期投资			长期借款	6 000 000	36 000 000
长期应收款			应付债券		
长期股权投资			长期应付款	1 144 889	12 244 964
投资性房地产			专项应付款		
固定资产			预计负债		
在建工程			递延所得税负债		
工程物资			其他非流动负债		
固定资产清理			非流动负债合计	7 144 889	48 244 964
生产性生物资产			负债合计	3 641 210 621	7 887 131 427
油气资产			股东权益:		
无形资产			实收资本(或股本)		
开发支出			资本公积		
商誉			减:库存股		

(续)

资　　产	期末余额	年初余额	负债和所有者权益	期末余额	年初余额
长期待摊费用			其他综合收益		
递延所得税资产			盈余公积		
其他非流动资产			未分配利润		
非流动资产合计			股东权益合计		
资产总计			负债及股东权益总计		

本章小结

负债是指企业过去的交易或者事项形成的、预期会导致经济利益流出企业的现时义务。

流动负债是预期在一年内偿还的债务，包括短期借款、以公允价值计量且其变动计入当期损益的金融负债、应付票据、应付账款、预收账款、应付职工薪酬、应交税费、应付利息、应付股利、其他应付款等。根据金额是否确定，将流动负债分为应付金额确定的流动负债、应付金额视经营情况而定的流动负债和应付金额需要估计的流动负债三类。

流动负债项目中短期借款、应付票据、应付账款、应交税费、应付职工薪酬等内容的账务处理，应注意理解短期借款本金的入账和结账，月、季利息的预计及还本付息的账务处理；应付票据不带息与带息票据账务处理的区别；应交增值税、消费税等核算内容的不同；应付职工薪酬的核算。

非流动负债是预期超过一年偿还的债务，包括长期借款、应付债券、长期应付款和专项应付款等。一般按实际发生额计价。本章阐述了非流动负债费用的特点以及企业举借长期债务与增发股票筹资各自的利弊。其中应重点掌握非流动负债项目中长期借款和应付债券的核算内容和核算方法；长期借款本息的账务处理和应付债券发行、计息、利息调整及债券到期业务的账务处理。

思 考 题

1. 什么是金融负债？如何对其进行分类？
2. 带息应付票据与不带息应付票据的账务处理有何不同？
3. 小规模纳税企业应交税费的会计处理与一般纳税企业有何不同？
4. 长期借款的利息应如何列支？
5. 发行债券为什么摊销利息调整？利息调整对各期的利息费用有何影响？
6. 试比较持有至到期投资与应付债券的账务处理的特点。
7. 举借长期债务有哪些优缺点？企业应进行"适度举债"的含义是什么？
8. 职工薪酬包括哪些内容？

第四章 负 债

自 测 题

一、选择题

1. 某企业于2017年6月12日从甲公司购入一批产品并已验收入库。增值税专用发票上注明该批产品的价款为3 000万元，增值税税额为510万元。合同中规定的现金折扣条件为2/10，1/20，n/30，假定计算现金折扣时不考虑增值税。该企业在2017年6月21日付清货款。该企业购买产品时该应付账款的入账价值为( )万元。

  A. 3 450   B. 3 000   C. 2 940   D. 3 510

2. 甲公司为生产企业，属一般纳税人，共有职工150人，其中生产人员120人，管理人员30人。公司以其生产的每件成本为1 000元的产品作为福利发放给每名职工。假设该产品的不含税售价为1 200元，增值税税率为17%，不考虑其他相关税费，则下列会计分录中正确的是( )。

  A. 借：应付职工薪酬   210 600
     贷：主营业务收入   180 000
       应交税费——应交增值税（销项税额）   30 600
  B. 借：应付职工薪酬   150 000
     贷：库存商品   150 000
  C. 借：应付职工薪酬   180 600
     贷：库存商品   150 000
       应交税费——应交增值税（销项税额）   30 600
  D. 借：生产成本   120 000
     管理费用   30 000
     贷：库存商品   150 000

3. 某企业为增值税一般纳税人，2017年应缴各种税金为增值税350万元，消费税150万元，城市维护建设税35万元，房产税10万元，车船税5万元，所得税250万元。上述各项税金应计入税金及附加的金额为( )万元。

  A. 185   B. 200   C. 450   D. 800

4. 2017年1月1日，甲股份有限公司发行面值720万元、票面利率为6%、期限为5年的债券，实际收到的金额为760万元，则债券利息调整金额为( )万元。

  A. 52   B. 8   C. 40   D. 50

5. 下列项目中，不属于流动负债项目的有( )。

  A. 应交税费   B. 应付账款   C. 预付款项   D. 管理费用

6. 企业缴纳当月增值税，应通过( )科目核算。

  A. "应交税费——应交增值税（转出未交增值税）"
  B. "应交税费——应交增值税（已交税金）"
  C. "应交税费——未交增值税"
  D. "应交税费——应交增值税（转出多交增值税）"

7. 某企业为增值税一般纳税人，适用的增值税税率为17%，2016年5月购买机器设备的价款为200 000元，运输费为10 000元，该项业务应计入固定资产成本的金额为( )元。

  A. 210 000   B. 244 000   C. 245 700   D. 234 000

8. 计算"应付债券"科目的账面余额应考虑( )。

  A. 发行债券的面值   B. 发行债券的折价

C. 发行债券的溢价　　　　　　　　　　D. 应计债券利息

9. 资产负债表日，应按摊余成本和实际利率计算确定的应付债券的利息费用，利息费用记入（　）科目。

　　A. "在建工程"　　　B. "制造费用"　　　C. "财务费用"　　　D. "应收利息"

10. 企业购进货物发生的下列相关税金中，应计入取得资产成本的有（　）。

　　A. 小规模纳税企业购进原材料支付的增值税
　　B. 签订购买原材料合同时缴纳的印花税
　　C. 进口商品支付的关税、消费税
　　D. 一般纳税企业购进生产用设备支付的增值税

二、判断题

1. 企业预提长短期借款利息均应通过"管理费用"科目核算。（　）
2. 企业的应付账款确实无法支付的，经确认应计入当期损益。（　）
3. 处置固定资产需要缴纳的增值税记入"税金及附加"科目。（　）
4. "应交税费——应交增值税"科目期末贷方余额，表示下月应缴纳的增值税税额。（　）
5. "应付债券"账户的月末余额，反映企业尚未支付的各种长期借款的本金。（　）
6. 企业长期借款所发生的利息支出，应在实际支付时计入在建工程成本。（　）

业务练习题

1. 某公司为增值税一般纳税人，增值税税率为17%，城市建设维护税税率为7%，教育费附加征收率为3%。2017年10月1日公司"应交税费——应交增值税"账户待抵扣额为2 000元，当月发生如下经济业务：

（1）销售产品一批，取得含税收入468 000元，款项已存入银行，库存商品的账面成本为300 000元。
（2）购进原材料一批，增值税专用发票上注明的价格为500 000元，进项税额85 000元，材料已入库，货款尚未支付。
（3）将自己生产的产品用于自建车间工程，产品成本为100 000元，计税价格为150 000元。

要求：
（1）编制相关会计分录。
（2）计算本月应纳增值税税额。
（3）计算本月城市建设维护税、教育费附加。

2. 2017年1月1日，甲股份有限公司发行面值800万元、票面利率为6%、期限为5年的债券，实际收到的金额为840万元，每年12月31日计算并支付利息一次，到期还本并支付最后一期利息；甲股份有限公司采用实际利率法摊销债券溢价。假设整个过程中没有发生相关税费，甲股份有限公司筹集该项资金没有用于构建或者生产符合资本化条件的资产（假设实际利率为4.85%）。

要求：根据债券溢价摊销表（见表4-4）编制甲股份有限公司有关债券业务的会计分录（"应付债券"科目要求写出明细科目）。

表4-4　债券溢价摊销表（实际利率法）　　　　　　　　　单位：元

付息日期	利息费用① =⑤×4.85%	支付利息② =面值×6%	溢价摊销= ③=②-①	未摊销溢价④= 上期④-③	账面价值 ⑤=上期⑤-③
2017年1月1日				400 000.00	8 400 000.00
2017年12月31日	407 400.00	480 000	72 600.00	327 400.00	8 327 400.00

（续）

付息日期	利息费用① = ⑤×4.85%	支付利息② = 面值×6%	溢价摊销 = ③ = ② - ①	未摊销溢价④ = 上期④ - ③	账面价值 ⑤ = 上期⑤ - ③
2018年12月31日	403 878.90	480 000	76 121.10	251 278.90	8 251 278.90
2019年12月31日	400 187.03	480 000	79 812.97	171 465.93	8 171 465.93
2020年12月31日	396 316.10	480 000	83 683.90	87 782.03	8 087 782.03
2021年12月31日	392 217.97	480 000	87 782.03	0.00	8 000 000.00
合计	2 000 000.00	2 400 000	—	—	—

3. 甲企业2017年2月份发生业务如下：

（1）2月1日，发行5年期长期债券，债券面值5 000 000元、年利率9%、到期一次还本付息；实际收到4 800 000元。

（2）2月2日，从银行取得期限为9个月、年利率为9%的短期借款100 000元，用于生产周转，款项已存入银行。

（3）2月6日，以由本企业签发并承兑的期限为90天、票面金额为351 000元的不带息商业承兑汇票，向乐天公司购进材料一批，材料已验收入库，其发票上记载的应计入采购成本的金额为300 000元，增值税为51 000元。

（4）2月13日，从大江公司购进材料一批，已验收入库，其发票上记载的应计入采购成本的金额为200 000元，增值税为34 000元，款项尚未支付。

（5）2月22日，向金源公司销售产品一批，其价款为600 000元，增值税为102 000元，消费税为900元，款项尚未收到。

（6）月终，按本月支付的工资数额100 000元进行工资费用的分配，其中生产工人工资为70 000元，车间管理人员工资为10 000元，企业行政管理部门人员工资为20 000元。

（7）2月27日，从银行提取现金100 000元，备发工资。

（8）2月28日，以现金100 000元发放职工工资（假设无代扣款项和待领工资）。

（9）以银行存款15 000元缴纳增值税。

（10）计提应由本月负担的短期借款利息750元。

（11）将无法支付的应付账款468 000元，进行转账处理。

要求：编制上述经济业务的会计分录。

案例分析题

1. 宏达公司相关财务数据如表4-5所示。

表4-5 宏达公司相关财务数据　　　　　　　　单位：亿元

年份	货币资金	应收账款	短期借款	长期借款	主营业务收入
2017年	0.88	6.56	3.12	5.10	3.98
2018年	2.02	12.16	8.22	2.10	8.90

要求：根据以上资料，分析：

（1）宏达公司的短期偿债能力如何？

（2）通过相关数据之间的关系，判断公司的财务风险。

（提示：流动资产与流动负债、流动负债与长期负债、流动资产与收入）

2. 华唯公司为扩大生产规模，需向外筹集资金 1 000 万元。有三个筹资方案可供选择：

（1）以每股 10 元的价格发行新股 100 万股。

（2）以每股 10 元的价格发行新股 40 万股；另按面值发行 600 万元的债券，期限为 5 年，年利率为 12%。

（3）按面值发行 1 000 万元的债券，期限为 10 年，年利率为 12%。

另外，该公司近几年来的利润比较稳定，所得税税率为 25%，预计新投资的项目的利润率可以达到 10%。在此之前，该公司的资产负债率为 53.29%。

要求：根据华唯公司的有关情况，从三个备选方案中选出比较有利的一个，并说明理由。

第五章

所有者权益

案例与引言

桦林股份公司是由五个股东共同出资组建的保健品公司，其注册资本为1 000万元。股东A出资400万元，占注册资本的40%，其中，现金出资200万元，另以一项产品专利出资，经评估作价200万元；股东B出资额为300万元，占注册资本的30%；股东C、D、E的出资额分别为100万元，各占注册资本的10%。经过几年的经营，公司的所有者权益已增至1 500万元。今年年初，股东B的同学F拟加入公司，经股东会决议，双方商定，股东B转让10%的股份给同学F，同学F出资150万元，占注册资本的10%。

请问：何谓所有者权益？它包括哪些内容？股东C、D、E的出资额分别为100万元，同学F也占注册资本的10%，为何出资150万元？公司实现的税后利润与各股东的出资有何关系？

对以上问题的回答，正是本章的学习目标。

本章学习目标

- ◆ 所有者权益的概念、特征及内容
- ◆ 实收资本的核算内容及其会计处理
- ◆ 资本公积的核算内容及其会计处理
- ◆ 留存收益的核算内容及其会计处理
- ◆ 所有者权益的披露

第一节 所有者权益概述

一、所有者权益的定义及其特征

所有者权益是指企业资产扣除负债后由所有者享有的剩余权益。公司的所有者权益又称为股东权益。

所有者权益具有以下基本特征：

（1）所有者权益实质上是所有者在某个企业所享有的一种财产权利，包括所有者对投入资产的所有权、使用权、处置权和收益分配权。从会计角度来讲，所有者权益是企业的投资者对企业总资产扣除负债后的剩余资产的要求权，这种要求权表现为企业正常营运时所有者应享有的份额，或者企业在破产清算时所有者能够获得的剩余资产。也就是说，债权人对企业资产的要求权优先于所有者权益。当企业进行清算时，资产在支付了破产、清算费用后将优先用于偿还负债，如有剩余资产，才能在投资者之间按出资比例进行分配。

（2）所有者权益是投资者投入的可供企业长期使用的资源。在企业持续经营的情况下，股东通常不能提前撤回投资，除非发生减资、清算。因此，所有者投入的资本构成了企业长期性的资本来源。

（3）从构成要素来看，所有者权益包括所有者的投入资本、企业的资产增值及经营利润。所有者的投入资本既是企业实收资本的唯一来源，也是企业资本公积（溢价或超面值投入的资本）的最主要来源。作为企业的终极所有者，所有者还是企业资产增值的当然受益者。根据风险和报酬权衡原则，企业的经营利润，是所有者承担全部经营风险和投资风险的一种回报。

（4）所有者权益是一个涵盖了任何企业组织形式的净资产的广义概念，具体到某一特定形式的企业组织，所有者权益的存在形式不同。在独资企业和合伙企业，所有者权益表现为"业主资本"；公司制企业的所有者权益则由实收资本（股本）、资本公积和留存收益构成。

股份有限公司和有限责任公司与独资企业和合伙企业之间最主要的差别体现在所有者权益方面。在独资企业和合伙企业中，只需要为业主或各个合伙人设置一个资本账户和提款账户，用于记录资本和损益的增减变动情况。法律法规并没有要求独资企业和合伙企业把资本与盈利区别开来，但是，股份有限公司和有限责任公司，公司所有者权益的会计处理受《公司法》等法律法规的限制，公司必须严格区分所有投入的资本和赚取的利润。此外，为了保护债权人的合法权益，多数国家的公司立法往往还对股份有限公司和有限责任公司的利润分配和歇业清算以及股份有限公司股份回购（库藏股份）等有关事宜做出了严格限制。

二、所有者权益的构成

所有者权益的来源包括所有者投入的资本、直接计入所有者权益的利得和损失、留存收益等。

直接计入所有者权益的利得和损失是指不应计入当期损益、会导致所有者权益发生增减变动的、与所有者投入资本或者向所有者分配利润无关的利得或者损失。利得是指由企业非日常活动所形成的、会导致所有者权益增加的、与所有者投入资本无关的经济利益的流入。损失是指由企业非日常活动所发生的、会导致所有者权益减少的、与向所有者分配利润无关的经济利益的流出。

1. 实收资本（股本）

企业的实收资本是指投资者按照企业章程，或合同、协议的约定，向企业缴付的出资额。实收资本可具体分为国家投入资本、法人投入资本、个人投入资本和外商投入资本。

2. 资本公积

投入资本中有的特殊事项引起所有者权益的增加，又不便归于具体的投资者，这种所有者权益就是资本公积。资本公积是一切所有者的共同权益，属于资本性质，是企业资本的一种储备形式。资本公积主要包括：

（1）资本溢价（或股本溢价）。资本溢价（或股本溢价）是指企业投资者投入的资金超过其在注册资本中所占份额的部分。

（2）其他资本公积。其他资本公积是指除资本溢价等以外所形成的资本公积。

3. 其他综合收益

其他综合收益是指企业根据企业会计准则规定未在损益中确认的各项利得和损失扣除所得税影响后的净额。

4. 盈余公积

企业生产经营活动所产生的利润在缴纳所得税后留在企业的部分形成留存收益。留存收益又可分为盈余公积和未分配利润。盈余公积是企业按一定比例从净利润中提取的有特定用途的积累资金。一般企业和股份有限公司的盈余公积包括：

（1）法定盈余公积。法定盈余公积是指企业按照《公司法》规定的比例从净利润中提取的盈余公积。

（2）任意盈余公积。任意盈余公积是指企业经股东大会或类似机构批准按照规定的比例从净利润中提取的盈余公积。

5. 未分配利润

未分配利润是未划定用途的税后利润，仍然可供企业以后各期分配利润或分派股利之用。未分配利润的数额等于企业当年实现的税后利润加上年初未分配利润，减去当年提取的盈余公积以及本年向投资者分配利润后的余额。

第二节 投入资本和其他综合收益

一、实收资本

（一）实收资本的意义

实收资本是指投资者作为资本投入到企业中的各种资产的价值，所有者向企业投入的资本，在一般情况下无须偿还，企业可以长期周转使用。

实收资本按照投入资产的形式不同，可以分为货币投资、实物投资和无形资产投资。投资者既可以采用以货币资金的方式出资，也可以采用固定资产、材料物资等实物资产的方式出资，还可以采用无形资产的方式出资，如以专利权、土地使用权、非专利技术出资等。

一般来说，实收资本通过"实收资本"科目核算，"实收资本"是所有者权益类科目。"实收资本"科目的贷方反映企业实际收到的投资者缴付的资本，借方反映企业按法定程序减资时所减少的注册资本数额，余额在贷方表示企业实际收到的资本额。"实收资本"科目按投资者设置明细账。企业除通过"实收资本"总分类科目和明细科目进行实收资本核算外，还需设置股东名册，详细登记股东姓名或名称、住所以及出资额等。

实收资本是所有者权益的主体和基础。企业组织形式不同，所有者投入资本的会计核算方法也有所不同。

（二）实收资本的核算

1. 有限责任公司的实收资本

有限责任公司是指由 50 个以下股东出资，每个股东以其所认缴的出资额对公司承担有限责任的企业法人。其所有者权益应划分为实收资本、资本公积和留存收益三部分。实收资本是指股东在企业注册资本中的实缴数额，一般情况下不得变更。资本公积和留存收益则可以根据企业的具体情况灵活运用，如转增资本以及弥补亏损等。

初建有限责任公司时，各投资者按照合同、协议或公司章程投入企业的资本，应全部记入"实收资本"科目，企业的实收资本应等于企业的注册资本。在企业增资扩股时，如有新投资者介入，新介入的投资者缴纳的出资额大于其按约定比例计算的其在注册资本中所占的份额部分，应记入"资本公积"科目。

除了接受投资外，有限责任公司还可以以资本公积、盈余公积转为资本的方式增加实收资本。

(1) 投资人以现金形式出资。投资者以现金投入的资本，应当以实际收到或者存入企业开户银行的金额作为实收资本入账。实际收到或者存入企业开户银行的金额超过其在该企业注册资本中所占份额的部分，一般计入资本公积。

企业收到投资者投入的现金，应在实际收到或存入企业开户银行时，借记"银行存款"科目，贷记"实收资本——××股东"科目；若投入的金额超过按照约定比例计算的其在注册资本中所占份额的部分作为资本溢价，应贷记"资本公积——资本溢价"科目。

【例5-1】 祥达实业收到股东投入货币资金3 000 000元，款项已收妥入账。其会计处理如下：

  借：银行存款   3 000 000
    贷：实收资本   3 000 000

(2) 投资人以非现金资产出资。根据《公司法》的规定，有限责任公司的股东可以货币出资，也可以实物、知识产权、土地使用权等非货币性财产作价出资；但是，法律、行政法规规定不得作为出资的财产除外。对作为出资的非货币性财产应当评估作价，核实财产，不得高估或者低估作价。

投资者以非现金资产投入的资本，应按照投资合同或协议约定的价值作为实收资本入账，但合同或协议约定价值不公允的除外。

1) 企业收到投资者投入的原材料等存货，如果采取实际成本计价核算，则按照实际成本借记"原材料"等科目，按照增值税专用发票上注明的增值税税额，借记"应交税费——应交增值税（进项税额）"科目，按照投资各方确认的价值，贷记"实收资本""资本公积"科目。

2) 企业收到投资者投入的固定资产、无形资产，应按照投资合同或协议约定的价值，借记"固定资产""无形资产"科目，贷记"实收资本""资本公积"等科目。

【例5-2】 祥达实业由B、C、D三个公司共同投资设立，按出资协议，B公司以现金出资3 000 000元；C公司投入原材料一批，价值为2 000 000元，增值税为340 000元；D公司以一套全新设备出资，价值为300 000元，增值税为51 000元，同时以一项专有技术出资，协议约定价值为800 000元。该公司接受投资时的会计处理如下：

  借：银行存款   3 000 000
    原材料   2 000 000
    应交税费——应交增值税（进项税额）   391 000
    固定资产   300 000

无形资产	800 000
贷：实收资本——B 公司	3 000 000
——C 公司	2 340 000
——D 公司	1 151 000

（3）外商以外币出资。投资者投入的外币，采用交易日即期汇率折算为记账本位币，即外币投入资本与相应的货币性项目的记账本位币金额相等，不产生外币资本折算差额。

【例 5-3】 某外商投资企业收到外商投入的外币 1 000 000 美元，收到投资当日的汇率为 1∶6.25。其会计处理如下：

借：银行存款——美元户	6 250 000
贷：实收资本	6 250 000

（4）中外合作经营企业返还投资。企业（中外合作经营）在合作期间归还投资者的投资，应在"实收资本"科目下设置"已归还投资"明细科目进行核算。中外合作经营企业依照有关法律、法规的规定，在合作期间归还投资者投资，对已归还的投资应当在"实收资本——已归还投资"科目核算。

【例 5-4】 某中外合作经营企业归还股东投资 4 000 000 元，其会计处理如下：

借：实收资本——已归还投资	4 000 000
贷：银行存款	4 000 000

2. 股份有限公司的投入资本

股份有限公司以发行股票方式筹集的股本通过"股本"科目核算，对既发行普通股又发行优先股的企业，"股本"科目下应分设明细科目对普通股和不同类型的优先股分别登记。股票的转让只变更股东，而不改变股本总额，因此，只需在股东名册中记载，而无须在"股本"科目中记录。

"股本"科目是所有者权益类科目，股份有限公司必须在核定的股份总额的范围内发行股票，公司因发行股票、可转换债券调换成股票、发放股票股利等原因取得股本时记入该科目贷方，按法定程序报经批准减少注册资本时，公司在实际发还股款时记入该科目的借方，"股本"科目贷方余额表示公司所拥有的股本总额。公司发行股票时，在收到现金等资产时，按实际收到的金额借记"库存现金""银行存款"科目，按股票面值和核定的股份总数的乘积计算的金额贷记"股本"科目。

股票发行的价格可以按票面金额，也可以超过票面金额，但不能低于票面金额。公司发行股票取得的收入与股本总额往往不一致，公司发行股票取得的收入大于股本总额的，称为溢价发行；小于股本总额的，称为折价发行；等于股本总额的，为面值发行。我国不允许企业折价发行股票。在采用发行股票的情况下，企业应将相当于股票面值的部分记入"股本"科目，其余部分在扣除手续费、佣金等发行费用后记入"资本公积"科目。

【例 5-5】 祥达实业发行普通股 1 000 万股，同时发行优先股 500 万股，普通股和优先股的每股面值均为 1 元，上述两种股票均按面值发行，全部股款已收妥入账。其会计处理如下：

借：银行存款	15 000 000
贷：股本——普通股	10 000 000
——优先股	5 000 000

【例 5-6】 伟博股份公司发行普通股 1 000 万股，每股面值为 1 元，发行价为每股 4 元，

支付发行费用 700 000 元，全部股款已收妥入账。其会计处理如下：

借：银行存款　　　　　　　　　　　　　　　　　　　　　39 300 000
　　贷：股本——普通股　　　　　　　　　　　　　　　　　10 000 000
　　　　资本公积——股本溢价　　　　　　　　　　　　　　29 300 000

3. 实收资本或股本减少的核算

企业实收资本减少的原因一般有两种：① 资本过剩；② 企业发生重大亏损而需要减少实收资本。企业因资本过剩而减资，一般要发还股款。有限责任公司和一般企业发还投资比较简单，按发还投资的数额，借记"实收资本"科目，贷记"银行存款"等科目。

4. 库存股及其账务处理

库存股是指企业收购的尚未转让或注销的本公司股份，为了核算该部分股份的金额，应设置"库存股"科目。该科目期末借方余额反映企业持有本公司股份的金额。库存股的主要账务处理如下：

（1）企业为减少注册资本而收购本公司股份，应按实际支付的金额，借记"库存股"科目，贷记"银行存款"等科目。

（2）为奖励本公司职工而收购本公司股份，应按实际支付的金额，借记"库存股"科目，贷记"银行存款"等科目，同时，做备查登记。将收购的股份奖励给本公司职工，属于以权益结算的股份支付，如有实际收到的金额，则借记"银行存款"科目，按根据职工获取奖励股份的实际情况确定的金额，借记"资本公积——其他资本公积"科目，按奖励库存股的账面余额，贷记"库存股"科目，按其差额，贷记或借记"资本公积——股本溢价"科目。

（3）股东因对股东大会做出的公司合并、分立决议持有异议而要求公司收购其股份的，企业应按实际支付的金额，借记"库存股"科目，贷记"银行存款"等科目。

（4）企业与持有本公司股份的其他公司合并而导致股份回购，属于同一控制下企业合并的，应按其他公司持有本公司股份的原账面价值，借记"库存股"科目，贷记有关科目。属于非同一控制下企业合并的，应按其他公司持有本公司股份的公允价值，借记"库存股"科目，贷记有关科目。

（5）转让库存股，应按实际收到的金额，借记"银行存款"等科目，按转让库存股的账面余额，贷记"库存股"科目，按其差额，贷记"资本公积——股本溢价"科目；如为借方差额的，借记"资本公积——股本溢价"科目，股本溢价不足冲减的，应依次冲减盈余公积、未分配利润，借记"盈余公积""利润分配——未分配利润"科目。

（6）注销库存股，应按股票面值和注销股数计算的股票面值总额，借记"股本"科目，按注销库存股的账面余额，贷记"库存股"科目，按其差额，借记"资本公积——股本溢价"科目，股本溢价不足冲减的，应依次冲减盈余公积、未分配利润，借记"盈余公积""利润分配——未分配利润"科目。

【例 5-7】 祥达实业以收购本公司股票方式减资，以每股 8 元的价格购回 2017 年 3 月 10 日发行的面值为 7 元的普通股 1 000 万股。全部价款以银行存款支付。其会计处理如下：

（1）回购时：

借：库存股　　　　　　　　　　　　　　　　　　　　　　80 000 000
　　贷：银行存款　　　　　　　　　　　　　　　　　　　　80 000 000

（2）注销时：

借:股本——普通股 70 000 000
　　资本公积——普通股溢价 10 000 000
　贷:库存股 80 000 000

二、资本公积

(一) 资本公积概述

资本公积是指由投资者投入但不能构成实收资本,或从其他来源取得,由所有者享有的资金,它属于所有者权益的范畴。资本公积来源于企业盈利以外的那部分积累,包括资本溢价(或股本溢价)、其他资本公积。

资本公积可以依法用于转增资本,但不得作为投资利润和股利进行分配。资本公积由全体股东享有,资本公积在转增资本时,按各个股东在实收资本中所占的投资比例计算的金额,分别转增股东的投资金额。

企业的资本公积通过"资本公积"科目核算,"资本公积"科目是所有者权益类科目,各种原因引起资本公积增加时记入该科目贷方,用资本公积转增资本时记入"资本公积"科目借方,该科目的贷方余额反映企业资本公积实有数额。"资本公积"科目按资本公积的类别分设"资本溢价(或股本溢价)""其他资本公积"两个明细科目。

(二) 资本公积的来源与核算

1. 资本溢价(或股本溢价)

(1) 资本溢价。资本溢价是指在有限责任公司重组,有新的投资者加入时,其出资额超过其在公司注册资本中所享有的份额。对于新成立的公司,投资者的投资一般全部作为实收资本入账。投资者按出资份额享有权利并承担义务。但改制为公司的企业或处于正常经营状态的公司接受新投资时,为了维护原有投资者的权益,缴付的出资额通常要大于作为实收资本入账的数额。其原因是:① 企业在创建时的资金投入和企业已走向经营正轨时期的资金投入,虽然在数量上相当,但其盈利能力不同。企业创立时,从投入资金到取得投资回报,要经过筹建、试生产经营、为产品寻找市场、开辟市场等过程,并且这种投资具有风险性,在这个过程中资本利润率很低;企业正常生产经营后,资本利润率会高于企业初创阶段。而这高于初创阶段的资本利润率是以初创时必要的资本垫支带来的,企业创办者为此付出了代价。所以,新加入的投资者要付出大于原有投资者的出资额,才能取得与投资者相同的投资比例。② 不仅原有投资从质量上发生了变化,从数量上也发生了变化。企业每年从实现的利润中形成的留存收益属于所有者权益,根据"同股同权,同股同利"的原则,新加入的投资者要与原投资者共享这部分留存收益。所以,应要求其付出大于原有投资者的出资额,才能取得与原有投资者相同的投资比例。新投资者投入的资本,按其投资比例计算的部分记入"实收资本"科目,超出部分则记入"资本公积"科目。

【例5-8】 时乐公司的注册资本为1 200万元,经甲、乙两位股东协商同意丙公司投资3 200 000元,并占有公司20%的股份。因此,在丙公司的出资额中,2 400 000元为实收资本,另外800 000元为资本公积。其账务处理如下:

借:银行存款 3 200 000
　贷:实收资本——丙公司 2 400 000
　　资本公积——资本溢价 800 000

(2) 股本溢价。股本溢价是指股份有限公司溢价发行股票,实际收到的款项超过股票面值总额的数额。

在股票溢价发行的情况下,作为股本入账的数额也只能按面值计算;溢价部分作为资本公积单独反映。企业发行股票取得的收入,相等于股票面值部分记入"股本"科目,超面额部分,按发行股票所得扣除发行手续费、佣金等发行费用后计入资本公积,在"资本公积——股本溢价"明细科目核算。在采用面值发行股票的情况下,应将发行收入全部记入"股本"科目,支付的股票发行费用作为财务费用处理。

【例5-9】 陶陶股份公司发行普通股100万股,每股面值10元,发行价格为每股50元。在股票发行过程中,直接支付并从发行收入中扣除的手续费、宣传费、印刷费等费用共计500 000元。其股票发行业务的会计处理如下:

该公司发行股票实际收到的价款 = 50 × 1 000 000元 − 500 000元 = 49 500 000元

应记入"资本公积"科目的金额 = (50 − 10)元/股 × 1 000 000股 − 500 000元 = 39 500 000元

借:银行存款　　　　　　　　　　　　　　　　　　　　　　　49 500 000
　　贷:股本——普通股　　　　　　　　　　　　　　　　　　　10 000 000
　　　　资本公积——股本溢价　　　　　　　　　　　　　　　　39 500 000

2. 其他资本公积

其他资本公积是指除资本溢价(或股本溢价)项目以外所形成的资本公积。

(1) 以权益结算的股份支付。以权益结算的股份支付换取职工或其他方提供服务的,应按照确定的金额,记入"管理费用"等科目,同时增加资本公积(其他资本公积)。在行权日,应按实际行权的权益工具数量计算确定的金额,借记"资本公积——其他资本公积"科目,按计入实收资本或股本的金额,贷记"实收资本"科目或"股本"科目,并将其差额记入"资本公积——资本溢价"或"资本公积——股本溢价"科目。

(2) 采用权益法核算的长期股权投资。长期股权投资采用权益法核算的,被投资单位除净损益、其他综合收益和利润分配以外的所有者权益的其他变动,投资企业按持股比例计算应享有的份额,应当增加或减少长期股权投资的账面价值,同时增加或减少资本公积(其他资本公积)。当处置采用权益法核算的长期股权投资时,应当将原计入资本公积(其他资本公积)的相关金额转入投资收益(除不能转入损益的项目外)。

【例5-10】 祥达实业对A企业的投资采用权益法核算,控股40%。2017年7月A企业除净损益、其他综合收益和利润分配以外的所有者权益的其他变动增加160 000元。该公司的会计处理如下:

160 000元 × 40% = 64 000元

借:长期股权投资——A企业　　　　　　　　　　　　　　　　64 000
　　贷:资本公积——其他资本公积　　　　　　　　　　　　　　64 000

(三) 资本公积的用途与核算

资本公积的主要用途即转增资本。经股东大会或类似机构决议,企业按照法定程序,以资本公积转增资本,属于所有者权益内部结构的变化,并未改变所有者权益总额,一般也不会改变每位投资者在所有者权益总额中的份额。企业用资本公积转增资本,借记"资本公积——资本溢价或股本溢价"科目,贷记"实收资本"或"股本"科目。

【例5-11】 祥达实业将资本公积800 000元转增资本。在原来的注册资本中,B、C、

D、E 四位投资者的投资比例分别为 24%、37.5%、18.5%和 20%，资本公积转增资本后每位投资者增加的实收资本数额分别为 192 000 元、300 000 元、148 000 元和 160 000 元。该公司已按照法定程序办理增资手续，其会计处理如下：

借：资本公积　　　　　　　　　　　　　　　　　　　　　　　800 000
　　贷：实收资本——B 公司　　　　　　　　　　　　　　　　　192 000
　　　　　　　　——C 公司　　　　　　　　　　　　　　　　　300 000
　　　　　　　　——D 公司　　　　　　　　　　　　　　　　　148 000
　　　　　　　　——E 公司　　　　　　　　　　　　　　　　　160 000

三、其他综合收益

其他综合收益是指企业根据企业会计准则规定未在当期损益中确认的各项利得和损失，包括以后会计期间不能重分类进损益的其他综合收益和以后会计期间满足规定条件时将重分类进损益的其他综合收益两类。

（1）以后会计期间不能重分类进损益的其他综合收益项目，主要包括重新计量设定受益计划净负债或净资产导致的变动，以及按照权益法核算因被投资单位重新计量设定受益计划净负债或净资产变动导致的权益变动，投资企业按持股比例计算确认的该部分其他综合收益项目。

（2）以后会计期间满足规定条件时将重分类进损益的其他综合收益项目，主要包括可供出售金融资产公允价值变动，可供出售外币非货币性项目的汇兑差额，采用权益法核算的长期股权投资、存货或自用房产转换为投资性房地产、现金流量套期工具产生的利得或损失中属于有效套期的部分，外币财务报表折算差额。

【例 5-12】祥达实业持有国耀公司 35%的股权。2017 年国耀公司可供出售金融资产公允价值上升计入其他综合收益的金额为 760 万元。祥达实业确认其他综合收益的会计处理如下：

借：长期股权投资——其他综合收益　　　　　　　　　　　　2 660 000
　　贷：其他综合收益　　　　　　　　　　　　　　　　　　　2 660 000

第三节　留存收益

一、留存收益的含义与内容

留存收益是企业历年经营所得净收益留存于企业尚未分配出去的部分，是企业通过经营活动实现的资本增值，在性质上与所有者投入的资本一样属于所有者权益。留存收益是企业从净利润中留存企业的积累资金，包括盈余公积和未分配利润。

投资者投入企业的资本，通过企业的生产经营活动，不仅要保持原投资的完整，而且要实现资本增值，即获取盈利。企业的盈利扣除按国家规定计算缴纳的所得税后，称之为净利润。净利润可以按照协议、合同或章程的规定，在企业的所有者之间进行分配，作为企业所有者的投资所得；但也可以出于某种考虑将部分净利润留于企业，如增加资本、扩大营业规模、留作意外准备、添置福利设施等，作为股东原始投入资本的补充。因此，企业净利润是留存收益的主要来源。

从理论上讲，企业的净利润全部属于企业的所有者。为了约束企业过量分配，国家要求企业留有一定积累，以利于持续经营、维护债权人利益以及改善职工福利生活条件等。根据《公司法》规定，企业净利润的分配顺序，首先必须按规定提取盈余公积，然后才能在出资者之间进行分配，这是公司制企业区分非公司制企业的一个显著特征。作为对债务只承担有限责任的企业法人，法律必须对盈利的分配做出限制，要求企业在向出资者分配利润之前，提取一定数额的公积金，为企业的扩大再生产提供积累资金，并为维护债权人利益和应付企业的经营风险提供资金上的保障。公司制企业的留存收益分为两部分，其中，指定用途的部分成为盈余公积，它由法定盈余公积和任意盈余公积组成；未指定用途的部分，成为未分配利润，它可供企业以后年度弥补亏损、分派股利或转作盈余公积之用。

二、盈余公积

盈余公积是企业来源于生产经营活动的积累，属于具有特定用途的留存收益。为了核算反映盈余公积的形成和使用情况，应设置"盈余公积"科目，其贷方反映按规定提取的盈余公积数；借方反映实际支出数额；余额在贷方，反映盈余公积的累计数。法定盈余公积和任意盈余公积的用途不同，企业应分设明细账进行核算。

（1）法定盈余公积是指企业按照法律规定的比例从净利润中提取的盈余公积。公司制企业按照净利润的10%提取。法定盈余公积累计额已达到注册资本的50%时可以不再提取。

（2）任意盈余公积是指企业经股东大会或类似机构批准确定的比例从净利润中提取的盈余公积。

法定盈余公积和任意盈余公积的区别在于各自计提的依据不同。前者以国家的法律和行政规章为依据提取；后者则由企业自行决定提取。

盈余公积的提取实际上是对企业当期实现的净利润向投资者分配利润的一种限制。提取盈余公积属于利润分配的一部分，一经提取形成盈余公积后，在一般情况下不得用于向投资者分配利润和股利。

（一）盈余公积形成的核算

企业提取法定盈余公积和任意盈余公积时，通过"盈余公积"科目及其相关明细科目的贷方核算。企业提取盈余公积的过程属于净利润的分配过程，同时还应通过"利润分配"科目及其相关明细账户核算。因此，提取盈余公积时，借记"利润分配"科目及其相应明细科目，贷记"盈余公积"科目及相应明细科目。

【例5-13】 祥达实业的净利润为5 000 000元，分别按10%和7%的比例提取法定盈余公积、任意盈余公积。其会计处理如下：

法定盈余公积提取额 = 5 000 000元 × 10% = 500 000元

任意盈余公积提取额 = 5 000 000元 × 7% = 350 000元

借：利润分配——提取法定盈余公积　　　　　　　　　　　　500 000
　　　　　　——提取任意盈余公积　　　　　　　　　　　　350 000
　　贷：盈余公积——法定盈余公积　　　　　　　　　　　　500 000
　　　　　　　　——任意盈余公积　　　　　　　　　　　　350 000

（二）盈余公积使用的核算

1. 盈余公积弥补亏损

企业发生的亏损，可在盈利后的5年内用税前利润弥补。对按规定不能用税前利润弥补的亏损，则必须用以后的税后利润弥补或用盈余公积弥补。企业未弥补的亏损表现为"利润分配——未分配利润"科目借方余额，因此，用盈余公积弥补亏损，应在借记"盈余公积"科目的同时，贷记"利润分配"科目。但在账务处理时，并不直接贷记"利润分配"科目下的"未分配利润"明细科目，而是记入"盈余公积补亏"明细科目的贷方，结转"利润分配"科目时再从"盈余公积补亏"明细科目的借方转入"未分配利润"明细科目的贷方。

【例5-14】 祥达实业用任意盈余公积7 200 000元，弥补以前年度亏损，其会计处理如下：

借：盈余公积——任意盈余公积　　　　　　　　　　　　　　7 200 000
　　贷：利润分配——盈余公积补亏　　　　　　　　　　　　　　　　7 200 000

年终结转"利润分配"账户时：

借：利润分配——盈余公积补亏　　　　　　　　　　　　　　　7 200 000
　　贷：利润分配——未分配利润　　　　　　　　　　　　　　　　　7 200 000

2. 盈余公积转增资本

与资本公积相同，企业按照规定办理增资手续后，可将法定盈余公积和任意盈余公积转作实收资本或股本。有限责任公司按原有股东的投资比例结转；股份有限公司按原有股份比例派送新股或增加每股面值。但法定盈余公积转增资本后，此项留存的公积金不得少于注册资本的25%。盈余公积转增资本对企业的资产、负债及所有者权益总额均不产生影响，只改变所有者权益内部的结构。

经股东大会或类似机构决议，用盈余公积弥补亏损或转增资本，借记"盈余公积"科目，贷记"利润分配——盈余公积补亏""实收资本"或"股本"科目。

【例5-15】 祥达实业经股东大会同意并按规定办理增资手续后，将法定盈余公积700 000元用于增加资本。其会计处理如下：

借：盈余公积——法定盈余公积　　　　　　　　　　　　　　　700 000
　　贷：实收资本　　　　　　　　　　　　　　　　　　　　　　　　700 000

3. 盈余公积分配股利

在特殊情况下，股份有限公司经股东大会决议，可用盈余公积分派现金股利或股票股利。分派股利后的法定盈余公积不得少于注册资本的25%。分配现金股利时，借记"盈余公积"科目，贷记"应付股利"科目；经股东大会决议，用盈余公积派送新股，按派送新股计算的金额，借记"盈余公积"科目，按股票面值和派送新股总数计算的股票面值总额，贷记"股本"科目。

【例5-16】 祥达实业经股东大会决议，决定用任意盈余公积分派现金股利3 000 000元。其会计处理如下：

借：盈余公积——任意盈余公积　　　　　　　　　　　　　　3 000 000
　　贷：应付股利　　　　　　　　　　　　　　　　　　　　　　　3 000 000

三、未分配利润

1. 未分配利润与构成

企业在制定利润分配方案时，需要考虑各方面的因素，如以后年度可能出现的亏损等。一般而言，企业往往留出一部分净利润，供以后年度分配，以丰补歉。这部分留待以后年度分配的结存利润，就是未分配利润。未分配利润是企业所有者权益的重要组成部分。相对于所有者权益的其他部分来讲,企业对于未分配利润的使用分配有较大的自主权。从数量上来讲,未分配利润是期初未分配利润,加上本期实现的净利润,减去提取的各种盈余公积和分给投资者的利润后的余额。可见,未分配利润有两层含义:一是留待以后年度分配的利润;二是未指定特定用途的利润。

2. 未分配利润的核算

未分配利润是通过"利润分配"科目中的"未分配利润"明细科目进行核算的。企业在生产经营过程中取得的收入和发生的成本费用,最终通过"本年利润"科目进行归集,计算出当年盈利,然后转入"利润分配——未分配利润"科目进行分配。"未分配利润"明细科目贷方反映从本年利润中转入企业实现的净利润,以及用盈余公积弥补的亏损。借方反映从"本年利润"科目中转入的企业实现的净亏损。期末贷方余额反映企业尚未分配、留待以后分配的利润;期末借方余额反映企业尚未弥补的亏损。年度终了,结转净利润时,如企业当年实现盈利,则借记"本年利润"科目,贷记"利润分配——未分配利润"科目;如企业亏损,则借记"利润分配——未分配利润"科目,贷记"本年利润"科目,然后将"利润分配"科目下的其他明细科目(即盈余公积补亏、提取法定盈余公积、应付现金股利或利润、提取任意盈余公积、转作股本的股利等明细科目)的余额,转入"未分配利润"明细科目。

【例5-17】 祥达实业本年实现利润2 000 000元,本年提取法定盈余公积200 000元,任意盈余公积260 000元,应付股利325 000元。其会计处理如下:

```
借:本年利润                                    2 000 000
    贷:利润分配——未分配利润                        2 000 000
借:利润分配——提取法定盈余公积                      200 000
          ——提取任意盈余公积                      260 000
          ——应付普通股股利                       325 000
    贷:盈余公积——法定盈余公积                       200 000
            ——任意盈余公积                       260 000
        应付股利                                325 000
借:利润分配——未分配利润                           785 000
    贷:利润分配——提取法定盈余公积                    200 000
              ——提取任意盈余公积                   260 000
              ——应付普通股股利                    325 000
```

第四节 所有者权益的披露

在资产负债表中,所有者权益排列顺序依次为实收资本(或股本)、资本公积、库存股、其他综合收益、盈余公积和未分配利润项目。同时应关注所有者权益变动表,了解所有者权益变动的详细内容。实收资本(或股本)、资本公积、库存股、其他综合收益、盈余公积等项目,应根据有关总账科目的余额填列;未分配利润项目,应根据"利润分配——未分配利润"明细科目的期末余额填列。

根据祥达实业相关账簿各科目期末余额及其他资料,填列资产负债表股东权益项目如表5-1所示。

表 5-1　资产负债表

编制单位：祥达实业　　　　　2017 年 12 月 31 日　　　　　　　　　　单位：元

资　产	期末余额	年初余额	负债和所有者权益	期末余额	年初余额
流动资产：			流动负债：		
货币资金			短期借款		
以公允价值计量且其变动计入当期损益的金融资产			以公允价值计量且其变动计入当期损益的金融负债		
应收票据			应付票据		
应收账款			应付账款		
预付款项			预收款项		
应收利息			应付职工薪酬		
应收股利			应交税费		
其他应收款			应付利息		
存货			应付股利		
一年内到期的非流动资产			其他应付款		
其他流动资产			一年内到期的非流动负债		
流动资产合计			其他流动负债		
非流动资产：			流动负债合计		
可供出售金融资产			非流动负债：		
持有至到期投资			长期借款		
长期应收款			应付债券		
长期股权投资			长期应付款		
投资性房地产			专项应付款		
固定资产			预计负债		
在建工程			递延所得税负债		
工程物资			其他非流动负债		
固定资产清理			非流动负债合计		
生产性生物资产			负债合计		
油气资产			股东权益：		
无形资产			实收资本（或股本）	2 164 211 422	1 988 968 232
开发支出			资本公积	3 577 048 885	2 539 336 835
商誉			减：库存股		
长期待摊费用			其他综合收益	500 000 000	0
递延所得税资产			盈余公积	4 831 782 033	4 738 640 681
其他非流动资产			未分配利润	1 792 626 037	1 420 060 620
非流动资产合计			股东权益合计	12 865 668 377	10 687 006 368
资产总计			负债及股东权益总计		

本章小结

所有者权益是所有者在企业资产中享有的经济利益,其金额为资产减去负债后的余额。企业所有者权益包括实收资本、资本公积、其他综合收益、盈余公积和未分配利润。

实收资本是指投资者投入企业的资本。由于企业组织形式不同,实收资本的会计核算方法也有所区别。一般企业投资者以现金投入的资本应以实际收到的金额作为实收资本入账,以非现金资产投入的资本,应按投资各方确认的价值作为实收资本入账,实际收到的金额或确认的价值超过其在该企业注册资本中所占份额部分计入资本公积。股份有限公司发行的股票,应按其面值作为股本,超过面值发行取得的收入,其超过面值部分作为股本溢价计入资本公积。

资本公积是指由投资者投入但不能构成实收资本,从其他来源取得,由所有者享有的资金,它属于所有者权益的范畴。其内容包括资本溢价(或股本溢价)和其他资本公积项目。

其他综合收益是企业根据企业会计准则规定未在当期损益中确认的各项利得和损失。

留存收益是企业从历年实现的利润中提取或留存于企业的内部积累,它来源于企业的生产经营活动所实现的利润,包括盈余公积和未分配利润两部分。盈余公积是企业按照规定从净利润中提取的各种积累资金,按照用途不同又可分为法定盈余公积和任意盈余公积。未分配利润是企业留待以后年度进行分配的结存利润。

思 考 题

1. 什么是所有者权益?它与负债有何区别?
2. 简述有限责任公司所有者权益的特点。
3. 简述股份有限公司所有者权益的特点。
4. 投入资本和留存收益有哪些区别和联系?
5. 实收资本和资本公积有哪些区别和联系?
6. 资本公积包括哪些内容?应如何进行核算?
7. 留存收益包括哪些内容?
8. 什么是盈余公积?盈余公积包括哪些内容?盈余公积的用途有哪些?
9. 如何进行盈余公积的计提与使用?

自 测 题

一、选择题

1. 股份有限公司按规定注销库存股的,对被注销库存股的账面余额超过面值总额的部分,应依次冲减( )。

A. 盈余公积,未分配利润,资本公积
B. 未分配利润,资本公积,盈余公积
C. 资本公积,未分配利润,盈余公积
D. 资本公积,盈余公积,未分配利润

2. 某企业年初盈余公积余额为500万元,本年提取法定盈余公积200万元,提取任意盈余公积100万元,用盈余公积转增资本200万元。该企业盈余公积的年末余额为(　　)万元。
　　A. 450　　　　　　　　B. 500　　　　　　　　C. 550　　　　　　　　D. 600
3. 甲公司委托证券公司代理发行普通股股票800万股,每股面值1元,按每股1.5元的价格发行,受托单位按发行收入1%收取手续费,并从发行收入中扣除。假如企业股款已经收到,该企业实际收到的款项为(　　)万元。
　　A. 792　　　　　　　　B. 12　　　　　　　　C. 800　　　　　　　　D. 1 188
4. 某企业上年未分配利润为12万元,本年税后利润为40万元,按规定提取法定盈余公积金后（提取比例为10%）,向投资者分配利润7万元,该企业本年未分配利润为(　　)。
　　A. 29万元　　　　　　B. 41万元　　　　　　C. 48万元　　　　　　D. 50万元
5. 企业提取盈余公积时,应编制的会计分录是(　　)。
　　A. 借记"本年利润"科目,贷记"盈余公积"科目
　　B. 借记"利润分配"科目,贷记"盈余公积"科目
　　C. 借记"盈余公积"科目,贷记"本年利润"科目
　　D. 借记"盈余公积"科目,贷记"利润分配"科目
6. 下列各项中能引起企业实收资本（或股本）发生增减变动的有(　　)。
　　A. 增资扩股　　　　　　　　　　　　B. 发放股利
　　C. 减少注册资本　　　　　　　　　　D. 投资者间进行股权转让
7. 企业的留存收益包括(　　)。
　　A. 实收资本　　　　　　　　　　　　B. 资本公积
　　C. 盈余公积　　　　　　　　　　　　D. 未分配利润
8. 资产负债表日,可供出售金融资产公允价值上升的金额应贷记(　　)科目。
　　A. "公允价值变动损益"　　　　　　　B. "其他综合收益"
　　C. "投资收益"　　　　　　　　　　　D. "财务费用"
9. 下列各项中,不会引起企业所有者权益总额发生变动的有(　　)。
　　A. 计入所有者权益的利得　　　　　　B. 用资本公积转增资本
　　C. 用盈余公积转增资本　　　　　　　D. 用盈余公积弥补亏损
10. 下列各项中,能够引起企业留存收益总额发生变动的有(　　)。
　　A. 本年度实现的净利润　　　　　　　B. 提取法定盈余公积
　　C. 向投资者宣告分配现金股利　　　　D. 提取任意盈余公积

二、判断题
1. 企业接受投资者投入美元资本,合同约定汇率为1∶6.7,投入当天市场汇率为1∶6.9,则企业接受投资者投入100万美元时,产生的资本公积为－20万元人民币。　　　　　　　　　　　　　　　　(　　)
2. 企业用盈余公积购建职工集体福利设施时,会引起所有者权益的减少。　　　　　　　　(　　)
3. 采用权益法核算的长期股权投资,投资企业按持股比例确认的被投资单位其他综合收益变动应享有的份额,在进行账务处理时应通过"其他综合收益"科目核算。　　　　　　　　　　　　(　　)
4. 接受投资者投入材料物资能够增加企业的实收资本。　　　　　　　　　　　　　　　　(　　)
5. 未分配利润是指未作分配的净利润,这部分净利润仍然属于所有者。　　　　　　　　　(　　)
6. 企业无法支付的应付款项应记入"资本公积"科目的贷方。　　　　　　　　　　　　　(　　)
7. 法定盈余公积计提依据于国家法律,任意盈余公积计提依据于企业规定。　　　　　　　(　　)
8. 企业以盈余公积向投资者分配现金股利,不会引起留存收益总额的变动。　　　　　　　(　　)
9. 处置采用权益法核算的长期股权投资,还应结转原计入资本公积的相关金额,借记或贷记本科目（其他资本公积）,贷记或借记"投资收益"科目。　　　　　　　　　　　　　　　　　(　　)

10. 盈余公积包括法定盈余公积和任意盈余公积。（   ）

业务练习题

1. 甲公司属于工业企业，为增值税一般纳税人，由 A、B、C 三位股东于 2017 年 1 月 3 日共同出资设立，注册资本 800 万元。出资协议规定，A、B、C 三位股东的出资比例分别为 40%、35% 和 25%。有关资料如下：

（1）2017 年 1 月 3 日三位股东的出资方式及出资额如表 5-2 所示（各位股东的出资已全部到位，有关法律手续已经办妥）。

表 5-2 三位股东的出资方式及出资额　　　　　　　　　　　　　　单位：万元

出资者	货币资金	实物资产	无形资产	合计
A	270		50（专利权）	320
B	130	150（设备）		280
C	170	30（轿车）		200
合计	570	180	50	800

（2）2017 年甲公司实现净利润 400 万元，决定分配现金股利 100 万元，计划在 2018 年 2 月 10 日支付。

（3）2018 年 1 月 31 日，吸收 D 股东加入本公司，将甲公司注册资本由原 800 万元增至 1 000 万元。D 股东以银行存款 100 万元、原材料 58.5 万元（增值税专用发票中注明材料计税价格为 50 万元，增值税 8.5 万元）出资，占增资后注册资本 10% 的股份；其余的 100 万元增资由 A、B、C 三位股东按原持股比例以银行存款出资。2018 年 1 月 31 日，四位股东的出资已全部到位，并取得 D 股东开出的增值税专用发票，有关的法律手续已经办妥。

要求：

（1）编制甲公司 2017 年 1 月 3 日收到出资者投入资本的会计分录（"实收资本"科目要求写出明细科目）。

（2）编制甲公司 2018 年分配现金股利的会计分录（"应付股利"科目要求写出明细科目）。

（3）计算甲公司 2018 年 1 月 31 日吸收 D 股东出资时产生的资本公积，编制股东出资的会计分录。

（4）计算甲公司 2018 年 1 月 31 日增资扩股后各股东的持股比例。

2. A 股份有限公司（以下简称 A 公司）有关业务资料如下：

（1）2017 年 1 月 1 日，A 公司股东权益总额为 11 300 万元（其中，股本总额为 2 000 万股，每股面值为 1 元；资本公积为 8 000 万元；盈余公积为 1 200 万元；未分配利润为 100 万元）。2017 年度实现净利润 100 万元，股本与资本公积项目未发生变化。

2017 年 12 月 20 日，A 公司董事会提出如下预案：

1）按 2017 年度实现净利润的 10% 提取法定盈余公积，按 5% 提取任意盈余公积。

2）以 2017 年 12 月 31 日的股本总额为基数，以资本公积（股本溢价）转增股本，每 10 股转增 3 股，计 600 万股。

2017 年 12 月 31 日，A 公司召开股东大会，审议批准了董事会提出的预案，同时决定分派现金股利 40 万元。2017 年 12 月 31 日，A 公司办妥了上述资本公积转增股本的有关手续。

（2）2018 年度，A 公司发生净亏损 900 万元。

要求：

（1）编制 A 公司 2017 年度提取盈余公积的会计分录。

（2）编制 A 公司 2017 年度宣告分派现金股利的会计分录。

(3) 编制 A 公司 2017 年度资本公积转增股本的会计分录。
(4) 编制 A 公司 2017 年度结转当年利润分配的会计分录。
(5) 编制 A 公司 2018 年度结转当年净亏损的会计分录。

案例分析题

1. 桦林股份公司是由五个股东共同出资组建的保健品公司，其注册资本 1 000 万元。股东 A 出资 400 万元，占注册资本的 40%，其中，现金出资 200 万元，另以一项产品专利出资，经评估作价 200 万元；股东 B 出资额为 300 万元，占注册资本的 30%；股东 C、D、E 的出资额分别为 100 万元，各占注册资本的 10%。经过几年的经营，公司的所有者权益已增至 1 500 万元（其中实收资本 1 000 万元，资本公积 200 万元，盈余公积 100 万元，未分配利润 200 万元）。今年年初，公司拟扩大规模，再上一条主要产品生产线，需要筹集资金 500 万元，有两个方案可供选择：一是向银行借款，利率是 8%；二是股东 B 的同学 F 拟加入公司，其可出资 500 万元，持有 20% 的股份。

要求：

(1) 若股东 B 欲转让 10% 的股份给同学 G，同学 G 需出资 150 万元，其他股东是否同意其转让？为什么？

(2) 若考虑以同学 F 出资 500 万元，投资入股的方式筹集资金，公司注册资本增加到 1 250 万，则对公司所有者权益的构成有何影响？若要合理保护原股东的权益，同学 F 所占股权比例为多少？

(3) 在第 2 问的基础上，若今年年末公司实现的税后利润为 200 万元，不进行利润分配。税后利润与各股东的出资有何关系？假设每年的盈余公积提取比例均为 10%，试列示今年年末公司所有者权益的构成情况。

(4) 如果你是公司的财务总监，应如何做出筹集资金的决策？

2. 华星公司 2017 年 12 月 31 日资产负债表上所有者权益的有关数据如下（单位：元）：

股本（普通股 5 000 000 股）	5 000 000
资本公积（普通股溢价）	3 000 000
盈余公积	4 000 000
未分配利润	2 500 000
合计	14 500 000

华星公司在过去的 3 年中，每年每股发放现金股利 0.18 元。公司在 2018 年 2 月 15 日宣告并发放股票股利 100 万股。4 月 20 日又宣告发放现金股利，每股为 0.15 元。

投资者林强持有 5 000 股华星公司的普通股股份，当初的购入价为每股 30 元。

要求：

(1) 华星公司发放股票股利前后的净资产是否有变化？在发放股票股利的当天，华星公司股票的市价从每股 30 元跌至 25 元，林强是否有损失？

(2) 林强今年收到的现金股利与以前年度收到的是否一样？

第六章 收入、费用和利润

案例与引言

湖北仰帆控股股份有限公司2004年6月7日股票上市,股票代码:600421。公司主营业务有:生物制品、医药制品的生产、销售;生物、医药、环保、生态农业技术的开发;咨询服务;片剂、硬胶囊、颗粒剂、丸剂的生产;企业投资开发、房地产开发、经营等。2004~2011年,公司主营业务为医药制品的生产、销售及流通;2012~2013年,公司主营业务为钢材贸易;2014年公司主营业务为内燃机配件业务。但由于经营规模较小,可支配资产少,公司重组在所难免。2016年12月20日仰帆控股遭中国证监会调查逾两年终于结案,公告显示,仰帆控股在2012年、2013年年度中虚假记载营业收入。

请问:影响利润的因素有哪些?仰帆股份为何虚增利润?如何虚增利润?

对以上问题的回答,正是本章的学习目标。

本章学习目标

◆ 收入的会计处理
◆ 费用的会计处理
◆ 本年利润的构成及核算
◆ 所得税的会计处理
◆ 利润的结转与分配
◆ 收入、费用与利润的披露

第一节 收 入

一、收入的概念

2017年7月5日,财政部修订发布了《企业会计准则第14号——收入》,自2018年1月1日起施行。本准则规定,收入是指企业在日常活动中形成的、会导致所有者权益增加的、与所有者投入资本无关的经济利益的总流入。企业通过获取的收入补偿为获得收入而发生的支出，以获得一定的利润。因此，收入是企业利润的基本来源，获取收入是企业经营活动的主要目标之一。

本准则适用于所有与客户之间的合同，但下列各项除外：①《企业会计准则第 2 号——长期股权投资》《企业会计准则第 22 号——金融工具确认和计量》《企业会计准则第 23 号——金融资产转移》《企业会计准则第 24 号——套期会计》《企业会计准则第 33 号——合并财务报表》以及《企业会计准则第 40 号——合营安排》规范的金融工具及其他合同权利和义务；②《企业会计准则第 21 号——租赁》规范的租赁合同；③保险合同相关会计准则规范的保险合同。

本准则所称合同，是指双方或多方之间订立有法律约束力的权利义务的协议。合同有书面形式、口头形式以及其他形式。

本准则所称客户，是指与企业订立合同以向该企业购买其日常活动产出的商品或服务并支付对价的一方。

二、收入的确认

（一）收入确认条件

企业应当在履行了合同中的履约义务，即在客户取得相关商品控制权时确认收入。取得相关商品控制权是指能够主导该商品的使用并从中获得几乎全部的经济利益。

具体来说，当企业与客户之间的合同同时满足下列条件时，企业应当在客户取得相关商品控制权时确认收入：

（1）合同各方已批准该合同并承诺将履行各自义务。

（2）该合同明确了合同各方与所转让商品或提供劳务（以下简称转让商品）相关的权利和义务。

（3）该合同有明确的与所转让商品相关的支付条款。

（4）该合同具有商业实质，即履行该合同将改变企业未来现金流量的风险、时间分布或金额。

（5）企业因向客户转让商品而有权取得的对价很可能收回。

在合同开始日即满足符合条件的合同，企业在后续期间无须对其进行重新评估，除非有迹象表明相关事实和情况发生重大变化。合同开始日通常是指合同生效日。

在合同开始日不符合上述五条规定的合同，企业应当对其进行持续评估，并在其满足上述五条规定时按照规定进行会计处理。

对于不符合上述五条规定的合同，企业只有在不再负有向客户转让商品的剩余义务，且已向客户收取的对价无须退回时，才能将已收取的对价确认为收入；否则，应当将已收取的对价作为负债进行会计处理。没有商业实质的非货币性资产交换，不确认收入。

（二）收入确认中履约义务的识别

履约义务是指合同中企业向客户转让可明确区分商品的承诺。履约义务既包括合同中明确的承诺，也包括由于企业已公开宣布的政策、特定声明或以往的习惯做法等导致合同订立时客户合理预期企业将履行的承诺。企业为履行合同而应开展的初始活动，通常不构成履约义务，除非该活动向客户转让了承诺的商品。

合同开始日，企业应当对合同进行评估，识别该合同所包含的各单项履约义务，并确定各单项履约义务是在某一时段内履行,还是在某一时点履行,然后,在履行了各单项履约义务时分别确认收入。

1. 某一时段内履行的履约义务的识别

满足下列条件之一的,属于在某一时段内履行履约义务;否则,属于在某一时点履行履约义务:

(1) 客户在企业履约的同时即取得并消耗企业履约所带来的经济利益。

(2) 客户能够控制企业履约过程中在建的商品。

(3) 企业履约过程中所产出的商品具有不可替代用途,且该企业在整个合同期间内有权就累计至今已完成的履约部分收取款项。具有不可替代用途是指因合同限制或实际可行性限制,企业不能轻易地将商品用于其他用途;有权就累计至今已完成的履约部分收取款项是指在由于客户或其他方原因终止合同的情况下,企业有权就累计至今已完成的履约部分收取能够补偿其已发生成本和合理利润的款项,并且该权利具有法律约束力。

对于在某一时段内履行的履约义务,企业应当在该段时间内按照履约进度确认收入,但是,履约进度不能合理确定的除外。企业应当考虑商品的性质,采用产出法或投入法确定恰当的履约进度。其中,产出法是根据已转移给客户的商品对于客户的价值确定履约进度;投入法是根据企业为履行履约义务的投入确定履约进度。对于类似情况下的类似履约义务,企业应当采用相同的方法确定履约进度。当履约进度不能合理确定时,企业已经发生的成本预计能够得到补偿的,应当按照已经发生的成本金额确认收入,直到履约进度能够合理确定为止。

2. 某一时点履行的履约义务的识别

企业应当在客户取得相关商品控制权时点确认收入。在判断客户是否已取得商品控制权时,企业应当考虑下列迹象:

(1) 企业就该商品享有现时收款权利,即客户就该商品负有现时付款义务。

(2) 企业已将该商品的法定所有权转移给客户,即客户已拥有该商品的法定所有权。

(3) 企业已将该商品实物转移给客户,即客户已实物占有该商品。

(4) 企业已将该商品所有权上的主要风险和报酬转移给客户,即客户已取得该商品所有权上的主要风险和报酬。

(5) 客户已接受该商品。

(6) 其他表明客户已取得商品控制权的迹象。

三、收入的计量

企业应当按照分摊至各单项履约义务的交易价格计量收入。因此,确定交易价格是合理计量收入的关键因素。

1. 交易价格的确定

交易价格是指企业因向客户转让商品而预期有权收取的对价金额。企业代第三方收取的款项以及企业预期将退还给客户的款项,应当作为负债进行会计处理,不计入交易价格。

企业应当根据合同条款,并结合其以往的习惯做法确定交易价格。在确定交易价格时,企业应当考虑可变对价、合同中存在的重大融资成分、非现金对价、应付客户对价等因素的影响。

(1) 合同中存在可变对价的，企业应当按照期望值或最可能发生金额确定可变对价的最佳估计数，但包含可变对价的交易价格，应当不超过在相关不确定性消除时累计已确认收入极可能不会发生重大转回的金额。企业在评估累计已确认收入是否极可能不会发生重大转回时，应当同时考虑收入转回的可能性及其比重。

每一资产负债表日，企业应当重新估计应计入交易价格的可变对价金额。

(2) 合同中存在重大融资成分的，企业应当按照假定客户在取得商品控制权时即以现金支付的应付金额确定交易价格。该交易价格与合同对价之间的差额，应当在合同期间内采用实际利率法摊销。合同开始日，企业预计客户取得商品控制权与客户支付价款间隔不超过一年的，可以不考虑合同中存在的重大融资成分。

(3) 客户支付非现金对价的，企业应当按照非现金对价的公允价值确定交易价格。非现金对价的公允价值不能合理估计的，企业应当参照其承诺向客户转让商品的单独售价间接确定交易价格。单独售价是指企业向客户单独销售商品的价格。

(4) 企业应付客户（或向客户购买本企业商品的第三方）对价的，应当将该应付对价冲减交易价格，并在确认相关收入与支付（或承诺支付）客户对价二者孰晚的时点冲减当期收入，但应付客户对价是为了向客户取得其他可明确区分商品的除外。

2. 收入计量的规则

(1) 合同中包含两项或多项履约义务的，企业应当在合同开始日，按照各单项履约义务所承诺商品的单独售价的相对比例，将交易价格分摊至各单项履约义务。企业不得因合同开始日之后单独售价的变动而重新分摊交易价格。

(2) 企业在类似环境下向类似客户单独销售商品的价格，应作为确定该商品单独售价的最佳证据。单独售价无法直接观察的，企业应当综合考虑其能够合理取得的全部相关信息，采用市场调整法、成本加成法、余值法等方法合理估计单独售价。在估计单独售价时，企业应当最大限度地采用可观察的输入值，并对类似的情况采用一致的估计方法。

市场调整法是指企业根据某商品或类似商品的市场售价考虑本企业的成本和毛利等进行适当调整后，确定其单独售价的方法。

成本加成法是指企业根据某商品的预计成本加上其合理毛利后的价格，确定其单独售价的方法。

余值法是指企业根据合同交易价格减去合同中其他商品可观察的单独售价后的余值，确定某商品单独售价的方法。

(3) 企业在商品近期售价波动幅度巨大，或者因未定价且未曾单独销售而使售价无法可靠确定时，可采用余值法估计其单独售价。

(4) 对于合同折扣，企业应当在各单项履约义务之间按比例分摊。

有确凿证据表明合同折扣仅与合同中一项或多项（而非全部）履约义务相关的，企业应当将该合同折扣分摊至相关一项或多项履约义务。

合同折扣仅与合同中一项或多项（而非全部）履约义务相关，且企业采用余值法估计单独售价的，应当首先按照前述规定在该一项或多项（而非全部）履约义务之间分摊合同折扣，然后采用余值法估计单独售价。合同折扣是指合同中各单项履约义务所承诺商品的单独售价之和高于合同交易价格的金额。

四、特定交易的内容

（1）对于附有销售退回条款的销售，企业应当在客户取得相关商品控制权时，按照因向客户转让商品而预期有权收取的对价金额（即不包含预期因销售退回将退还的金额）确认收入，按照预期因销售退回将退还的金额确认负债；同时，按照预期将退回商品转让时的账面价值，扣除收回该商品预计发生的成本（包括退回商品的价值减损）后的余额，确认为一项资产，按照所转让商品转让时的账面价值，扣除上述资产成本的净额结转成本。

（2）对于附有质量保证条款的销售，企业应当评估该质量保证是否在向客户保证所销售商品符合既定标准之外提供了一项单独的服务。企业提供额外服务的，应当作为单项履约义务，按照《企业会计准则第14号——收入》规定进行会计处理；否则，质量保证责任应当按照《企业会计准则第13号——或有事项》规定进行会计处理。

（3）企业应当根据其在向客户转让商品前是否拥有对该商品的控制权，来判断其从事交易时的身份是主要责任人还是代理人。企业在向客户转让商品前能够控制该商品的，该企业为主要责任人，应当按照已收或应收对价总额确认收入；否则，该企业为代理人，应当按照预期有权收取的佣金或手续费的金额确认收入，该金额应当按照已收或应收对价总额扣除应支付给其他相关方的价款后的净额，或者按照既定的佣金金额或比例等确定。

（4）对于附有客户额外购买选择权的销售，企业应当评估该选择权是否向客户提供了一项重大权利，并按照相关规定确认相应的收入。

（5）企业向客户授予知识产权许可的，应当按照《企业会计准则第14号——收入》第九条和第十条规定评估该知识产权许可是否构成单项履约义务，构成单项履约义务的，应当进一步确定其是在某一时段内履行还是在某一时点履行。

（6）对于售后回购交易，企业应当区分两种情形：一是企业因存在与客户的远期安排而负有回购义务或企业享有回购权利的，表明客户在销售时点并未取得相关商品控制权，企业应当作为租赁交易或融资交易进行相应的会计处理；二是企业负有应客户要求回购商品义务的，应当在合同开始日评估客户是否具有行使该要求权的重大经济动因。

（7）企业向客户预收销售商品款项的，应当首先将该款项确认为负债，待履行了相关履约义务时再转为收入。

（8）企业在合同开始（或接近合同开始）日向客户收取的无须退回的初始费（如俱乐部的入会费等）应当计入交易价格，并按照相关确认规定确认收入。

五、收入的核算

【例6-1】祥达实业为一般纳税人，2017年11月份向A企业销售产品1 000件，单位售价600元，单位成本400元，该产品的增值税税率为17%，消费税税率为6%。祥达实业已按合同发货，开出转账支票代垫运杂费200元，已办妥托收手续。本月份应交城市维护建设税6 900元，应交教育费附加5 160元。

根据收入确认规定，公司履行了合同中的履约义务，即客户取得了相关商品控制权。祥达实业的会计处理如下：

（1）确认主营业务收入：

借：应收账款——A企业　　　　　　　　　　　　　　　　　　　　　　702 200

贷：主营业务收入	600 000
应交税费——应交增值税（销项税额）	102 000
银行存款	200

（2）结转主营业务成本：

借：主营业务成本	400 000
贷：库存商品	400 000

（3）计算税金及附加：

借：税金及附加	48 060
贷：应交税费——应交消费税	36 000
——应交城市维护建设税	6 900
——应交教育费附加	5 160

【例6-2】 祥达实业于2017年5月18日向C企业销售商品500件，每件600元，增值税税率为17%，商业折扣为10%。

根据收入确认规定，公司履行了合同中的履约义务，即客户取得了相关商品控制权。祥达实业的会计处理如下：

发票价格=600元×500×（1-10%）=270 000元

销项税额=270 000元×17%=45 900元

编制会计分录如下：

借：应收账款——C企业	315 900
贷：主营业务收入	270 000
应交税费——应交增值税（销项税额）	45 900

【例6-3】 祥达实业在2017年7月1日向B企业销售一批商品，开出的增值税专用发票上注明的销售价款为20 000元，增值税税额为3 400元。为及早收回货款，祥达实业和B企业约定的现金折扣条件为：2/10，1/20，n/30。假定计算现金折扣时不考虑增值税税额。

根据收入确认规定，公司履行了合同中的履约义务，即客户取得了相关商品控制权。祥达实业的会计处理如下：

（1）7月1日销售实现时，按照销售总价确认收入：

借：应收账款——B企业	23 400
贷：主营业务收入	20 000
应交税费——应交增值税（销项税额）	3 400

（2）如果乙公司在7月9日付清货款，则按销售总价20 000元的2%享受现金折扣400元（20 000×2%），实际付款23 000元（23 400-400）。

借：银行存款	23 000
财务费用	400
贷：应收账款——B企业	23 400

（3）如果乙公司在7月18日付清货款，则按销售总价20 000元的1%享受现金折扣200元（20 000×1%），实际付款23 200元（23 400-200）：

借：银行存款	23 200
财务费用	200

贷：应收账款——B 企业　　　　　　　　　　　　　　　　　　　　　　　　23 400
（4）如果乙公司在 7 月底才付清货款，则按全额付款：
借：银行存款　　　　　　　　　　　　　　　　　　　　　　　　　　　　　　23 400
　　贷：应收账款——B 企业　　　　　　　　　　　　　　　　　　　　　　　　23 400

【例 6-4】　上述例 6-1 中祥达实业销售给 A 企业的产品因规格与合同不符，祥达实业同意给予对方 5% 的折让，同时允许扣减当期销项税额。

　　根据收入确认规定，公司履行了合同中的履约义务，即客户取得了相关商品控制权。祥达实业的会计处理如下：

发生折让时：
借：主营业务收入　　　　　　　　　　　　　　　　　　　　　　　　　　　　30 000
　　应交税费——应交增值税（销项税额）　　　　　　　　　　　　　　　　　 5 100
　　　贷：应收账款——A 企业　　　　　　　　　　　　　　　　　　　　　　　35 100

实际收款时：
借：银行存款　　　　　　　　　　　　　　　　　　　　　　　　　　　　　　667 100
　　　贷：应收账款——A 企业　　　　　　　　　　　　　　　　　　　　　　　667 100

【例 6-5】　祥达实业于 2017 年 1 月 27 日向 A 企业销售商品一批，增值税专用发票上注明售价为 350 000 元，增值税税额为 59 500 元，生产成本 182 000 元。祥达实业收到货款并对该项销售确认了销售收入。2017 年 3 月 10 日该商品出现了严重质量问题，A 企业将该批商品全部退还，祥达实业同意退货，并于退货当日支付了退货款，按规定向 A 企业开具了增值税专用发票（红字）。

　　根据收入确认规定，公司履行了合同中的履约义务，即客户取得了相关商品控制权。祥达实业的会计处理如下：

（1）2017 年 1 月 27 日确认收入时：
借：银行存款　　　　　　　　　　　　　　　　　　　　　　　　　　　　　　409 500
　　　贷：主营业务收入　　　　　　　　　　　　　　　　　　　　　　　　　　350 000
　　　　　应交税费——应交增值税（销项税额）　　　　　　　　　　　　　　　59 500

同时结转生产成本：
借：主营业务成本　　　　　　　　　　　　　　　　　　　　　　　　　　　　182 000
　　　贷：库存商品　　　　　　　　　　　　　　　　　　　　　　　　　　　　182 000

（2）2017 年 3 月 10 日销售退回时：
借：主营业务收入　　　　　　　　　　　　　　　　　　　　　　　　　　　　350 000
　　应交税费——应交增值税（销项税额）　　　　　　　　　　　　　　　　　 59 500
　　　贷：银行存款　　　　　　　　　　　　　　　　　　　　　　　　　　　　409 500
借：库存商品　　　　　　　　　　　　　　　　　　　　　　　　　　　　　　182 000
　　　贷：主营业务成本　　　　　　　　　　　　　　　　　　　　　　　　　　182 000

【例 6-6】　祥达实业 2017 年 9 月 23 日与 A 企业签订协议，采用预收款方式向乙公司销售一批商品。该批商品实际成本为 1 400 000 元。协议约定，该批商品销售价格为 2 000 000 元；A 企业应在协议签订时预付 60% 的货款（按不含增值税销售价格计算），剩余货款于 2 个月后支付。假定祥达实业在收到剩余货款时，销售该批商品的增值税纳税义务发生，增值税税额为340 000元;不考虑其他因素。

根据收入确认规定,公司履行了合同中的履约义务,即客户取得了相关商品控制权。祥达实业的会计处理如下:

(1) 收到60%的货款时:

借:银行存款　　　　　　　　　　　　　　　　　　　　　　1 200 000
　　贷:预收账款——乙公司　　　　　　　　　　　　　　　　　1 200 000

(2) 收到剩余货款,发生增值税纳税义务时:

借:预收账款——乙公司　　　　　　　　　　　　　　　　　1 200 000
　　银行存款　　　　　　　　　　　　　　　　　　　　　　1 140 000
　　贷:主营业务收入　　　　　　　　　　　　　　　　　　　2 000 000
　　　　应交税费——应交增值税(销项税额)　　　　　　　　　 340 000

借:主营业务成本　　　　　　　　　　　　　　　　　　　　1 400 000
　　贷:库存商品　　　　　　　　　　　　　　　　　　　　　1 400 000

第二节　费　　用

一、费用的概念与分类

(一) 费用的概念

费用是指企业在日常活动中发生的、会导致所有者权益减少的、与向所有者分配利润无关的经济利益的总流出。费用产生于企业的日常生产经营活动,偶发的交易或者事项产生的经济利益流出不属于企业的费用;费用可能表现为资产的减少,也可能表现为负债的增加,或二者兼而有之;费用会引起企业所有者权益的减少;虽然向出资者分配利润的资金也流出了企业,但不属于费用,而属于企业的利润分配。

企业经过生产过程与销售过程以后,固定资产的损耗价值、消耗掉的材料物资等转化为费用。此时费用为广义的费用,即生产经营管理费用,包括生产成本、期间费用,以及能够预计到的可能发生的正常损失三部分内容。狭义的费用是指计入当期损益的费用,包括已售产品的销售成本与期间费用,计入当期的利润表。

制造成本即生产成本,也可称其为狭义的成本。狭义的成本是由广义的费用转化而来的。制造过程结束,产品完工入库进入销售过程。完工产品中已销售产品,其制造成本转化为销售成本,销售成本与期间费用一同计入当期损益。完工产品中的未销售产品与未被耗用的材料、尚未完成加工过程的在产品共同作为存货计入当期的资产负债表。

(二) 费用的分类

1. 按照经济内容分类

按照经济内容分类,费用可以分为劳动对象方面的费用、劳动手段方面的费用和活劳动方面的费用三大类。这三大类又可细分为以下九类:

(1) 外购材料费用。外购材料费用是指企业为生产经营而耗用的一切从外部购入的原材料、半成品、辅助材料、包装物、修理用备品备件和低值易耗品等。

(2) 外购燃料费用。外购燃料费用是指企业为进行生产而耗用的外部购进的各种燃料费用。

（3）外购动力费用。外购动力费用是指企业为进行生产而耗用的外部购进的各种动力费用。

（4）工资。工资是指企业应计入成本费用的职工工资。

（5）福利费用。福利费用是指企业按一定比例从成本费用中提取的职工福利费用。

（6）折旧费。折旧费是指企业通常按照固定资产原来成本的固定比率计提的折旧基金。

（7）利息支出。利息支出是指企业计入成本费用的利息支出减去利息收入后的净额。

（8）税金。税金是指企业计入成本费用的各项税金之和。

（9）其他支出。其他支出是指企业中不属于以上各要素的费用支出。

2. 按照经济用途分类

按照经济用途分类，费用可分为直接材料、直接工资、其他直接支出、制造费用和期间费用。

（1）直接材料。直接材料是指企业生产产品和提供劳务的过程中所消耗的、直接用于产品生产、构成产品实体的各种材料及主要材料、外购半成品以及有助于产品形成的辅助材料等。

（2）直接工资。直接工资是指直接从事业务及其他活动人员的工资、奖金、津贴和补贴等。

（3）其他直接支出。其他直接支出是指直接从事产品生产人员的职工福利费。

（4）制造费用。制造费用是指企业为生产产品和提供劳务而发生的各项间接成本。

（5）期间费用。期间费用是指企业在生产经营过程中发生的销售费用、管理费用和财务费用。

二、费用的核算

1. 主营业务成本

主营业务成本是指企业销售商品和产品、提供劳务、让渡资产使用权等日常活动而发生的成本。企业应设置"主营业务成本"科目，本科目核算企业确认销售商品、提供劳务等主营业务收入时应结转的成本。借方登记已销售商品、提供劳务等的实际成本；贷方登记期末转入"本年利润"科目的数额，结转后应无余额。该科目也应按产品类别设置明细分类科目。

【例6-7】 祥达实业采用商业汇票结算的方式销售一批商品，开出的增值税专用发票上注明售价为200 000元，增值税税额为34 000元，商品已经发出，该批商品的成本为120 000元，祥达实业结转成本的会计处理如下：

借：主营业务成本 120 000
　　贷：库存商品 120 000

2. 其他业务成本

其他业务成本是指企业确认的除主营业务活动以外的其他经营活动所发生的支出，包括销售材料的成本、出租固定资产的折旧额、出租无形资产的摊销额、出租包装物的成本或摊销额等。企业发生的其他业务成本，借记本科目，贷记"原材料""周转材料""累计折旧""累计摊销""应付职工薪酬""银行存款"等科目。其他业务成本，在月末时需要转入"本年利润"科目，借记"本年利润"科目，贷记本科目。结转之后无余额。

【例6-8】 祥达实业销售一批购买的钢材，开出的增值税专用发票上注明的售价为100 000元，增值税税额为17 000元，款项已由银行收妥。该批钢材的实际成本为90 000元。祥达实业结转成本的会计处理如下：

借：其他业务成本　　　　　　　　　　　　　　　　　　　90 000
　　贷：原材料——钢材　　　　　　　　　　　　　　　　　　90 000

3. 税金及附加

税金及附加是指企业经营活动应负担的消费税、城市维护建设税、资源税、土地增值税、教育费附加、地方教育附加、房产税、土地使用税、车船税、印花税等。根据国家法律规定，计算出与经营活动相关的税费，借记"税金及附加"科目，贷记"应交税费"等科目。期末应将"税金及附加"科目余额转入"本年利润"科目，结转后该科目无余额。

【例6-9】 祥达实业2017年2月1日取得应纳消费税的销售商品收入3 000 000元，该产品适用的消费税税率为25%。祥达实业的会计处理如下：

（1）计算应纳消费税为750 000元（3 000 000×25%）：

借：税金及附加　　　　　　　　　　　　　　　　　　　　750 000
　　贷：应交税费——应交消费税　　　　　　　　　　　　　750 000

（2）缴纳消费税时：

借：应交税费——应交消费税　　　　　　　　　　　　　　750 000
　　贷：银行存款　　　　　　　　　　　　　　　　　　　　750 000

4. 销售费用

销售费用是指企业销售商品和材料、提供劳务的过程中发生的各种费用，包括保险费、包装费、展览费、广告费、商品维修费、预计产品质量保证损失、运输费、装卸费等以及为销售本企业商品而专设的销售机构（含销售网点、售后服务网点等）的职工薪酬、业务费、折旧费等经营费用。

企业发生的销售费用，在"销售费用"科目核算。本期发生的各项销售费用借记本科目，贷记"银行存款""应付职工薪酬"等科目，期末将借方余额转入"本年利润"科目，结转后没有余额。"销售费用"科目应按费用项目进行明细分类核算。

【例6-10】 2017年8月祥达实业以银行存款支付本月发生的广告费40 000元，修理销售部门办公楼领用材料1 600元，发生应付薪酬1 200元。祥达实业的会计处理如下：

借：销售费用——广告费　　　　　　　　　　　　　　　　40 000
　　贷：银行存款　　　　　　　　　　　　　　　　　　　　40 000
借：销售费用——修理费　　　　　　　　　　　　　　　　　2 800
　　贷：原材料　　　　　　　　　　　　　　　　　　　　　1 600
　　　　应付职工薪酬　　　　　　　　　　　　　　　　　　1 200

5. 管理费用

管理费用是指企业为组织和管理企业生产经营所发生的管理费用，包括企业在筹建期间内发生的开办费、董事会和行政管理部门在企业的经营管理中发生的或者应由企业统一负担的公司经费、工会经费、董事会费、聘请中介机构费、咨询费、诉讼费、业务招待费、技术转让费、研究费用以及企业生产车间和行政管理部门等发生的固定资产的修理费用等。企业发生的管理费用，在"管理费用"科目核算。本期发生的各项管理费用借记本科目，贷记"库存现金""银行存款""原材料""应付职工薪酬""累计摊销""累计折旧""应交税费"等科目，期末将借方余额转入"本年利润"科目，结转后没有余额。"管理费用"科目应按费用项目进行明细分类核算。

【例6-11】 2017年9月祥达实业本月摊销管理部门使用的无形资产5 000元、聘请中介机构费32 000元。祥达实业的会计处理如下：

（1）摊销无形资产时：

借：管理费用——无形资产摊销　　　　　　　　　　　　　　　　5 000
　　贷：累计摊销　　　　　　　　　　　　　　　　　　　　　　5 000

（2）支付聘请中介机构费时：

借：管理费用　　　　　　　　　　　　　　　　　　　　　　　32 000
　　贷：银行存款　　　　　　　　　　　　　　　　　　　　　32 000

6. 财务费用

财务费用是指企业为筹集生产经营所需资金而发生的费用，包括利息支出（减利息收入）、汇兑损失（减汇兑收益）、相关的手续费、企业发生的现金折扣或收到的现金折扣等。

企业发生的财务费用，在"财务费用"科目核算。企业发生各项财务费用时借记本科目，贷记"银行存款"等科目；企业发生利息收入、汇兑收益时，借记"银行存款"等科目，贷记本科目。期末将借方余额转入"本年利润"科目，结转后没有余额。"财务费用"科目应按费用项目进行明细分类核算。

【例6-12】 2017年3月月末祥达实业支付短期借款利息3 000元，以银行存款支付银行转账手续费800元。祥达实业的会计处理如下：

借：财务费用——利息支出　　　　　　　　　　　　　　　　　3 000
　　　　　　——手续费　　　　　　　　　　　　　　　　　　　800
　　贷：银行存款　　　　　　　　　　　　　　　　　　　　　3 800

第三节　利　　润

一、利润及其构成

（一）利润的概念

利润是指企业在一定会计期间的经营成果。通常情况下，如果企业实现了利润，则表明企业的所有者权益将增加，业绩得到了提升；反之，如果企业发生了亏损（即利润为负数），则表明企业的所有者权益将减少，业绩下降。利润是评价企业管理层业绩的指标之一，也是投资者等财务报告使用者进行决策时的重要参考。

（二）利润的构成

1. 营业利润

营业利润是指企业从事生产经营活动所实现的利润。它是企业利润的主要来源，能够比较恰当地代表企业管理者的经营业绩。营业利润的计算公式如下：

营业利润 = 营业收入 − 营业成本 − 税金及附加 − 销售费用 − 管理费用 − 财务费用 − 资产减值损失 + 公允价值变动收益(− 公允价值变动损失) + 投资收益(− 投资损失)

2. 利润总额

利润总额是指企业的营业利润加上营业外收入、减去营业外支出后的金额。其计算公式如下：

利润总额 = 营业利润 + 营业外收入 − 营业外支出

上述公式的计算结果若为负数，则是企业发生的亏损总额。

3. 净利润

净利润是指企业的利润总额减去所得税以后的金额，即企业的税后利润。其计算公式如下：

净利润 = 利润总额 − 所得税

二、营业外收支

(一) 营业外收入

1. 营业外收入的核算内容

营业外收入是指企业确认的与日常活动无直接关系的各项利得。营业外收入的取得，不需要企业付出任何代价，也不需要与有关费用进行配比，实际上是一种纯收入，直接增加企业的利润总额。因此，在会计核算中，应严格区分营业外收入与营业收入的界限。

营业外收入主要包括非流动资产处置利得、非货币性资产交换利得、债务重组利得、政府补助、盘盈利得、捐赠利得等。

2. 营业外收入的会计处理

（1）处置非流动资产利得。企业确认处置非流动资产利得时，借记"固定资产清理""银行存款""待处理财产损溢""无形资产""原材料"等科目，贷记"营业外收入"科目。

【例6-13】祥达实业2017年10月23日变卖固定资产，取得清理的净收益3 700元。祥达实业的会计处理如下：

借：固定资产清理　　　　　　　　　　　　　　　　　　　　　　3 700
　　贷：营业外收入——非流动资产处置利得　　　　　　　　　　3 700

（2）盘盈利得、捐赠利得。企业确认盘盈利得、捐赠利得计入营业外收入时，借记"库存现金""待处理财产损溢"等科目，贷记"营业外收入"科目。

【例6-14】祥达实业2017年3月2日在现金清查中盘盈2 000元，按管理权限报经批准后转入营业外收入。祥达实业的会计处理如下：

1）发现盘盈时：

借：库存现金　　　　　　　　　　　　　　　　　　　　　　　　2 000
　　贷：待处理财产损溢　　　　　　　　　　　　　　　　　　　　2 000

2）经批准转入营业外收入时：

借：待处理财产损溢　　　　　　　　　　　　　　　　　　　　　2 000
　　贷：营业外收入　　　　　　　　　　　　　　　　　　　　　　2 000

（3）政府补助

1）与资产相关的政府补助。

【例6-15】 按照国家有关政策，企业购置环保设备可以申请补贴以补偿其环保支出。祥达实业于2017年1月1日向政府有关部门提交了210万元的补助申请，作为对其购置环保设备的补贴。2017年3月15日祥达实业收到政府补助款210万元，4月20日祥达实业购入不需要安装的环保设备，实际成本为480万元，假设本例不考虑相关税费。祥达实业可以选择总额法或净额法。祥达实业的会计处理如下：

(1) 总额法

1) 2017年3月15日收到政府补助款：

借：银行存款	2 100 000
贷：递延收益	2 100 000

2) 2017年4月20日购入设备：

借：固定资产	4 800 000
贷：银行存款	4 800 000

3) 2017年5月起计提折旧，预计使用寿命10年，预计净残值为0：

借：制造费用	40 000
贷：累计折旧（4 800 000÷10÷12）	40 000
借：递延收益	17 500
贷：营业外收入（2 100 000÷10÷12）	17 500

4) 2025年4月（8年后）出售该设备，取得价款120万元：

借：固定资产清理	960 000
累计折旧（40 000×12×8）	3 840 000
贷：固定资产	4 800 000
借：银行存款	1 200 000
贷：固定资产清理	960 000
营业外收入	240 000
借：递延收益（2 100 000－17 500×12×8）	420 000
贷：营业外收入	420 000

(2) 净额法

1) 2017年3月15日收到政府补助款：

借：银行存款	2 100 000
贷：递延收益	2 100 000

2) 2017年4月20日购入设备：

借：固定资产	4 800 000
贷：银行存款	4 800 000
借：递延收益	2 100 000
贷：固定资产	2 100 000

3) 2017年5月起计提折旧，预计使用寿命10年，预计净残值为0：

借：制造费用	22 500
贷：累计折旧[(4 800 000－2 100 000)÷10÷12]	22 500

4) 2025年4月（8年后）出售该设备，取得价款120万元：

借：固定资产清理	540 000
累计折旧（22 500×12×8）	2 160 000
贷：固定资产	2 700 000
借：银行存款	1 200 000
贷：固定资产清理	540 000
营业外收入	660 000

2）与收益相关政府补助（补助已发生的费用，与日常活动有关）。

【例 6-16】 祥达实业销售其自主研发的动漫软件，先按 17% 的税率征收增值税后，对其增值税实际税负超过 3% 的部分，实行即征即退。2017 年 1 月，祥达实业实际缴纳增值税 50 万元，实际退回 10 万元。祥达实业的会计处理如下：

借：银行存款	100 000
贷：营业外收入	100 000

3）与收益相关政府补助（补助已发生的损失，与日常活动无关）。

【例 6-17】 祥达实业由于遭受重大自然灾害，2017 年 3 月收到政府补助资金 200 万元，祥达实业的会计处理如下：

借：银行存款	2 000 000
贷：营业外收入	2 000 000

4）与收益相关政府补助（补助以后将发生的费用）。

【例 6-18】 祥达实业于 2017 年 3 月 15 日与政府签订合作协议，当地政府向祥达实业提供 1 000 万元奖励资金，用于企业的人才激励和人才引进奖励，祥达实业必须按年向当地政府报送详细的资金使用计划并按规定用途使用资金；同时约定，祥达实业自获得奖励起 10 年内不迁离本区，否则政府有权追回奖励资金。祥达实业的会计处理如下：

（1）2017 年 4 月 10 日，祥达实业收到 1 000 万元补助资金，祥达实业判断未来 10 年企业迁离本区的可能性很小，应计入递延收益（如果可能性大，则应计入其他应付款）：

借：银行存款	10 000 000
贷：递延收益	10 000 000

（2）假设 2017 年祥达实业将 400 万元发放高管奖金：

借：递延收益	4 000 000
贷：管理费用	4 000 000

以后各年相同。

（4）期末，应将"营业外收入"科目余额转入"本年利润"科目，借记"营业外收入"科目，贷记"本年利润"科目。结转后本科目应无余额。

（二）营业外支出

1. 营业外支出的核算内容

营业外支出是指直接计入当期利润的损失，企业发生的与生产经营活动无直接关系的各种支出。这些支出不会给企业带来任何收益，不属于企业的生产经营管理费用，但直接抵减企业的利润总额。

营业外支出主要包括非流动资产处置损失、非货币性资产交换损失、债务重组损失、公益性捐赠支出、非常损失、盘亏损失等。

2. 营业外支出的会计处理

（1）处置非流动资产损失。企业确认处置非流动资产损失时，借记"营业外支出"科目，贷记"固定资产清理""无形资产""原材料"等科目。

【例6-19】 2016年1月1日，祥达实业取得一项价值1 000 000元的非专利技术，2017年1月2日出售时已累计摊销100 000元，未计提减值准备，出售时取得价款855 000元，不考虑其他因素。祥达实业的会计处理如下：

借：银行存款　　　　　　　　　　　　　　　　　　　　　　855 000
　　累计摊销　　　　　　　　　　　　　　　　　　　　　　100 000
　　营业外支出　　　　　　　　　　　　　　　　　　　　　 45 000
　　贷：无形资产　　　　　　　　　　　　　　　　　　　　　　1 000 000

（2）盘亏、罚款支出。确认盘亏、罚款支出计入营业外支出时，借记"营业外支出"科目，贷记"待处理财产损溢""库存现金"等科目。

【例6-20】 祥达实业2017年5月8日发生原材料意外灾害损失135 000元，经批准全部转作营业外支出，不考虑相关税费。祥达实业的会计处理如下：

(1) 发生原材料意外灾害损失时：

借：待处理财产损溢　　　　　　　　　　　　　　　　　　　135 000
　　贷：原材料　　　　　　　　　　　　　　　　　　　　　　　 135 000

(2) 批准处理时：

借：营业外支出　　　　　　　　　　　　　　　　　　　　　135 000
　　贷：待处理财产损溢　　　　　　　　　　　　　　　　　　　 135 000

(3) 期末，应将"营业外支出"科目余额转入"本年利润"科目，借记"本年利润"科目，贷记"营业外支出"科目。结转后本科目应无余额。

【例6-21】 祥达实业2017年营业外支出总额为120 000元，期末结转本年利润。祥达实业的会计处理如下：

借：本年利润　　　　　　　　　　　　　　　　　　　　　　120 000
　　贷：营业外支出　　　　　　　　　　　　　　　　　　　　　 120 000

第四节　利润的结转与分配

一、利润的结转

1. 结转本年利润的方法

会计期末结转本年利润的方法有表结法和账结法两种。

（1）表结法是指每月月末只结出损益类科目的月末余额，但不结转到"本年利润"科目，只有在年末结转时才使用"本年利润"科目。每月月末要将损益类科目本月发生额合计数填入利润表本月数栏，同时将其填列至利润表本年累计数额。

表结法下年中损益类科目无须转入"本年利润"科目，从而减少了转账环节和工作量，同时并不影响利润表的编制及有关损益指标的利用。

（2）账结法是指每月月末均需编制转账凭证，将在账上结计出的各损益类科目的余额转入"本年利润"科目。结转后,"本年利润"科目的本月合计数反映当月实现的利润或发生的亏损,"本年利润"科目的本年累计数反映本年累计实现的利润或发生的亏损。

账结法在各月均要通过"本年利润"科目提供当月及本年累计的利润(或亏损)额,增加了转账环节的工作量。

2. 结转本年利润的核算

企业实现的利润总额(或发生的亏损总额)通过设置"本年利润"科目进行核算。企业期(月)末结转利润时,应将各损益类科目的余额转入"本年利润"科目的贷方;将各费用类科目的余额转入"本年利润"科目的借方。

结转后,"本年利润"的贷方余额为当期实现的净利润;借方余额为当期发生的净亏损。

年度终了,应将本年实现的累计净利润(或累计净亏损)全部转入"利润分配——未分配利润"明细科目,年终结转后,"本年利润"科目应无余额。

【例6-22】 祥达实业某子公司在2017年12月31日结账前各损益类账户的余额如表6-1所示(假设祥达实业采用账结法结转本年利润)。

表6-1 结账前各损益类账户的余额　　　　　　　　　　　单位:元

账户名称	借方余额	贷方余额
主营业务收入		900 000
其他业务收入		34 000
投资收益		15 000
营业外收入		35 000
公允价值变动损益		60 000
主营业务成本	500 000	
税金及附加	45 000	
其他业务成本	24 000	
销售费用	20 000	
管理费用	85 000	
财务费用	20 000	
资产减值损失	50 000	
营业外支出	18 000	
所得税费用	85 000	

将上述各损益类账户余额结转至本年利润时,其会计处理如下:

(1)结转主营业务收入:

借:主营业务收入　　　　　　　　　　　　　　　　　　　　　　　900 000
　　贷:本年利润　　　　　　　　　　　　　　　　　　　　　　　　900 000

(2)结转主营业务成本、税金及附加、期间费用和资产减值损失:

借:本年利润　　　　　　　　　　　　　　　　　　　　　　　　　720 000
　　贷:主营业务成本　　　　　　　　　　　　　　　　　　　　　　500 000
　　　　税金及附加　　　　　　　　　　　　　　　　　　　　　　　45 000
　　　　销售费用　　　　　　　　　　　　　　　　　　　　　　　　20 000
　　　　财务费用　　　　　　　　　　　　　　　　　　　　　　　　20 000
　　　　管理费用　　　　　　　　　　　　　　　　　　　　　　　　85 000

	资产减值损失	50 000

(3) 结转其他业务收支：

借：其他业务收入　　　　　　　　　　　　　　　　34 000
　　贷：本年利润　　　　　　　　　　　　　　　　　　34 000
借：本年利润　　　　　　　　　　　　　　　　　　24 000
　　贷：其他业务成本　　　　　　　　　　　　　　　　24 000

(4) 结转公允价值变动损益：

借：公允价值变动损益　　　　　　　　　　　　　　60 000
　　贷：本年利润　　　　　　　　　　　　　　　　　　60 000

(5) 结转投资净收益：

借：投资收益　　　　　　　　　　　　　　　　　　15 000
　　贷：本年利润　　　　　　　　　　　　　　　　　　15 000

(6) 结转营业外收支：

借：营业外收入　　　　　　　　　　　　　　　　　35 000
　　贷：本年利润　　　　　　　　　　　　　　　　　　35 000
借：本年利润　　　　　　　　　　　　　　　　　　18 000
　　贷：营业外支出　　　　　　　　　　　　　　　　　18 000

(7) 结转本年所得税费用：

借：本年利润　　　　　　　　　　　　　　　　　　85 000
　　贷：所得税费用　　　　　　　　　　　　　　　　　85 000

(8) 计算并结转本年净利润：

"本年利润"科目借方发生额＝720 000元＋24 000元＋18 000元＋85 000元＝847 000元
"本年利润"科目贷方发生额＝900 000元＋34 000元＋60 000元＋15 000元＋35 000元
　　　　　　　　　　　　＝1 044 000元
本年实现净利润额＝1 044 000元－847 000元＝197 000元

借：本年利润　　　　　　　　　　　　　　　　　　197 000
　　贷：利润分配——未分配利润　　　　　　　　　　　197 000

若为本年亏损总额，则做相反的会计分录。

二、所得税

企业的所得税包括当期所得税和递延所得税两部分，其中，当期所得税是指当期应纳所得税。递延所得税包括递延所得税资产和递延所得税负债。递延所得税资产是指以未来期间和可能取得用来抵扣可抵扣暂时性差异的应纳税所得额为限确认的一项资产。递延所得税负债是根据应纳税暂时性差异计算的未来期间应付所得税的金额。

(一) 税前会计利润与应纳税所得额的差异

资产负债表债务法是指以企业的资产负债表及其附注为依据，结合相关账簿资料，分析计算各项资产、负债的计税基础，通过比较资产、负债的账面价值与其计税基础之间的差异，确定应纳税暂时性差异和可抵扣暂时性差异，从而在应纳所得税基础上确定所得税费用。当期所得税费用由当期应纳所得税和递延所得税两部分构成。

1. 当期应纳所得税

当期应纳所得税是按照税法规定的纳税所得计算的企业一定时期应当缴纳的所得税。其计算公式如下：

应纳所得税 = 应纳税所得额 × 所得税税率 = （利润总额 ± 纳税调整额）× 所得税税率

其中，纳税调整额包括纳税调整增加额和纳税调整减少额。纳税调整增加额主要包括税法规定允许扣除项目中，企业已计入当期费用但超过税法规定扣除标准的金额，如超过税法规定标准的工资支出、业务招待费支出等，以及企业已计入当期损失但税法规定不允许扣除项目的金额，如税收滞纳金、罚款、罚金等。纳税调整减少额主要包括按税法规定允许弥补的亏损和准予免税的项目，如前五年内的未弥补亏损和国债利息收入等。

【例6-23】 祥达实业某分公司2017年度税前会计利润为2 200万元，其中包括本年收到的国库券利息收入22万元，所得税税率为25%。当年按税法核定的全年计提工资为260万元，祥达实业全年实发工资为280万元。祥达实业当年营业外支出中有8万元为税款滞纳罚金。则有：

纳税所得额 = 2 200万元 - 22万元 + （280 - 260 + 8）万元 = 2 206万元

当期应纳所得税 = 2 206万元 × 25% = 551.5万元

2. 递延所得税

递延所得税是由暂时性差异的影响所形成的。其计算公式如下：

递延所得税 = （期末递延所得税负债 - 期初递延所得税负债） - （期末递延所得税资产 - 期初递延所得税资产）

由于资产、负债的账面价值与其计税基础不同，产生了在未来收回资产或清偿负债的期间内，应纳税所得额增加或减少并导致未来期间应纳税所得额增加或减少的情况。其中，资产的账面价值，是资产的账面余额减去资产减值准备后的金额；资产的计税基础是指企业收回资产账面价值的过程中，计算应纳税所得额时按照税法规定可以自应税经济利益中抵扣的金额。一般而言，负债的账面价值即负债的账面金额；负债的计税基础是指负债的账面价值减去未来期间计算应纳税所得额时按照税法规定可予抵扣的金额。

资产或负债的账面价值与其计税基础之间的差额，产生了暂时性差异。在这些暂时性差异发生的当期，应当确认相应的递延所得税负债或递延所得税资产。根据暂时性差异对未来期间应纳税金额影响的不同，暂时性差异分为应纳税暂时性差异和可抵扣暂时性差异。

（1）应纳税暂时性差异是指在确定未来收回资产或清偿负债期间的应纳税所得额时，将导致产生应纳税金额的暂时性差异。该差异在未来期间转回时，会增加转回期间的应纳税所得额，从而增加应纳所得税金额。应纳税暂时性差异通常产生于以下情况：

1）资产的账面价值大于其计税基础，该项资产未来期间产生的经济利益不能全部税前抵扣，两者之间的差额需要交税，从而产生应纳税暂时性差异。

2）负债的账面价值小于其计税基础，意味着就该项负债在未来期间可以税前抵扣的金额为负数，即应在未来期间应纳税所得额的基础上调增，增加应纳税所得额和应纳所得税金额，从而产生应纳税暂时性差异。

【例6-24】 祥达实业某分公司2017年年末固定资产账面原值为1 000万元，会计上按直线法已提折旧额为200万元，未提固定资产减值准备，则固定资产账面价值为800万元；税法规定可以按年数总和法计提折旧，应计提折旧额为250万元，则固定资产将来可抵扣的金额,即计税基础为750万元。形成应纳税暂时性差异为50万元。

(2) 可抵扣暂时性差异是指在确定未来收回资产或清偿负债期间的应纳税所得额时,将导致产生可抵扣金额的暂时性差异。该差异在未来期间转回时会减少转回期间的应纳税所得额,从而减少未来期间的应纳所得税。可抵扣暂时性差异一般产生于以下情况:

1) 资产的账面价值小于其计税基础,从经济含义来看,资产在未来期间产生的经济利益少,按照税法规定允许税前扣除的金额多,则企业在未来期间可以减少应纳税所得额并减少应纳所得税,形成可抵扣暂时性差异。

2) 负债的账面价值大于其计税基础,意味着未来期间按照税法规定构成负债的全部或部分金额可以自未来应税经济利益中扣除,减少未来期间的应纳税所得额和应纳所得税,产生可抵扣暂时性差异。

【例6-25】 祥达实业某分公司2017年年末应收账款账面余额为500万元,已提坏账准备100万元,则应收账款账面价值为400万元;因在确认应收账款的同时已作为收入缴纳所得税,在收回应收账款时不用再纳税,形成可抵扣金额500万元,其计税基础为500万元。账面价值400万元与计税基础500万元的差额,形成可抵扣暂时性差异100万元。

资产负债表债务法强调暂时性差异,目的是将暂时性差异的所得税影响看作资产负债表中的一项资产或一项负债,从而符合会计概念框架中的资产或负债的定义。企业某一时期的应纳所得税是按应税所得和现行所得税税率计算的结果,是构成本期所得税费用的主要内容。递延税款是对本期所得税费用的调整。

(二) 所得税的核算

税前会计利润与应纳税所得额之间的暂时性差异,企业会计准则规定采用资产负债表债务法进行处理。在资产负债表债务法下,对于可抵减暂时性差异的影响额应确认为递延所得税资产,对于应纳税暂时性差异的影响额应确认为递延所得税负债。

1. 递延所得税资产的核算

设置"递延所得税资产"这一资产类科目,核算企业确认的可抵扣暂时性差异产生的递延所得税资产。本科目应按可抵扣暂时性差异的项目进行明细核算。根据税法规定可用以后年度税前利润弥补的亏损及税款抵减产生的所得税资产,也在本科目核算。本科目期末借方余额,反映企业确认的递延所得税资产。其计算公式如下:

$$递延所得税资产 = 可抵扣暂时性差异 \times 适用所得税税率$$

【例6-26】 祥达实业某分公司2017年年末存货账面余额为100万元,已提存货跌价准备10万元。则存货账面价值为90万元,存货的计税基础为100万元,形成可抵扣暂时性差异10万元。假设其所得税税率为25%,对于可抵扣暂时性差异可能产生的未来经济利益,应以很可能取得的可抵扣暂时性差异的应纳税所得额为限,确认相应的递延所得税资产。在不考虑期初递延所得税资产的情况下,账务处理如下:

递延所得税资产 = 可抵扣暂时性差异 × 适用所得税税率 = 10万元 × 25% = 2.5万元

借:递延所得税资产　　　　　　　　　　　　　　　　　　　　　　25 000
　　贷:所得税费用　　　　　　　　　　　　　　　　　　　　　　　25 000

2. 递延所得税负债的核算

设置"递延所得税负债"这一负债类科目,核算企业确认的应纳税暂时性差异产生的所得税负债。本科目可按应纳税暂时性差异的项目进行明细核算。本科目期末贷方余额,反映企业已确认的递延所得税负债。某计算公式如下：

递延所得税负债期末余额=应纳税暂时性差异×适用所得税税率

【例6-27】 祥达实业某分公司所得税税率为25%，2017年年末长期股权投资账面余额为220万元，其中原始投资成本为200万元，按权益法确认投资收益20万元，没有计提减值准备。长期股权投资账面价值为220万元与其计税基础200万元之间形成应纳税暂时性差异，通常情况下应确认为递延所得税负债。在不考虑期初递延所得税负债的情况下，账务处理如下：

递延所得税负债=应纳税暂时性差异×所得税税率=20万元×25%=5万元

借：所得税费用　　　　　　　　　　　　　　　　　　　　　　　　　50 000

　　贷：递延所得税负债　　　　　　　　　　　　　　　　　　　　　　50 000

3. 所得税费用的核算

所得税费用的核算就是要确认当期应纳所得税和所得税费用。当期应纳所得税是应纳税所得额与所得税税率的乘积，形成企业的流动负债，计入企业的资产负债表；所得税费用是抵减企业损益的费用项目，由当期所得税和递延所得税两个部分组成，计入企业的利润表。资产负债表日，对于递延所得税资产和递延所得税负债，应当按照预期收回该资产或清偿该负债期间的适用税率计量，而不是本期所得税税率。

【例6-28】 祥达实业某分公司2017年有关所得税资料如下：

所得税采用资产负债表债务法核算，所得税税率为25%；年初递延所得税资产为49 500元，其中存货项目余额29 700元，未弥补亏损项目余额19 800元。

本年度实现利润总额500 000元，其中取得国债利息收入20 000元，因发生违法经营被罚款10 000元，因违反合同支付违约金30 000元（可在税前抵扣），工资及相关附加超过计税标准60 000元；上述收入或支出已全部用现金结算完毕。

年末计提固定资产减值准备50 000元（年初减值准备为0），使固定资产账面价值比其计税基础小50 000元；转回存货跌价准备70万元，使存货可抵扣暂时性差异由年初余额90 000元减少到年末的20 000元。税法规定，计提的减值准备不得在税前抵扣。

年末计提产品保修费用40 000元，计入销售费用，预计负债余额为40 000元。税法规定，产品保修费在实际发生时可以在税前抵扣。

至2016年年末尚有60 000元亏损没有弥补，其递延所得税资产余额为19 800元。

假设除上述事项外，没有发生其他纳税调整事项。其所得税会计处理如下：

(1) 计算2017年应纳所得税。

应纳所得税=应纳税所得额×所得税税率=[（利润总额－国债利息收入＋违法经营罚
　　　　　款＋超过计税标准工资＋计提固定资产减值准备－
　　　　　转回存货跌价准备＋计提产品保修费用）－弥补亏损]×25%
　　　　＝[（500 000－20 000＋10 000＋60 000＋50 000－
　　　　　70 000＋40 000）－60 000]元×25%
　　　　＝(570 000－60 000)元×25%＝510 000元×25%＝127 500元

(2) 计算暂时性差异影响额，确认递延所得税资产和递延所得税负债。

固定资产项目的递延所得税资产年末余额=固定资产项目的年末可抵扣暂时性差异×所得税税率=50 000元×25%=12 500元

存货项目的递延所得税资产年末余额=存货项目的年末可抵扣暂时性差异×所得税税率=

$20\ 000\ 元 \times 25\% = 5\ 000\ 元$

预计负债项目的递延所得税资产年末余额 = 预计负债项目的年末可抵扣暂时性差异 × 所得税税率 = $40\ 000\ 元 \times 25\% = 10\ 000\ 元$

弥补亏损项目的递延所得税资产年末余额 = 弥补亏损项目的年末可抵扣暂时性差异 × 所得税税率 = $0\ 元 \times 25\% = 0\ 元$

2017年年末递延所得税资产余额 = 固定资产项目的递延所得税资产年末余额 + 存货项目的递延所得税资产年末余额 + 预计负债项目的递延所得税资产年末余额 + 弥补亏损项目的递延所得税资产年末余额 = $12\ 500\ 元 + 5\ 000\ 元 + 10\ 000\ 元 + 0\ 元 = 27\ 500\ 元$

（3）计算2017年所得税费用。

2017年所得税费用 = 本期应纳所得税 + （期末递延所得税负债—期初递延所得税负债）—（期末递延所得税资产—期初递延所得税资产）= $127\ 500\ 元 + (0 - 0)\ 元 - (27\ 500 - 49\ 500)\ 元 = 149\ 500\ 元$

（4）编制会计分录如下：

借：所得税费用　　　　　　　　　　　　　　　　　　　149 500
　　贷：应交税费——应交所得税　　　　　　　　　　　127 500
　　　　递延所得税资产　　　　　　　　　　　　　　　 22 000

三、利润分配

利润分配是将企业实现的净利润，按照国家有关法律和会计制度的规定进行分配。利润的分配过程和结果，不仅关系到企业所有者的合法权益能否得到保护，而且关系到企业能否长期稳定地发展。

1. 利润分配的顺序及内容

企业年度净利润，除法律、行政法规另有规定外，应按照以下顺序分配：

（1）弥补以前年度亏损。企业纳税年度发生的亏损，准予向以后年度结转，用以后年度的所得弥补，但结转年限最长不得超过5年。企业发生的年度亏损以及超过用利润抵补期限的亏损也可以用以前年度提取的盈余公积金弥补。

应当注意的是，企业以前年度亏损未弥补完的，不得提取法定盈余公积和任意盈余公积；在提取法定盈余公积之前，不得向投资者分配利润。

（2）提取法定盈余公积。股份制企业（包括国有独资公司、有限责任公司和股份有限公司，下同）按《公司法》规定按净利润的10%提取，其他企业可以根据需要确定提取比例，但至少应按10%提取。企业提取的法定盈余公积累计额超过其注册资本的50%以上的，可以不再提取。

（3）提取任意盈余公积。任意盈余公积是指企业按照股东会决议提取并使用的盈余公积。任意盈余公积的提取不具有强制性，企业是否提取、提取比例等均按照股东会决议确定。

（4）向投资者分配利润。企业以前年度未分配的利润，并入本年度利润，在充分考虑现金流量状况后，向投资者分配。属于各级人民政府及其部门、机构出资的企业，应当将应付国有利润上缴财政。有限责任公司按照股东的出资比例分配；股份有限公司按照股东的股份比例分配。

应当注意的几点有：① 股份有限公司依法回购后暂未转让或者注销的股份，不得参与利润分配；以回购股份对经营者及其他职工实施股权激励的，在拟订利润分配方案时，应当预留回购股份所需利润。② 企业弥补以前年度亏损和提取盈余公积后，当年没有可供分配的利润时，不得向投资者分配利润，但法律、行政法规另有规定的除外。③ 企业经营者和其他职工以管理、技术等要素参与企业收益分配的，应当按照国家有关规定在企业章程或者有关合同中对分配办法做出规定。

2. 利润分配的核算

为了反映企业利润的分配（或亏损的弥补）情况以及历年净利润分配（或亏损弥补）后的结存余额，应设置"利润分配"科目。按照企业利润分配的内容，在"利润分配"科目下主要设置盈余公积补亏、提取法定盈余公积、提取任意盈余公积、应付现金股利或利润、转作股本的股利、未分配利润等明细科目。

企业按规定进行利润分配时，根据业务内容将已分配的金额分别记入"利润分配"科目所属各明细科目的借方（或贷方），贷记（或借记）"盈余公积""应付股利"等科目。年度终了，企业将全年实现的净利润，从"本年利润"科目转入"利润分配——未分配利润"科目；借记"本年利润"科目，贷记"利润分配——未分配利润"科目；如为净亏损，则做相反的会计分录。结转后，"本年利润"科目无余额。同时，将"利润分配"科目的其他明细科目的余额均转入"未分配利润"明细科目，结转后，"利润分配"科目下除"未分配利润"明细科目外，其他明细科目均无余额。"利润分配——未分配利润"科目如为贷方余额则反映企业历年累计的未分配利润数额，如为借方余额，则反映企业历年累计的未弥补的亏损数额。

【例6-29】 祥达实业某子公司2016年年末"利润分配——未分配利润"科目贷方余额100 000元，2017年实现净利润671 500元，法定盈余公积的提取比例为10%，任意盈余公积的提取比例为8%，按年初未分配利润与净利润之和扣除提取的法定盈余公积和任意盈余公积后的40%向投资者分配现金股利。其会计处理如下：

(1) 结转本年利润：

借：本年利润　　　　　　　　　　　　　　　　　　　　　　671 500
　　贷：利润分配——未分配利润　　　　　　　　　　　　　　　　671 500

(2) 提取法定盈余公积：

应提取的法定盈余公积 = 671 500元 × 10% = 67 150元

应提取的任意盈余公积 = 671 500元 × 8% = 53 720元

借：利润分配——提取法定盈余公积　　　　　　　　　　　　67 150
　　　　　　——提取任意盈余公积　　　　　　　　　　　　53 720
　　贷：盈余公积——法定盈余公积　　　　　　　　　　　　　67 150
　　　　　　　——任意盈余公积　　　　　　　　　　　　　　53 720

(3) 向投资者分配利润：

应分配给投资者的利润 = (100 000 + 671 500 - 67 150 - 53 720)元 × 40% = 260 252元

借：利润分配——应付现金股利　　　　　　　　　　　　　　260 252
　　贷：应付股利　　　　　　　　　　　　　　　　　　　　　260 252

(4) 结转"利润分配"各明细科目余额：

借：利润分配——未分配利润　　　　　　　　　　　　　　　381 122

贷：利润分配——提取法定盈余公积	67 150
——提取任意盈余公积	53 720
——应付现金股利	260 252

年末结转后，"利润分配——未分配利润"明细科目的年末贷方余额为 390 378 元 (100 000 + 671 500 – 67 150 – 53 720 – 260 252)。

第五节 收入、费用及利润的披露

常见的利润表结构主要有单步式和多步式两种。在我国，企业利润表采用的是多步式结构，主要是通过对当期的收入、费用、支出项目加以分类。

收入作为企业利润的主要来源，在利润表中与费用一起反映企业一定期间的生产经营成果。根据重要性原则，"营业收入"项目是企业利润的起点，它包括主营业务收入和其他业务收入，在利润表的第一行列示；为取得"营业收入"而发生的"营业成本""税金及附加"，在"营业收入"下分别列示。期间费用作为营业利润的构成要素，在"税金及附加"项目下以"销售费用""管理费用""财务费用"项目分别列示。资产减值损失是企业按照谨慎性原则提取的资产损失，列示于期间费用项目之下。加上"公允价值变动收益"和"投资收益"项目，形成企业的营业利润。

同时，"营业外收入""营业外支出"作为利润总额的构成内容，依次在"营业利润"项目下列示，以计算出企业的利润总额。利润总额减去企业的所得税费用，即为企业的净利润。综合收益总额项目反映净利润和其他综合收益扣除所得税影响后的净额相加后的合计金额。净利润除以当期发行在外普通股的加权平均数，即可得出每股收益。以上项目分别营业利润、利润总额、净利润、每股收益的层次列示了报告期影响所有者权益净增加或净减少的各项因素。

【例 6-30】 A 公司 2017 年度利润表，如表 6-2 所示。

表 6-2 利润表

编制单位：A 公司　　　　　　　　2017 年度　　　　　　　　　　　　　单位：元

项　目	本期金额
一、营业收入	1 250 000
减：营业成本	719 100
税金及附加	2 000
销售费用	20 000
管理费用	157 000
财务费用	41 500
资产减值损失	30 900
加：公允价值变动收益	0
投资收益	500
二、营业利润	280 000
加：营业外收入	50 000
其中：非流动资产处置利得	
减：营业外支出	19 700

(续)

项 目	本 期 金 额
其中：非流动资产处置损失	
三、利润总额	310 300
减：所得税费用	85 300
四、净利润	225 000
五、其他综合收益的税后净额	
（一）以后不能重分类进损益的其他综合收益	
（二）以后将重分类进损益的其他综合收益	
六、综合收益总额	225 000
七、每股收益：	
（一）基本每股收益	
（二）稀释每股收益	

本 章 小 结

收入、费用和利润是构成利润表的基本要素。

在我国，收入是企业在销售商品或提供劳务等经营业务中实现的营业收入，包括主营业务收入和其他业务收入。

费用是企业在生产经营过程中发生的各种耗费，就制造业而言，包括直接费用、间接费用以及期间费用，直接费用直接计入产品的生产成本，间接费用分配计入产品的生产成本，期间费用则直接计入当期损益。

利润是企业在一定期间的经营成果，即企业一定期间的收入与费用相配比形成的，因此，利润的确认必然与收入、费用的确认密切相关。按照我国企业会计准则的规定，目前会计实务中的企业利润就其构成来看，既包括生产经营活动实现的利润，也包括通过投资活动取得的利润，以及那些与生产经营活动无直接关系的事项所引起的盈亏，它是企业经济效益的最终体现。

作为独立经济实体，企业应依法就其经营所得和其他所得计算所得税费用，向国家缴纳所得税。税后净利润要按照国家有关法律、法规规定的内容和顺序进行分配，以保护企业所有者的合法权益，保证企业长期稳定地发展。

思 考 题

1. 收入的确认应符合哪些条件？
2. 费用按照经济内容怎么分类？
3. 营业收入和营业成本主要指哪些？
4. 本年利润结转的方法有哪些？有什么区别？
5. 什么是应纳税暂时性差异？它通常出现在什么情况下？

自 测 题

一、选择题

1. 企业销售商品时发生的销售折让应（　　）处理。
   A. 增加销售费用
   B. 冲减主营业务收入
   C. 增加主营业务成本
   D. 登记辅助账簿
2. 企业销售部门发生的业务招待费应记入（　　）科目。
   A. "制造费用"
   B. "销售费用"
   C. "生产成本"
   D. "管理费用"
3. 2016年12月销售的商品在2017年3月退回，应（　　）。
   A. 冲减2017年年初利润分配余额
   B. 冲减退回当月的销售收入和销售成本
   C. 冲减销售当月的销售收入和销售成本
   D. 作为以前年度损益调整处理
4. 下列项目中，不属于其他业务收入内容的是（　　）。
   A. 转让非专利技术使用权收入
   B. 出租包装物收入
   C. 提供非工业性劳务收入
   D. 出售专利权收入
5. 下列项目中属于利得的有（　　）。
   A. 出售固定资产收入
   B. 罚款收入
   C. 出售专利使用权收入
   D. 出租固定资产收入
6. 企业采用分期收款结算方式销售商品，营业收入的入账时间是（　　）。
   A. 实际收到价款时
   B. 合同约定的收款日期
   C. 收到全部价款时
   D. 收到销货清单时
7. 某企业销售A产品，售价是每件500元，若客户购买100件（含100件）以上可得到10%的商业折扣。乙公司于2017年8月5日购买该企业产品200件，款项尚未支付。按规定现金折扣条件为2/10，1/20，n/30。适用的增值税税率为17%。该企业于8月23日收到该笔款项时，应给予客户的现金折扣为（　　）元（假定计算现金折扣时不考虑增值税）。
   A. 2 000
   B. 1 800
   C. 1 000
   D. 900
8. 下列项目中，营业收入包括（　　）。
   A. 转让计算机软件使用权取得的收入
   B. 销售包装物获得的收入
   C. 进行债券投资收取的利息收入
   D. 销售代制品获得的收入
9. 下列各项中，影响企业营业利润的有（　　）。
   A. 销售费用
   B. 其他业务成本
   C. 税金及附加
   D. 营业外收入
10. 下列项目中，属于其他业务成本的是（　　）。
    A. 管理部门无形资产的摊销
    B. 经营租出固定资产计提的折旧费
    C. 转让无形资产使用权计提的摊销费
    D. 支付的生产工人劳动保险费

二、判断题

1. 某企业年初"利润分配——未分配利润"账户借方余额为60 000元，本年实现利润300 000元，则当年提取盈余公积的基数为300 000元。　　　　　　　　　　　　　　　　　　　　　（　　）
2. 企业如果发生亏损，可以用以后年度实现的利润弥补，也可以用以前年度提取的盈余公积弥补。
   　　　　　　　　　　　　　　　　　　　　　　　　　　　　　　　　　　　　　　（　　）
3. 按照会计制度规定，企业发生的现金折扣应冲减主营业务收入。　　　　　　　　（　　）
4. 企业用盈余公积弥补亏损时，应按弥补数额，借记"盈余公积"科目，贷记"本年利润"科目。
   　　　　　　　　　　　　　　　　　　　　　　　　　　　　　　　　　　　　　　（　　）

第六章 收入、费用和利润

5. 按照会计制度规定，企业发生的商业折扣应在实际发生时冲减主营业务收入。（ ）
6. 转让无形资产使用权取得的收入计入营业外收入。（ ）
7. 用"生产成本"科目核算的在产品尚未完工前表现在存货中，完工入库后，表现为销售成本。（ ）
8. 所得税是企业的一项费用支出，不属于利润分配。（ ）
9. 收入只包括主营业务收入和其他业务收入，不包括营业外收入。（ ）
10. 公益性捐赠发生的相关支出，应记入"营业外支出"科目。（ ）

业务练习题

1. 力得公司 2017 年 10 月发生的部分经济业务如下：
(1) 1 日，财务部购买办公用品 850 元，以现金支付。
(2) 2 日，人事部李波报销差旅费 1 200 元，剩余现金 300 元交回财务部。
(3) 3 日，销售机构报销业务招待费 1 200 元，以现金支付。
(4) 5 日，以银行存款支付广告费 50 000 元。
(5) 10 日，公司办公室修理领用材料 900 元，低值易耗品 520 元（低值易耗品采用一次摊销）。
(6) 18 日，转账支付玉都会计师事务所审计费 32 000 元。以现金支付离退休人员的医药费 7 350 元。
(7) 25 日，缴纳印花税 100 元，支付短期借款利息 7 800 元，其中，已预提利息 5 800 元。
(8) 26 日，根据工资结算汇总表，本月行政管理人员工资 40 000 元，销售部门人员工资 23 000 元。
要求：根据以上资料，编制该公司相关业务的会计分录。

2. 力得公司在 2017 年年度决算时，各损益类账户的余额如表 6-3 所示。

表 6-3 各损益类账户余额　　　　　　　　　　　　　　　单位：元

账户名称	借方余额	贷方余额
主营业务收入		1 550 000
其他业务收入		960 000
投资收益		120 000
营业外收入		46 000
主营业务成本	870 000	
税金及附加	6 100	
其他业务成本	610 000	
销售费用	77 000	
管理费用	52 000	
财务费用	100 000	
营业外支出	61 000	
所得税费用	276 900	

该公司按 10% 计提法定盈余公积；按 5% 计提任意盈余公积；并分配普通股现金股利 300 000 元。
要求：
(1) 结转各损益类账户余额。
(2) 计算并结转本年净损益。
(3) 进行利润分配的会计处理，并结转利润分配各明细科目。

3. 宏达公司 2017 年实现利润总额 200 万元，其中取得国债利息收入 10 万元；支付违法经营的罚款 1 万元；2017 年年末存货账面余额 80 万元，已提存货跌价准备 5 万元。公司所得税税率为 25%。

要求：根据以上资料，做出该公司有关所得税业务的会计分录。

案例分析题

神华公司是2013年2月上市的国内某生物科技公司。因经营业绩欠佳，自2014年开始已连续两年亏损，股票市价一路下滑，于2016年5月被进行退市风险警示。公司管理层为避免公司退市，同年11月份专门召开了中层以上干部会议拟采取切实可行的措施扭转局面。以下是各位的发言：

销售经理：2016年12月向微波公司、三力生物技术公司销售甲产品580台，预收款项800万元；今年年初1月份的广告费投入200万元，广告已播出，播出时间一直延续到2017年2月份。因此，可将广告费用列入2017年的费用。

财务经理：我公司计提坏账准备的比例为应收款项期末余额的5%，从近几年的实际情况来看，其产生坏账损失的比例仅为2%；预计公司年末应收款项余额为1 000万元。

基建经理：公司正在建设的销售部门办公楼预计总价值为8 000万元，预计月折旧率为1%，预计2016年11月份达到预计可使用状态，最终竣工决算预计在2017年2月份。

财务经理：4月份借入的短期借款6 000万元，期限为10个月，年利率为6%。

听完以上发言，总经理与财务经理简单商议后宣布散会。2016年年末财务经理按照总经理的安排提交了一份不仅未亏损，反而盈利数百万元的财务报表。

要求：
(1) 你认为公司通过哪些办法实现了扭亏为盈？这些办法合法、合规吗？
(2) 你认为公司会被退市吗？

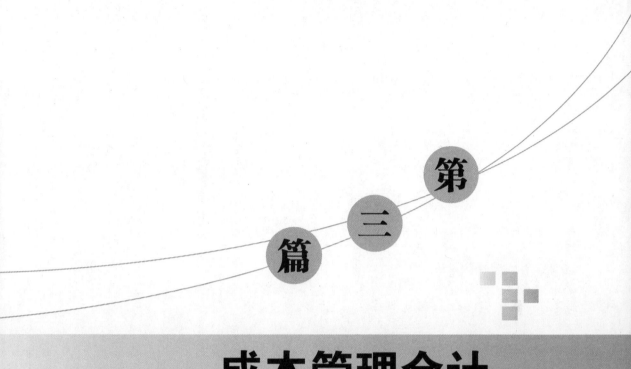

第三篇 成本管理会计

第七章 成本会计

案例与引言

广东格兰仕公司在 1992 年做出开发微波炉市场这一决策以后，公司决策管理层首先必须面对的生存问题就是如何才能在价格高达 3 000~4 000 元的微波炉市场，成功挑战国内外的竞争对手。基于此，广东格兰仕公司的决策层毅然做出，将每台 3 000 元左右的微波炉，在 10 年之内下调到 300 元左右，并且要在占领市场销售份额后继续向下调价的决定。因为他们了解除了在管理制造方面下大力气研究之外，影响市场占有率的决定因素仍然是价格。要做到对价格保持每年都朝着 3 000 元→2 000 元→1 000 元→500 元→300 元方向下调，就要在决策管理阶段做好成本的分析研究。要降低成本，进行大批量的生产才是竞争者盈利的关键。例如，微波炉生产的最小经济规模为 160 万台，每一台的成本价是 200 元左右，这样，销售成本才能在 300 元左右（资料来源：刘明红．企业的成本取决于成本控制的优劣[J]．经济师，2009，05．）。

请问：成本由哪几部分构成？如何计算微波炉的生产成本？成本高低与企业竞争力有什么关系？

对以上问题的回答，正是本章的学习目标。

本章学习目标

- ◆ 成本及成本会计的概念
- ◆ 产品成本核算的一般程序
- ◆ 产品成本计算的品种法
- ◆ 产品成本计算的分批法
- ◆ 产品成本计算的分步法
- ◆ 作业成本计算法
- ◆ 成本报表解读

第一节 成本会计概述

一、成本的概念与作用

工业企业在生产产品的过程中,要发生各种生产耗费,生产耗费包括生产资料中的劳动手段(如机器设备)和劳动对象(如原材料)的耗费,以及劳动力(如人工)等方面的耗费。工业企业在一定时期内发生的、用货币表现的生产耗费,称为企业生产费用。企业为生产一定种类、一定数量的产品所支出的各种生产费用的总和,就是这些产品的成本。

工业企业通过对成本进行核算,可以审核各项生产费用和经营管理费用的支出,促使企业降低成本、费用;可以计算各种产品的总成本和单位成本,分析和考核产品成本计划的执行情况,进一步挖掘降低产品成本的潜力;可以为企业进行成本和利润的预测提供数据,参与企业生产技术和经营管理的决策;还可以为企业计算利润、进行利润分配提供数据。

二、成本会计与财务会计的联系和区别

成本会计是会计的一个分支,是以成本为对象的一种专业会计。成本会计主要处理企业获取和消耗资源的成本及相关信息,它所提供的成本信息既可以被财务会计所利用,也可以满足企业内部管理人员进行决策和业绩评价的需要。财务会计主要侧重于为投资者、债权人、政府机构等外部使用者提供财务状况、经营成果和现金流量等信息。

第二节 生产成本的核算

一、产品成本核算的一般程序

(一)直接生产费用的归集和分配

将生产费用区分为直接材料、直接人工、制造费用,对于直接用于产品生产、专设成本项目的直接生产费用,直接记入或分配记入"生产成本——基本生产成本——×产品"科目。

1. 材料费用

借:生产成本——基本生产成本——×产品——直接材料
　　贷:原材料

2. 人工费用的归集和分配

借:生产成本——基本生产成本——×产品——直接人工
　　贷:应付职工薪酬

(二)辅助生产费用归集和分配的核算

1. 辅助生产费用的归集

辅助生产是指为基本生产车间、企业行政管理部门等单位服务而进行的产品生产和劳务

供应。辅助生产产品和劳务成本的高低，影响到企业产品成本和期间费用的水平。辅助生产费用的归集是通过"生产成本——辅助生产成本"科目进行的。该科目应按车间以及产品或劳务的种类设置明细科目，并按照成本项目或费用项目设置专栏，进行明细核算。辅助生产车间发生的间接费用应先通过"制造费用——××辅助生产车间"科目进行归集，再转入"生产成本——辅助生产成本"科目，如表7-1所示。

表7-1 生产成本——辅助生产成本明细账

辅助车间：×× ××年×月 单位：元

摘 要	原材料	动力	工资及福利费	折旧费	修理费	办公费	其他	合计	转出
原材料费用分配表									
动力费分配表									
工资及福利费分配表									
折旧费分配表									
修理、办公等费用支出									
辅助生产成本分配表									
合 计									

2. 辅助生产费用的分配

生产产品（如工具、模具、修理用备件等）或提供劳务（如供水、供电、供汽、修理和运输等）的辅助生产车间，应在产品完工时借记"生产成本——基本生产成本""制造费用""管理费用""销售费用""在建工程"等科目，贷记"生产成本——辅助生产成本"账户。

辅助生产费用的分配方法有直接分配法、交互分配法、顺序分配法、代数分配法、计划成本分配法。辅助生产产品和劳务成本的高低，影响到企业产品成本和期间费用的水平。

辅助生产费用分配率＝待分配费用÷对外提供的劳务总量

辅助生产车间以外各受益单位应负担的劳务费用＝耗用劳务的数量×辅助生产费用分配率

（1）直接分配法。直接分配法是指各辅助生产车间发生的费用，直接分配给除辅助生产车间以外的各受益产品、单位，而不考虑各辅助生产车间之间相互提供产品或劳务的情况。

【例7-1】 某工业企业设有修理和运输两个辅助生产车间，该企业2017年10月在分配辅助生产费用以前，修理车间发生的费用为4 773元，运输车间发生的费用为7 324元。

该企业辅助生产的制造费用不通过"制造费用"科目核算。各受益单位耗用劳务的情况，如表7-2所示；采用直接分配法，分配辅助生产费用如表7-3所示。

表 7-2 各受益单位耗用劳务的情况

受益单位名称 \ 辅助生产车间名称	修理车间/h	运输车间/(t/km)
修理车间		200
运输车间	48	
基本生产第一车间	850	4 250
基本生产第二车间	812	1 850
行政管理部门	300	1 100
合计	2 010	7 400

表 7-3 辅助生产费用分配表（直接分配法）

2017 年 10 月　　　　　　　　　　　　　　　　金额单位：元

辅助生产车间名称				修理车间	运输车间	合计
待分配辅助生产费用				4 773	7 324	12 907
供应辅助车间以外单位的劳务数量				1 962h	7 200t/km	×
费用分配率（单位成本）				2.432 721 7	1.017 222 2	×
基本生产车间耗用	应借记"制造费用"科目	第一车间	耗用数量	850h	4 250t/km	×
			分配金额	2 067.81	4 323.19	6 391
		第二车间	耗用数量	812h	1 850t/km	×
			分配金额	1 975.37	1 881.86	3 857.23
		分配金额小计		4 043.18	6 205.05	10 248.23
行政管理部门耗用	应借记"管理费用"科目	耗用数量		300h	1 100t/km	×
		分配金额		729.82	1 118.95	1 848.77
分配金额合计				4 773	7 324	12 097

根据表 7-3 编制会计分录如下：

借：制造费用——第一车间　　　　　　　　　　　　　　　　　　6 391
　　　　　　——第二车间　　　　　　　　　　　　　　　　　　3 857.23
　　管理费用　　　　　　　　　　　　　　　　　　　　　　　　1 848.77
　　贷：生产成本——辅助生产成本——修理车间　　　　　　　　　　4 773
　　　　　　　　　　　　　　　　——运输车间　　　　　　　　　　7 324

采用该方法，各辅助生产费用只进行对外分配，分配一次，计算工作简便，但分配结果不精确。只宜在辅助生产内部相互提供劳务或产品不多、不进行费用的交互分配对辅助生产成本和企业产品成本影响不大的情况下采用。

（2）交互分配法。采用交互分配法，应先根据各辅助生产车间、部门相互提供的劳务或产品的数量和交互分配前的费用分配率（单位成本），进行一次交互分配；然后将各辅助生产车间、部门交互分配后的实际费用（即交互分配前的费用加上交互分配转入的费用，减去交互分配转出的费用），再按对外提供劳务或产品的数量，在辅助生产车间、部门以外的各受益单位之间进行分配。

【例 7-2】 承前例，采用交互分配法的辅助生产费用分配表如表 7-4 所示。

表 7-4 辅助生产费用分配表（交互分配法）

2017 年 10 月   金额单位：元

项　目			交 互 分 配			对 外 分 配		
辅助生产车间名称			修　理	运　输	合　计	修　理	运　输	合　计
待分配辅助生产费用			4 773	7 324	12 097	4 856.96	7 240.04	12 097
供应劳务数量			2 010h	7 400t/km		1 962	7 200	
费用分配率（单位成本）			2.374 6	0.989 7		2.475 5	1.005 6	
辅助生产车间耗用	应借记"生产成本——辅助生产成本"科目	修理车间	耗用数量		200t/km			
			分配金额		197.94	197.94			
		运输车间	耗用数量	48h					
			分配金额	113.98		113.98			
		分配金额小计		113.98	197.94	311.92			
基本生产车间耗用	应借记"制造费用"科目	第一车间	耗用数量				850h	4 250t/km	
			分配金额				2 104.18	4 273.63	6 377.81
		第二车间	耗用数量				812h	1 850t/km	
			分配金额				2 010.11	1 860.29	3 870.40
		分配金额小计					4 114.29	6 133.92	10 248.21
行政管理部门耗用	应借记"管理费用"科目	耗用数量					300h	1 100t/km	
		分配金额					742.67	1 106.12	1 848.79
分配金额合计						4 856.96	7 240.04	12 097

根据表 7-4 编制会计分录，并登记"生产成本——辅助生产成本"明细账如下：

借：生产成本——辅助生产成本——修理车间　　　　　　　　　197.94
　　　　　　　　　　　　　　　　——运输车间　　　　　　　　　113.98
　　贷：生产成本——辅助生产成本——修理车间　　　　　　　　　113.98
　　　　　　　　　　　　　　　　——运输车间　　　　　　　　　197.94
借：制造费用——第一车间　　　　　　　　　　　　　　　　　6 377.81
　　　　　　——第二车间　　　　　　　　　　　　　　　　　3 870.40
　　管理费用　　　　　　　　　　　　　　　　　　　　　　　1 848.79
　　贷：生产成本——辅助生产成本——修理车间　　　　　　　　4 856.96
　　　　　　　　　　　　　　　　——运输车间　　　　　　　　7 240.04

生产成本——辅助生产成本——修理车间　　　　　　　　生产成本——辅助生产成本——运输车间

待分配费用 4 773	① 113.98	待分配费用 7 324	① 197.94
① 197.94	② 4 856.96	① 113.98	② 7 240.04
合计 4 970.94	合计 4 970.94	合计 7 437.98	合计 7 437.98

　　采用该方法，由于辅助生产内部相互提供劳务全部进行了交互分配，因而提高了分配结果的正确性，但由于各种辅助生产费用都要计算两个费用分配率，进行两次分配，因而计算量有所增加。由于交互分配的费用分配率（单位成本）是根据交互分配以前的待分配费用计算的，不是各该辅助生产的实际单位成本，因而分配结果也不是很正确。

(三) 制造费用的归集和分配

1. 制造费用归集的核算

制造费用是指工业企业为生产产品（或提供劳务）而发生，应该计入产品成本，但没有专设成本项目的各项间接费用，包括工资和福利费、折旧费、修理费、办公费、水电费、机物料消耗、劳动保护费、设计制图费、试验检验费、季节性和修理期间的停工损失等。

（1）账户设置及会计分录。基本生产车间为组织和管理生产而发生的费用应设置"制造费用"总账账户进行核算，并按不同的车间、部门设立明细账。

账务处理如下：

借：制造费用——×车间
　　贷：原材料（或应付职工薪酬、银行存款等）

如果辅助生产车间设置"制造费用"科目，则比照基本生产车间进行；如果辅助生产车间不设置"制造费用"科目，则辅助生产车间发生的费用全部通过"生产成本——辅助生产成本"科目核算。

（2）"制造费用"明细账。"制造费用"明细账的基本格式如表7-5所示。

表 7-5　制造费用明细账

车间名称：××　　　　　　　　　　××年×月　　　　　　　　　　单位：元

摘要	工资及福利费	折旧费	修理费	办公费	水电费	机物料消耗	劳动保护费	其他	合计
合计									

2. 制造费用分配的核算

在生产一种产品的车间中，制造费用可直接计入产品成本。在生产多种产品的车间中，制造费用要分配计入各种产品成本。各项间接费用，先通过"制造费用"科目归集，期末，再按适当的分配方法分配转入"生产成本——基本生产成本——×产品"科目。

分配制造费用的方法通常有生产工人工时比例法、生产工人工资比例法、机器工时比例法和按年度计划分配率等。分配方法一经确定，不得随意变更。

制造费用分配率＝制造费用总额÷各种产品实际使用工时（机器、定额）总数
某种产品应分配的制造费用＝该种产品实际使用工时（机器、定额）×制造费用分配率

（四）完工产品和在产品之间的费用分配方法

生产费用在完工产品和在产品之间的分配，是成本计算工作中一个重要而又比较复杂的问题。分配时要根据在产品实际完工程度和费用比重情况正确确定所归集费用总额中月末在产品成本所占的份额，借以正确计算完工产品的总成本和单位成本。常用的方法有以下六种：

1. 不计算在产品成本

采用该方法,虽然有月末在产品,但不计算成本,本月发生的生产费用就是本月完工产品的成本。该方法适用于各月月末在产品数量很小的产品。

2. 在产品成本按年初数固定计算

采用该方法,月末在产品成本固定不变。本月发生的生产费用就是本月完工产品的成本。该方法适用于各月月末在产品数量较小,或在产品数量虽大,但各月之间变化不大的产品。

3. 在产品成本按其所耗用的原材料费用计算

采用该方法,月末在产品成本只计算其所耗用的原材料费用,不计算工资及福利费,也就是说,产品的加工费全部由完工产品成本负担。该方法适用于各月月末在产品数量较大,各月在产品数量变化也较大,但原材料费用在成本中所占比重较大的产品。

4. 约当产量法

采用该方法,将月末在产品数量按照完工程度折算为相当于完工产品的产量,即约当产量,然后按照完工产品数量与月末在产品约当产量的比例分配计算完工产品费用和月末在产品费用。

这种分配方法适用于月末在产品数量较大,各月月末在产品数量变化也较大,产品成本中原材料费用和工资及福利费等加工费用的比重相差不多的产品。

5. 在产品成本按定额成本计算

采用该方法,月末在产品的各项费用按各该费用定额计算,即月末在产品成本按其数量和单位定额成本计算。某种产品月初在产品成本加上本月生产费用减去月末在产品定额成本,其余额作为完工产品成本。也就是说,每月生产费用脱离定额的差异都计入当月完工产品成本。

该方法适用于定额管理基础比较好,各项消耗定额或费用定额比较准确、稳定,而且各月月末在产品数量变动不大的产品。

6. 定额比例法

采用该方法,其生产费用按照完工产品与月末在产品定额消耗量或定额费用的比例进行分配。其中原材料费用,按原材料的定额消耗量或定额费用的比例进行分配;工资及福利费等其他费用,可以按各该定额费用的比例进行分配,也可以按定额工时比例分配。

该方法适用于定额管理基础比较好,各项消耗定额或费用定额比较准确、稳定,但各月月末在产品数量变动较大的产品。

$$\frac{月末在产品}{定额消耗量} = \frac{月初在产品}{定额消耗量} + \frac{本月投入的}{定额消耗量} - \frac{本月完工产品}{定额消耗量}$$

(五) 编制完工产品的产品生产成本表

编制完工产品入库的会计分录,将已完工产品的成本从"生产成本——基本生产成本——×产品"科目的贷方转入"库存商品"科目的借方。

二、生产特点和管理要求对产品成本计算的影响

生产类型不同,管理要求不同,产品成本计算对象也有所不同。生产特点和管理要求对产品成本计算的影响,主要表现在产品成本计算对象的确定上。

1. 生产组织特点和管理要求对产品成本计算的影响

工业企业的生产按照生产组织划分，可分为大量生产、成批生产、单件生产。成批生产又可按照批量大小，分为大批生产和小批生产。

（1）大量生产，如面粉、食糖、化肥的生产，要求连续不断地重复生产一种或者若干种产品，因而管理上只要求，而且也只能够按照产品的品种计算成本。

（2）大批生产，如木器生产，由于产品批量大，往往在几个月内不断重复地生产一种或者若干种产品，只要求按照产品的品种计算成本。

（3）小批生产，如服装生产，其生产的批量小，一批产品一般可以同时完工，因而有可能按照产品的批别归集费用、计算各批产品的成本。

（4）单件生产，如造船、重型机械制造，其生产按件组织，因而有可能也有必要按照产品件别计算产品成本。

2. 工艺过程特点和管理要求对产品成本计算的影响

工业企业的生产按照工艺过程划分，可分为单步骤生产和多步骤生产两种类型。

（1）单步骤生产，如发电、采煤，其工艺过程不可能或不需要划分几个生产步骤，因而只要求按照产品的品种计算成本。

（2）多步骤生产，如机械制造、钢铁生产，其工艺过程由若干个可以间断的、分散在不同地点进行的生产步骤组成。为了计算各生产步骤的成本，加强各个步骤的生产管理，往往不仅要求按照产品的品种或批别计算成本，而且还要求按照生产步骤计算成本。但如果企业规模小，管理上不要求按照生产步骤考核生产耗费、计算产品成本，也可以不按照生产步骤计算成本，而只按照产品的品种或批别计算成本。

3. 产品成本计算的基本方法

产品成本计算的基本方法如表 7-6 所示。

表 7-6 产品成本计算的基本方法

产品成本计算方法	生 产 组 织	工艺过程和管理要求
品种法	大量大批生产	单步骤生产或管理上不要求分步骤计算成本的多步骤生产
分批法	小批单件生产	同上
分步法	大量大批生产	管理上要求分步骤计算成本的多步骤生产

三、产品成本计算的方法

（一）产品成本计算的品种法

1. 品种法的概念和适用范围

产品成本计算的品种法，是按照产品品种归集生产费用，计算产品成本的一种方法。一般适用于大量大批的单步骤生产或管理上不要求分步骤计算成本的多步骤生产，如发电、采煤、供水、生产水泥等。

2. 品种法的计算程序和账务处理

（1）品种法的计算程序概述

1）在采用品种法计算产品成本的企业或车间里，成本计算对象一般只是企业的最终完工产品，即产品品种。计算产品成本时，按照产品品种分别开设产品成本明细账，账内按照成本项目设专栏或专行。发生的直接记入费用应直接记入各产品成本明细账,发生的间接计入费用则应采用适当的分配方法,在各个成本计算对象之间进行分配,然后记入各有关产品的成本明细账。

2) 在月末计算产品成本时,如果没有在产品,或者在产品数量很少,就不需要计算月末在产品成本。这样,各种产品成本明细账中按照成本项目归集的全部生产费用,就是各该产品的产成品总成本,总成本除以产品产量,就是各该产品的单位成本。

3) 在月末计算产品成本时,如果有在产品,而且在产品数量很多,则需要将产品成本明细账中归集的生产费用,采用适当的分配方法,如约当产量法、在产品按定额成本计算、定额比例法等,在完工产品和月末在产品之间进行分配,计算完工产品成本和月末在产品成本。

(2) 品种法的计算程序和账务处理举例。

【例7-3】 某企业下设一个基本生产车间和一个辅助生产车间—机修车间。基本生产车间生产甲、乙两种产品,采用品种法计算产品成本。"生产成本——基本生产成本"明细账设置"直接材料""直接人工"和"制造费用"三个成本项目。辅助生产车间的制造费用不通过"制造费用"科目进行核算。

(1) 2017年10月份生产车间发生的经济业务如下:

1) 基本生产车间领料50 000元,其中:直接用于甲产品的A材料10 000元,直接用于乙产品的B材料15 000元,甲、乙产品共同耗用的C材料20 000元(按甲、乙产品的定额消耗量比例进行分配,甲产品的定额消耗量为4 000kg,乙产品的定额消耗量为1 000kg),车间耗用的消耗性材料5 000元;辅助生产车间领料6 000元;共计56 000元。

2) 基本生产车间本月报废低值易耗品一批,实际成本2 000元,残料入库计价100元,采用五五摊销法核算。

3) 基本生产车间的工人工资20 000元(按甲、乙产品耗用的生产工时比例进行分配,甲产品生产工时6 000h,乙产品生产工时2 000h),管理人员工资4 000元;辅助生产车间的工人工资6 000元,管理人员工资1 500元;共计31 500元。

4) 以银行存款4 410元购买一批食用油发放给职工。其中甲产品生产工人2 100元,乙产品生产工人700元,基本生产车间管理人员560元;辅助生产车间人员1 050元。

5) 基本生产车间月初在用固定资产原值100 000元,月末在用固定资产原值120 000元;辅助生产车间月初、月末在用固定资产原值均为40 000元;按月折旧率1%计提折旧。

6) 基本生产车间发生其他支出4 540元;辅助生产车间发生其他支出3 050元;共计7 590元,均通过银行办理转账结算。

(2) 辅助生产车间(机修车间)提供劳务9 000h,其中:为基本生产车间提供8 000h,为企业管理部门提供1 000h,辅助生产费用按工时比例进行分配。

(3) 基本生产车间的制造费用按生产工时比例在甲、乙产品之间进行分配。

(4) 甲产品的原材料在生产开始时一次投入,直接材料费用按产成品和月末在产品数量的比例进行分配,直接人工费用和制造费用采用约当产量法进行分配。甲产品本月完工产品1 000件,月末在产品400件,完工率为40%。乙产品各月在产品数量变化不大,生产费用在完工产品与在产品之间的分配,采用在产品成本按年初数固定计算。甲、乙产品月初在产品成本资料见产品成本明细账。

(1) 编制各项要素费用分配的会计分录如下:

1）材料费用分配。

C 材料费用分配率 = 20 000 ÷ （4 000 + 1 000） = 4

甲产品负担的全部材料 = 4 000 元 × 4 + 10 000 元 = 26 000 元

乙产品负担的全部材料 = 1 000 元 × 4 + 15 000 元 = 19 000 元

借：生产成本——基本生产成本——甲产品——直接材料		26 000
——乙产品——直接材料		19 000
制造费用		5 000
生产成本——辅助生产成本		6 000
贷：原材料		56 000

2）低值易耗品报废。

借：原材料	100
制造费用	900
贷：周转材料——低值易耗品——摊销	1 000
借：周转材料——低值易耗品——摊销	2 000
贷：周转材料——低值易耗品——在用	2 000

3）工资费用分配。

工资费用分配率 = 20 000 ÷ (6 000 + 2 000) = 2.5

甲产品负担的工资费用 = 6 000 元 × 2.5 = 15 000 元

乙产品负担的工资费用 = 2 000 元 × 2.5 = 5 000 元

借：生产成本——基本生产成本——甲产品——直接人工	15 000
——乙产品——直接人工	5 000
制造费用	4 000
生产成本——辅助生产成本	7 500
贷：应付职工薪酬——工资	31 500

4）购买食用油发放给职工。

借：生产成本——基本生产成本——甲产品——直接人工	2 100
——乙产品——直接人工	700
制造费用	560
生产成本——辅助生产成本	1 050
贷：应付职工薪酬——非货币性福利	4 410
借：应付职工薪酬——非货币性福利	4 410
贷：银行存款	4 410

5）计提折旧。

基本生产车间月折旧额 = 100 000 元 × 1% = 1 000 元

辅助生产车间月折旧额 = 40 000 元 × 1% = 400 元

借：制造费用	1 000
生产成本——辅助生产成本	400
贷：累计折旧	1 400

6）其他支出。

借：制造费用 4 540
　　生产成本——辅助生产成本 3 050
　　　贷：银行存款 7 590

（2）编制辅助生产费用分配的会计分录如下：
辅助生产费用合计 = 6 000 元 + 7 500 元 + 1 050 元 + 400 元 + 3 050 元 = 18 000 元
辅助生产费用分配率 = 18 000 ÷ (8 000 + 1 000) = 2
基本生产车间负担 = 8 000 元 × 2 = 16 000 元
企业管理部门负担 = 1 000 元 × 2 = 2 000 元
借：制造费用 16 000
　　管理费用 2 000
　　　贷：生产成本——辅助生产成本 18 000

（3）编制结转基本生产车间制造费用的会计分录如下：
制造费用合计 = 5 000 元 + 900 元 + 4 000 元 + 560 元 + 1 000 元 + 4 540 元 + 16 000 元 = 32 000 元
制造费用分配率 = 32 000 元 ÷ (6 000 + 2 000) = 4
甲产品制造费用 = 6 000 元 × 4 = 24 000 元
乙产品制造费用 = 2 000 元 × 4 = 8 000 元
借：生产成本——基本生产成本——甲产品——制造费用 24 000
　　　　　　　　　　　　　　　——乙产品——制造费用 8 000
　　　贷：制造费用 32 000

（4）计算、填列甲、乙产品成本明细账如表 7-7 和表 7-8 所示。

表 7-7　产品成本明细账

产品名称：甲　　2017 年 10 月　　产成品产量：1 000 件　　在产品约当产量：160 件　　单位：元

项　目	直接材料	直接人工	制造费用	合　计
月初在产品成本	16 000	11 900	16 600	44 500
本月生产费用	26 000	17 100	24 000	67 100
生产费用合计	42 000	29 000	40 600	111 600
分配率	30	25	35	
完工产品成本	30 000	25 000	35 000	90 000
月末在产品成本	12 000	4 000	5 600	21 600

注：直接材料分配率 = 42 000 ÷ (1 000 + 400) = 30。

直接人工分配率 = 29 000 ÷ (1 000 + 160) = 25，制造费用分配率 = 40 600 ÷ (1 000 + 160) = 35

表 7-8　产品成本明细账

产品名称：乙　　　　　　2017 年 10 月　　产成品产量：560 件　　单位：元

项　目	直接材料	直接人工	制造费用	合　计
月初在产品成本	9 500	3 500	5 000	18 000
本月生产费用	19 000	5 700	8 000	32 700
生产费用合计	28 500	9 200	13 000	50 700
完工产品成本	19 000	5 700	8 000	32 700
月末在产品成本	9 500	3 500	5 000	18 000

(5) 编制结转产成品成本的会计分录如下：
借：库存商品——甲产品　　　　　　　　　　　　　　　　　　90 000
　　　　　　——乙产品　　　　　　　　　　　　　　　　　　32 700
　　贷：生产成本——基本生产成本——甲产品　　　　　　　　90 000
　　　　　　　　　　　　　　　　　——乙产品　　　　　　　　32 700

（二）产品成本计算的分批法

1. 分批法的概念、适用范围

分批法是按照产品的批别归集生产费用，计算产品成本的一种方法，又称订单法。生产部门可以根据以下方法确定产品批别：① 同一订单中的不同产品；② 不同订单中的同种产品；③ 同一订单中同种产品的组成部分；④ 不同订单中的不同产品。

分批法的特点为：① 分批法的成本计算对象是产品的批别（单件生产为件别）。② 分批法的成本计算期与会计报告期不一致，而与生产周期一致。③ 在小批、单件生产下，由于成本计算期与产品生产周期一致，因此在月末计算产品成本时，一般不存在成本在完工产品与月末在产品之间划分的问题。但若批内产品跨月完工情况较多，为了提高成本计算的准确性，应采用适当的方法，在完工产品与月末在产品之间分配费用，计算完工产品和月末在产品成本。

该方法一般适用于单件小批多步骤生产，如船舶制造、重型机器制造等，也适用于管理上不要求分步骤计算成本的多步骤生产，如新产品试制或试验、工业性修理作业及专项工程等。

2. 计算程序

（1）生产计划部门对生产任务进行编号（又称产品批号或生产令号），签发生产通知单下达车间，并通知会计部门。

（2）会计部门根据生产计划部门下达的产品批号（即产品批别），设立产品成本明细账。

（三）产品成本计算的分步法

1. 分步法的概念、特点、适用范围

分步法是按照产品的生产步骤归集生产费用，计算产品成本的一种方法。其特点是不按产品的批别计算成本，而按产品的生产步骤计算产品成本，按产品品种和生产步骤设置产品成本明细账。也就是说，与其他成本计算方法不同，在采用分步法计算产品成本时，在各步骤之间还有个成本结转问题。它适用于大量大批且管理上要求分步骤计算成本的多步骤生产，如冶金、纺织、造纸、化工、水泥等。

2. 计算程序

（1）按照生产步骤和产品品种设立产品成本明细账。产品成本计算的分步与实际的生产步骤不一定完全一致。只对管理上有必要分步计算成本的生产步骤单独设立产品成本明细账，单独计算成本；管理上不要求单独计算成本的生产步骤，则可与其他生产步骤合并设立产品成本明细账，合计计算成本，如按生产车间设立，或按实际生产步骤设立，或在一个车间内按不同步骤设立，或将几个车间合并设立。

（2）将记入各种产品、各生产步骤成本明细账中的生产费用，采用适当的分配方法在完工产品和月末在产品之间进行分配,计算各该产品、各该生产步骤的完工产品成本和月末在产品成本。

(3)根据成本管理对于各生产步骤成本资料的不同要求(要不要计算各生产步骤的半成品成本),进行各生产步骤成本的计算和结转,采用逐步结转分步法和平行结转分步法两种方法。

3. 逐步结转分步法

逐步结转分步法是按照产品的生产步骤逐步结转半成品成本,最后算出产成品成本的方法,也称计列半成品成本分步法。在这种分步法下,各步骤所耗用的上一步骤半成品的成本,要随着半成品实物的转移,从上一步骤的产品成本明细账转入下一步骤相同产品的产品成本明细账中,以便逐步计算各步骤的半成品成本和最后步骤的产成品成本。逐步结转分步法实际上是品种法的多次连接应用。

半成品实物的转移方式及账务处理如下:

(1)半成品完工后,不直接为下一步骤领用,而是通过半成品库收发。

(2)如果半成品完工后,直接为下一步骤领用,则半成品成本应在各步骤的产品成本明细账之间直接结转。

逐步结转分步法,按照半成品成本在下一步骤成本明细账中的反映方法不同,又可分为综合结转法和分项结转法两种方法。

1)综合结转法。采用这种方法,应将各步骤所耗用的半成品成本,以"原材料""直接材料"或专设的"半成品"项目综合记入其成本明细账中。综合结转可以按照半成品的实际成本结转,也可以按照半成品的计划成本(或定额成本)结转。采用综合结转法结转半成品成本时,为满足管理上要求提供按原始成本项目反映的成本资料,需要将计算出的产成品成本还原为按原始成本项目反映的成本。通常采用的还原方法是:从最后一个步骤起,把各步骤所耗上一步骤半成品的综合成本,逐步分解,还原成直接材料、直接人工、制造费用等原始成本项目,从而求得按原始成本项目反映的产成品成本资料。如果是四个步骤,则还原三次;如果是三个步骤,则还原两次,以此类推。

$$还原分配率 = \frac{本月产成品所耗上一步骤半成品成本合计}{本月所产该种半成品成本合计}$$

2)分项结转法。采用这种方法,应将各步骤所耗用的半成品成本,按照成本项目分项转入各步骤产品成本明细账的各个成本项目中。如果半成品通过半成品库收发,那么,在自制半成品明细账中登记半成品成本时,也要按照成本项目分别登记。分项结转可以按照半成品的实际成本结转,也可以按照半成品的计划成本结转,然后按成本项目分项调整成本差异。产成品成本不需要进行成本还原。

4. 平行结转分步法

平行结转分步法也称不计列半成品成本分步法。它是指各生产步骤不计算自制半成品成本,也不结转半成品成本,只平行结转各生产步骤生产费用中应计入产成品成本的"份额",然后汇总计算产成品成本的一种成本计算方法。这种方法适用于大量大批多步骤装配式复杂生产的企业。

(1)半成品实物的转移方式及账务处理。采用平行结转分步法,不论半成品是在各生产步骤之间直接转移,还是通过半成品库收发,都不通过"自制半成品"明细科目进行总分类核算。半成品成本不随同实物转移。

（2）平行结转分步法中所指的"在产品"为"广义在产品"，包括：① 尚在本步骤加工中的在产品；② 本步骤完工转入半成品库的半成品；③ 已从半成品库转到以后各步骤进一步加工、尚未最后产成的在产品。

（四）作业成本计算法

1. 作业成本计算法的概念、特点

作业（activity）是指组织内为了某种目的而进行的耗费资源活动，可分为单位水平作业、批量水平作业、产品水平作业及能力维持水平作业等。成本动因（cost driver）是指引起成本发生的驱动因素，是决定执行作业所需的工作量和工作耗费的因素。作业成本计算法是指在计算产品成本时，先将间接费用归于每一项作业，然后再由按收益原则依据成本动因追溯至产品或服务。其基本思想在于尽量根据成本发生的因果关系，将资源耗费分配至产品（或其他成本计算对象）上。

2. 计算程序

（1）将企业经营过程按活动内容划分为不同类型的作业。

（2）确定每种作业的成本动因。成本动因是决定一项作业消费资源的因素，反映作业对资源的消耗状况，因而是把资源库价值分解到各项作业成本中的依据。如果某项资源耗费从最初消耗上呈混合耗费形态，则需要选择合适的量化依据将资源耗费分解分配到各作业。

（3）按作业设立作业成本库，归集作业成本。根据各项作业所消耗的动因，将各资源库汇集的价值分配到各项作业成本库。各资源库中的价值应根据资源动因逐项分配到各项作业的成本库中去，将每个作业成本库中转入的各项资源价值相加就形成了各项作业的成本库价值。

（4）选择成本动因并计算成本动因率。各项作业成本动因的选择是作业成本计算法中最关键的一步，如果不能选择合适的成本动因，也就无法正确、客观地计算产品成本。在选择成本动因时，应依据以下标准：① 成本动因应与作业中资源的消耗情况具有高度的相关性；② 所选成本动因的数据应该易于收集，并且能把产品与作业的消耗联系起来。

（5）根据成本动因率，将作业成本库归集的作业成本分配于产品或服务。

第三节 成本报表解读

一、成本报表概述

1. 成本报表的概念

成本报表是根据企业日常的产品成本核算资料定期编制，用来反映、考核和分析企业在一定时期内产品成本水平以及产品成本计划执行结果的报告性文件。

2. 编制成本报表的意义

通过成本报表的编制和分析，可以揭示成本计划的执行情况，促使企业降低成本、节约费用，从而提高企业的经济效益。此外，成本报表提供的实际成本资料，还可以为企业制定产品价格、进行成本和利润预测、制定生产经营决策以及编制成本和利润计划等提供重要数据。为了真实、准确、完整、及时地编制成本报表，必须做到数据真实可靠、内容完整、指标齐全、编报及时。

3. 成本报表的种类

（1）按成本报表反映的内容分类，可分为反映成本水平的报表、反映费用支出情况的报表和成本管理专题报表等。

（2）按成本报表编制的时间分类，可分为定期成本报表和不定期成本报表。

（3）按成本报表编制的范围分类，可分为全厂成本报表、车间成本报表、班组成本报表或个人成本报表。

二、成本报表分析的方法

成本报表分析的方法主要有对比分析法、比率分析法、连环替换分析法、差额计算分析法和趋势分析法等。

1. 对比分析法

对比分析法也称比较分析法，它是通过实际数与基数的对比来揭示实际数与基数之间的差异，借以了解经济活动的成绩和问题的一种分析方法。各种成本报表的分析都要采用这种方法。对比的基数一般有计划数、定额数、前期实际数、本企业的历史先进水平、国内外同行业的先进水平等。对比分析法只适用于同质指标的数量对比，如实际原材料费用与定额原材料费用对比。

2. 比率分析法

比率分析法是通过计算各项指标之间的相对数，即比率，借以考察经济业务的相对效益的一种分析方法。比率分析法主要有相关指标分析法和构成比率分析法两种。前者如产值成本率、成本利润率等，后者如直接材料费用比率、直接人工费用比率、制造费用比率等。

3. 连环替换分析法

连环替换分析法是按顺序用各项因素的实际数替换基数，借以计算各项因素影响程度的一种分析方法。

连环替换分析法的计算程序如下：① 根据指标的计算公式确定影响指标变动的各项因素；② 排列各项因素的顺序，数量因素排在前面，质量因素排在后面；③ 按排定的因素顺序和各项因素的基数进行计算；④ 按顺序将前面一项因素的基数替换为实际数，将每次替换以后的结果与其前一次替换以后的结果进行对比，按顺序算出每项因素的影响程度，有几项因素就替换几次；⑤ 将各项因素的影响程度的代数和，与指标变动的差异总额核对相符。

4. 差额计算分析法

差额计算分析法是根据各项因素的实际数与基数的差额来计算各项因素影响程度的方法，是连环替换分析法的一种简化方法。

5. 趋势分析法

趋势分析法是通过连续若干期相同指标的对比，来揭示各期之间的增减变化，据以预测经济发展趋势的一种分析方法。

三、产品生产成本表分析

产品生产成本表（按产品种类反映）的分析，一般可以从以下两个方面进行：① 全部产品本期实际成本与计划成本的对比分析；② 可比产品本期实际成本与上期实际成本的对比分析。所谓可比产品，是指上一年度正式生产过、具有上年成本资料的产品。

$$\text{可比产品成本计划降低额} = \text{可比产品计划产量按上年实际平均单位成本计算的本年累计总成本} - \text{可比产品计划产量按本年计划单位成本计算的本年累计总成本}$$

$$\text{可比产品成本计划降低率} = \frac{\text{可比产品成本计划降低额}}{\text{可比产品实际产量按上年实际平均单位成本计算的本年累计总成本}} \times 100\%$$

$$\text{可比产品成本实际降低额} = \text{可比产品实际产量按上年实际平均单位成本计算的本年累计总成本} - \text{可比产品实际产量按本年实际单位成本计算的本年累计总成本}$$

$$\text{可比产品成本实际降低率} = \frac{\text{可比产品成本实际降低额}}{\text{可比产品实际产量按上年实际平均单位成本计算的本年累计总成本}} \times 100\%$$

影响可比产品成本降低额变动的因素有三个,即产品产量变动、产品品种比重变动和产品单位成本变动;影响可比产品成本降低率变动的因素有两个,即产品品种比重变动和产品单位成本变动。

四、主要产品单位成本表分析

该表的分析主要是选择成本超支或节约较多的产品有重点地进行,以便克服缺点,吸取经验,更有效地降低产品的单位成本。

1. 直接材料费用分析

假定乙产品本年计划规定和本月实际发生的单位材料消耗量、材料单价如表7-9所示。

表7-9 直接材料计划与实际费用对比表

项　　目	材料消耗数量/kg	材料价格/(元/kg)	直接材料费用/元
本年计划	4	16.75	67
本月实际	3.4	20	68
直接材料费用差异	×	×	+1

现采用差额计算分析法计算有关因素变动对直接材料费用超支的影响如下:

材料消耗数量变动的影响 = $(3.4 - 4)\text{kg} \times 16.75\text{元/kg} = -10.05$ 元

材料价格变动的影响 = $(20 - 16.75)\text{元/kg} \times 3.4\text{kg} = 11.05$ 元

两因素影响程度合计 = -10.5 元 + 11.05 元 = 1 元

通过以上计算可以看出,由于该产品的直接材料消耗量节约使材料费用降低10.05元;由于该产品的材料价格提高使材料费用超支11.05元,两者相抵,净超支1元。

2. 直接人工费用分析

假定某企业实行计时工资制度,乙产品每件所耗工时数和每小时工资费用的计划数、实际数如表7-10所示。

表7-10 直接人工计划与实际费用对比表

项　　目	单位产品所耗工时/h	每小时工资费用/(元/h)	直接人工费用/元
本年计划	15	2	30
本月实际	11.84	2.50	29.60
直接人工费用差异	×	×	-0.40

现采用差额计算分析法计算有关因素变动对直接人工费用节约的影响如下：

单位产品所耗工时变动的影响 = $(11.84-15)\text{h} \times 2$ 元/h = -6.32 元

每小时工资费用变动的影响 = $(2.50-2)$ 元/h $\times 11.84\text{h}$ = 5.92 元

两因素影响程度合计 = -6.32 元 + 5.92 元 = -0.40 元

通过以上计算可以看出，由于单位产品所耗工时减少使人工费用降低6.32元；由于该产品每小时工资费用提高使人工费用超支5.92元，两者相抵，净节约0.40元。

3. 制造费用分析

制造费用一般是间接计入费用，产品成本中的制造费用一般是根据生产工时等分配标准计入的，因此，产品单位成本中的制造费用分析，通常与计时工资制度下直接人工费用的分析类似。

五、制造费用明细表分析

该表一般按照制造费用的费用项目分别反映各该费用的本年计划数、上年同期实际数、本月实际数和本年累计实际数。

由于制造费用的项目很多，应该选择超支或节约数额较大或费用比重较大的项目，采用对比分析法和比率分析法进行分析。

六、销售费用、管理费用和财务费用明细表分析

销售费用、管理费用和财务费用明细表一般按照费用项目分别反映各该费用的本年计划数、上年同期实际数、本月实际数和本年累计实际数，其分析方法与制造费用明细表的分析方法基本相同。

本 章 小 结

企业为生产一定种类、一定数量的产品所支出的各种生产费用的总和，即产品的成本。成本会计是会计的一个分支，是以成本为对象的一种专业会计。

辅助生产是指为基本生产车间、企业行政管理部门等单位服务而进行的产品生产和劳务供应，辅助生产车间发生的费用要先进行归集，然后采用直接分配法、交互分配法、顺序分配法、代数分配法等方法进行分配。

工业企业为生产产品（或提供劳务）而发生各项间接费用，先通过"制造费用"科目进行归集，期末采用一定的分配方法将制造费用转入"生产成本——基本生产成本"科目。分配制造费用的方法通常有生产工人工时比例法、生产工人工资比例法、机器工时比例法和按年度计划分配率等。

期末应将按产品归集的生产费用在完工产品和在产品之间进行分配，生产费用在完工产品和在产品之间进行分配的方法通常有不计算在产品成本、在产品成本按年初数固定计算、在产品成本按其所耗用的原材料费用计算、约当产量法、在产品成本按定额成本计算、定额比例法等。

产品成本计算的品种法，是按照产品品种归集生产费用，计算产品成本的一种方法。一般适用于大量大批的单步骤生产或管理上不要求分步骤计算成本的多步骤生产，分批法是按

照产品的批别归集生产费用，计算产品成本的一种方法，又称订单法。该方法适用于小批生产和单件生产。

分步法是按照产品的生产步骤归集生产费用，计算产品成本的一种方法。它适用于大量大批且管理上要求分步骤计算成本的多步骤生产。

作业成本计算法的基本思想在于尽量根据成本发生的因果关系，将资源耗费分配至产品（或其他成本计算对象）上。其基本程序为：确认作业，划分作业中心；以作业中心为成本库汇集费用；将各个成本库的成本分配到最终产品。

成本报表是根据企业日常的产品成本核算资料定期编制，用来反映、考核和分析企业在一定时期内产品成本水平以及产品成本计划执行结果的报告性文件。成本报表的分析方法主要有对比分析法、比率分析法、连环替换分析法、差额计算分析法和趋势分析法等。

思 考 题

1. 简述产品成本核算的一般程序。
2. 怎样核算制造费用？制造费用有哪些分配方法？
3. 完工产品和月末在产品之间分配费用，一般采用什么方法？各种方法的适用范围是什么？
4. 简述品种法的概念、特点、适用范围及计算程序。
5. 简述分批法的概念、特点、适用范围及计算程序。
6. 简述分步法的概念、特点、适用范围及计算程序。
7. 简述成本报表的分析方法。
8. 如何分析全部产品生产成本表（按成本项目反映）？

自 测 题

一、选择题
1. 下列各项费用中，不能直接借记"生产成本——基本生产成本"科目的是(　　)。
   A. 车间生产工人福利费　　　　　　　B. 车间生产工人工资
   C. 车间管理人员工资　　　　　　　　D. 构成产品实体的原料费用
2. 下列各项中，可用于辅助生产费用分配的方法是(　　)。
   A. 品种法　　　　B. 分步法　　　　C. 对比分析法　　　　D. 直接分配法
3. 属于产品成本项目的是(　　)。
   A. 外购材料费用　　　　　　　　　　B. 职工工资
   C. 制造费用　　　　　　　　　　　　D. 折旧费用
4. 在某种产品各月月末在产品数量较大，但各月之间变化很小的情况下，为了简化成本计算工作，其生产费用在该种产品的完工产品与在产品之间进行分配时，适宜采用的方法是(　　)。
   A. 不计算在产品成本　　　　　　　　B. 在产品成本按年初数固定计算
   C. 约当产量法　　　　　　　　　　　D. 在产品成本按定额成本计算
5. 在大量大批多步骤生产的情况下，如果管理上不要求分步计算产品成本，则其所采用的成本计算方法应是(　　)。

A. 品种法　　　　　　B. 分批法　　　　　　C. 分步法　　　　　　D. 分类法

6. 采用平行结转分步法时，完工产品与在产品之间的费用分配，是（　　）。
A. 各生产步骤完工半成品与月末加工中在产品之间的费用分配
B. 产成品与月末狭义在产品之间的费用分配
C. 产成品与月末加工中在产品之间的费用分配
D. 产成品与月末广义在产品之间的费用分配

7. 品种法适用于（　　）。
A. 小批单件单步骤生产
B. 管理上不要求分步骤计算产品成本的大量大批多步骤生产
C. 大量大批单步骤生产
D. 管理上不要求分步骤计算产品成本的小批单件多步骤生产

8. 在确定完工产品与在产品分配的方法时，应考虑的条件有（　　）。
A. 各月月末在产品数量的多少　　　　B. 各月月末在产品数量变化的大小
C. 各项费用比重的大小　　　　　　　D. 定额管理基础的好坏

9. 下列各项中，属于成本报表的有（　　）。
A. 产品生产成本表　　　　　　　　　B. 主要产品单位成本表
C. 产品销售费用明细表　　　　　　　D. 财务费用明细表

10. 影响可比产品成本降低率的因素有（　　）。
A. 产品产量　　　　　　　　　　　　B. 产品价格
C. 产品品种比重　　　　　　　　　　D. 产品单位成本

二、判断题

1. 产品成本是指企业在一定时期内发生的、用货币表现的生产耗费。（　　）
2. 凡是直接用于产品生产而且专设成本项目的费用，都应单独地记入"生产成本——基本生产成本"科目。（　　）
3. 某产品在完工产品与在产品之间分配生产费用时采用在产品成本按年初数固定计算，该产品12月份发生的生产费用之和也就是该产品当月的完工产品成本。（　　）
4. 每个工业企业最终都必须按照产品品种计算出产品成本。（　　）
5. 分批法下的产品批量必须根据购买者的订单确定。（　　）
6. 采用约当产量法时，分配原材料费用与分配加工费用所用的完工率都是一致的。（　　）

业务练习题

1. 某季节性生产车间全年制造费用计划为 82 400 元；全年各种产品的计划产量为 A 产品 2 000 件，B 产品 1 060 件；单件产品的工时定额为 A 产品 4h，B 产品 8h。4 月份该车间的实际产量为 A 产品 120 件，B 产品 90 件。

要求：
（1）计算制造费用年度计划分配率（列出计算过程）。
（2）计算 4 月份应分配转出的制造费用（列出计算过程），编制有关会计分录。

2. 某产品经两道工序完工，其月初在产品与本月发生的工资及福利费之和为 255 000 元，该月完工产品 600 件。该产品的工时定额为第一工序 30h，第二工序 20h。月末在产品数量为第一工序 300 件，第二工序 200 件。各工序在产品在本工序的完工程度均按 50% 计算。

要求：

(1) 分别计算该产品各工序在产品的累计工时定额和定额工时。
(2) 计算完工产品定额工时。
(3) 按定额工时比例分配计算完工产品和在产品的工资及福利费。

3. 某产品单位成本表中所列原料费用为计划 5 000 元，实际 4 950 元；单位产品原料消耗为计划 50kg，实际 55kg；原料单价为计划 100 元，实际 90 元。

要求：
(1) 计算单位产品原料费用脱离计划的差异。
(2) 采用差额计算分析法，计算原料消耗量和原料单价变动对原料费用的影响。

案例分析题

某工业企业下设供水和运输两个辅助生产车间。辅助生产车间的制造费用不通过"制造费用"科目核算。辅助生产费用的分配采用交互分配法。2017 年 6 月份各辅助生产车间发生的费用及提供的产品和劳务数量如表 7-11 所示。

表 7-11　辅助生产费用分配表

××企业　　　　　　　　　　　　　　2017 年 6 月　　　　　　　　　　　　金额单位：元

项　　目			交　互　分　配			对　外　分　配		
辅助车间			供　水	运　输	合　计	供　水	运　输	合　计
待分配费用			8 200	18 200	26 400			
劳务供应数量			41 000t	5 200km				
单位成本（分配率）								
辅助生产车间	供水	耗用数量		200km				
		分配金额						
	运输	耗用数量	1 000t					
		分配金额						
	分配金额小计							
基本生产车间		耗用数量				35 000t	4 000km	
		分配金额						
企业管理部门		耗用数量				5 000t	1 000km	
		分配金额						
分配金额合计								

要求：
(1) 计算填列"辅助生产费用分配表"。
(2) 编制辅助生产费用交互分配的会计分录（"生产成本——辅助生产成本"科目要列出明细科目，下同）。
(3) 编制辅助生产费用对外分配的会计分录。

第八章 管理会计

案例与引言

红光保健品有限公司，主要生产排毒养颜胶囊和提神补脑液，产品畅销，特别是在春、秋两季，市场上常常脱销，供不应求。

今年一入春，该公司销售部门就要求加班加点，突击生产，生产更多的产品以扩大销量，提高利润。然而生产部门却反对这种做法，认为这样做会打乱全年的生产计划，花费的代价太大。另外，生产部门知道，由于节假日加班加点，往往要支付两倍甚至三倍的工资，因此产品成本很高，在进行责任指标考核时，将对生产部门十分不利，甚至会影响奖金。所以生产部门竭力反对，并抱怨销售部门只顾自己的一系列销售指标，而不考虑生产部门的苦衷。

但是，销售部门马上提出，生产部门是否愿意承担失去大量客户的责任，是否考虑到销售收入和企业利润等各项经济指标。当然，生产部门是不愿意承担这些责任的，双方争论不休。

厂长请财务科长拿出意见：是否接受各项加班加点任务？怎样处理生产部门和销售部门之间的矛盾？假如您是财务科长，应该怎样回答这个问题？

对以上问题的回答，正是本章的学习目标。

本章学习目标

- ◆ 管理会计的定义、管理会计与财务会计的区别和联系
- ◆ 采用完全成本法和变动成本法计算分期损益
- ◆ 贡献毛益、盈亏临界点、安全边际分析
- ◆ 计算实现目标利润的销售量或销售额
- ◆ 销售预测、成本预测、利润预测、资金需要量预测
- ◆ 短期经营决策
- ◆ 全面预算
- ◆ 标准成本法
- ◆ 责任会计

第一节 管理会计概述

一、管理会计的职能

（一）管理会计的概念

管理会计是把会计与现代管理技术结合起来，以货币为主要计量尺度，对企业的生产经营活动进行预测、决策、计划、控制和考核评价，借以加强企业内部管理，提高经济效益的价值管理系统。

（二）管理会计与财务会计的联系和区别

管理会计与财务会计是现代企业会计的两个分支。两者之间存在着一定的内在联系，但管理会计作为一门独立的边缘学科，又与财务会计有着许多明显的区别。

1. 管理会计与财务会计的联系

（1）两者的研究对象基本一致。管理会计与财务会计的对象都是企业的资金运动。

（2）信息来源相同。管理会计与财务会计是两个相关又不相同的会计信息系统，它们的主要信息来源是相同的，即都是直接反映企业生产经营活动的原始信息。两门学科运用各自特定的方法对同源信息进行加工、整理、汇总、筛选，形成各自的经济信息。同时两者形成、提供的信息是互用的，管理会计需用的原始信息要依靠财务报表提供；而管理会计生成、提供的信息又为财务会计的监督创造了良好的条件。

（3）服务对象交叉。财务会计侧重于对外服务，同时也对内服务。不能说财务会计只是对外服务，而不对内服务；管理会计侧重于对内服务，但它提供的信息对企业的外部报表使用者也是有用的。

2. 管理会计与财务会计的区别

（1）核算对象的侧重点不同。财务会计侧重于为企业外部投资者、债权人、政府有关部门等单位定期提供有关企业财务状况、经营成果和现金流量的信息；管理会计主要为企业内部生产经营管理服务。

（2）核算依据不同。财务会计要受着会计准则和企业财务会计制度的约束；管理会计受到生产经营决策中的成本与效益关系的制约，没有强制性的会计准则和会计制度的约束。

（3）核算重点不同。财务会计的核算重点是对历史资料的反映评价，以及事中的监督；管理会计的工作重点在于预测设计未来、控制现在和考评过去。

（4）核算方法不同。财务会计核算具有以证、账、表为主线的会计核算方法体系；管理会计的方法多种多样，企业应根据情况加以选择。

（5）核算精确度不同。财务会计要求数字精确而完整，并保持其平衡关系；管理会计不要求绝对精确，一般只要求保证及时性的近似数值。

（6）会计期间不同。财务会计的会计期间具有较强的规范性，一般是月度和年度，会计期间按会计准则要求不能任意更改；管理会计的会计期间具有很大的灵活性，小到日或时，长到一年甚至几十年。

（三）管理会计的职能

企业的管理职能主要包括决策、计划预算、控制经营活动和组织执行四个方面。管理会

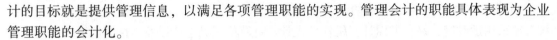

计的目标就是提供管理信息，以满足各项管理职能的实现。管理会计的职能具体表现为企业管理职能的会计化。

1. 为决策提供信息

管理会计通过收集和分析与该项决策相关的信息，为企业的长短期决策提供客观可靠的依据，保证各项决策的正确性。

2. 编制预算

在企业各项正确决策的基础上编制企业的各项计划和全面预算，确定各方面的主要目标，用来规划和指导当前和未来的各项经济活动。

3. 控制和评价

结合本企业的实际情况，设计并制定合理有效的责任会计制度和会计工作处理程序，并根据已确定的各方面目标，收集、比较、分析实际或可能发生的各种相关信息，对各项经济活动进行事前事中的调节控制和业绩评价，保证各方面目标的实现。

二、现代管理会计的形成与发展

管理会计的产生与19世纪末~20世纪初形成的"科学管理理论"有着密切的关系。经过南北战争的美国，社会经济和科学技术得到了较快的发展，但企业管理落后，劳动生产率很低，对于如何加强企业管理，他们进行了各种探索。1911年，弗雷德里克·泰勒（Frederick Taylor）发表了著名的《科学管理原理》，标志着科学管理学说的产生。

20世纪20年代，是泰勒的科学管理学说盛行时期。科学管理学说实践方面的核心是从时间和动作的研究上提高生产（工作）效率，为此，要求制定出实现最高效率的各项工作标准，作为组织生产、评价和考核工作成果的尺度，以实现企业经营管理的标准化。泰勒制的广泛实施，提高了企业的生产效率和工作效率，并促使会计理论迅速发展。在企业管理标准化要求下，产生了标准成本会计。之后，在会计实践中，管理会计的专门方法相继形成。1928年西屋公司工程师与会计师设计了一种弹性预算的方法，使预算控制得到迅速发展；1930年亨利·赫斯（Henry Hess）创造了盈亏临界图；1936年乔纳森·哈利斯（Jonathan N. Harris）总结出了直接成本计算法。

到了20世纪40年代，特别是第二次世界大战以后，西方国家的经济得到迅速发展，由于企业规模日益扩大，生产经营日趋复杂化，国际、国内市场竞争更为激烈。企业管理当局为了适应社会经济发展的新情况，增强竞争力，十分重视提高产品质量，降低产品成本，扩大企业利润。这时专门配合职能管理与科学管理的责任会计和本量利分析等专门方法应运而生。到了20世纪50年代，现代科学技术的发展日新月异，并大规模应用于生产，使生产力获得迅速发展。管理会计方法在企业中普遍推广和运用，使管理会计形成了一个比较完整的体系。1952年在欧洲召开的世界会计学年会，正式通过了"管理会计"这一名词，管理会计作为与财务会计并驾齐驱发展的新兴分支学科就建立起来了。

20世纪50~70年代，是管理会计的初级发展阶段，人们称之为传统管理会计阶段。在此阶段，以成本管理为中心，把成本计算和预算控制以及变动成本法、本量利分析等各种方法综合，组成一个系统化的利润规划，并增添了经营决策和长期投资决策的分析等内容。使管理会计在原有基础上，内容不断完善，吸收了现代管理理论和技术方法，形成了科学的理论体系和比较完善的应用方法，使管理会计学科逐渐走向成熟。

20世纪80年代至今,企业的制造环境发生了根本性的变化,一方面企业的生产控制系统开始采用适时制,另一方面计算机辅助设计、计算机辅助生产以及柔性制造系统等高科技成果已在生产中广泛应用,出现了计算机整合制造的趋势。与新制造环境相适应的适时生产系统、全面质量管理、作业成本法、综合计分卡、环境管理会计等新观念、新理论和新方法相继形成,这对作为管理的重要工具的会计提出了新的挑战。

第二节 管理会计的主要内容

管理会计的内容体系主要有管理会计基础、决策会计和执行会计三大部分。

管理会计的方法是从管理会计理论引申并从管理会计实践中总结出来的。由于管理会计是一门边缘学科,它广泛地吸取了现代管理科学、高等数学等相关学科的理论与方法,使管理会计的方法更加丰富多彩。管理会计的技术方法主要有变动成本法、本量利分析、差量决策分析法、预测分析法、投资决策分析法,以及成本控制、预算编制、责任会计等专门方法。

一、管理会计基础

管理会计基础是指管理会计的基本理论和基本方法。成本性态分析、变动成本法、本量利分析是经典管理会计的三大基础,这些内容为决策会计和控制会计提供了基本理论和分析方法。

(一) 成本的概念及分类

1. 成本按经济用途分类

企业的成本按经济用途可分为制造成本和非制造成本两类。制造成本是指在产品制造过程中发生的直接材料、直接人工和制造费用。非制造成本是指销售与行政管理方面发生的费用,一般可以细分为销售成本、管理成本两类。

2. 成本按性态分类

成本性态是指成本总额的变动与产量之间的依存关系。按照成本与产量的依存关系,可将成本分为固定成本、变动成本和半变动成本(或混合成本)三类。

(1) 固定成本 (a)。固定成本是指在一定产量范围内与产量增减变化没有直接联系的费用。其特点主要表现为:在相关范围内,成本总额的不变性;单位产品分摊固定成本的反比例变动性。固定成本通常又可分为酌量性固定成本和约束性固定成本。酌量性固定成本是指企业根据经营方针由高层领导确定一定期间的预算额而形成的固定成本,如研究开发费、广告宣传费、职工培训费等。约束性固定成本主要属于经营能力成本,它是和整个企业经营能力的形成及其正常维护直接相联系的,如厂房、机器设备折旧、保险费、财产税等。

(2) 变动成本 (bx)。变动成本是指在相关范围内,其成本总额随着产量的增减成比例增减。其特点主要表现为:变动成本总额随着产量的增减成正比例增减;单位变动成本的不变性。

(3) 混合成本。混合成本是指总成本虽然受产量变动的影响,但是其变动的幅度并不同产量的变化保持严格的比例。其表现形式有:混合成本有一个初始量,类似固定成本,在此基础上,产量增加,成本也会增加,又类似变动成本,如电话费;混合成本随产量的增长而呈阶梯式增长,也称阶梯式成本,如检验员的工资。

混合成本可以按一定的方法分解为固定成本和变动成本,如高低点法、回归直线法等。

3. 混合成本的分解

根据成本性态把企业的全部成本分为固定成本和变动成本是管理会计规划和控制企业经济活动的基本前提。分解混合成本，一般有账户分析法、技术测定法、合同认定法和历史成本分析法。历史成本分析法又可具体分为高低点法、散布图法和回归直线法三种。

（1）高低点法。高低点法是以过去某一会计期间的总成本和业务量资料为依据，从中选取业务量最高点和业务量最低点，将总成本进行分解，得出成本性态模型的方法，是历史成本分析法中最简便的一种方法。

高低点法假定在相关范围内成本与产量之间存在线性联系，即可用方程式 $y = a + bx$ 表示。a 为相关范围内的固定成本，b 为单位变动成本。上述原理通过公式表示如下：

设：高点的成本性态为

$$y_H = a + bx_H \quad (8\text{-}1)$$

低点的成本性态为

$$y_L = a + bx_L \quad (8\text{-}2)$$

则式（8-1）-式（8-2）得 $y_H - y_L = b(x_H - x_L)$ 即为高低两点的成本之差。

移项后可得

$$b = \frac{y_H - y_L}{x_H - x_L} \quad (8\text{-}3)$$

即单位变动成本等于高低点成本之差除以高低点作业量之差。

由此可见，单位产品的增量成本就是单位产品的变动成本。

将式（8-3）代入式（8-1）得

$$a = y_H - bx_H$$

或将式（8-3）代入式（8-2）得

$$a = y_L - bx_L$$

即

固定成本 = 最高点总成本 - 单位变动成本 × 最高点作业量

或

固定成本 = 最低点总成本 - 单位变动成本 × 最低点作业量

所以，高低点法的基本步骤是，首先通过算出高低点的成本之差与高低点作业量之差之比，求得单位变动成本；然后将其代入总成本的方程式中推算出固定成本的数值。

【例8-1】 设某企业2017年度1~12月份的维修成本的历史数据，如表8-1所示。

表8-1 2017年度1~12月份的维修成本的历史数据

月 份	业务量/千公里	维修费/元
1月	220	8 800
2月	210	8 700
3月	205	8 680
4月	202	8 670
5月	200	8 660
6月	195	8 620
7月	190	8 600
8月	180	8 560
9月	170	8 360
10月	160	8 400

根据表8-1有关数据，可知该企业维修成本在相关范围内的变动情况如下：

	业务量（x）/千公里	维修费（y）/元
最高点	220	8 800
最低点	160	8 400
差额	60	400

据此，a、b可分别确定如下：

$b = 400$元$/60 = 6.67$元

$a = 8\ 800$元$- 6.67$元$\times 220 = 7\ 333$元　或　$a = 8\ 400$元$- 6.67$元$\times 160 = 7\ 333$元

则 $y = 7\ 333 + 6.67x$

值得注意的是，这一方程式只适用于160～220千公里的相关范围。假定2018年1月份预计业务量为210千公里，则预计的维修费为

$y = 7\ 333$元$+ 6.67$元$\times 210 = 8\ 733.7$元

显然，预计的结果，与表8-1中同样业务量的实际成本8 700元不符合。其主要原因在于用方程式预计的维修费代表历史的平均水平。

高低点法具有运用简便的优点，但它仅以高低两点决定成本性态，因而带有一定的偶然性。所以这种方法通常只适用于各期成本变动趋势较稳定的情况。如果各期成本波动较大，则仅以高低两点的成本代表所有成本的特性，会给计算结果带来较大的偏差。

（2）散布图法。散布图法是将观察的历史成本数据，在坐标上做图，绘出各期成本点散布图，并根据目测，在各成本点之间画出一条反映成本变动趋势的直线，其与纵轴的交点即为固定成本，然后再据此计算单位变动成本的一种方法。具体来说，散布图法包括以下几个基本步骤：

1）在平面直角坐标系中，绘制成本的散布点，以横轴代表作业量，纵轴代表成本，于是历史成本的数据就形成若干点散布于坐标系中。由此绘制的图即称之为散布图。

2）用目测画出一条反映成本平均变动趋势的直线。

3）确定固定成本的平均值，所画的直线与纵轴的交点即为固定成本。

4）计算单位变动成本。在所画的直线上任取一个作业量，即可对应查出成本的值。这时单位变动成本就可通过 $b = (y - a)/x$ 这一公式求得。

【例8-2】 根据表8-1所给的数据，绘制散布图如图8-1所示。

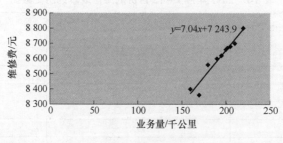

图8-1　散布图

据此可得：

$y = 7\ 243.9 + 7.04x$

散布图法的主要优点是以图示反映成本性态更为直观和易于掌握。但由于目测画出的反映成本变动平均趋势的直线,仍带有一定程度的主观随意性,所以还不能十分精确。

(3) 回归直线法。回归直线法是根据过去一定期间的作业量和混合成本的历史资料,应用最小二乘法原理,算出最能代表作业量与混合成本关系的回归直线,借以确定混合成本中固定成本和变动成本的方法。确定回归方程的基本方法如下:

n 组观测数据的大致趋势的直线方程可写成:

$$y = a + bx$$

对每个已知的观测点 y_i^* 与实际点 y_i 的误差为

$$e_i = y_i - y_i^* = y_i - (a + bx_i) = y_i - a - bx_i$$

而 n 个观测点引起的误差,则构成总误差,通常使用各个误差的平方和作为总误差,即

$$Q^* = \sum e_i^2 = \sum (y - a - bx_i)^2 \tag{8-4}$$

回归直线就是在所有直线中误差平方和(Q^*)最小的一条直线。也就是说,回归直线的系数 b 及常数项 a 可使 Q^* 达到最小值。

根据数学分析中的极值原理,要使 Q^* 达到最小值,只需由式(8-4)分别对 a、b 求偏导,并令它们等于 0,于是 a、b 满足:

$$\frac{\partial Q^*}{\partial a} = 2\sum (y_i - a - bx_i) = 0 \tag{8-5}$$

$$\frac{\partial Q^*}{\partial b} = 2\sum (y_i - a - bx_i) = 0 \tag{8-6}$$

$$a = \bar{y} - b\bar{x} \tag{8-7}$$

从式(8-5)可以得出:

$$\sum (y_i - a - bx_i) = 0 \quad na = \sum y_i - b\sum x_i$$

$\bar{x}$ 和 $\bar{y}$ 分别代表 x_i 及 y_i 的平均值。

$$\bar{x} = 1/n \sum x_i; \quad \bar{y} = 1/n \sum y_i \tag{8-8}$$

从式(8-6)可以得出:

$$\sum x_i y_i - a \sum x_i - b \sum x_i^2 = 0 \tag{8-9}$$

将式(8-7)代入式(8-9),可得到 b 的计算公式:

$$b = \frac{n\sum x_i y_i - \sum x_i \sum y_i}{n\sum x_i^2 - (\sum x_i)^2} \tag{8-10}$$

将式(8-10)代入式(8-7),可得到 a 的计算公式:

$$a = (\sum y - b\sum x)/n \tag{8-11}$$

【例 8-3】 根据表 8-1 所给的数据,采用回归直线法的计算结果如表 8-2 所示。

表 8-2 回归直线法的计算结果

月 份	业务量 x/千公里	维修费 y/元	xy	y^2
1 月	220	8 800	1 936 000	77 440 000
2 月	210	8 700	1 827 000	75 690 000
3 月	205	8 680	1 779 400	75 342 400

(续)

月　份	业务量 x/千公里	维修费 y/元	xy	y^2
4月	202	8 670	1 751 340	75 168 900
5月	200	8 660	1 732 000	74 995 600
6月	195	8 620	1 680 900	74 304 400
7月	190	8 600	1 634 000	73 960 000
8月	180	8 560	1 540 800	73 273 600
9月	170	8 360	1 421 200	69 889 600
10月	160	8 400	1 344 000	70 560 000

$$b = \frac{n\sum x_i y_i - \sum x_i \sum y_i}{n\sum x_i^2 - (\sum x_i)^2} = 7.04$$

$$a = \frac{\sum y - b\sum x}{n} = 7\,243.93$$

据此可得：

$$y = 7\,243.9 + 7.04x$$

以上三种方法，只有回归直线法所得到的是较为精确的结果，由此可见，借助于回归直线法，可以使混合成本的分解建立在科学分析和精确计算的基础之上。

（二）变动成本法

1. 变动成本法及其理论依据

变动成本法是指在计算产品成本和存货成本时，只包括产品生产过程中消耗的直接材料、直接人工和变动性制造费用，不包括固定性制造费用，所有固定性制造费用均作为期间成本在发生的当期全额列入损益，从当期收入中扣除。

2. 变动成本法与完全成本法的区别

（1）产品成本的组成不同。完全成本法与变动成本法下产品成本的组成，如表8-3所示。

表8-3　完全成本法与变动成本法下产品成本的组成

完全成本法下的产品成本	变动成本法下的产品成本
直接材料	直接材料
直接人工	直接人工
变动性制造费用	变动性制造费用
固定性制造费用	

（2）在"产成品"与"在产品"存货估价方面的区别。采用完全成本法时，库存产成品和期末在产品不仅包含变动生产成本，而且还包含一部分固定生产成本。采用变动成本法时，库存产成品和期末在产品并没有负担固定生产成本，其金额必然低于采用完全成本法时的估价。

【例8-4】某厂本月生产甲产品8 000件，销售7 500件，期末产成品存货500件（假定期初无产成品存货，期末无在产品存货），每件直接材料15元，直接人工12元，变动性制造费用10元，全月发生固定性制造费用80 000元。

完全成本与变动成本计算如表8-4所示。

表8-4 完全成本与变动成本计算　　　　　　　　　　　单位：元

项　目	完全成本计算	变动成本计算
直接材料	15	15
直接人工	12	12
变动性制造费用	10	10
固定性制造费用	80 000÷8 000件=10	—
产品单位成本	47	37
产成品期末存货数量	500件	500件
产成品期末存货成本	23 500	18 500

可见，产成品期末存货成本相差5 000元（23 500－18 500），正是由于完全成本法中包含了固定性制造费用5 000元（500×10）造成的。

（3）在盈亏计算方面的区别。由于两种成本计算方法对固定成本的处理不同，所以对分期损益的影响也不同。

1）产销平衡的情况。在产销平衡的情况下，两种成本计算方式所确定的分期损益是相同的，即当生产量=销售量（期初存货成本=期末存货成本）时，按完全成本法确定的税前利润等于按变动成本法确定的税前利润。

2）本期生产量大于销售量。当本期生产量大于销售量时（期末存货成本＞期初存货成本）时，按完全成本法确定的税前利润大于按变动成本法确定的税前利润。

3）本期生产量小于销售量。当本期生产量小于销售量时（期末存货成本＜期初存货成本）时，按完全成本法确定的税前利润小于按变动成本法确定的税前利润。

【例8-5】 某企业只生产一种A产品，直接材料6元/件，直接人工4元/件，变动性制造费用2元/件，变动性销售及管理费0元，固定性销售及管理费总额5 000元，固定性制造费用总额15 000元。全年生产量5 000件，期初无存货，本期销售A产品4 500件，期末存货500件，A产品单位售价20元。

完全成本与变动成本计算如表8-5所示。

表8-5 完全成本与变动成本计算

项　目	完全成本法	变动成本法
单位产品成本	$\left(6+4+2+\dfrac{15\,000}{5\,000}\right)$元/件=15元/件	(6+4+2)元/件=12元/件
期间费用	固定性销售及管理费总额5 000元	固定性制造费用15 000＋固定性销售及管理费5 000=20 000（元）
期末存货成本	500件×15元/件=7 500元	500件×12元/件=6 000元
税前利润	4 500件×(20－15)元/件－5 000元=17 500元	4 500件×(20－12)元/件－20 000元=16 000元

税前利润差额=17 500元－16 000元=1 500元

即单位产品分摊的固定性制造费用3元/件×(500－0)件=1 500元。

3. 变动成本法的优缺点

变动成本法的优点主要有以下方面：① 能够提供各种有益的会计信息，有助于企业正确地进行短期决策和加强经营控制；② 能够使管理当局更加重视销售，防止盲目增加生产；③ 便于正确进行不同期间的业绩评价；④ 可以简化成本计算，避免固定成本分摊中的主观随意性。

变动成本法也不可避免地存在一定的局限性：① 不能适应长期决策的需要；② 改变成本计算法时会影响有关各方的利益，不适于对外报表的要求。

（三）本量利分析

1. 贡献毛益

贡献毛益是指产品的销售收入扣除变动成本后的余额，又称贡献边际、边际贡献或创利额。反映贡献毛益的指标主要有：

（1）单位贡献毛益（cm）。单位贡献毛益是指每种产品的销售单价减去其单位变动成本后的余额。其计算公式如下：

$$单位贡献毛益(cm) = 单价 - 单位变动成本 = p - b$$

（2）贡献毛益总额（Tcm）。贡献毛益总额是指各种产品的销售收入总额减去各种产品变动成本总额后的余额。其计算公式如下：

$$贡献毛益总额(Tcm) = 销售收入 - 变动成本 = px - bx$$
$$= 销售量 \times 单位贡献毛益 = cm \cdot x$$
$$= 销售收入 \times 贡献毛益率 = px \cdot cmR$$

（3）贡献毛益率（cmR）。贡献毛益率是指以单位贡献毛益除以销售单价或以贡献毛益总额除以销售收入总额。其计算公式如下：

$$贡献毛益率(cmR) = \frac{贡献毛益}{销售收入}\left(\frac{p-b}{p} 或 \frac{px-bx}{px}\right) \times 100\%$$

与贡献毛益率密切相关的指标是变动成本率。变动成本率（bR）是变动成本占销售收入的百分比，或单位变动成本占单价的百分比。其计算公式如下：

$$变动成本率(bR) = \frac{变动成本}{销售收入}\left(\frac{b}{p} 或 \frac{bx}{px}\right) \times 100\%$$

$$贡献毛益率(cmR) + 变动成本率(bR) = 1$$

可见，贡献毛益率与变动成本率属于互补性质，变动成本率高的企业，其贡献毛益率低，创利能力弱；反之，变动成本率低的企业，其贡献毛益率高，创利能力强。

2. 盈亏临界点

盈亏临界点也称保本点或损益两平点，是指在一定销售量下，企业的销售收入和成本相等，不盈也不亏。其基本公式为销售量×销售单价 - 销售量×单位变动成本 - 固定成本 = 利润，即 $px - bx - a = E$。

（1）单一品种的盈亏临界点。令销售量×销售单价 - 销售量×单位变动成本 - 固定成本 = 0，则

$$盈亏临界点的销售量(x_0) = \frac{固定成本}{销售单价 - 单位变动成本} = \frac{固定成本}{单位贡献毛益}$$
$$= \frac{a}{p-b} = \frac{a}{cm}$$

盈亏临界点的销售额(y_0) = 盈亏临界点的销售量 × 销售单价 = px_0

$$= \frac{固定成本}{单位贡献毛益} × 销售单价$$

$$= \frac{固定成本}{\frac{单位贡献毛益}{销售单价}} = \frac{固定成本}{贡献毛益率} = \frac{a}{cmR}$$

达到盈亏临界点的作业率(dR) = $\frac{盈亏临界点的销售量(额)}{正常开工的销售量(额)} × 100\%$

（2）多品种的盈亏临界点。在多品种条件下，可以运用的本量利分析方法有多种形式，主要包括综合加权贡献毛益率法、顺序法、联合单位法、分算法和主要品种法等。以下主要介绍综合加权贡献毛益率法的应用：

首先，计算各种产品销售额占全部产品总销售额的比重。

其次，求出各种产品综合加权贡献毛益率，即

$$综合加权贡献毛益率 = \sum \left(\begin{matrix} 各种产品 \\ 贡献毛益率 \end{matrix} × \begin{matrix} 各种产品销售额占全 \\ 部产品总销售额的比重 \end{matrix} \right)$$

再次，计算整个企业的综合盈亏临界点销售额，即

$$\begin{matrix} 综合盈亏临 \\ 界点销售额 \end{matrix} = \frac{固定成本总额}{综合加权贡献毛益率}$$

最后，计算各种产品的盈亏临界点销售额，即

$$\begin{matrix} 各种产品的盈亏 \\ 临界点销售额 \end{matrix} = \begin{matrix} 综合盈亏临 \\ 界点销售额 \end{matrix} × \begin{matrix} 各种产品销售额占全 \\ 部产品总销售额的比重 \end{matrix}$$

【例8-6】 甲企业计划资料如表8-6所示。

表8-6 甲企业计划资料　　　　　　　　　　　　　　金额单位：元

项　目	销　售　量	单　　价	单位变动成本	销售收入	贡献毛益	贡献毛益率	固定成本
A产品	100 000件	10	8.5	1 000 000	150 000	15%	300 000
B产品	25 000台	20	16	500 000	100 000	20%	
C产品	10 000套	50	25	500 000	250 000	50%	
合　计	×	×	×	2 000 000	500 000	25%	

试计算综合盈亏临界点销售额和各种产品的盈亏临界点销售额与销售量。

计算步骤如下：

(1) 计算各种产品销售额占全部产品总销售额的比重。

A产品的比重 = 1 000 000 ÷ 2 000 000 × 100% = 50%

B产品的比重 = 500 000 ÷ 2 000 000 × 100% = 25%

C产品的比重 = 500 000 ÷ 2 000 000 × 100% = 25%

(2) 求出各种产品综合加权贡献毛益率。

综合加权贡献毛益率 = 50% × 15% + 25% × 20% + 25% × 50% = 25%

(3) 计算整个企业的综合盈亏临界点销售额。

综合盈亏临界点销售额 = 300 000元 ÷ 25% = 1 200 000元

(4) 计算各种产品的盈亏临界点销售额和销售量。
A 产品：1 200 000 元 × 50% = 600 000 元，600 000 元 ÷ 10 元/件 = 60 000 件
B 产品：1 200 000 元 × 25% = 300 000 元，300 000 元 ÷ 20 元/台 = 15 000 台
C 产品：1 200 000 元 × 25% = 300 000 元，300 000 元 ÷ 50 元/套 = 6 000 套

3. 安全边际

安全边际是指盈亏临界点以上的销售量，即现有销售量超过盈亏临界点销售量的差额。反映安全边际的指标主要有：

(1) 安全边际量。

安全边际量(MS 量) = 现有(或预计可达到)的销售量 − 盈亏临界点的销售量 = $x - x_0$

(2) 安全边际额。

安全边际额(MS 额) = 现有(或预计可达到)的销售额 − 盈亏临界点的销售额 = $y - y_0$

= 单价 × 安全边际量 = $p \times MS$ 量

(3) 安全边际率。

$$安全边际率(MSR) = \frac{安全边际量(额)}{现有(或预计可达到)的销售量(额)} \times 100\%$$

安全边际率与达到盈亏临界点的作业率之间存在以下关系：

安全边际率 + 达到盈亏临界点的作业率 = $MSR + dR = 1$

安全边际量（额）与安全边际率都是正指标，即越大越好。

由于保本点销售量所创造的贡献毛益正好够补偿固定成本，所以超过保本点以上的安全边际所提供的贡献毛益就是利润。即

销售利润 = 安全边际量 × 单位贡献毛益

或

= 安全边际额 × 贡献毛益率

两边同时除以销售收入，则

销售利润率 = 安全边际率 × 贡献毛益率

这表明，企业销售利润率水平受到安全边际率和贡献毛益率两个因素的共同影响。

4. 保利点分析或实现目标利润分析

(1) 单一品种保利点分析。令销售量 × 销售单价 − 销售量 × 单位变动成本 − 固定成本 = 目标利润，则

$$实现目标利润的销售量 = \frac{固定成本 + 目标利润}{销售单价 - 单位变动成本} = \frac{固定成本 + 目标利润}{单位贡献毛益}$$

两边同时乘以单价，得

$$实现目标利润的销售额 = \frac{固定成本 + 目标利润}{单位贡献毛益} \times 单价 = \frac{固定成本 + 目标利润}{贡献毛益率}$$

目标净利润 = 目标利润 × (1 − 所得税税率)

目标利润 = 目标净利润 ÷ (1 − 所得税税率)

(2) 多品种保利点分析。

$$实现目标利润的销售额 = \frac{固定成本 + 目标利润}{综合加权贡献毛益率}$$

5. 经营杠杆

经营杠杆是指在企业生产经营中由于固定成本的存在而使息税前利润变动率大于产销量

变动率的规律。为了对经营杠杆进行量化，企业管理会计中把利润变动率相当于产销量（或销售收入）变动率的倍数称之为经营杠杆系数或经营杠杆率。

经营杠杆系数(DOL) =（息税前利润 EBIT + 固定成本）/ 息税前利润 EBIT

二、决策会计

决策会计可以为企业决策者确定经营目标、制定最优决策、拟订实施计划提供科学依据。决策会计的具体内容包括经营预测、短期经营决策及全面预算。预测是决策的前提，决策是预算的基础，预算是预测、决策的综合反映，又是经营目标的具体化，也是控制考核的依据。

（一）经营预测

1. 销售预测

销售预测的方法可分为定性销售预测法和定量销售预测法。下面主要讲解定量销售预测法里的几种主要方法。

（1）算术平均法。算术平均法是根据过去若干期的销售量，计算简单的算术平均数，作为未来的销售预测数的一种方法。其计算公式如下：

$$F = \frac{\sum x_i}{n}$$

式中　F——算术平均数；
　　　x_i——第 i 个观察值；
　　　n——观察值个数。

（2）加权平均法。采用加权平均法进行销售预测，同样是将若干历史时期的销售量或销售额作为观察值，将各个观察值与各自的权数相乘之积加总，然后除以权数之和，求出其加权平均数，并将加权平均数作为销售量的预测值。

加权平均法的计算公式如下：

$$F = \sum_{i=1}^{n} W_i X_i$$

式中　F——加权平均数；
　　　W_i——第 i 个观察值的权数；
　　　X_i——第 i 个观察值；
　　　n——观察值个数。

W_i 应该满足下列两个条件：

1) $\sum W_i = 1$。

2) $W_1 < W_2 < W_3 < W_4 < \cdots < W_n$。

（3）指数平滑法。指数平滑法是指根据前期销售量的实际数和预测数，以加权因子为权数，进行加权平均来预测下一期销售量的方法。其计算公式如下：

预测期销售量 = 平滑系数 × 上期实际销售量 +（1 - 平滑系数）× 上期预测销售量

$$F_t = aA_{t-1} + (1 - a)F_{t-1}$$

式中　F_t——本期预测数；
　　　A_{t-1}——上期实际数；

F_{t-1}——上期预测数；

a——平滑系数，它的取值范围为 0~1，一般取中值，即在 0.3~0.7 之间。

（4）回归直线法。回归直线法一般是运用直线回归方程，根据自变量的变化，来预测因变量发展变动趋势的方法。其计算公式如下：

$$y = a + bx$$

（5）趋势平均法。将该方法用于销售预测，是假定未来时期的销售是与它相接近时期销售的直接继续，而同较远时期的销售关系较小，同时为了尽可能缩小偶然因素的影响，可以最近若干期的平均值作为计算预测期的预测值的基础。其计算公式如下：

$$F = \bar{A} + n\bar{t}$$

式中　F——计划期成本预测值；

$\bar{A}$——五期平均值；

n——距离预测时间的期数；

$\bar{t}$——最近趋势平均数。

2. 成本预测

（1）可比产品成本预测。成本预测的主要内容有：① 测定目标成本；② 测算基年预计成本水平；③ 预测各项因素对实现目标成本的保证程度；④ 测算计划期产品成本的发展变化趋势等。

（2）不可比产品成本预测。不可比产品是指企业以往年度没有正式生产过的产品，其成本水平无法与过去进行比较，因而就不能像可比产品那样通过采用下达成本降低指标的方法控制成本支出。预测时主要采用技术测定法、产值成本法、目标成本法等。

3. 利润预测

（1）直接预测法。直接预测法是根据本期的有关数据，直接推算出预测期的利润数额。可根据利润的构成方式来预测，即

$$利润总额 = 营业利润 + 营业外收支净额$$

（2）比例计算法

1）销售利润率预测法。

$$预测计划期产品销售利润额 = 预计计划期产品销售收入 \times 上期销售收入利润率$$

2）销售成本利润率预测法。

$$预测计划期产品销售利润额 = 预计计划期产品销售成本 \times 上期销售成本利润率$$

3）产值利润率预测法。

$$预测计划期产品销售利润额 = 预计计划期产品总产值 \times 上期产值利润率$$

4. 资金需要量预测

资金需要量预测，就是以预测企业生产经营规模的发展和资金利用效果的提高等为依据，在分析有关历史资料、技术经济条件和发展规划的基础上，运用数学方法，对预测资金需要量进行科学的预计和测算。在资金需要量预测中，常用的方法有资金增长趋势预测法（回归分析法）和预计资产负债表法。

（二）短期经营决策

1. 生产何种产品的决策分析

假定企业可以自主利用生产设备用于生产甲产品或乙产品，但不能同时生产两种产品。

这就要求企业必须根据现有的资源条件，在这两种产品之间做出正确的选择。其选择的标准是看哪种产品在经济上最为合算，能为企业提供最多的利润。

2. 产品增产的决策分析

产品增产的决策是指利用剩余生产能力，在原预定投产的几种产品中适当地扩大某种产品的生产量。

3. 亏损产品是否停产（转产）的决策分析

判断产品该不该停产，主要是取决于该产品最终能否提供贡献毛益，若贡献毛益为正数，则说明该项亏损产品不应停产。

4. 零（部）件自制或外购的决策分析

（1）零（部）件需要量确定时自制或外购的决策。

【例8-7】 某企业生产甲产品，每年需要 A 零件 1 000 件，如果外购，则其外购成本为每件 25 元，该厂有剩余的生产能力，这剩余的生产能力亦无其他用途，可供生产此零件，单位产品制造成本如下（单位：元）：

直接材料	10
直接人工	6
制造费用	
变动性制造费用	4
固定性制造费用	7
合　　计	27

表面上看起来，零件的自制单位成本比外购单价高 2 元（27-25），似乎选择外购比较合算。其实不然，因为在自制成本中包含了与决策无关的成本——固定性制造费用，只有为制造零件而发生的直接材料、直接人工、变动性制造费用才是决策的相关成本。则成本分析如下（单位：元）：

自制零件成本	1 000 × (10+6+4) = 20 000
外购零件成本	1 000 × 25 = 25 000
外购零件成本超出自制零件成本	5 000

可见，A 零件外购零件成本比自制零件成本高 5 000 元，宜选择自制。

假定例8-7中，其剩余生产能力不仅可用于自制 A 零件 1 000 件，也可用于生产乙产品 900 件，每件获利 10 元，但两者相互排斥。则成本分析如下（单位：元）：

自制零件成本	1 000 × (10+6+4) = 20 000
机会成本	900 × 10 = 9 000
合计	29 000
外购零件成本	1 000 × 25 = 25 000
自制零件成本高于外购零件成本	4 000

可见，若考虑了机会成本，A 零件自制零件成本比外购零件成本高 4 000 元，宜选择外购，将剩余生产能力用于生产乙产品。

（2）零（部）件需要量不确定时自制或外购的决策。

【例8-8】 某厂生产上需用 B 零件，外购单价 20 元，如自行制造，则每单位的变动成本为 10 元，但零件若自制，需为此每年追加固定成本 20 000 元。

试对零件的外购或自制做出决策。

设每年需要零件 x 件，则

外购零件成本 $= 20x$，自制零件成本 $= 10x + 20\,000$

令 $20x = 10x + 20\,000$，得

$x = 2\,000$ 件

说明零件需要量在 2 000 件以上时，自制成本低于外购价，宜自制；若零件需要量在 2 000 件以下时，自制成本高于外购价，宜外购。

5. 半成品立即出售或继续加工的决策

在某些企业中，所生产的产品在完成一定的加工阶段后，可以作为半成品出售，也可以继续加工后再出售，其售价较高，但要追加一定的成本。所以，在进行抉择时，就必须计算分析进一步加工后预期所增加的收入能否超过进一步加工时所追加的成本，若前者大于后者，则半成品可以选择进一步加工；反之，若前者小于后者，则以直接出售半成品为宜。

6. 联产品是否进一步加工的决策分析

在某些企业里，利用同一种原材料，在同一生产过程中生产出两种或两种以上性质或用途不同的主要产品，这些产品称为联产品。例如，汽油、煤油、柴油等产品都是炼油厂的联产品。在联产品加工过程中发生的成本称为联合成本，要选择合理的方法，将联合成本在全部联产品之间进行分摊。如果分离后联产品还需继续加工，就必须另外追加成本，这种成本称为可分成本，可分成本应由分离后继续加工的产品独自负担。

对于生产联产品的企业，经常面临着联产品是直接销售还是进一步加工的抉择。管理人员在决策时，必须采用差量分析法，弄清楚进一步加工后预期增加的收入能否超过预期的可分成本，若前者大于后者，则联产品可以选择进一步加工；反之，若前者小于后者，则以直接出售联产品为宜。

7. 是否接受特殊价格追加订货的决策

（1）简单条件下的决策

1）不冲击本期计划任务（正常订货）的完成。

2）不需要追加专属成本。

3）剩余能力无法转移。

当以上三个条件同时具备时，属于简单条件下的决策。只要特殊订货单价大于该产品的单位变动成本，就可以接受该追加订货。

（2）复杂条件下的决策

1）当追加订货冲击正常任务时，应将由此减少的贡献毛益作为追加订货方案的机会成本，当追加订货的贡献毛益足以补偿这部分机会成本时，则可以接受订货。

2）当追加专属成本时，如果追加订货的贡献毛益大于专属成本，则可以接受订货。

3）当剩余能力可以转移时，应将与此有关的可能收益作为追加订货方案的机会成本综合考虑。

8. 产品最优组合决策

如果企业同时生产两种或两种以上的产品，管理人员需根据市场的需要和企业现有的资源，合理安排各种产品的生产（销售）量，使各种产品的生产量达到最优组合，以取得最佳的经济效益。这类问题可以用线性规划法求解。

(三) 全面预算

1. 全面预算的意义和内容

全面预算是对企业全部经济活动过程的正式计划所做的数量说明。编制全面预算的目的，在于通过对产、供、销各个环节和人、财、物等因素的综合平衡，全面安排各项生产经营业务，并确定其应达到的标准，为实现企业的总目标创造条件和提供保证。企业通过编制和执行全面预算，加强企业内部控制，对于提高企业管理水平，以争取实现较好的经营成果和经济效益，具有重要意义。

全面预算的内容可归纳为业务预算、财务预算和专门决策预算。业务预算是指企业日常发生的各项具有实质性基本活动的预算，包括销售预算、生产预算、直接材料预算、直接人工预算、单位生产成本预算、产品销售费用及管理费用预算；财务预算是企业在计划期内反映有关现金收支、经营成果和财务状况的预算，包括现金预算、预计利润表、预计资产负债表、预计现金流量；专门决策预算是企业经常发生的、一次性业务的预算。

2. 全面预算的编制程序

由于全面预算编制方式不同，其程序也不同。全面预算编制方式可分为自下而上、自上而下、财务议编三种。自下而上编制全面预算的程序，一般应先由最低层负责成本控制的人员自行编制本身的预算，然后送交上级审查，经过反复研究、协商、修订和平衡后，再逐级加以汇编，最后再送交最高级领导审核批准。自上而下编制全面预算的程序是先由企业最高领导层制定总目标，编制全面预算，分解有关指标，然后再由有关部门依据下达的控制指标编制本部门预算。财务议编的程序是财务部门依据企业最高层的要求编制企业全面预算和部门预算。

3. 全面预算的编制方法

（1）固定预算和弹性预算

1）固定预算又叫静态预算，是指只按照预算期间内计划预定的一种活动水平确定相应的数据。固定预算，从整体上来看，通常每年编制一次，使预算期间和会计年度相一致，便于预算执行结果的分析、评价和考核。

2）弹性预算是将预算支出划分为变动费用和固定费用，在编制预算时，预算中的变动费用随产品产销量的变动而予以增减，而固定费用则相对稳定不变。因此，弹性预算大多用于支出预算中；弹性预算的主要优点是能够适用多种业务量的变化，更好地发挥预算控制的作用，并使预算执行情况的评价考核建立在更加客观可比的基础之上。

（2）增量预算和零基预算

1）增量预算是以基期的各种费用项目的实际开支数为基础，然后对计划期间可能会使各费用项目发生变动的有关因素（如产量的增减、规定的成本降低率的高低等）加以细致考虑，最终确定出它们在计划期间应增减的数额。如果编制费用预算是在现有基础上增加一定的百分比，就叫作增量预算法。如果在现有基础上减少一定的百分比，则称为减量预算法。

2）零基预算是指以零点为基础而制定的预算，也就是排除过去和现实中存在而又可以避免的种种消极因素的影响，把各项生产经营业务视为从头开始的新工作加以安排，客观考虑其获取收入、发生开支和实现利润的可能性，并据以预算。

(3) 定期预算和滚动预算

1) 定期预算是固定以一年为期的预算。预算期与会计年度相适应。它的优点是便于将实际数和预算数进行对比，也有利于对预算的执行情况进行分析和评价。但是固定以一年为期的预算也存在一些缺陷。例如，往往只能提出一个大概的轮廓和笼统的数字，因而在执行预算时就难免会遇到许多困难；在预算执行的过程中由于种种原因，常常会有所变动，使原来的预算不能适应新的变动情况；固定以一年为期的预算，缺乏长远打算。

2) 滚动预算又称永续预算或延续预算，其特点是始终保持一定的有效预算期，故可适应短期预算和长期预算的编制。实行滚动预算，可以根据生产经营活动和企业主客观条件的变化，对预算进行修订，把长期预算与短期预算、需要与可能有机地结合起来，使企业始终有一个科学的预算，用以指导生产经营活动。

(4) 概率预算。概率预算是指按照概率原则确定各项预计因素，编制预算的一种方法。预算编制涉及的许多变量（如产量、销售量、价格、成本等），其预计的变动可能是一个定值（如销售量将增加到多少、成本将降低到多少等），也可能由于预算编制时对有关变量的预期的变动还难以掌握得十分准确，只能做一个近似的估计——估计它们将在一定范围内变动，在这个范围内有关数值可能出现的概率如何。为适应这种情况，预算的编制就不能单纯对有关变量业已肯定的数值进行加工计算，同时还需对有关变量可预期的概率进行具体分析，借以使所得的结果更符合客观实际情况。

三、执行会计

执行会计包括控制会计和业绩考评会计。它是适应企业内部控制要求，以行为科学理论为指导，以挖掘潜力提高经济效益为核心，通过制定控制标准、目标分解、落实责任、监督控制、责任核算与考核为手段，对企业生产经营活动发挥控制和督促作用。执行会计的具体内容包括成本控制和责任会计。

（一）标准成本法

1. 标准成本法的概念

标准成本法是指通过制定标准成本，将标准成本与实际成本进行比较获得成本差异，并对成本差异进行因素分析，据以加强成本控制的一种方法。

2. 制定标准成本的作用

(1) 标准成本作为计量业绩的尺度，能起到对员工的考核和激励作用，提高他们的责任感和积极性。

(2) 标准成本系统的形成有助于企业各部门的协调。这是因为标准成本的实现要求企业的各个职能部门进行协调一致的努力。

(3) 便于企业编制预算。因为标准成本是一种预计成本，可以作为编制预算的依据。

(4) 可以简化产品成本的计算。因为标准成本系统将标准成本和成本差异分别列示，原材料、在产品、产成品和产品销售成本均可以按标准成本直接入账，这就大大简化了日常的账务处理工作。

3. 标准成本的种类

(1) 基本的标准成本。它是以实施标准成本的第一年度或选定某一基本年度的实际成本作为标准，用以衡量以后各年度的成本高低，据以观察成本升降的趋势。这种标准成本一经制定，多年保持不变，它可以使各个时期的成本以同一标准为基础进行比较。但是随着时间的推移，产品的生产技术和企业经营情况会发生变化，使原有的标准成本显得日益过时，不能很好地发挥成本管理的控制作用，所以，在实际工作中这种标准成本较少采用。

（2）理想的标准成本。它是以现有的技术、设备在最好的经营管理条件下，所发生的成本水平作为成本标准。采用这种标准成本，不允许出现任何浪费。这种标准成本一般难于达到，所以，在实际工作中很少采用。

（3）正常的标准成本。它是根据企业的正常生产能力，以有效经营条件为基础而制定的标准成本。正常的标准成本在成本管理中能充分发挥其应有的积极作用，在实际工作中得到了最广泛的运用。

4. 标准成本的制定

产品成本主要由直接材料、直接人工和制造费用三个成本项目组成，应按照这些项目的特点分别制定其标准成本。其基本形式为"数量"标准乘以"价格"标准得到各有关项目的标准成本。"数量"标准主要由工程技术部门制定，"价格"标准则由会计部门会同有关责任部门（如采购部门等）研究制定。

$$直接材料标准成本 = \sum (单位产品的用料标准 \times 材料的标准单价)$$

$$直接人工标准成本 = 单位产品的标准工时数量 \times 标准小时工资率$$

$$单位工时变动性制造费用标准分配率 = \frac{变动性制造费用预算总数}{直接工资标准总工时}$$

$$单位产品变动性制造费用标准成本 = 单位产品直接工资标准工时 \times 单位工时变动性制造费用标准分配率$$

$$单位工时固定性制造费用标准分配率 = \frac{固定性制造费用预算总数}{直接工资标准总工时}$$

$$单位产品固定性制造费用标准成本 = 单位产品直接工资标准工时 \times 单位工时固定性制造费用标准分配率$$

根据上述方法计算出的直接材料、直接人工、制造费用的标准成本按产品加以汇总，便可确定各该产品的标准成本。

5. 成本差异分析

产品的标准成本是一种预定的目标成本，是用来控制实际成本的，但在成本发生的具体过程中，由于种种原因，产品的实际成本与预定的标准成本会发生偏差，这种差额称为成本差异。如果实际成本超过标准成本，则所形成的差异称为不利差异；反之，如果实际成本低于标准成本，则所形成的差异称为有利差异。

（1）直接材料成本差异分析。

$$直接材料成本总差异 = 直接材料实际成本 - 直接材料标准成本$$

$$直接材料数量差异 = (直接材料实际消耗数量 - 直接材料标准消耗数量) \times 直接材料标准单价$$

$$直接材料价格差异 = (直接材料实际单价 - 直接材料标准单价) \times 直接材料实际消耗数量$$

（2）直接人工成本差异分析。

直接人工成本总差异 = 直接人工实际成本 − 直接人工标准成本
　　直接人工效率差异 = (实耗工时 − 标准工时) × 标准工资率
　　直接人工工资率差异 = (实耗工资率 − 标准工资率) × 实耗工时

（3）制造费用成本差异分析
1）变动性制造费用成本差异分析。
　　变动性制造费用成本总差异 = 实际变动性制造费用 − 标准变动性制造费用
　变动性制造费用效率差异 = (实际工时 − 标准工时) × 变动性制造费用标准分配率
　　变动性制造费用分配率差异 = 实际工时 × (变动性制造费用实际分配率 −
　　　　　　　　　　　　　　　变动性制造费用标准分配率)

2）固定性制造费用成本差异分析。
　　固定性制造费用成本总差异 = 实际固定性制造费用 − 标准固定性制造费用
　固定性制造费用效率差异 = (实际工时 − 标准工时) × 固定性制造费用标准分配率
　固定性制造费用生产能力利用差异 = (预计应完成的总工时 − 实际工时) × 标准分配率
　　固定性制造费用开支差异 = 实际固定性制造费用 − 固定性制造费用预算数

（二）责任会计

1. 责任会计的概念

责任会计是适应经济责任制的要求，在企业内部建立不同层次的责任中心，通过对有关信息的处理和反馈，把核算与各责任中心的工作实绩联系起来，从而对各责任中心责任范围内的经济活动进行严密的控制与考核的一种会计制度。

2. 责任会计的基本原则

（1）成本效益原则。建立企业责任会计的根本目的是以最小的投入获得最大的产出，提高企业经济效益。因此，成本效益原则应是最基本的原则。

（2）综合性原则。即责任指标的设计要具备一定的综合性质，能够比较全面地反映责任实体所承担的经济责任。

（3）可控性原则。可控性原则是指责任实体只能对在职权范围内可以控制的经济活动负责，权力和责任必须紧密结合，保持一致。责任报告中只列入责任者能够控制的成本、收入和利润等内容，不可控因素不必列入，或只作为补充的参考资料。

（4）反馈性原则。反馈是企业决策的基础，决策是根据反馈而做出的符合客观实际的判断。只有正确的决策，才能产生正确的行动和良好的效果。因此，要求责任会计应该有一个良好的记录和报告制度，使各责任者能够及时了解各自的预算执行情况，以便他们不失时机地行使权力，调整责任中心的经济活动，实现规定的目标。

（5）一致性原则。责任者权责范围的确定、责任预算的编制和责任者成绩的评价、考核，应该促使他们为企业总目标的实现而努力工作，保持各责任中心的目标同企业总目标的一致性，以及责任者的利益同企业整体利益的一致性。

（6）责、权、利相结合原则。责任会计制度要求每个责任中心及责任者承担各自的责任，并给责任中心相应的权力，同时，为各责任中心制定出合理的绩效考核标准，做到奖罚分明，真正做到责、权、利三者有机地结合起来，充分调动各责任单位和职工个人的积极性，确保实现企业管理方针的总体目标的完成。

3. 责任会计的基本内容

责任会计的基本内容包括以下几个方面：

(1) 确定责任会计单位。根据经营管理和组织形式的需要，将企业内部各单位、各部门划分经济责任归属层次。按照分层负责原则明确各层次的责任，并将企业的经营总目标分解落实到各责任中心，组成一个上下左右纵横连锁的责任会计体系。

(2) 确定责任实体的考核内容。按照各责任实体的责权范围及责任预算的内容，确定责任实体的考核内容。具体来说，就是建立一套完整的搜集、记录、整理、计算等核算体系，随时记录各责任中心的成本、收入、利润、资金等有关资料，作为考核责任预算执行情况和编制业绩报告的依据。

(3) 建立一套完整的信息控制系统。按照责任归属原则形成一套完整的计算、记录和报告的责任会计账务处理原则和程序，提供及时、准确、可靠的经济活动信息，反映和衡量责任单位预算指标与实际执行情况的差异，揭示工作成绩和存在的问题，使责任实体的负责人及上级领导能及时总结经验，纠正偏差。

(4) 针对实际数和预算数之间的差异所进行的分析。根据各责任中心的业绩报告，分析实际数和预算数的差异及产生差异的原因，及时通过信息反馈，控制各责任中心的经济活动，并指导和督促有关单位及时采取切实有效的措施，纠正工作中的偏差，采取有力措施，降低成本，压缩资金占用，提高盈利。

4. 责任中心的分类

根据企业内部责任中心的权责范围及业务流动的特点不同，责任中心可分为成本中心、利润中心、投资中心三大类。

(1) 成本中心。成本中心是指对成本或费用承担责任的责任中心。成本中心一般包括负责产品生产的生产部门、劳务提供部门以及给予一定费用指标的管理部门。成本中心的应用范围最广，从一般意义出发，企业内部凡有成本发生，需要对成本负责，并能实施成本控制的单位，都可以成为成本中心。工业企业上至工厂一级，下至车间、工段、班组，甚至个人都有可能成为成本中心。成本中心只对可控成本承担责任。可控成本是指责任单位可以预计、计量、施加影响和落实责任的那部分成本。

(2) 利润中心。利润中心是对利润负责的责任中心。由于利润是收入扣除成本费用之差，利润中心是指既对成本负责又对收入和利润负责的区域。利润中心分为自然利润中心与人为利润中心两种。

1) 自然利润中心是指可以直接对外销售产品并取得收入的利润中心。这种利润中心本身直接面向市场，具有产品销售权、价格制定权、材料采购权和生产决策权。它虽然是企业内的一个部门，但其功能同独立企业相近。最典型的形式就是公司内的事业部，每个事业部均有销售、生产、采购的机能，有很大的独立性，能独立地控制成本、取得收入。

2) 人为利润中心是指对内流转产品，视同产品销售而取得"内部销售收入"的利润中心。这种利润中心一般不直接对外销售产品，只对本企业内部各责任中心提供产品（含劳务）。成立人为利润中心应具备两个条件：一是可以向其他责任中心提供产品或劳务；二是能合理确定转移产品的内部转移价格，以实现公平交易、等价交换。

(3) 投资中心。某些企业内部单位，如果不仅在产品的生产和销售上享有较大的自主权，而且能相对独立地运用其所掌握的资金，并有权购建或处理固定资产，扩大或缩减现有的生产能力，则需进一步将其获得的利润和所占用的资金进行对比，考核资金的利用效果，这一类责任中心，称为投资中心。投资中心既要对成本、收入和利润负责，又要对投资的效果负责。可见，投资中心同时也是利润中心。

5. 责任中心的业绩评价

（1）利润中心的考核。利润中心的考核指标为利润，即通过一定期间实际实现的利润同责任预算所确定的利润进行对比，评价其责任中心的业绩。但由于成本计算方式不同，各利润中心的利润指标的表现形式也不同。采取完全成本法时，利润是按财务会计核算中的计算公式求得的，这里不再多述。

（2）成本中心的考核。成本中心考核的主要内容是成本，即通过各成本中心的实际责任成本与预算责任成本的比较，评价成本中心业务活动的优劣。与此相适应，成本中心的考核指标包括成本（费用）降低额和降低率两项，其计算公式为

$$成本(费用)降低额 = 预算责任成本或费用 - 实际责任成本或费用$$

$$成本(费用)降低率 = \frac{成本(费用)降低额}{预算责任成本(费用)} \times 100\%$$

（3）投资中心的考核。投资中心的业绩评价，主要是围绕投资利润率、剩余收益或剩余利润进行的。

1）投资利润率。投资利润率又称投资报酬率，是指投资中心所获得的利润与投资额之间的比率。其计算公式如下：

$$投资利润率 = 经营净利润 \div 经营资产$$

2）剩余收益。剩余收益是指投资中心获得的利润扣减其最低投资收益后的余额。其计算公式如下：

$$剩余收益 = 经营净利润 - 经营资产 \times 预期最低投资利润率$$

【例8-9】 A企业的投资利润率如表8-7所示。

表8-7　A企业的投资利润率

投资中心	利润/元	投资/元	投资利润率
甲	1 500	10 000	15%
乙	900	10 000	9%
整个企业	2 400	20 000	12%

甲投资中心现面临一个新的投资机会，其投资额为10 000元，可获利润1 300元，投资利润率为13%，试评价该投资机会。假定甲投资中心预期最低投资利润率为12%。

分析如下：

（1）用投资利润率指标评价该投资机会如表8-8所示。

表8-8　投资利润率

投资中心	利润/元	投资/元	投资利润率
甲	1 500 + 1 300 = 2 800	10 000 + 10 000 = 20 000	14%
乙	900	10 000	9%
整个企业	3 700	30 000	12.3%

可见，就整个企业而言，增加投资后，投资利润率增长了0.3%，应接受该投资机会；

但由于甲投资中心投资利润率下降了1%，甲投资中心有可能难以接受这一投资机会。

（2）用剩余收益指标评价该投资机会。

甲投资中心接受该投资机会前的剩余收益＝1 500元－10 000元×12%＝300元

甲投资中心接受该投资机会后的剩余收益＝2 800元－20 000元×12%＝400元

可见，如果以剩余收益来考核投资中心的业绩，则甲投资中心应接受该投资机会。

6. 内部转移价格

内部转移价格是指企业各责任中心之间提供产品或劳务所运用的统一内部结算价格，运用内部转移价格的目的是正确评价各责任中心的绩效。

采用内部转移价格进行内部结算，可以使企业内部的两个责任中心处类似于市场交易的买卖两极，起到与外部市场价格相似的作用。

（1）内部转移价格的制定原则

1）全局性原则。制定内部转移价格必须强调企业整体利润高于各责任中心的利润。内部转移价格直接关系到各责任中心的经济利益的大小，每个责任中心必然为本责任中心争取最大的价格好处，在利益彼此冲突的情况下，企业和各责任中心应本着企业利润最大化要求，制定内部转移价格。

2）公平性原则。内部转移价格的制定应公平合理，应充分体现各责任中心的经营努力或经营业绩，防止某些责任中心因价格优势而获得额外利益，某些责任中心因价格劣势而遭受额外损失。

3）自主性原则。在确保企业整体利益的前提下，只要可能，就应通过各责任中心的自主竞争或讨价还价来确定内部转移价格，真正在企业内部实现市场模拟，使内部转移价格能为各责任中心所接受。

4）重要性原则。即内部转移价格的制定应当体现以下要求：对原材料、半成品、产成品等重要物资的内部转移价格制定从细，而对劳保用品、修理备件等数量繁多、价值低廉的物资，其内部转移价格的制定从简。

（2）内部转移价格的类型。内部转移价格的类型有市场价格、协商价格、双重价格、成本转移价格等。

本 章 小 结

管理会计是把会计与现代管理技术结合起来，以货币为主要计量尺度，对企业的生产经营活动进行预测、决策、计划、控制和考核，借以加强企业内部管理，提高经济效益的价值管理系统。

管理会计与财务会计的联系：① 两者的研究对象基本一致；② 信息来源相同；③ 服务对象交叉。管理会计与财务会计的区别：① 核算对象的侧重点不同；② 核算依据不同；③ 核算重点不同；④ 核算方法不同；⑤ 核算精确度不同；⑥ 会计期间不同。

成本性态是指成本总额的变动与产量之间的依存关系。按照成本与产量的依存关系，可将成本分为固定成本、变动成本和半变动成本（或混合成本）三类。混合成本的分解方法一般有账户分析法、技术测定法、合同认定法和历史成本分析法。

变动成本法是指在计算产品成本和存货成本时，只包括产品生产过程中消耗的直接材料、直接人工和变动性制造费用，而不包括固定性制造费用，所有固定性制造费用均作为期间成本在发生的当期全额列入损益，从当期收入中扣除。

贡献毛益是指产品的销售收入扣除变动成本后的余额。反映贡献毛益的指标主要有：① 单位贡献毛益；② 贡献毛益总额；③ 贡献毛益率。

盈亏临界点也称保本点或损益两平点，是指在一定销售量下，企业的销售收入和成本相等，不盈也不亏。其基本公式为销售量×销售单价－销售量×单位变动成本－固定成本＝利润，即 $px - bx - a = E$。反映盈亏临界点的指标主要有：① 盈亏临界点的销售量；② 盈亏临界点的销售额；③ 达到盈亏临界点的作业率。

安全边际是指盈亏临界点以上的销售量，即现有销售量超过盈亏临界点销售量的差额。反映安全边际的指标主要有：① 安全边际量；② 安全边际额；③ 安全边际率。

保利点是指企业为实现目标利润而要达到的销售量或销售额。保利点具体可用保利量和保利额两个指标来表示。目标利润是指尚未扣除所得税的利润。

销售预测的方法可分为定性销售预测法和定量销售预测法。其中定量销售预测法主要有：① 算术平均法；② 加权平均法；③ 指数平滑法；④ 回归直线法；⑤ 趋势平均法等。

短期经营决策主要包括：① 生产何种产品的决策分析；② 产品增产的决策分析；③ 亏损产品是否停产（转产）的决策分析；④ 零（部）件自制或外购的决策分析；⑤ 半成品立即出售或继续加工的决策；⑥ 联产品是否进一步加工的决策分析；⑦ 是否接受特殊价格追加订货的决策；⑧ 产品最优组合决策等。

全面预算的内容可归纳为业务预算、财务预算和专门决策预算。业务预算是指企业日常发生的各项具有实质性基本活动的预算，包括销售预算、生产预算、直接材料预算、直接人工预算、单位生产成本预算、产品销售费用及管理费用预算；财务预算是企业在计划期内反映有关现金收支、经营成果和财务状况的预算，包括现金预算、预计利润表、预计资产负债表、预计现金流量；专门决策预算是企业经常发生的、一次性业务的预算。

标准成本系统由标准成本、差异分析和差异处理三个部分组成，对于实际发生的成本，根据标准成本这一预定的尺度，将其分解为体现标准的部分和偏离标准的部分，可以使企业管理者和员工们加强成本意识，找出差距，分析差异产生的原因，并尽可能采取措施加强成本控制。

责任会计是适应经济责任制的要求，在企业内部建立不同层次的责任中心，通过对有关信息的处理和反馈，把核算与各责任中心的工作实绩联系起来，从而对各责任中心责任范围内的经济活动进行严密的控制与考核的一种会计制度。根据企业内部责任中心的权责范围及业务流动的特点不同，责任中心可分为成本中心、利润中心、投资中心三大类。

内部转移价格的类型主要有市场价格、协商价格、双重价格、成本转移价格等。

思 考 题

1. 什么是成本性态？成本按性态怎样分类？混合成本如何分解？
2. 变动成本法与完全成本法在产品成本组成上的主要区别在哪里？它们的理论根据是什么？
3. 盈亏临界点以上的贡献毛益是不是利润？为什么？
4. "为改变企业亏损状态，凡是亏损产品都应停产"，你认为这句话对吗？为什么？

5. 为什么说销售预算是全面预算的出发点？
6. 什么是可控成本和不可控成本？请举例说明。

自 测 题

一、选择题

1. 属于编制全面预算的出发点和日常业务预算的基础的是（　　）。
   A. 销售预算　　　　　　B. 生产预算　　　　　　C. 产品成本预算　　　　D. 直接材料预算
2. 具有独立或相对独立法人和生产经营决策权，并对成本和利润负责的责任中心是（　　）。
   A. 成本中心　　　　　　B. 利润中心　　　　　　C. 投资中心　　　　　　D. 财会中心
3. 变动成本法，将固定生产成本（　　）。
   A. 在已销售产品、库存产品之间分配　　　　　B. 在已销售产品、库存产品和在产品之间分配
   C. 结转到下期　　　　　　　　　　　　　　　D. 全额直接从本期销售收入中扣减
4. 变动成本法下，（　　）计入期间成本。
   A. 变动性制造费用　　　B. 固定性制造费用　　　C. 销售费用　　　　　　D. 管理费用
5. 在售价、固定成本不变的情况下，当单位变动成本增加时，会使（　　）。
   A. 利润下降　　　　　　B. 贡献毛益减少　　　　C. 盈亏临界点提高　　　D. 盈亏临界点下降
6. 综合加权贡献毛益率的决定因素包括（　　）。
   A. 综合的保本点销售额　　　　　　　　　　　B. 各产品销售数量比重
   C. 各产品销售收入占总销售收入的比重　　　　D. 各产品贡献毛益率

二、判断题

1. 尽管管理会计与财务会计工作的侧重点不同，但两者的方法体系是相同的。　　　　（　　）
2. 单价单独变动时，会使安全边际反方向变动。　　　　　　　　　　　　　　　　　（　　）
3. 当期末存货量为零，而期初存货量不为零时，完全成本法确定的税前利润大于变动成本法确定的税前利润。　　　　　　　　　　　　　　　　　　　　　　　　　　　　　　　　　（　　）
4. 安全边际率与保本作业率的变动呈反方向变动。　　　　　　　　　　　　　　　　（　　）
5. 企业的亏损产品生产越多，企业亏损越大，因而应停产。　　　　　　　　　　　　（　　）
6. 相关范围仅仅针对固定成本而言，与变动成本并无联系。　　　　　　　　　　　　（　　）

业务练习题

1. 某公司 2018 年度销售预算情况如表 8-9 所示。

表 8-9　某公司 2018 年度销售预算情况

季　　度	第 1 季度	第 2 季度	第 3 季度	第 4 季度	合　　计
预计销售量/件	2 500	3 750	4 500	3 000	13 750
销售单价/元	20	20	20	20	20

若销售当季收回货款 60%，次季收回货款 35%，再次季收回货款 5%，预算年度期初应收账款金额为 22 000 元，其中包括上年第三季度销售的应收账款 4 000 元和第四季度销售的应收账款 18 000 元。

要求：编制销售预算及预期现金收入分析表。

2. 假设 A 公司的成本资料如下：销售单价 40 元，单位变动成本 28 元，固定成本总额 1 584 000 元。

要求：

（1）计算盈亏临界点销售量和销售额。

（2）该公司为达到税前目标利润 120 000 元，其销售量应为多少？

（3）该公司为达到税后目标利润 180 000 元（所得税税率为 25%），其销售量应为多少？

（4）假定变动成本中有 50% 为人工成本，固定成本中有 20% 为人工成本，此时，人工成本已上升 10%，求盈亏临界点销售量。

3. 已知某集团公司下设三个投资中心，有关资料如表 8-10 所示。

表 8-10 有关资料

指标	集团公司	A 投资中心	B 投资中心	C 投资中心
净利润/万元	34 650	10 400	15 800	8 450
净资产平均占用额/万元	315 000	94 500	145 000	75 500
期望的最低投资利润率	10%			

要求：

（1）计算该集团公司和各投资中心的投资利润率，并据此评价各投资中心的业绩。

（2）计算各投资中心的剩余收益，并据此评价各投资中心的业绩。

（3）综合评价各投资中心的业绩。

案例分析题

某公司专门生产 A 产品，原设计生产能力为每年 2 000 台，但由于市场竞争激烈，过去两年，每年只生产和销售 1 000 台。市场售价为每台 2 600 元，而该公司的单位产品成本为 2 800 元，详细资料如下：

单位变动生产成本	2 000 元
固定性制造费用	800 000 元
固定销售和管理费用	150 000 元

该公司已连续两年亏损，若不能扭亏为盈，公司势必要停产，形势严峻。

销售部门经理认为：问题的关键在于每台产品的制造成本太高，但由于竞争的关系，公司不能提高售价，只能以 2 600 元的价格每年销售 1 000 台。因此公司的出路只能是请生产部门的工程技术人员想方设法改进工艺，减少消耗，降低制造成本。

生产部门经理认为：问题的关键在于生产能力只用了一半，如能充分利用生产能力，就可把单位固定成本降低，单位产品成本自然会下降。对策是销售人员要千方百计开展促销活动，如能每年销售 2 000 台，就一定能扭亏为盈。

总会计师则认为：公司目前编制利润表的方法——完全成本法，为公司提供了一条扭亏为盈的"捷径"：充分利用公司的生产能力，一年生产 2 000 台 A 产品。虽然市场上只能销售一半，但公司可将固定成本的半数转入存货成本。这样即使不增加销量，也能在利润表上"扭亏为盈"。

要求：

（1）根据上述资料，按变动成本法计算该公司去年的利润，并与完全成本法下的利润进行比较和分析。

（2）根据总会计师的建议，按完全成本法计算该公司的利润，并分析与变动成本法下的利润不同的原因，并对该建议做出评价。

（3）判断生产部门经理和销售部门经理的意见是否正确，并做出评价。

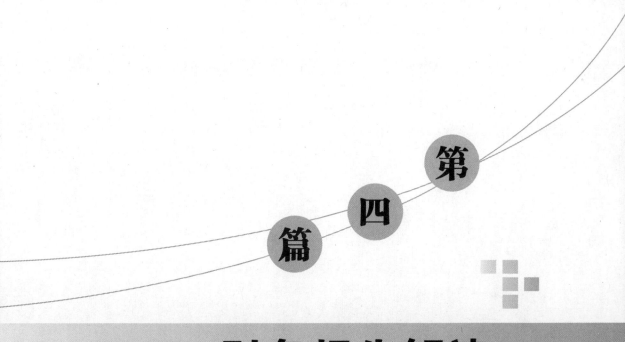

第四篇 财务报告解读

第九章 财务报告阅读与分析

案例与引言

您准备购入一家公司的股票吗？那么作为股东，需要了解该公司的财务状况、盈利能力与质量，以及公司的成长潜力。您将成为某银行信贷部的经理吗？那么您会经常审查企业的贷款申请，需要根据公司的情况，做出是否给予贷款的决策。您很可能成为公司的经理，不仅需要查证与防范企业内部人员的舞弊问题，而且还要根据主要会计信息进行成本、利润等方面的管理与决策。以上角色，都需要了解企业的财务报告。

试通过深圳证券交易所网站，查阅万科企业股价有限公司（万科A，000002）2017年年度报告。

请问：财务报告包括哪些内容？如何了解公司的财务状况、盈利能力？如何透视公司的盈利质量？您相信该企业的财务报告吗？在您进行财务报表分析之前，有没有帮手能够助您一臂之力呢？

对以上问题的回答，正是本章的学习目标。

本章学习目标

- ◆ 资产负债表的内容与解读
- ◆ 利润表的数据来源及解读
- ◆ 利润与现金流量的差异、现金流量表的内容与解读
- ◆ 所有者权益变动表的内容与解读
- ◆ 附注的内容
- ◆ 审计报告的阅读和利用

财务报告即财务会计报告。它是企业对外提供的反映企业某一特定日期财务状况和某一会计期间经营成果、现金流量的文件。财务报告包括财务报表和附注。其中，财务报表是财务报告的主体与核心，包括资产负债表、利润表、现金流量表以及所有者权益变动表；附注是为了便于财务报表使用者理解财务报表的内容而对财务报表的编制基础、编制依据、编制原则和方法及主要项目等所做的解释；另外，判断财务报告的质量，应首先阅读审计报告，审计报告能够帮您把好第一关。

第一节 资产负债表阅读与分析

一、资产负债表的作用

资产负债表是反映企业某一特定日期财务状况的财务报表。所谓财务状况,是指公司的资金来源与资金运用状况,负债资金所占比重,以及资产、负债和所有者权益各自的构成情况。资产负债表能够提供企业的下列经济信息:

(1) 企业在会计期末的资产、负债和所有者权益情况。其中,资产项目表明企业在会计期末拥有的资产总额及其分布状况;负债项目表明企业在会计期末的负债总额、负债具体内容及偿还日期;所有者权益项目表明企业在会计期末的净资产数额、投资者在企业资产中享有的权益及所有者权益的构成情况。

(2) 企业在某一特定时点的短期偿债能力。所谓短期偿债能力,是指企业偿还流动负债的能力。一般而言,流动负债需用流动资产偿还。流动资产的变现能力越强,说明企业的短期偿债能力越强;反之,流动资产的变现能力越差,说明企业的短期偿债能力越弱。因此,通过资产负债表中流动资产和流动负债的信息,能够评价企业的短期偿债能力。

(3) 企业在某一特定时点的财务安全性和稳定性。公司的资金来源于债权人的资金和出资者的投资。负债总额占资金来源总额的比重称作财务结构或资金结构。负债比重高,一方面,说明债权人所冒的风险大,企业财务结构的稳定性越弱;另一方面,说明企业举借长期负债资金的能力越差;因此,保持适度的负债水平,不仅能够保证企业的财务安全,使企业具有较强的长期偿债能力,并且能够增强企业筹措资金的能力,使企业稳步、健康地发展。

(4) 企业在一定时期财务发展变化的趋势。将企业的某项指标依次列示几个月份或年度,如蓝丰公司应收账款数额分别为2013年度248万元、2014年度278万元、2015年度300万元、2016年度320万元、2017年度360万元,则该项指标说明公司业务可能在快速成长,也可能是公司产品销售信用管理方面存在问题,应在相关方面进一步研究。

二、资产负债表的数据来源

资产负债表的数据一般是直接根据有关总账科目的期末余额填列,某些项目则需要根据总账科目和明细科目的记录分析、计算后填列。

1. 根据总账科目的余额填列

"以公允价值计量且其变动计入当期损益的金融资产""工程物资""固定资产清理""递延所得税资产""短期借款""以公允价值计量且其变动计入当期损益的金融负债""应付票据""应付职工薪酬""应交税费""应付利息""应付股利""其他应付款""专项应付款""预计负债""递延所得税负债""实收资本(或股本)""资本公积""库存股""其他综合收益""盈余公积"等项目,应根据有关总账科目的余额填列。

有些项目则需根据几个总账科目的余额计算填列:"货币资金"项目,应根据"库存现金""银行存款""其他货币资金"三个总账科目余额的合计数填列;"其他非流动资产""其他流动资产"项目,应根据有关科目的期末余额分析填列。

2. 根据明细科目的余额计算填列

"开发支出"项目，应根据"研发支出"科目所属的"资本化支出"明细科目期末余额填列；"应付账款"项目，应根据"应付账款"和"预付账款"科目所属的相关明细科目的期末贷方余额合计数填列；"预收款项"项目，应根据"预收账款"和"应收账款"科目所属各明细科目的期末贷方余额合计数填列；"一年内到期的非流动资产""一年内到期的非流动负债"项目，应根据有关非流动资产或非流动负债科目的明细科目余额分析填列；"应付债券"项目，应根据"应付债券"科目的明细科目余额分析填列；"未分配利润"项目，应根据"利润分配"科目所属的"未分配利润"明细科目期末余额填列。

3. 根据总账科目和明细科目的余额分析计算填列

"长期借款"项目，应根据"长期借款"总账科目余额扣除"长期借款"科目所属的明细科目中将在资产负债表日起一年内到期且企业不能自主地将清偿义务展期的长期借款后的金额计算填列；"长期待摊费用"项目，应根据"长期待摊费用"科目的期末余额减去将于一年内（含一年）摊销的数额后的金额填列；"其他非流动负债"项目，应根据有关科目的期末余额减去将于一年内（含一年）到期偿还数后的金额填列。

4. 根据有关科目余额减去其备抵科目余额后的净额填列

"可供出售金融资产""持有至到期投资""长期股权投资""在建工程""商誉"项目，应根据相关科目的期末余额填列，已计提减值准备的，还应扣减相应的减值准备；"固定资产""无形资产""投资性房地产""生产性生物资产""油气资产"项目，应根据相关科目的期末余额扣减相关的累计折旧（或摊销、折耗）填列，已计提减值准备的，还应扣减相应的减值准备，采用公允价值计量的上述资产，应根据相关科目的期末余额填列；"长期应收款"项目，应根据"长期应收款"科目的期末余额，减去相应的"未实现融资费用"科目和"坏账准备"科目所属相关明细科目期末余额后的金额填列；"长期应付款"项目，应根据"长期应付款"科目的期末余额，减去相应的"未确认融资费用"科目期末余额后的金额填列。

5. 综合运用上述填列方法分析填列

"应收票据""应收利息""应收股利""其他应收款"项目，应根据相关科目的期末余额，减去"坏账准备"科目中有关坏账准备期末余额后的金额填列；"应收账款"项目，应根据"应收账款"和"预收账款"科目所属各明细科目的期末借方余额合计数，减去"坏账准备"科目中有关应收账款计提的坏账准备期末余额后的金额填列；"预付款项"项目，应根据"预付账款"和"应付账款"科目所属各明细科目的期末借方余额合计数，减去"坏账准备"科目中有关预付款项计提的坏账准备期末余额后的金额填列；"存货"项目，应根据"材料采购""原材料""发出商品""库存商品""周转材料""委托加工物资""生产成本""受托代销商品"等科目的期末余额合计，减去"受托代销商品款""存货跌价准备"科目期末余额后的金额填列，材料采用计划成本核算，以及库存商品采用计划成本核算或售价核算的企业，还应按加或减材料成本差异、商品进销差价后的金额填列。

会计期末，根据第三章、第四章、第五章中各账户资料，编制祥达实业2017年度资产负债表如表9-1所示。

表 9-1 资产负债表

编制单位：祥达实业　　　　　　　2017 年 12 月 31 日　　　　　　　　　　　　单位：元

资产	期末余额	年初余额	负债和所有者权益	期末余额	年初余额
流动资产：			流动负债：		
货币资金	1 738 731 729	907 183 112	短期借款	237 984 245	1 153 000 000
以公允价值计量且其变动计入当期损益的金融资产	158 553 890	4 558 709	以公允价值计量且其变动计入当期损益的金融负债		
应收票据	636 710 918	6 065 759 933	应付票据	1 431 312 171	5 031 620 414
应收账款	3 110 693 440	1 205 803 404	应付账款	1 446 186 787	1 158 400 489
预付款项	260 297 061	323 763 972	预收款项	260 395 348	273 663 261
应收利息			应付职工薪酬	157 629 224	122 542 989
应收股利			应交税费	11 290 735	20 348 537
其他应收款	1 719 234 476	104 878 148	应付利息	905 456	587 775
存货	6 159 410 714	7 465 509 312	应付股利	2 970 818	4 955 532
一年内到期的非流动资产			其他应付款	55 390 948	73 767 466
其他流动资产			一年内到期的非流动负债	30 000 000	
流动资产合计	13 783 632 228	16 077 456 590	其他流动负债		
非流动资产：			流动负债合计	3 634 065 732	7 838 886 463
可供出售金融资产			非流动负债：		
持有至到期投资			长期借款	6 000 000	36 000 000
长期应收款			应付债券		
长期股权投资	179 689 921	179 437 261	长期应付款	1 144 889	12 244 964
投资性房地产	13 920 000		专项应付款		
固定资产	1 785 651 922	1 513 055 023	预计负债		
在建工程	532 027 124	627 954 376	递延所得税负债		
工程物资	471 697		其他非流动负债		
固定资产清理	245 509	1 046 045	非流动负债合计	7 144 889	48 244 964
生产性生物资产			负债合计	3 641 210 621	7 887 131 427
油气资产			股东权益：		
无形资产	167 520 055	171 053 885	实收资本（或股本）	2 164 211 422	1 988 968 232
开发支出			资本公积	3 577 048 885	2 539 336 835
商誉			减：库存股		
长期待摊费用	43 720 542	4 134 615	其他综合收益	500 000 000	0
递延所得税资产			盈余公积	4 831 782 033	4 738 640 681
其他非流动资产			未分配利润	1 792 626 037	1 420 060 620
非流动资产合计	2 723 246 770	2 496 681 205	股东权益合计	12 865 668 377	10 687 006 368
资产总计	16 506 878 998	18 574 137 795	负债及股东权益总计	16 506 878 998	18 574 137 795

三、资产负债表解读

（一）观察资产总额、负债和所有者权益总额的变化，把握财务发展的方向

根据比较资产负债表，分别计算资产总额、负债总额及所有者权益总额的变化，其计算公式如下：

$$资产的变化 = 资产的期末余额 - 资产的期初余额 \quad (9-1)$$

$$负债的变化 = 负债的期末余额 - 负债的期初余额 \quad (9-2)$$

$$所有者权益的变化 = 所有者权益的期末余额 - 所有者权益的期初余额 \quad (9-3)$$

$$资产的变化 = 负债的变化 + 所有者权益的变化 \quad (9-4)$$

资产总额表明企业在特定时点的经济资源总量，资产总额的大小能够反映企业规模的大小。式（9-1）说明资产的增减变化，必然改变企业负债和所有者权益的结构。资产增加，可能会伴随负债增加或获取利润导致所有者权益的增加；还可能引起负债和所有者权益的此增彼减。

负债总额表明企业在特定时点承担的风险规模。式（9-2）说明负债总额的增减变化，能够反映企业财务风险的变化。如果企业为了谋求长远利益，而增加负债，则尽管在一定时期内增大了企业风险，从长远来看，仍然对企业有利。

所有者权益总额表明企业在特定时点公司股东拥有的净资产的数额。式（9-3）说明所有者权益总额的变化，反映股东在公司中财富的变化。如果本期股东在未增加投资或公司未接受捐赠的情况下，所有者权益增加，则是本期实现利润转化的结果，从而能说明本期经营效果的优劣。

式（9-4）说明，资产的变化是结果，而负债和所有者权益的变化可以解释为资产变化的原因。

（二）分别阅读资产、负债、所有者权益的具体信息，寻找财务发展变化的具体原因

首先，自上而下计算资产、负债、所有者权益的具体变化，分别对各项内容的期末数额与期初数额进行比较；其次，针对变化大的项目，结合前述资产、负债、所有者权益各部分内容的分析特点，找出资产、负债、所有者权益变化的具体原因。

（三）计算相关财务比率，检验财务的安全性

企业财务的安全性，也称作偿债能力，可通过资产负债表中相关项目的关系，计算财务指标，观察企业的偿债能力。

1. 资产负债率

$$资产负债率 = 负债总额 \div 资产总额 \times 100\%$$

从我国上市公司资产负债率的一般水平来看，认为理想的资产负债率为50%以下，40%比较合适。比率过高，企业财务风险加大；比率过低，又太保守，影响企业的经营业绩。

不同角度、不同性格的人对该比率的看法不同。持股的首席执行官认为企业应适度举债，比率较高，虽增大财务风险，但如果资金利润率高于利率，则会增加企业收益，从而增加自己的收益。不持股的首席执行官则不喜欢过高的资产负债率，因为会增大财务风险，加大了企业破产的可能性，从而会影响自己的形象；即使资金利润率高于利率，能够增加企业收益，但与自己的利益关系不大。债权人认为公司资产负债率越低，对其本金与利息偿还的安全度越高；反之，公司资产负债率越高，对其本金与利息偿还的安全度越低。股东或投资者对资产负债率的要求，则取决于企业的资金利润率与借入资金利率的关系。若资金利润率高于利率，则资产负债率越高越有利；反之，资金利润率低于利率，则资产负债率越低越有利。

不同经济发展阶段应设计不同的资产负债率。一般而言，公司处于繁荣时期，扩张需要资金，资产负债率可高些；公司处于不景气时期，应尽可能降低资产负债率，以降低公司的财务风险，减轻利息负担。

2. 产权比率

$$产权比率 = 负债总额 \div 所有者权益总额 \times 100\%$$

产权比率越低，对债权人权益的保障程度越高，财务风险越小。据经验判断，产权比率小于100%为宜，说明企业的净资产正好可以偿还债务。该比率与资产负债率的区别是：资产负债率侧重于偿付债务的物质保障程度；产权比率侧重于揭示财务结构的稳健程度，以及自有资金对偿债风险的承受能力。产权比率越低，企业的财务结构越稳健。

3. 流动比率

$$流动比率 = 流动资产 \div 流动负债$$

根据经验判断，该比率保持在2左右较适宜，高于2，说明企业的短期偿债能力强；反之，则说明企业的短期偿债能力弱。实际上，并非流动比率越高越好。流动比率越高，说明企业在会计期末可能存在大量的应收款项尚未收回；或存有大量的存货，因此，在关注流动比率的同时，还应观察应收款项平均收账期和存货周转率指标。

4. 速动比率

$$速动比率 = 速动资产 \div 流动负债$$

速动资产包括货币资金、以公允价值计量且其变动直接计入当期损益的金融资产、应收票据、应收账款、其他应收款等。即从流动资产中扣除存货、预付款项。根据经验判断，速动比率为1较适宜。

经过以上步骤后，基本上可对公司的财务状况做出初步判断。

（四）审视和评价资产项目

1. 观察资产结构的合理性

所谓资产结构，是指在资产总额中，各项资产所占的比重。不同性质的企业以及企业的不同经营时期，企业各类资产所占比重都会有所不同。制造业的固定资产比重较高，商品流通企业的流动资产比重较高；而商品流通企业在其业务淡季，流动资产的比重会下降，在业务旺季，流动资产的比重会上升。在企业各类资产中，能够直接形成销售收入的主要是存货，更具体的是原材料、在产品及库存商品；而原材料、在产品、库存商品以外的流动资产项目与固定资产是有助于销售收入形成的资产。因此，在资产总量一定的情况下，原材料、在产品、库存商品以外的流动资产项目与固定资产比重越高，企业资金的周转速度就会越慢。对此，企业应尽可能地提高原材料、在产品、库存商品等资产比重，还应采取各项措施加速其周转。

2. 关注资产质量的高低

分析资产质量，应先计算一道算术题：2+2=？等式左边的"2+2"，意为公司各项资产的账面价值之和；等式右边的"？"强调的是公司资产的变现价值。该道算术题的答案有多个,首先,"2+2"可能等于"4",说明资产的账面价值与其变现价值等值;其次,"2+2"可能等于"2或3",说明资产的账面价值低于其变现价值,即资产贬值;最后,"2+2"还可能等于"5或6",说明资产的账面价值高于其变现价值,即资产增值。解出该道算术题的最终答案,需要对公司的各项资产的质量进行逐一分析。

(1)货币资金项目。货币资金属于账面价值与其变现价值等值的资产。货币资金质量分析,应重点关注货币资金构成质量与运用质量。在企业的经济业务涉及多种货币的情况下,不同的经济形势与环境决定了货币币值的不同走向,从而影响货币资金的构成质量。影响货币资金运用质量的因素较多:① 企业一定时期的资产规模与业务收支规模,决定其货币资金规模;② 不同行业的货币资金规模会有较大区别;③ 相同行业即使是资产规模相同的企业也会有不同的货币资金持有政策与运用水平;④ 分析企业货币资金的内部控制制度是判断企业货币资金运用质量的制度因素,包括内部控制制度的完善程度与制度执行质量两个方面;⑤ 分析企业遵守国家货币资金管理规定的质量。

【例9-1】 A企业与B企业均是建筑用板材的生产企业,其资产规模相近,近年来产品畅销。从多年经营规律来看,这两个企业日常持有180万元的货币资金,基本满足正常的生产运营。但A企业的银行存款额常年保持450万元的规模,占流动资产的60%;应收账款占20%,存货占20%;流动负债总额250万元,流动比率为3。B企业的银行存款额平均在150万元左右,占流动资产的20%;以公允价值计量且其变动计入当期损益的金融资产占30%,应收账款占20%,存货占30%;流动负债总额500万元,流动比率为1.5。

一般而言,银行存款利率较低,银行存款数额过大,会降低企业的盈利能力,同时,也会增强企业的短期偿债能力。反映企业短期偿债能力的重要指标之一就是流动比率。流动比率是流动资产与流动负债的比值。根据例题中的数据,如果不考虑其他因素,A企业的盈利能力会低于B企业;但是A公司具有较强的短期偿债能力。

【例9-2】 C公司为一个有限责任公司,有一名出纳、三名会计。出纳负责库存现金的收入与支出,保管公司负责人的印鉴与支票簿并登记库存现金与银行存款的日记账。一名会计负责总账与报表,一名会计负责采购与固定资产明细账,一名会计负责其他业务的明细账。

天天小商品批发公司,设有一名出纳,外聘一名兼职会计,柜台销售商品的工作与收据的开具由老板的亲戚小魏负责。

这两个案例缺少哪些内部控制特征?

货币资金内部控制的重要内容之一是不相容的职务相互分离,不相容职务主要包括授权批准、业务经办、会计记录、财产保管、稽核检查。不相容职务分别由不同的人员担任,形成牵制机制,进行制约和监督。因此,C公司保管支票簿的职员不能同时负责登记库存现金日记账和银行存款日记账。天天小商品批发公司柜台销售商品的工作与收据的开具由老板的亲戚小魏一人负责,未做到业务经办职务与会计记录职务的分离,开票人与收款人之间应相互牵制。

(2)以公允价值计量且其变动计入当期损益的金融资产项目。企业取得以公允价值计量且其变动计入当期损益的金融资产时,是按以公允价值计量且其变动计入当期损益的金融资产的公允价值作为初始成本确认的。资产负债表日,企业应将以公允价值计量且其变动计入当期损益的金融资产的公允价值变动计入当期损益。因此,企业持有的以公允价值计量且其变动计入当期损益的金融资产市价的升高或降低，会影响企业的利润表；而且，只要企业的以公允价值计量且其变动计入当期损益的金融资产未被出售，其增加或减少的利润额均无对应的现金流。

（3）应收及预付款项项目。企业的应收款项既可能转化为货币资金，也可能转化为坏账；预付账款既可能收到采购的商品，也可能收不到采购的商品转化为坏账。因此，应收及预付款项的账面价值有可能低于变现价值，给企业造成损失。

1）应收票据与应收账款质量分析。企业的应收票据若到期不能收回，则债权企业应按规定提取坏账准备。应收票据与应收账款都是企业为扩大销售规模，向购货方提供的商业信用，因此，应收票据与应收账款数额的大小既与企业所处的行业有关，也与企业的信用政策有关；企业信用政策的松紧程度又与其产品的受欢迎程度密切相关。如果企业因种种原因出现产品销售量下降，市场占有率降低，则企业可能会放宽信用政策，增大应收债权的规模，对此，应通过分析应收债权的账龄，计算应收账款平均收账期的办法对应收债权的质量做出判断。从一般规律来看，账龄超过信用期的时间越长，发生坏账的可能性越大。应收账款平均收账期是反映应收账款周转情况的一个重要指标，其计算公式如下：

$$应收账款平均收账期 = \frac{应收账款平均余额 \times 360 天}{赊销收入净额}$$

企业的应收账款平均收账期越短，说明资金利用效果越好。

2）其他应收款与预付账款质量分析。企业其他应收款项目繁杂，往往存在诸多不规范行为。例如，企业之间的贷款形成的债权，应重点分析其合法性与债务人的偿债能力；在上市公司，如果其他应收款年末比年初大量增加，则往往存在被母公司占用的情况。对此，应关注财务报表附注提供的详细信息。预付账款往往与特定存货的采购有关，一般所占比重不大。

【例9-3】 贝贝酷汽车公司2012年年末利润总额5.20亿元。该公司按应收账款余额百分比法计提坏账准备。2012年年末公司应收账款余额20.5亿元。其中，3年期以上的应收账款8.20亿元，占应收账款总额的40%；1年期以上的应收账款0.5亿元；其余应收账款均在信用期内。公司计提坏账准备的比率为2%，年初"坏账准备"科目余额为零，本年提取坏账准备4 100万元。如果您是注册会计师，对该公司应收账款计提坏账准备的业务应如何处理？注册会计师的审计会对公司的经营成果产生哪些影响？

一般而言，3年期以上的应收账款，收回的可能性很小，应全额提取坏账准备，因此，应收账款8.20亿元，应全额提取坏账准备。对此，公司由盈利5.20亿元，变为亏损3亿元。

（4）存货项目。不同行业、企业的存货种类与质量会有很大差别。有些商品易腐烂变质，有些商品则时效性较强，受时尚与技术等因素的影响极易陈旧过时。在搞清存货类别的情况下，应按如下要点进行分析：

1）分析存货规模与结构的变化。在制造业，原材料、在产品与自制半成品、库存商品各自占有较大比重。或因能够享受购货折扣而大量采购原材料；或因收到大量订单需要储备原材料；也可能因不当采购所致等。如果储备的原材料价格上升，则会增大存货规模；就库存商品而言，无论产量增加与否，只要销量下降，就会增大库存量，此时应从产品质量、营销政策、信用政策等多方面分析原因。

2）发出存货计价方法的选择与存货周转速度变化分析。发出存货有多种计价方法可供企业选择。如果企业的客观条件发生了变化，则可以变更存货计价方法，即会计政策变更。发出存货计价方法的变化既影响本期损益，也影响期末存货价值。

存货量增大会加大企业营运资金的占用额，影响资金周转速度。如果某件商品的成本是40元，售价100元。每销售一件商品能够赚取利润60元，再购买相应的原材料继续生产该种商品。可见，只有一个40元，循环的次数越多，赚取的利润越大。反映存货周转速度的指标是存货周转率，该指标既可用周转一次所需要的天数表示，也可用一定时期周转的次数表示。一般情况下，在一年之内企业存货周转的次数越多，周转一次所需要的天数越少，说明存货资金利用率越高。存货周转率的计算公式如下：

$$存货周转次数 = \frac{销售成本}{存货平均余额}$$

$$存货周转天数 = \frac{360 天}{存货周转次数} = \frac{存货平均余额 \times 360 天}{销售成本}$$

3）期末存货质量分析。依据企业会计准则，期末存货应按成本与可变现净值孰低原则计价。因此，分析期末存货质量要关注企业是否适当地提取了存货跌价准备。存货遭受毁损、全部或部分过时，也需要变更会计估计。因此，会计估计变更是否适当、是否成为企业调节利润的工具，是期末存货质量分析需要特别注意的一点。

（5）一年内到期的非流动资产项目。一年内到期的非流动资产项目是指持有至到期投资、长期应收款、长期待摊费用等资产中将于一年内到期或摊销完毕的部分。持有至到期投资、长期应收款计入该项目中，能够增强企业的短期偿债能力。

（6）可供出售金融资产项目。资产负债表日，可供出售金融资产应当以公允价值计量，且公允价值变动计入其他综合收益。首先，判断可供出售金融资产会计核算的正确性。关注其公允价值是否持续下降，是否合理地提取了减值准备，以及减值准备转回的合理性与会计处理的正确性。其次，分析可供出售金融资产的质量，关注公允价值的变动趋势。

（7）持有至到期投资项目。一般情况下，企业投资于持有至到期投资是以盈利为目的的。投资者要求定期收取利息，到期收回本金。因此，分析持有至到期投资的质量，首先，应关注是否有超过合同约定偿还期的长期债权投资，超过的期限越长，其可回收性越差，质量也就越差；其次，分析持有至到期投资是否合理地提取了减值准备。

（8）长期应收款项目。长期应收款项目反映企业尚未收回的长期应收款。它是企业采用融资租赁方式出租资产和递延方式分期收款销售商品或提供劳务等经营活动产生的应收款项，也可能实质上构成对被投资单位净投资的长期权益。

（9）长期股权投资。一方面，企业进行长期股权投资，期末应当获得投资收益，但是，该类投资往往是为了企业战略考虑，可能连续几个会计年度的投资收益为负数，因此，应关注长期股权投资的质量。另一方面，企业合并也会形成长期股权投资，因此，还应分析合并财务报表。

1）长期股权投资质量分析。企业为达到特殊目的的长期股权投资属于高风险资产。这种风险表现在投资方是否能够按照账面金额收回出资额同时获得稳定收益。

在公司制企业中，投资方的股权投资，一般不能从被投资方撤出。投资方想变现其股权投资，只能转让股权。而转让股权的价格又取决于转让方与受让方双方的讨价还价，从而给投资方是否能够按照账面金额收回出资额带来风险。尽管投资方占被投资方有表决权股份的份额达到50%以上，即能够决定被投资方的财务与经营政策，但是，被投资方与投资方毕竟属于两个相对独立的经济实体，这给投资方获得投资收益带来很大的不确定性。

长期股权投资收益的确定，按照投资方在获取投资以后，对被投资单位施加影响程度的不同，在会计上分别采用成本法与权益法核算。在成本法下，只有收到被投资企业发放的现金股利时，才能确认投资收益，也就是说，现金的流入与投资收益的确认是同步的。在权益法下，只要被投资企业实现盈利，不论被投资企业是否分配现金股利，投资方均按照持股比例确认投资收益。而且，企业所确认的投资收益，一般大于分回的现金股利，即现金的流入与投资收益的确认不完全同步，从而影响企业的现金流量。

如果长期股权投资未来可收回金额低于账面价值，或有证据表明该项投资实质上已经不能再给企业带来经济利益，则应分析企业是否适当地提取了长期股权投资减值准备。

2）合并财务报表

① 合并财务报表的概念与意义。合并财务报表是以母公司与子公司组成的企业集团作为会计主体，以母公司与子公司单独编制的个别财务报表为基础，由母公司编制的反映企业集团整体财务状况、经营成果及现金流量的财务报表。合并财务报表主要包括合并资产负债表、合并利润表及合并现金流量表、合并所有者权益（或股东权益）变动表。合并财务报表不仅能够提供企业集团经营状况的综合会计信息；而且，有利于避免人为粉饰财务报表的行为，为会计信息的使用者提供更为客观、相关的决策信息。

② 合并财务报表的合并范围。《企业会计准则第33号——合并财务报表》规定，母公司应当将其控制的所有子公司，无论是小规模的子公司还是经营业务性质特殊的子公司，均应纳入合并财务报表的合并范围。实现了合并报表理论从母公司理论向经济实体理论的转变，少数股东权益采用公允价值计量。以控制为基础确定合并财务报表的合并范围，应当强调实质重于形式，综合考虑所有相关事实和因素进行判断，如投资者的持股情况、投资者之间的相互关系、公司治理结构、潜在表决权等。

③ 合并财务报表的编制方法

首先，将子公司个别报表项目账面价值调整为公允价值。非同一控制下的控股合并，母公司个别报表的"长期股权投资"项目，反映的是合并日被合并方可辨认净资产的公允价值；子公司个别报表中的净资产是合并日的账面价值。因此，应以购买日的公允价值为基础，调整子公司个别报表的资产、负债项目。

其次，将母公司以成本法核算的个别报表项目，调整为以权益法核算的金额。企业会计准则规定，母公司对子公司的长期股权投资日常采用成本法核算；在编制合并报表时按照权益法调整。

最后，编制工作底稿和相关项目的抵销分录。以上两项调整过入工作底稿；编制母公司长期股权投资与子公司所有者权益项目、母子公司之间债权债务的抵销分录；计算出合并财务报表各项目的金额。

（10）投资性房地产项目。首先，投资性房地产计量模式的变化。如果房地产资产物价持续上涨，企业在将成本模式转为公允价值模式时，以及资产负债表日进行后续计量时，会产生未实现利得，从而增加企业利润。因此，应关注两点：一是企业将成本模式转为公允价值模式的动机；二是取得公允价值的证据是否确凿。其次，投资性房地产的用途转换。投资性房地产的转换用途不同，有的影响当期利润，有的影响当期所有者权益。因此，关注点是企业投资性房地产转为自用房地产是否有确凿证据、是否存在进行利润操纵的动机。

（11）固定资产项目

1）固定资产投资分析。企业的固定资产质量反映了企业持续经营与发展的物质基础与技术装备水平。任何企业在一定时间内都要根据企业的生产经营计划，购建固定资产，或接受投资者投入固定资产，或租入固定资产，进行固定资产的战略性投资或战术性投资。如果用流动资产中的银行存款购建固定资产，则其优点是资产的成本具有可验证性，但是，可能会造成流动资金紧张，甚至使企业财务状况恶化。其固定资产购建支出，可通过资产负债表年末数与年初数的比较，以及现金流量表投资活动的现金流出量信息进行判断。接受投资者投入的固定资产能够增加所有者权益，从而增强企业的举债能力；租入的固定资产，是在分期支付租金的情况下，取得资产的控制权或使用权，但是，支付租金的总额会明显高于资产的购置成本，同时增加了企业的流动负债或长期负债，影响企业进一步举债的能力。因此，分析企业的固定资产质量，既要考虑固定资产成本的客观性，也要注意固定资产投资对企业盈利能力、偿债能力、发展潜力的影响作用。

2）固定资产折旧与减值准备分析。首先，计提固定资产折旧的方法有直线法与加速折旧法。各类折旧方法对企业损益的影响不同，折旧方法的变更、固定资产使用寿命的调整、净残值率的大小均影响各期的折旧额，从而影响企业损益，因此，应关注企业是否利用以上内容操纵利润。其次，判断企业是否合理地提取了固定资产减值准备。计提固定资产减值准备的目的主要是为了核实资产的真实价值，避免误导投资者的决策。最后，应重点关注企业所在行业的特点，对于机械制造、化工、钢铁行业，固定资产比重较大，任何一项固定资产政策的变更都会对企业利润造成极大影响。

（12）无形资产与开发支出的披露与质量分析。无形资产质量分析是算术题"2 + 2 = ?"最难得出结果的题目。尤其对于使用年限有限的无形资产，其等式左边的"2 + 2"，是无形资产的账面价值，其计算公式如下：

$$\text{无形资产账面价值} = \text{无形资产账面余额} - \text{无形资产摊销价值} - \text{无形资产减值准备}$$

由公式可见，无形资产的账面价值受以下三个因素影响：

1）无形资产账面余额。无形资产账面余额是企业取得无形资产的实际成本。但是，取得无形资产的方式不同，其成本的计量也不同。应当说，在资产负债表中披露的无形资产价值基本上是购入的无形资产，反映了无形资产的公允价值；而自行开发的无形资产，在符合资本化条件的情况下，其开发费用计入了无形资产的成本；而不符合资本化条件的开发费用已计入了当期费用。但是，形成无形资产成本的开发费用不一定与该无形资产的市场价值一致。因此，对企业无形资产能够给企业带来的超额利润的多少，一方面，可根据企业主营业务收入的变化及其在行业中的排名情况进行判断；另一方面，可以通过企业的市场占有率指标评估其无形资产的真实价值。

2）使用年限有限的无形资产的摊销价值。首先，无形资产摊销价值的大小，关键取决于无形资产的摊销年限，摊销年限越长，各期摊销的数额越小，反映在资产负债表中无形资产的数额就越大；反之，摊销年限越短，反映在资产负债表中无形资产的数额就越小。其次，摊销年限受竞争对手影响较大，竞争对手出现得越早，企业无形资产的收益期限越短。

最后，在实际工作中，也存在无形资产摊销不合理、不合规的问题。例如，摊销期限确定的不合理、不合规；对已确定的合理的摊销期限任意变动；任意多摊或少摊无形资产、使其成为人为调节利润的手段。

3）无形资产减值准备。尽管企业会计准则提供了判断无形资产减值的迹象，但是，计提无形资产减值准备仍具有很大的主观随意性，特别容易被别有用心的上市公司作为粉饰财务报表的手段。尤其对于高科技企业、信息技术行业，使得无形资产减值准备发生较大变化。

（五）分析负债项目

负债项目应分别关注企业近期和远期偿债的数量与风险。流动负债重点把握大额流动负债的具体还款日期，与流动资产中的货币资金等速动资产做比较，判断企业的短期偿债能力。长期负债应重点关注长期借款和应付债券。

1. 流动负债占负债总额比重分析

流动负债占负债总额的比重用公式表示如下：

$$流动负债占负债总额的比重 = 流动负债 \div 负债总额 \times 100\%$$

流动负债占负债总额的比重越大，企业偿还债务的压力也就越大。这就要求企业必须时刻关注营运资金的周转速度。反之，流动负债占负债总额的比重越小，企业偿还债务的压力也就越小。因此，无论从企业资本结构的安全性而言，还是从短期债权人的角度来看，流动负债占负债总额的比重越小越安全。

当然，增大流动负债占负债总额的比重会降低企业的融资成本，因此，企业应使该比重保持在一个相对合理的水平。在保证企业不发生短期偿债风险的前提下，尽量多地利用流动负债融资。

2. 流动负债项目分析

首先，应与流动资产中的货币资金等速动资产做比较，判断企业的短期偿债能力。其次，应重点关注大额流动负债的具体还款日期。如果企业的短期借款大量增加，则说明企业的经营业务波动性较大。应付票据与应付账款项目增大的原因主要有：① 在不损害企业信誉的前提下，尽量拖欠购货款项的支付；② 销售收入增加较快，应收账款大幅增加，导致坏账增加，影响企业正常运营，不得不推迟购货款项的支付。应付股利累计金额较大，首先，说明公司的流动资金紧张；其次，有必要对上市公司的股利分配政策产生疑问，也对公司盈利状况是否真实产生怀疑。应交税金大量增加，很可能是因为销售收入不能尽快收现，造成企业营运资金周转困难，而不得不拖欠税款的支付。其他应付款项目常常成为企业收入和利润的"调节器"，当企业收入较多的时候，为了以丰补歉，可能会使其他应付款与预收账款混淆，隐瞒收入。

3. 长期负债项目分析

首先，从还款的期限来看，长期负债项目与流动负债项目相比，虽然即期偿债压力较小，但是长期负债项目的偿还金额往往较大，因此，应关注各项长期负债的具体还款日期，企业的经营状况、再借款能力是否能够满足偿还各项大额借款的要求。其次，长期负债项目常常与企业的固定资产购建有关，一方面，应注意利息费用资本化的情况，防止以利息费用作为调解利润的手段；另一方面，应关注购建固定资产的状况，因为如果建造固定资产的工程出现问题，会给企业带来沉重的负担。

(六) 关注所有者权益项目

所有者权益项目应重点搞清什么原因导致所有者权益发生了变化。当公司的出资人增加或减少对公司的投资时，实收资本或股本和资本公积项目会相应变化。当公司盈利或亏损时，盈余公积和未分配利润项目会相应增加或减少。企业的实收资本或股本越充足，说明企业承担各种风险的能力越强。

分析实收资本或股本项目，应根据公司披露的控股股东名单分析股东权益的构成情况，重点关注对企业具有控制能力及重大影响的控股股东的控股比率、背景状况，只有控股股东才对企业的未来具有决定性影响。

其他综合收益与资本公积项目分析，应根据企业会计准则的规定，重点搞清其他综合收益与资本公积各种来源的核算是否准确、合理；企业是否按照规定以资本公积转增资本。盈余公积和未分配利润是企业利润的转化形式，尤其是未分配利润，其规模大小和变化趋势是判断企业经营状况的重要标志，在企业的所有者权益项目中，如果未分配利润所占比重较大，而且逐年增加，则说明企业持续、稳定发展，具有良好的发展前景。

(七) 关注受人为因素影响较多的财务报表项目

以下会计事项均需要会计人员的职业判断，因此，也容易成为企业调节利润的手段：

(1) 固定资产、无形资产和长期待摊费用项目。固定资产应按照规定定期提取折旧、无形资产和长期待摊费用应进行摊销。固定资产提取折旧、无形资产和长期待摊费用摊销时，会增加费用，减少利润；因此，应关注与固定资产折旧、无形资产和长期待摊费用摊销相关的因素，分析各项因素的变化原因。

(2) 应收账款和其他应收款、存货、可供出售金融资产、持有至到期投资、长期股权投资、固定资产、在建工程、商誉项目。应关注企业是否按规定提取了减值准备或坏账准备，应把握企业提取各项减值准备的依据和程序。

(3) 待处理流动资产损溢、待处理固定资产损溢项目。从现实来看，将待处理流动资产损溢、待处理固定资产损溢等有关损失挂账，即潜亏挂账，已成为我国上市公司及其他企业进行利润操纵的主要方式之一。部分企业存在资产不实、利润虚增甚至虚盈实亏的现象。这种报表列示方法无疑为企业粉饰经营业绩留下了可乘之机。

第二节　利润表阅读与分析

一、利润表的作用

利润表是反映企业一定会计期间经营成果的财务报表。经营成果就是企业运用出资人和债权人的资金赚取的利润，在数量上，它是企业的收入减去费用后的差额。利润表能够提供企业的下列经济信息：

(1) 企业在一定会计期间利润额及利润的构成情况。我国采用多步骤利润表，分别反映了企业的每股收益、综合收益总额、其他综合收益、净利润、利润总额和营业利润。在利润总额中，包括企业正常生产经营业务形成的营业利润和企业的偶然交易与事项形成的非营业利润各自的数额；在营业利润中，包括企业营业活动形成的利润以及生产经营管理费用对营业利润的影响数额。

（2）企业在一定会计期间的经营状况及发展变化趋势。1~11月份的利润表，分别反映收入、费用与利润各项指标的本月数和本年累计数；年末的利润表，分别反映收入、费用与利润各项指标的上年数和本年累计数。企业内部管理使用的利润表，还可以分别提供企业各期收入、费用与利润的预算数或行业内平均数。通过各期收入、费用与利润各项指标的比较，不仅反映了一定期间的经营业绩，还能够发现经营管理中的问题，以便分析企业的获利能力及未来的发展趋势。

二、利润表的数据来源

利润表的各项数据一般根据各损益类科目的本期发生额分析填列。具体填列方法归纳如下：

（1）根据有关总分类账户的本期发生额分析填列。例如，营业收入、营业成本、税金及附加、销售费用、管理费用、财务费用、资产减值损失、公允价值变动收益、投资收益、营业外收入、营业外支出、所得税费用等项目。其中，营业收入项目，应分别根据主营业务收入与其他业务收入分析填列；营业成本项目，应根据主营业务成本与其他业务成本分析填列。

（2）根据财务报表中有关项目的数字计算后填列，例如，营业利润、利润总额、净利润、综合收益总额项目。

（3）根据企业相关资料分析计算填列，如每股收益、其他综合收益。

根据祥达实业2017年度各损益类科目的本期发生额，经分析后，编制利润表如表9-2所示。

表 9-2 利润表

编制单位：祥达实业　　　　　　　　2017年度　　　　　　　　　　　　单位：元

项　目	本 期 金 额	上 期 金 额
一、营业收入	11 555 171 060	12 907 749 660
减：营业成本	9 786 914 590	9 572 697 011
税金及附加	50 714 211	43 207 215
销售费用	874 596 208	697 456 613
管理费用	81 308 477	420 203 883
财务费用	17 933 136	19 214 570
资产减值损失	108 204 203	126 319 451
加：公允价值变动收益	9 960	
投资收益	-16 110 736	36 494 363
其中：对联营企业和合营企业的投资收益	-16 110 736	36 494 363
二、营业利润	619 399 459	2 065 145 280
加：营业外收入	5 411 154	6 163 370
减：营业外支出	3 868 254	3 820 556
其中：非流动资产处置损失		
三、利润总额	620 942 359	2 067 488 094
减：所得税费用	155 235 590	516 872 024

(续)

项 目	本 期 金 额	上 期 金 额
四、净利润	465 706 769	1 550 616 070
五、其他综合收益的税后净额	500 000 000	0
六、综合收益总额	965 706 769	1 550 616 070
七、每股收益：		
（一）基本每股收益	3.5	3.5
（二）稀释每股收益	3.5	3.5

三、利润表解读

（一）观察公司是赚钱还是赔钱

首先，看净利润。净利润为正数，是盈利，说明所有者的权益实现了保值与增值；净利润为负数，是亏损，说明所有者的权益正在遭受损失。其次，作为管理者，应将本期净利润与本期预算数进行比较，把握完成预算的情况。

（二）企业在哪赚的钱

（1）营业利润。营业利润应是企业利润的主要部分、占比重最大，而且来自企业的日常经营活动，它是企业最稳定的利润来源。它综合反映了企业营业活动产生的收入、费用和利润。

（2）利润总额。利润总额是营业利润加上营业外收入减去营业外支出后的余额，是企业一定时期的总利润。

（3）净利润。它是利润总额经纳税调整减去所得税费用后的余额。净利润归投资者所有，因此，净利润的实现会增加企业的所有者权益。

（4）综合收益总额。它是企业在某一期间与所有者之外的其他方面进行交易或发生其他事项所引起的净资产变动。

（5）每股收益。每股收益是指净利润与股本总数的比率。它是测定股票投资价值的重要指标之一，是分析每股价值的一个基础性指标，是综合反映公司获利能力的重要指标，它是公司某一时期净收益与股份数的比率。

（三）管理者评价利润指标的满意度

企业内部使用的利润表，应报告三项信息，即本期数、上期数和预算数。首先，本期与上期比较，观察利润增加还是减少。其次，本期与预算比较，观察利润增加还是减少。

如果企业的利润总额比上年增加100万元，其中20%来自营业利润，80%来自非营业利润，此时，利润总额的增长并不能盲目乐观；反之，其增加的100万元利润中，80%来自营业利润，则说明企业的盈利能力明显增强。

（四）观察收入、费用和利润的变化趋势

通过评价利润指标的满意度，可以进一步分析利润增加或减少的原因，为下一步工作指出方向。

（1）观察销售收入增加还是减少。销售收入增加，则说明主营业务在发展；销售收入减少，则说明主营业务在萎缩。

（2）观察各项费用增加了还是减少了。费用增加会减少利润；费用减少会增加利润。

(3) 观察费用增加与销售收入增长的同步性。只有在销售收入增长水平高于费用增长水平的情况下，才能够增加企业利润；反之，费用增长水平高于销售收入增长水平，则说明虽然扩大了销售规模，但是盈利能力并未提升。

(4) 观察各项利润稳步增长还是大起大落。各项利润稳步增长，则说明企业的盈利能力增强，具有良好的未来发展能力；反之，各项利润大起大落，尤其是营业利润大起大落，则说明企业在销售渠道、市场占有率或者在产品质量方面尚有较多的工作要做。

(五) 评估企业的盈利能力

1. 不同会计信息使用者的盈利能力分析

利润是企业生产经营成果的综合反映，虽然不同的会计信息使用者，在企业中的经济利益关系不同，对企业利润关注的侧重点不同，但其共同的一点是，只有企业的利润不断增长，盈利能力逐渐增强，才能满足企业的债权人、出资者、管理者各自的利益需求。

一般而言，企业短期债权人的直接利益是要求企业在短期内对短期债务还本付息，因此，短期债权人注重企业的短期利益，如当年的盈利情况或某个月份的盈利情况，而较少关心企业的长期盈利能力；同时，短期债权人更关注企业的实际现金流量，因为只有存在现实的货币，才能够偿还各种债务。企业长期债权人的直接利益是企业能够在较长时期内偿还债务的本金和利息。在一个较长的时期内，企业面临的外部市场环境与内部管理状况，很可能发生变化，因此，长期债权人比短期债权人更关心企业经营的长期稳定性和持续发展性。

作为企业出资者的股东，首先，是要求企业必须有盈利，而且盈利越高越好，这样，出资者才能够实现资本的保值与增值。其次，出资者的出资是否保值，以及增值程度的大小是出资者选择投资项目的首要依据。因此，出资者不仅关心企业经营的长期稳定性和持续发展性，而且，更注重预测企业盈利的变动趋势。

作为企业管理当局，注重的是企业的强大与规模，只有企业强大，才能够在竞争激烈的市场经济中继续生存；企业在做强的基础上做大，成为某个领域的领跑者，不仅能够获得该领域的大部分利润，而且有可能获取垄断的超额利润。因此，企业管理当局，不仅应分析企业获利水平，而且应分析获利结构，即应把握哪些业务、产品或项目才能够增加企业的盈利，应采取哪些对策提高盈利水平，以判断企业获利水平的高低、稳定性，以及企业的持续发展能力。

2. 利润指标的可靠性与合理性分析

利润是收入减去费用后的数额，因此，分析企业经营的盈利能力、长期稳定性和持续发展性，不仅应分析利润指标的可靠性，还应分析利润的合理性。

(1) 利润指标的可靠性分析。利润指标的可靠性是指利润数额的真实性。只有收入与费用的确认真实可靠，才能够保证利润数额的可靠性，因为企业粉饰经营业绩的手段，无非是虚增收入或少列费用，或二者兼而有之。

1) 收入的真实性。应重点关注是否存在以下问题：① 产品销售收入、其他业务收入的入账时间不正确，入账金额不实；② 白条出库做销售入账；③ 将预收账款转做销售收入；④ 向预付款单位发出商品时，不作销售处理；⑤ 在建工程领用产成品，不做销售处理；⑥ 虚列销售收入交易事项，以增加利润；⑦ 在年底搞突击销售，造成应收账款大量增加；⑧ 利用往来账调剂利润，故意隐匿收入；⑨ 企业利润指标任务完成情况好时，利用其他应付款隐藏利润；⑩ 利润指标完成情况不好时，利用其他应收款虚增利润，进行人为调节；

⑪ 为逃避税收，材料销售直接冲减材料成本，不确认收入；⑫ 乱用会计科目，调整收入，例如，将出租包装物的其他业务收入，计入营业外收入。

2）费用的真实性分析。应重点关注是否存在费用的人为操纵，例如：① 企业为了虚增利润或减少亏损，当期少结转产品销售成本。这种方法无法从财务报表中直接发现。可以通过计算存货周转率，检验产品销售成本数额的准确性。如果存货周转率很低，则说明该企业可能存在着少结转产品销售成本，从而导致虚增利润或掩盖亏损的问题。② 随意改变结转产品销售成本的方法；随意调节成本差异率。③ 企业采用分期收款销售方式销售产品，不按规定结转成本。④ 虚增期末存货价值，导致销售成本下降。⑤ 计提减值准备的依据不合理，过度计提或少计提，来调节利润。⑥ 通过折旧额，调节成本、费用和利润。扩大或缩小计提折旧固定资产的范围，任意提高或降低折旧率，改变计提折旧的方法达到多提或少提折旧的目的。⑦ 少列财务费用的发生额以此减少亏损数额。

3）企业以非经常性损益调节利润。例如，通过在关联企业之间出售资产、转让股权获取收益；通过非货币性交易、债务重组的方式虚增利润等。

(2) 利润指标的合理性分析

1）判断企业的利润是否与主营业务收入同步增长。一般而言，大多数企业的主营业务利润在利润总额中所占比例最大，说明企业的利润与主营业务收入同步增长；如果利润增长幅度与主营业务收入增幅差距很大，或者主营业务收入增长，利润反而下降，则说明企业的产品在同类产品中生产成本较高；或者是财务费用、管理费用、销售费用增速太快；或者是因为非经常性项目，例如，投资经营亏损、营业外支出较大所致。应当说明的一点是，任何企业都应不断建立新的利润增长点，因此，在企业投资初期往往投入很大，加之投资一个新的项目会增加各种费用，而投资的效益则需要一年甚至几年才能体现，这也会降低企业当期的盈利水平，出现主营业务收入增长，利润反而下降的情况。

2）计算相关指标，判断企业的盈利能力。例如，计算销售毛利率，分析企业利润形成的基础是否较强。因为销售毛利率是销售毛利与主营业务收入之间的比值，其中，销售毛利是主营业务收入扣除销售成本后的数额。销售毛利率越高，用来抵补各项支出的能力越强，说明企业的获利能力就越高。计算营业利润率，它是营业利润与主营业务收入之间的比值。从营业利润的构成来看，该指标不仅考核企业产品经营的获利能力，而且能够说明企业其他经营业务的获利能力，以及将销售费用、管理费用、财务费用纳入考核范围，更能体现企业盈利能力的稳定性和持久性。另外，以销售费用、管理费用、财务费用与主营业务收入相比较，可以了解企业销售部门、管理部门的工作效率以及企业融资业务的合理性。如果主营业务收入以高于成本与费用的速度增长，从而使营业利润大量增加，则不仅说明企业主要产品市场占有率增大，产品的竞争力增强，而且说明企业内部管理有效率。

计算净资产收益率，它是净利润与平均股东权益的比率。说明企业每百元净资产的盈利水平，该比率越大，表明企业出资者获得的报酬越高。它是衡量上市公司盈利能力的重要指标之一。

3）关注非经常项目的变化。如果企业账面有大量的长期投资，则应关注具体的投资项目。尤其应重点分析长期股权投资，判断其是否是企业可以依赖的利润来源；在企业的营业利润较低的情况下，应关注投资收益的变化，投资收益的来源渠道有长短期投资的转让收益、持有至到期投资的利息收益、长期股权投资按成本法核算的股利收益以及按权益法确认的股权投资收益。其中，按权益法确认的股权投资收益与现金流量是不同步的，因此应注意与现金流量表中"取得投资收益所收到的现金"项目比较，以判断投资收益的可靠性。

第三节　现金流量表阅读与分析

一、利润与现金流量的差异分析

1. 利润指标的局限性

【例9-4】D公司是一家化工涂料制造公司。2017年年报显示：

（1）2017年主营业务收入10亿多元，比上年同期增长35%。

（2）营业利润4亿元，比上年同期增长12%。

（3）利润总额3.1亿元，比上年同期增长11%。

（4）每股收益0.46元，比上年增加0.12元。

（5）其他应收款剧增，较上年同期增长32倍。

（6）存货较去年同期增长80倍。

（7）流动负债总额10亿元，较去年同期增长40%，其中短期借款5亿元。

（8）D公司董事会提出利润分配预案，每10股分派现金2.5元，预计支付现金股利1.8亿元。

（9）当年大量进行权益性投资，共收购不同地区的五个化工涂料制造与批发公司，支付现金12亿元。

问题：该公司濒临破产，为什么？

从以上资料来看，利润总额3.1亿元，主要来源于营业利润，从主营业务收入10亿多元，比上年同期增长35%的情况来判断，主营业务利润不存在问题。每股收益0.46元，与同行业平均比较，尚处于中上等水平。因经营业绩较好，银行乐于为其提供贷款5亿元。主营业务收入10亿多元，但是，款项回收率不高是其主要原因，该公司可能在产品销售方面、货款回收环节存在问题，其他应收款剧增，存货增长80倍，占压了大量资金，造成公司营运资金非常紧张，不得不向银行借款；同时，利润分配支付现金股利与大量的权益性投资，均需支付大量现金。一旦面临偿还大额流动负债的压力，将使公司由濒临破产转化为实质性破产。

利润指标说明企业在一定时期的盈利能力，这种盈利能力是以权责发生制为基础计算的。其收入的确认标准强调满足取得款项的权利，而不是款项的实际收回。因此，一旦确认销售收入实现，则账面上收入增加，利润增加，但现金并不一定增加，造成利润与现金流的不同步，其为利润表的局限性。企业在一定时期的盈利能力只是提供了盈利的数量，并未说明企业的盈利质量。所谓盈利质量，是指利润与现金收支的同步或基本同步，保证企业的资金循环处于良性循环状态。

2. 现金流量

现金流量表中的现金是指货币资金与现金等价物。货币资金包括库存现金、银行存款、其他货币资金；现金等价物是指期限在3个月内的短期债券投资等。现金等价物应具备四个条件，即期限短、流动性强、易于转换为已知金额的现金、价值变动风险很小。

现金流量是指企业在一定时期内现金流入量、现金流出量与现金净流量的总称。具体包括：

（1）现金流入量。现金流入量是指企业在一定时期内流入现金的数量。例如，企业销售商品的同时收回现金、向银行借入款项、企业对外投资收到现金股利等。

（2）现金流出量。现金流出量是指企业在一定时期内流出现金的数量，包括购买原材料支付现金、发放职工工资支付现金、归还银行借款等。

（3）现金净流量。现金净流量是指企业在一定时期内现金流入量减去现金流出量以后的差额。现金净流量为正数，表明现金净增加额；现金净流量为负数，表明现金净减少额。

可见，现金流量是以收付实现制为基础计算的企业在一定时期内收入与付出现金的数量。人们往往把现金比作企业的血液，只有"血液"流动顺畅，才能增强企业的造血功能，企业才能成为一个健康的财务机体。

通过以上分析，可以得出利润与现金流量之间差异的结论：① 利润是以权责发生制为基础计算的结果；现金流量是以收付实现制为基础计算的结果。② 会计政策的选择使得企业的利润具有可调节性。首先，会计准则允许企业根据客观情况与企业特点选择会计政策，因此，会计政策的变更具有合法性。然而，不同企业利润管理的目的各不相同，有的公司是为了配股或取得银行借款；有的公司是为了以丰补歉，从而使得相同行业的利润在不同企业之间存在着一定程度的不可比性。还有为了达到利润管理的目的，通过关联交易等手段非法虚构收入与利润，尤其某些上市公司虚构收入与利润案件的曝光，增加了会计信息使用者对会计利润的不信任：利润表列示的收入能够实现吗？已确认销售收入的现金回收率有多高？据此计算的净资产收益率、每股收益等指标还有意义吗？因此，判断企业的盈利质量，必须阅读和分析现金流量表。

二、现金流量表的内容

（一）现金流量的分类

现金流量表将企业所有的经济业务划分为三类，即经营活动、投资活动和筹资活动。也就是说，现金流量包括经营活动产生的现金流量、投资活动产生的现金流量和筹资活动产生的现金流量。

1. 经营活动的现金流量

经营活动是指企业投资活动和筹资活动以外的所有交易和事项，包括销售商品或提供劳务、购买商品或接受劳务、收到返还的税费、经营性租赁、支付工资、支付广告费用、产品推销费用、缴纳各项税款等。通过经营活动产生的现金流量，可以说明企业的经营活动对现金流入与流出的影响程度，判断企业在不动用对外筹得资金的情况下，是否足以维持生产经营、偿还债务、支付股利和对外投资等的资金需要。

2. 投资活动的现金流量

投资活动是指企业长期资产的购建和不包括在现金等价物范围内的投资及其处置活动。现金流量表中的投资，既包括股权投资，也包括对内投资。具体内容有取得或收回投资，购建和处置固定资产、无形资产及其他长期资产等。投资活动产生的现金流量中不包括作为现金等价物的投资。通过投资活动产生的现金流量，可以判断企业投资活动产生现金流量的能力以及对企业现金净流量的影响程度。

3. 筹资活动的现金流量

筹资活动是指导致企业资本及债务规模和构成发生变化的活动,包括吸收投资、发行股票和债券、取得借款、偿还借款、分配利润或现金股利等。通过筹资活动产生的现金流量,可以判断企业筹资活动产生现金流量的能力以及对企业现金净流量的影响程度。

(二) 现金流量表的结构与具体内容

1. 现金流量表的结构

现金流量表是反映企业在一定会计期间内经营活动、投资活动和筹资活动现金流入、流出的财务报表。现金流量表包括六部分,采用报告式的结构反映企业经营活动产生的现金流量(直接法)、投资活动产生的现金流量、筹资活动产生的现金流量、汇率变动对现金及现金等价物的影响额、现金及现金等价物净增加额与期末现金及现金等价物余额。祥达实业2017年度财务报告中的现金流量表如表9-3所示。

表 9-3 现金流量表

编制单位:祥达实业　　　　　　　　　2017 年度　　　　　　　　　单位:元

项　　目	行　次	2017 年度
一、经营活动产生的现金流量		
销售商品、提供劳务收到的现金	1	15 684 482 510
收到的税费返还	3	
收到其他与经营活动有关的现金	8	46 611 678
经营活动现金流入小计	9	15 731 094 188
购买商品、接受劳务支付的现金	10	10 998 906 462
支付给职工以及为职工支付的现金	12	329 056 168
支付的各项税费	13	727 088 970
支付其他与经营活动有关的现金	18	643 059 850
经营活动现金流出小计	20	12 698 111 450
经营活动产生的现金流量净额	21	3 032 982 738
二、投资活动产生的现金流量		
收回投资收到的现金	22	
取得投资收益收到的现金	23	
处置固定资产、无形资产和其他长期资产收回的现金净额	25	910 085
处置子公司及其他营业单位收到的现金净额		
收到其他与投资活动有关的现金	28	
投资活动现金流入小计	29	910 085
购建固定资产、无形资产和其他长期资产支付的现金	30	243 524 230
投资支付的现金	31	
取得子公司及其他营业单位支付的现金净额		
支付其他与投资活动有关的现金	35	2 125 046 560
投资活动现金流出小计	36	2 368 570 790
投资活动产生的现金流量净额	37	-2 367 660 705

(续)

项　　　目	行　次	2017 年度
三、筹资活动产生的现金流量		
吸收投资收到的现金	38	1 711 941 521
取得借款收到的现金	40	1 554 120 085
收到其他与筹资活动有关的现金	43	
筹资活动现金流入小计	44	3 266 061 606
偿还债务支付的现金	45	2 872 008 492
分配股利、利润或偿付利息支付的现金	46	82 875 216
支付其他与筹资活动有关的现金	52	520 550
筹资活动现金流出小计	53	2 955 404 258
筹资活动产生的现金流量净额	54	310 657 348
四、汇率变动对现金及现金等价物的影响	55	9 564 417
五、现金及现金等价物净增加额	56	985 543 798
加：期初现金及现金等价物余额		911 741 821
六、期末现金及现金等价物余额		1 897 285 619

2. 现金流量表的具体内容

（1）经营活动产生的现金流量

1）经营活动现金流入量

① 销售商品、提供劳务收到的现金。该项目反映的是企业在经营活动中由于本期销售商品或提供劳务而实际收到的现金。具体包括：本期销售商品、提供劳务从购买方收取的销货款和增值税销项税额；前期赊销商品、提供劳务，在本期收回的款项；本期销售商品或提供劳务的预收款项，减去本期销售本期退回的商品和前期销售本期退回的商品支付的现金。企业销售材料和代购代销业务收到的现金，也在本项目反映。

② 收到的税费返还。该项目反映企业本期收到的增值税、消费税、所得税、关税和教育费附加等各种税费返还款。

③ 收到其他与经营活动有关的现金。该项目反映企业收到的罚款收入、经营性租赁收到的租金等其他与经营活动有关的现金流入。金额较大的应当单独列示。

2）经营活动现金流出量

① 购买商品、接受劳务支付的现金。该项目反映企业在经营活动中由于本期购买商品、接受劳务而实际支付的现金。具体包括：本期购买商品、接受劳务，向销售方支付的货款和增值税进项税额；前期赊购商品、接受劳务，在本期支付的款项；本期购进商品、接受劳务而预付的款项，减去本期发生的购货退回收到的现金。

② 支付给职工以及为职工支付的现金。该项目反映企业本期实际支付给职工（离退休人员、在建工程和无形资产人员除外）的工资、奖金、各种津贴和补贴等职工薪酬。

③ 支付的各项税费。该项目反映企业本期发生并支付的税费；以前各期发生但在本期支付的税费，本期预交的增值税、消费税、房产税、教育费附加等。计入固定资产价值且实际支付的耕地占用税、本期退回的增值税、所得税等除外。

④ 支付其他与经营活动有关的现金。该项目反映企业支付的罚款支出、支付的差旅费、

业务招待费、保险费、经营租赁支付的现金等其他与经营活动有关的现金流出。金额较大的应当单独列示。

3) 经营活动产生的现金流量净额。上述经营活动产生的现金流入量和现金流出量的差额即为经营活动产生的现金流量净额。

(2) 投资活动产生的现金流量

1) 投资活动现金流入量

① 收回投资收到的现金。该项目反映企业出售、转让或到期收回除现金等价物以外的交易性金融资产、长期股权投资而收到的现金，以及收回持有至到期投资本金而收到的现金，但持有至到期投资收回的利息除外。

② 取得投资收益收到的现金。该项目反映企业因股权性投资而实际收到的现金股利，从子公司、联营公司或合营企业分回利润而收到的现金，以及因持有至到期投资实际取得的现金利息收入等，但股票股利除外。

③ 处置固定资产、无形资产和其他长期资产收回的现金净额。该项目反映企业出售、报废固定资产、无形资产和其他长期资产所取得的现金（包括因资产毁损而收到的保险赔偿收入），减去为处置这些资产而支付的有关费用后的净额，但现金净额为负数的除外。

④ 处置子公司及其他营业单位收到的现金净额。该项目反映企业处置子公司及其他营业单位所取得的现金减去相关处置费用后的净额。

⑤ 收到其他与投资活动有关的现金。该项目反映企业本期除上述项目以外，收到的与投资活动有关的现金。

2) 投资活动现金流出量

① 购建固定资产、无形资产和其他长期资产支付的现金。该项目反映企业购买、建造固定资产、取得无形资产和其他长期资产所支付的现金及增值税款，支付的应由在建工程和无形资产负担的职工薪酬现金支出。但为购建固定资产而发生的借款利息资本化部分、融资租入固定资产所支付的租赁费除外。

② 投资支付的现金。该项目反映企业取得的除现金等价物以外的权益性投资和持有至到期投资所支付的现金以及支付的佣金、手续费等附加费用。

③ 取得子公司及其他营业单位支付的现金净额。该项目反映企业购买子公司及其他营业单位购买出价中以现金支付的部分，减去子公司或其他营业单位持有的现金和现金等价物后的净额。

④ 支付其他与投资活动有关的现金。该项目反映企业本期除上述项目以外，支付的其他与投资活动有关的现金。例如，购买股票或债券时支付的已经宣告但尚未领取的现金股利或已经到付息期但尚未领取的债券利息等。

3) 投资活动产生的现金流量净额。上述投资活动产生的现金流入量和现金流出量的差额即为投资活动产生的现金流量净额。

(3) 筹资活动产生的现金流量

1) 筹资活动现金流入量

① 吸收投资收到的现金。该项目反映企业本期通过发行股票、发行债券以及吸收投资者货币资金投资等而实际收到的现金，减去直接支付给金融企业的佣金、手续费、宣传费、咨询费、印刷费等发行费用后的净额。

② 取得借款收到的现金。该项目反映企业本期通过举借各种短期借款、长期借款而实际收到的现金。

③ 收到其他与筹资活动有关的现金。该项目反映企业本期除上述项目以外，收到的其他与筹资活动有关的现金。

2）筹资活动现金流出量

① 偿还债务支付的现金。该项目反映企业本期以现金偿付债务（借款、债券等）本金的数额。

② 分配股利、利润或偿付利息支付的现金。该项目反映企业本期实际以现金支付的现金股利、利润、借款利息、债券利息等。

③ 支付其他与筹资活动有关的现金。该项目反映本期除上述项目以外，支付的其他与筹资活动有关的现金，包括以发行股票、债券等方式筹集资金而由企业直接支付的审计和咨询等费用，为购建固定资产而发生的借款利息资本化部分，融资租入固定资产所支付的租赁费，以分期付款方式购建固定资产以后各期支付的现金等。

3）筹资活动产生的现金流量净额。上述筹资活动产生的现金流入量和现金流出量的差额即为筹资活动产生的现金流量净额。

（4）汇率变动对现金及现金等价物的影响。该项目反映下列内容：

1）企业外币现金流量及境外子公司的现金流量折算为记账本位币时，所采用的现金流量发生日的即期汇率或按照系统合理的方法确定的、与现金流量发生日即期汇率近似的汇率折算的金额。

2）"现金及现金等价物净增加额"中外币现金净增加额按期末汇率折算的金额。

（5）现金及现金等价物净增加额。现金及现金等价物净增加额是指上述各类活动产生的现金流量净额之和，反映本期企业的净现金流入额或净现金流出额。

（6）期末现金及现金等价物余额。该项目应以现金及现金等价物净增加额，加上期初现金及现金等价物余额而得。

三、现金流量表解读

（一）现金流量表的作用

现金流量表提供企业在一定会计期间内经营活动、投资活动和筹资活动各部分现金流入、流出的信息。现金流量表就像一座桥梁，实现了资产负债表与利润表之间的沟通。如果将现金看作是企业的血液，那么，现金流量表则是企业的"验血报告"。对现金流量表总体状况进行分析，能够从如下方面对企业的经营状况做出判断：

1. 企业在一定会计期间内现金来源、流向及现金余额的变动情况

现金流量表分别反映经营活动、投资活动和筹资活动现金流入、流出的信息。各项经济活动的现金流入量是企业在一定会计期间内的现金来源；各项经济活动的现金流出量是企业在一定会计期间内的现金用途；三项经济活动的现金净流量的合计，表明了企业本会计期间较上期现金的净增加额或净减少额。

2. 分析和判断企业的偿债能力

现金净流量为正数，表明本期现金净额增加；现金净流量为负数，表明本期现金净额减少。尤其是本期经营活动现金净流量为正数或大量增加，则说明企业盈利能力较强，盈利质量较高，偿债能力当然强。

3. 借助现金流量信息可以规划和预测企业未来产生现金的能力

作为内部管理者，根据现金的净增加额，可以规划下一会计期间的生产经营能力；合理安排投资项目，确定尚需筹集的资金额。外部信息使用者分析经营活动现金流量，判断企业的盈利状况；分析投资活动的现金流出量，判断企业的发展前景，以便进行股票买入、卖出的决策。

4. 判断企业财务状况和经营成果的可靠性

首先，根据现金流量信息分析企业净利润与相关现金流量产生差异的原因，通过利润与现金流量之间差距的大小，去透视利润表数据的真与假，从而判断企业经营成果的可靠性；其次，根据资产负债表揭示的资产、负债、所有者权益变动的结果，可通过现金流量表找出变动的原因。例如，长期投资期末比期初增加较多，可通过现金流量表找出增加的原因，分析各项长期投资项目是否合理，从而判断企业长期投资的可靠性。

（二）现金流量表具体项目分析

1. 经营活动现金流量分析

经营活动现金流量为正或较大，说明企业造血功能尚可或较强；反之，则说明企业陷入困境，应考虑改变经营结构。经营活动现金流量是一个正常生产经营企业主要的资金来源。企业的对内投资活动与筹资活动都是为经营活动现金流量创造条件的经济活动。在企业的成本与费用消耗中，一部分是付现费用，如支付职工工资、支付购买材料的货款等；另一部分是按照权责发生制原则确认的非付现费用，如提取本期固定资产折旧费用、无形资产摊销等。经营活动现金流量为正或较大，说明企业通过正常的生产经营活动所带来的现金流入量，在补偿了付现费用和非付现费用后仍有剩余，以此满足企业进行产品结构调整、开发新产品的资金需求，使企业在先做强再做大的良性循环中不断发展。经营活动现金流量为零，可能说明经营活动所带来的现金流入量，未能补偿非付现费用；经营活动现金流量为负，说明经营活动所带来的现金流入量，既不能补偿非付现费用，也未能全部补偿付现费用。其结果，从长期资金循环的角度来看，必然造成资金紧张，从而可能推迟偿还债务、增大负债规模，加大企业的财务风险。

计算经营现金指数，分析盈利质量。经营现金指数的计算公式如下：

$$经营现金指数 = 经营活动现金净流量 \div 营业利润$$

企业在追求利润最大化的同时，也应强调经营活动现金流量的最大化。当企业获取的利润与回收的现金一致时，经营现金指数等于1，说明企业生产的产品适销对路，市场占有率高，而且货款回收管理措施得力。当企业赊销业务增大，应收账款回收速度放慢时，经营现金指数就会小于1。如果企业虚记营业收入、虚增应收账款，其经营现金指数就会更小，因此，经营现金指数越接近于1，说明企业的盈利质量越高，其经营成果越可靠。

现金流量最大化是企业充满活力的具体表现。现金流入量较大，流出量也较大，则说明企业在持续经营，业务活动在正常开展。例如，经营活动现金流量中"支付给职工以及为职工支付的现金"项目，若为逐年增加，则可透视企业的人力资源政策，从人力资源的角度判断企业的持续经营能力。

2. 投资活动现金流量分析

投资活动对企业的经营方向、经营结构会产生重大影响，而且涉及的金额较大，因此，分析投资活动的现金流量，应重点关注以下两点：

（1）企业的投资目的与投资方向。如果企业以控制另一公司为目的，则一般应进行长期股权投资。如果企业以调整经营方向或扩大经营规模为目的进行投资，则一般是购建固定资产、在建工程或无形资产。如果企业以获利为目的，则应进行债券投资，因债券投资相对于购买公司一定股权的股权投资，风险较低，盈利比较稳定。

（2）投资规模与投资风险。固定资产、在建工程或无形资产投资，因投资金额较大，影响企业的经营规模，对企业未来发展会产生重大影响，需要就投资项目的发展前景、市场情况进行全面、谨慎的可行性论证，充分考虑各种风险，以达到增强企业的盈利能力，提高企业竞争力的目的。企业以控制另一公司为目的的长期股权投资，一般应采用权益法反映长期股权投资的账面价值并确认投资收益，因此，被投资企业的经营状况、发展前景会对投资企业造成较大影响。

企业进行长期股权投资和以调整经营方向或扩大经营规模为目的的投资，一般会使企业投资活动的现金流出量大于流入量，其资金缺口，主要通过经营活动实现盈利积累的货币资金以及负债融资方式取得。这种投资不仅会消耗大量的货币资金，也有可能挤占正常经营活动所需现金，如推迟购货或延期偿还债务；而且，还会提高企业的负债水平。因此，投资项目的时间选择、投资回收期的长短以及所需资金的筹集方式，都需要企业做出合理的安排。

3. 筹资活动现金流量分析

在以下两种情况下，企业需要筹集资金：① 经营活动的现金净流量为负数，不能满足正常生产活动的资金需求；② 虽然经营活动的现金净流量为正数，但是仍不能满足投资活动的现金流出量。因此，企业在筹集资金时，应关注以下两点：

（1）筹资量是否与企业的发展规模相适应。无论经营活动的资金需求，还是投资活动的资金需求，均要符合企业的发展规划。尤其是投资活动的资金需求量，应进行充分的经济性与技术性论证，以避免因筹资过多，而提高企业的负债水平，增加筹资风险，或因筹资量不足，而影响投资项目的正常进度。

（2）选择适当的筹资方式，规避筹资风险。一般而言，借款与发行债券方式筹集资金，财务风险高，资金成本低；而发行股票方式筹集资金则财务风险低，资金成本高。因此，企业应根据现实的负债水平、当前的利率水平，选择适当的筹资方式，规避筹资风险。

（三）现金流量表的综合分析

在了解了现金流量表的作用和对现金流量表的具体项目进行分析以后，还应将经营活动、投资活动和筹资活动的现金流量结合起来，综合分析企业的现金流量情况。其分析方法是将经营活动、投资活动和筹资活动的现金净流量，利用排列组合的方法进行组合，可以将企业的现金流量大致分为八种类型，每种类型均表明一定的经济意义，从而判断企业的现金流量状况，具体如表9-4所示。

表9-4　现金流量综合分析表

现金流量类型	现金流量状况
经营现金净流量为 + 投资现金净流量为 + 筹资现金净流量为 +	这类公司经营活动现金流量状况良好；在投资活动方面，因前期有计划的投资活动，不仅使经营活动进入良性循环，而且投资效益也已经显现；但是，公司仍在融资，如果没有新的投资机会，则会造成资金浪费

(续)

现金流量类型	现金流量状况
经营现金净流量为 + 投资现金净流量为 + 筹资现金净流量为 −	企业主营产品销售市场稳定，已进入投资回收期；同时，进行大量外部资金的偿还，尽管筹资活动的现金净流量为负数，但因较好的经营活动现金流量与投资活动现金流量状况良好，不足以威胁企业的财务状况；公司吸收的投资，也在进行正常的利润分配
经营现金净流量为 + 投资现金净流量为 − 筹资现金净流量为 +	企业处于扩张期。企业目前经营状况良好，大量货币资金回笼；但是，企业为扩大市场份额，大量追加投资。其资金来源一方面通过经营活动积累，另一方面，通过筹集资金来进行投资
经营现金净流量为 + 投资现金净流量为 − 筹资现金净流量为 −	这类公司经营状况良好，但企业一方面在偿还以前的债务，另一方面在继续进行投资。投资活动和筹资活动两方面的现金流出，可能引起企业财务状况恶化，因此，应随时关注经营状况的变化
经营现金净流量为 − 投资现金净流量为 + 筹资现金净流量为 +	这类公司表明，正常的生产经营活动所需资金依靠借钱来维持，企业面临较大的财务风险；虽然投资活动现金流量为正数，但应重点分析投资活动现金净流入是来自投资收益还是收回投资，如果是后者，则说明企业的财务状况非常严峻
经营现金净流量为 − 投资现金净流量为 − 筹资现金净流量为 +	这类公司经营状况较差，经营活动现金流入不足以弥补现金流出；企业依靠借债维持日常经营与投资项目两个方面的现金流出，企业面临较大的财务风险；如果通过投资能够渡过难关，企业还可能有发展；这类公司也可能处于产品初创期，需要投入大量资金，形成生产能力，开拓市场，其资金来源只有依靠筹资活动
经营现金净流量为 − 投资现金净流量为 + 筹资现金净流量为 −	这类公司主营业务状况不佳，经营活动现金流量入不敷出；同时，需要偿还大量债务；只能依靠收回投资以弥补现金的不足。说明企业的整体财务状况较差，面临破产的危险
经营现金净流量为 − 投资现金净流量为 − 筹资现金净流量为 −	企业经营状况较差，同时面临偿债压力；加上投资支出大量资金，说明企业的整体财务状况已经很差，随时会出现破产的危险

第四节 所有者权益变动表阅读与分析

一、所有者权益变动表的作用

所有者权益变动表是反映构成所有者权益各组成部分当期的增减变动情况的报表。所有者权益变动表不仅包括所有者权益总量的增减变动，还包括所有者权益增减变动的重要结构性信息，特别是要反映直接计入所有者权益的利得和损失，让报表使用者准确理解所有者权益增减变动的根源。其作用表现在：

（1）所有者权益变动表全面反映了企业一定时期所有者权益总量的增减变动情况，从而提供了企业对所有者出资的保值增值信息。

（2）分别反映了企业正常生产经营活动导致的所有者权益变动与非正常活动导致的所有者权益变动信息。例如，净利润的增减变动属于企业正常生产经营活动导致的所有者权益变动；会计政策变更影响的所有者权益变动则属于非正常活动导致的所有者权益变动。

（3）反映了所有者权益的结构性变动信息。分别列示了直接计入损益导致的所有者权益变动、直接计入权益的所有者权益变动、报告期内利润分配情况对所有者权益的影响，以及所有者权益项目内部变化对所有者权益的影响。其主要目的是让报表使用者了解所有者权益增减变动的根源，分析企业发展潜力的大小。

二、所有者权益变动表的数据来源

所有者权益变动表各项目应当根据当期净利润、其他综合收益、所有者投入资本和向所有者分配利润、提取盈余公积等情况分析填列。

（1）上年年末余额，应根据上年本表第四大项填列。

（2）本年年初余额，应根据上年年末余额加减会计政策变更和前期差错更正的数额计算填列。

（3）本年增减变动金额，应根据利润表填列净利润项目；根据"实收资本""资本公积""盈余公积""利润分配"科目的相关内容填列其他综合收益、所有者投入和减少资本项目、利润分配项目和所有者权益内部结转项目。

（4）本年年末余额项目，根据以上项目计算填列。

祥达实业2017年度财务报告中的所有者权益变动表如表9-5所示。

三、所有者权益变动表解读

1. 观察公司所有者权益增减变动总额

先看最后一栏，所有者权益合计的本年金额栏与上年金额栏的差额。差额为正，说明所有者权益增加，如果不存在出资者增加投资额情况，则说明出资者的资金实现了保值与增值；反之差额为负，说明所有者权益减少，出资者的资金不仅未能保值，而且，因经营亏损，抵减了出资者的投资额。

2. 观察公司所有者权益增减变动的具体原因

应区分企业正常生产经营活动导致的所有者权益变动与非正常活动导致的所有者权益变动。正常生产经营活动导致的所有者权益变动主要包括净利润、直接计入所有者权益的利得和损失、所有者投入和减少资本、利润分配和所有者权益内部结转五项内容。

（1）净利润应是增加所有者权益的主要因素。

（2）其他综合收益是指企业根据企业会计准则规定未在损益中确认的各项利得和损失扣除所得税影响后的净额。具体包括可供出售金融资产公允价值变动净额、权益法下被投资单位其他所有者权益变动的影响，以及自用房地产或存货转换为采用公允价值模式计量的投资性房地产，转换当日的公允价值大于原账面价值的差额等内容。

（3）利润分配中的提取盈余公积项目，是净利润的转化形式。即净利润计入盈余公积的数额。而对所有者（或股东）的利润分配，则会减少企业的所有者权益。

（4）所有者投入和减少资本是指根据企业的生产经营情况，出资者增加或减少对企业的投资额计入实收资本或股本的数额。

（5）所有者权益内部结转，只影响所有者权益的内部结构，不影响所有者权益总额。

表 9-5　所有者权益变动表

2017 年度

编制单位：祥达实业　　　单位：元

项　目	本年金额							上年金额						
	实收资本（或股本）	资本公积	减:库存股	其他综合收益	盈余公积	未分配利润	所有者权益合计	实收资本（或股本）	资本公积	减:库存股	其他综合收益	盈余公积	未分配利润	所有者权益合计
一、上年末余额	1 988 968 232	2 539 336 835			4 738 640 681	1 420 060 620	10 687 006 368					4 564 369 106	200 159 593	9 292 833 766
加：会计政策变更					46 570 675		46 570 675							
前期差错更正														
二、本年年初余额	1 988 968 232	2 539 336 835			4 785 211 356	1 420 060 620	10 733 577 043					4 564 369 106	200 159 593	9 292 833 766
三、本年增减变动金额（减少以"-"号填列）				500 000 000		465 706 769	965 706 769					174 271 575	1 219 901 027	1 394 172 602
（一）综合收益总额				500 000 000								174 271 575	1 219 901 027	1 394 172 602
（二）所有者投入和减少资本	175 243 190	537 000 000					712 243 190							
1. 所有者投入资本		712 050					712 050							
2. 股份支付计入所有者权益的金额		500 000 000					500 000 000							
3. 其他			46 570 677			-46 570 677	0							
（三）利润分配														
1. 提取盈余公积					46 570 677	-46 570 675								
2. 对所有者（或股东）的分配						-46 570 675	-46 570 675							
3. 其他														
（四）所有者权益内部结转														
1. 资本公积转增资本（或股本）														
2. 盈余公积转增资本（或股本）														
3. 盈余公积弥补亏损														
4. 其他														
四、本年年末余额	2 164 211 422	3 577 048 885		500 000 000	4 831 782 033	1 792 626 037	12 865 668 377	1 988 968 232	2 539 336 835			4 738 640 681	1 420 060 620	10 687 006 368

3. 计算所有者权益增值率，评估企业的增值能力

（1）所有者权益增值率。该指标是通过分析当期所有者权益比上期所有者权益增长的比率来反映企业所有者权益增值情况的一个比率。其计算公式如下：

$$\text{所有者权益增值率} = \frac{\text{当期所有者权益} - \text{上期所有者权益}}{\text{上期所有者权益}} \times 100\%$$

（2）所有者权益增值的结构比率。计算其他综合收益增长率，即当期其他综合收益占所有者权益增值额的比率；计算盈余公积增长率，即当期提取的盈余公积占所有者权益增值额的比率；实收资本或股本增长率，即当期所有者投入和减少资本占所有者权益增值额的比率等。

4. 关注所有者权益增值率的人为操纵

重点关注净利润增加所有者权益的真实性；其他综合收益增加所有者权益的合理性；盈余公积增加所有者权益的准确性。

第五节　财务报表附注

一、财务报表附注的内容

财务报表的内容具有一定的固定性和规定性，使其所提供的会计信息量受到限制。附注不仅是财务报表的补充，更重要的，是为便于财务报表使用者理解财务报表的内容而对财务报表的编制基础、编制依据、编制原则和方法及主要项目等所做的解释。附注是年度财务报告的重要组成部分，是充分披露会计信息的手段。其内容包括九部分：① 企业的基本情况；② 财务报表的编制基础；③ 遵循企业会计准则的声明；④ 重要会计政策和会计估计；⑤ 会计政策和会计估计变更以及差错更正的说明；⑥ 报表重要项目的说明；⑦ 或有事项；⑧ 资产负债表日后事项；⑨ 关联方关系及其交易。

二、重要会计政策和会计估计

（一）会计政策和会计估计的确定与披露

会计政策是指企业在会计确认、计量和报告中所采用的原则、基础和会计处理方法。会计实务中，有多种会计政策可以选择，但不同的会计政策往往会导致不同的核算结果。披露企业所选用的会计政策，对报表使用者进行决策至关重要，它有助于报表使用者更好地理解会计信息。例如，企业存货计价方法、长期股权投资的核算方法等。

会计估计是指企业对不确定的交易和事项以最近可利用的历史资料和经验为基础所做的判断，如坏账准备的计提比例、固定资产的预计使用年限等。由于各种客观因素的影响，有些会计事项很难精确计量，只能进行合理估计。

企业应当根据《企业会计准则第28号——会计政策、会计估计变更和差错更正》及其应用指南的规定，结合本企业的实际情况，确定会计政策和会计估计，经股东大会或董事会、经理（厂长）会议或类似机构批准，按照法律、行政法规等的规定报送有关各方备案。

企业应当披露采用的重要会计政策和会计估计，不重要的会计政策和会计估计可以不披露。在披露重要会计政策和会计估计时，应当披露重要会计政策的确定依据和财务报表项目的计量基础，以及会计估计中所采用的关键假设和不确定因素。

（二）会计政策和会计估计变更以及差错更正的说明

1. 会计政策变更的说明

（1）会计政策变更的条件。企业采用的会计政策，在每一会计期间和前后各期应当保持一致，不得随意变更。但是，满足下列条件之一的，可以变更会计政策：① 法律、行政法规或者国家统一的会计制度等要求变更；② 会计政策变更能够提供更可靠、更相关的会计信息。

（2）会计政策变更的处理方法。会计政策变更能够提供更可靠、更相关的会计信息的，应当采用追溯调整法处理，将会计政策变更累积影响数调整列报前期最早期初留存收益。但确定该项会计政策变更累积影响数不切实可行的除外。

追溯调整法是指对某项交易或者事项变更会计政策，视同该项交易或者事项初次发生时即采用变更后的会计政策，并以此对财务报表相关项目进行调整的方法。会计政策变更累积影响数是指按照变更后的会计政策对以前各期追溯计算的列报前期最早期初留存收益应有金额与现有金额之间的差额。

（3）会计政策变更的披露：① 会计政策变更的性质、内容和原因；② 当期和各个列报前期财务报表中受影响的项目名称和调整金额；③ 无法进行追溯调整的，说明该事实和原因以及开始应用变更后的会计政策的时点、具体应用情况。

2. 会计估计变更的说明

（1）会计估计变更与处理方法。会计估计变更是指由于资产和负债的当前状况及预期经济利益和义务发生了变化，从而对资产或负债的账面价值或者资产的定期消耗金额进行调整。

企业对会计估计变更应当采用未来适用法处理。在当期期初确定会计政策变更对以前各期累积影响数不切实可行的，也应当采用未来适用法处理。未来适用法是指将变更后的会计政策应用于变更日及以后发生的交易或者事项，或者在会计估计变更当期和未来期间确认会计估计变更影响数的方法。

企业难以对某项变更区分为会计政策变更或会计估计变更的，应当将其作为会计估计变更处理。

（2）会计估计变更的披露：① 会计估计变更的内容和原因；② 会计估计变更对当期和未来期间的影响数；③ 会计估计变更的影响数不能确定的，披露这一事实和原因。

3. 前期差错及其更正的说明

（1）前期差错与处理方法。前期差错是指由于没有运用或错误运用下列两种信息，而对前期财务报表造成漏报或错报：① 编报前期财务报表时预期能够取得并加以考虑的可靠信息；② 前期财务报告批准报出时能够取得的可靠信息。前期差错通常包括计算错误、应用会计政策错误、疏忽或曲解事实以及舞弊产生的影响以及存货、固定资产盘盈等。

前期差错应当采用追溯重述法进行更正。追溯重述法是指在发现前期差错时，视同该项前期差错从未发生过，从而对财务报表相关项目进行更正的方法。确定前期差错影响数不切实可行的，可以从可追溯重述的最早期间开始调整留存收益的期初余额，财务报表其他相关项目的期初余额也应当一并调整，也可以采用未来适用法。

（2）前期差错的披露：① 前期差错的性质；② 各个列报前期财务报表中受影响的项目

名称和更正金额；③无法进行追溯重述的，说明该事实和原因以及对前期差错开始进行更正的时点、具体更正情况。

三、财务报表重要项目的说明

企业对报表重要项目的说明，应当按照资产负债表、利润表、现金流量表、所有者权益变动表及其项目列示的顺序，采用文字和数字描述相结合的方式进行披露。报表重要项目的明细金额合计，应当与报表项目金额相衔接，以便报表的阅读者详细了解该报表项目的具体内容。

根据《企业会计准则第30号——财务报表列报》及其应用指南的规定，企业对报表重要项目的说明基本包括以下内容：

（1）以公允价值计量且其变动计入当期损益的金融资产。分别说明交易性债券投资、交易性权益工具投资、指定为以公允价值计量且其变动计入当期损益的金融资产的期末公允价值合计数与年初公允价值合计数。

（2）应收款项。分别说明应收账款按账龄结构和按客户类别的期末账面余额合计数与年初账面余额合计数。应收票据、预付账款、长期应收款、其他应收款，比照应收账款进行披露。

（3）存货。分别说明原材料、在产品、库存商品、周转材料的年初账面余额、本期增加额、本期减少额和期末账面余额；各种存货跌价准备的期初账面余额、本期计提额、本期转回额和期末账面余额。

（4）其他流动资产。其他流动资产的期末账面价值、年初账面价值。

（5）可供出售金融资产。分别说明可供出售金融资产的期末公允价值和年初公允价值。

（6）持有至到期投资。分别说明各项持有至到期投资的期末账面余额和年初账面余额。

（7）长期股权投资。企业投向各被投资单位的长期股权投资期末账面余额和年初账面余额；被投资单位由于所在国家或地区及其他方面的影响，其向投资企业转移资金的能力受到限制的，应当披露受限制的具体情况；当期及累计未确认的投资损失金额。

（8）投资性房地产。①企业采用成本模式进行后续计量的房屋、建筑物、土地使用权的年初账面余额、本期增加额、本期减少额和期末账面余额。②企业采用公允价值模式进行后续计量的，应当披露投资性房地产公允价值的确定依据及公允价值金额的增减变动情况。③如有房地产转换的，应当说明房地产转换的原因及其影响。

（9）固定资产。分别说明各类固定资产包括房屋建筑物、机器设备、运输工具等的原价、累计折旧额、固定资产减值准备累计金额和固定资产账面价值合计数；企业确有准备处置固定资产的，应当说明准备处置的固定资产名称、账面价值、公允价值、预计处置费用和预计处置时间等。

（10）生产性生物资产和公益性生物资产。说明各类生物资产的期末实物数量；各类生产性生物资产的预计使用寿命、预计净残值、折旧方法、累计折旧和减值准备累计金额。

（11）油气资产。当期在国内和国外发生的取得矿区权益、油气勘探和油气开发各项支出的总额；各类油气资产的原价、累计折耗、油气资产减值准备累计金额和油气资产账面价值合计数。

（12）无形资产。分别说明各种无形资产的原价、累计摊销额、无形资产减值准备累计金额和无形资产账面价值合计；计入当期损益和确认为无形资产的研究开发支出金额。

（13）商誉。商誉的形成来源、账面价值的增减变动情况。

（14）递延所得税资产和递延所得税负债。各项已确认递延所得税资产和递延所得税负债的期末账面余额和年初账面余额；未确认递延所得税资产的可抵扣暂时性差异、可抵扣亏损等的金额（存在到期日的，还应披露到期日）。

（15）资产减值准备。各项资产减值准备的本期计提额、本期减少额（转回、转销）和期末账面余额。

（16）所有权受到限制的资产。说明资产所有权受到限制的原因；所有权受到限制的资产金额，包括各项用于担保的资产、其他原因造成所有权受到限制的资产的年初账面价值、本期增加额、本期减少额和期末账面价值。

（17）以公允价值计量且其变动计入当期损益的金融负债。各项以公允价值计量且其变动计入当期损益的金融负债的期末公允价值和年初公允价值。

（18）职工薪酬。应付职工薪酬中的工资、奖金、津贴和补贴；职工福利费；社会保险费，包括医疗保险费、基本养老保险费、年金缴费、失业保险费、工伤保险费、生育保险费；住房公积金；工会经费和职工教育经费；非货币性福利；因解除劳动关系给予的补偿和其他职工薪酬，其中包括以现金结算的股份支付数额。企业本期为职工提供的各项非货币性福利的形式、金额及其计算依据。

（19）应交税费。各种应交税费的期末账面余额和年初账面余额。

（20）其他流动负债。各项其他流动负债，如预计负债的期末账面余额和年初账面余额。

（21）短期借款和长期借款。各种短期借款和长期借款，包括信用借款、抵押借款、质押借款和保证借款的期末账面余额和年初账面余额；对于期末逾期借款，应分别对贷款单位、借款金额、逾期时间、年利率、逾期未偿还原因和预期还款期等进行披露。

（22）应付债券。各项应付债券的年初账面余额、本期增加额、本期减少额和期末账面余额。

（23）长期应付款。长期应付款的期末账面价值和年初账面价值。

（24）营业收入。分别说明主营业务收入、其他业务收入的本期发生额和上期发生额；披露建造合同当期预计损失的原因和金额。

（25）公允价值变动收益。产生各种公允价值变动收益来源的本期发生额和上期发生额。

（26）投资收益。产生投资收益的来源的本期发生额和上期发生额；按照权益法核算的长期股权投资，直接以被投资单位的账面净损益计算确认投资损益的事实及原因。

（27）资产减值损失。各类资产减值损失的本期发生额和上期发生额。

（28）营业外收入。营业外收入中固定资产处置利得、无形资产处置利得等的本期发生额和上期发生额。

（29）营业外支出。营业外支出中固定资产处置损失、无形资产处置损失等的本期发生额和上期发生额。

（30）所得税费用。所得税费用（收益）的组成，包括当期所得税、递延所得税；所得税费用（收益）与会计利润的关系。

（31）政府补助。企业应当披露取得政府补助的种类及金额。

（32）每股收益。基本每股收益和稀释每股收益分子、分母的计算过程；列报期间不具有稀释性但以后期间很可能具有稀释性的潜在普通股；在资产负债表日至财务报告批准报出日之间，企业发行在外普通股或潜在普通股股数发生重大变化的情况，如股份发行、股份回购、潜在普通股发行、潜在普通股转换或行权等。

（33）企业可以按照费用的性质分类披露利润表。

（34）非货币性资产交换。换入资产、换出资产的类别；换入资产成本的确定方式；换入资产、换出资产的公允价值及换出资产的账面价值。

（35）股份支付。当期授予、行权和失效的各项权益工具总额；期末发行在外股份期权或其他权益工具行权价的范围和合同剩余期限；当期行权的股份期权或其他权益工具以其行权日价格计算的加权平均价格；股份支付交易对当期财务状况和经营成果的影响。

（36）债务重组。按照《企业会计准则第12号——债务重组》第十四条或第十五条的相关规定进行披露。

（37）借款费用。当期资本化的借款费用金额；当期用于计算确定借款费用资本化金额的资本化率。

（38）外币折算。计入当期损益的汇兑差额；处置境外经营对外币财务报表折算差额的影响。

（39）企业合并。企业合并发生当期的期末，合并方或购买方应当按照《企业会计准则第20号——企业合并》第十八条或第十九条的相关规定进行披露。

（40）租赁。融资租赁出租人应当说明未实现融资收益的余额，并披露与融资租赁有关的不同剩余租赁期的最低租赁收款额。经营租赁出租人各类租出资产的期末账面价值和年初账面价值。融资租赁承租人应当说明未确认融资费用的余额，并披露与融资租赁有关的各类租入固定资产的年初和期末原价、累计折旧额、减值准备累计金额；以后年度将支付的最低租赁付款额。对于重大的经营租赁，经营租赁承租人应当披露不同剩余租赁期的最低租赁付款额。各售后租回交易以及售后租回合同中的重要条款。

（41）终止经营。终止经营收入、终止经营费用、终止经营利润总额、终止经营所得税费用和终止经营净利润的本期发生额和上期发生额。

（42）分部报告。业务分部或地区分部的营业收入、营业费用、营业利润、资产总额、负债总额以及相关补充信息。对于次要报告形式，企业还应披露对外交易收入、分布资产总额。

四、或有事项

1. 或有事项的概念

或有事项是指过去的交易或者事项形成的，其结果须由某些未来事项的发生或不发生才能决定的不确定事项。或有事项包括或有资产和或有负债。常见的或有事项主要有未决诉讼或仲裁、债务担保、产品质量保证（含产品安全保证）、承诺、亏损合同、重组义务、环境污染整治等。

或有资产是指过去的交易或者事项形成的潜在资产，其存在须通过未来不确定事项的发生或不发生予以证实。或有负债是指过去的交易或者事项形成的潜在义务，其存在须通过未来不确定事项的发生或不发生予以证实；或过去的交易或者事项形成的现时义务，履行该义务不是很可能导致经济利益流出企业或该义务的金额不能可靠计量。或有负债和或有资产不符合负债或资产的定义和确认条件，企业不应当确认或有负债和或有资产，而应当进行相应披露。

2. 预计负债的确认和计量

企业对被确认为负债的或有事项，应在资产负债表中以预计负债项目反映，以便与其他负债项目区别开来。与或有事项相关的义务，如果同时符合以下三个条件，则企业应将该或有事项确认为预计负债：

（1）该义务是企业承担的现时义务，如某公司驾驶员违章造成严重交通事故后，该公司将要承担的赔偿义务，就是该公司承担的现时义务。

（2）履行该义务很可能导致经济利益流出企业，通常是指履行与或有事项相关的现时义务时，导致经济利益流出企业的可能性超过50%。企业因或有事项承担的一些义务，并不都会导致经济利益流出企业。例如，甲企业为乙企业提供债务担保，是否可能导致经济利益流出甲企业，要依据乙企业未来的经营情况和财务状况来确定。由此可以看出，为其他企业提供的债务担保，虽然属于或有事项，但是在担保债务到期之前，一般不应确认为预计负债，在财务报表附注中按规定要求披露即可。

（3）该义务的金额能够可靠地计量。预计负债应当按照履行相关现时义务所需支出的最佳估计数进行初始计量；而且，应当在资产负债表日对预计负债的账面价值进行复核。

3. 或有事项的披露

企业应当在附注中披露的或有事项信息有：

（1）预计负债。① 预计负债的种类、形成原因以及经济利益流出不确定性的说明；② 各类预计负债的期初、期末余额和本期变动情况；③ 与预计负债有关的预期补偿金额和本期已确认的预期补偿金额。

（2）或有负债（不包括极小可能导致经济利益流出企业的或有负债）。① 或有负债的种类及其形成原因，包括已贴现商业承兑汇票、未决诉讼、未决仲裁、对外提供担保等形成的或有负债。② 经济利益流出不确定性的说明。③ 或有负债预计产生的财务影响，以及获得补偿的可能性；无法预计的，应当说明原因。

（3）企业通常不应当披露或有资产。但或有资产很可能会给企业带来经济利益的，应当披露其形成的原因、预计产生的财务影响等。

（4）在涉及未决诉讼、未决仲裁的情况下，按照以上要求披露全部或部分信息预期对企业造成重大不利影响的，企业无须披露这些信息，但应当披露该未决诉讼、未决仲裁的性质，以及没有披露这些信息的事实和原因。

五、资产负债表日后事项

资产负债表日后事项是指资产负债表日至财务报告批准报出日之间发生的需要调整或说明的事项，是对资产负债表日存在状况的一种补充或说明。

资产负债表日后事项包括调整事项和非调整事项。调整事项是指在资产负债表日或之前已经存在，并已被记录在资产负债表上的事项，这种事项对按资产负债表日存在状况编制的财务报表产生重大影响。对于调整事项，应视同资产负债表所属期间发生的事项进行账务处理，并据此对资产负债表日财务报表相关项目的数字进行调整,但不必在报表附注中进行披露。

非调整事项是指在资产负债表日并不存在,而在期后才发生的事项。非调整事项不影响资产负债表日的存在状况,不需要对资产负债表日编制的财务报表进行调整,但由于事项重大,如不加以说明,可能会影响报表使用者做出正确的估计和决策,因此,应当在财务报表附注中予以披露。非调整事项主要包括发行股票和债券、对某个企业的大额投资、自然灾害导致的资产损失等。

应在财务报表附注中披露的资产负债表日后事项主要有:① 对于非调整事项,说明其性质和内容,并估计其对财务状况和经营成果的影响。如果无法做出估计,则应当说明无法估计的理由。② 资产负债表日后,企业利润分配方案中拟分配的以及经审议批准宣告发放的股利或利润。

六、关联方关系及其交易

在财务决策中,一方控制、共同控制另一方或对另一方施加重大影响,以及两方或两方以上同受一方控制、共同控制的,则说明他们之间存在关联关系。在关联方之间发生的转移资源或义务的事项(不论其是否收取款项),称之为关联方交易。

根据《企业会计准则第36号——关联方披露》的规定,关联方关系及其交易应予披露的内容有:

(1) 企业无论是否发生关联方交易,均应当在附注中披露与该企业之间存在控制关系的母公司和子公司有关的信息。应当披露母公司和所有子公司的名称,母公司和子公司的业务性质、注册地、注册资本(或实收资本、股本)及其变化,以及母公司对于该企业对子公司的持股比例和表决权比例。在披露母公司名称时,母公司不是该企业最终控制方的,还应当披露企业集团内对该企业享有最终控制权的企业(或主体)的名称。母公司和最终控制方均不对外提供财务报表的,还应当披露母公司之上与其最相近的对外提供财务报表的母公司名称。

(2) 企业与关联方发生关联方交易的,应当在附注中披露该关联方关系的性质、交易类型及交易要素。关联方关系的性质是指关联方与该企业的关系,即关联方是该企业的子公司、合营企业、联营企业等。交易要素至少应当包括:交易的金额;未结算项目的金额、条款和条件,以及有关提供或取得担保的信息;未结算应收项目坏账准备金额;定价政策。

第六节 审计报告的阅读和利用

无论是投资者或潜在投资者、银行信贷部的经理,还是公司的管理层,均需要阅读公司的财务报告,以了解该公司的财务状况、盈利能力与质量以及公司的成长潜力。问题的关键是,你相信该公司的财务报告吗?在做出决策之前,你可以找一个帮手,帮你把好第一关,这个帮手就是审计。

一、会计师事务所与注册会计师

会计师事务所是注册会计师依法承办业务的机构,注册会计师只有加入到会计师事务所才能承办法定业务。在企业界,四大国际会计公司的名字可以说是家喻户晓,它们分别是普华永道(Price WaterHouse Coopers)、安永(Ernst & Young)、德勤(Deloitte & Touche)、毕马威（KPMG Peat Marwick）。

注册会计师是依法取得注册会计师证书并接受委托从事审计和会计咨询、会计服务业务的执业人员。注册会计师是企业财务报告的仲裁者。注册会计师的审计业务包括：① 审查企业财务报表，出具审计报告；② 验证企业资本，出具验资报告；③ 办理企业合并、分立、清算事宜中的审计业务，出具有关报告；④ 办理法律法规规定的其他审计业务，出具相应的审计报告；⑤ 对企业内部控制的审计业务，出具内部控制审计报告。会计咨询和会计服务业务包括：① 企业管理咨询；② 代理记账；③ 代为编制财务报表；④ 对会计政策的选择和运用提供建议；⑤ 税务代理；⑥ 担任常年会计顾问等。

注册会计师审计是企业的外部审计。外部审计包括国家审计和注册会计师审计两部分。国家审计是由独立的国家审计机关和人员对国家各级各类行政部门、国有企事业单位及其他拥有国有资产单位的会计资料及其所反映的财政财务收支活动的真实性、合法性和效益性进行监察或审查、查处的一种审计形式。注册会计师审计是由独立的注册会计师对企业所执行的、主要针对财务报告的审计；其目的主要是证明财务报表的合法性、公允性，以及会计政策的一贯性。相对于外部审计，我国的大中型企业还应设置内部审计机构。从内容来看，内部审计大致包括两个方面：一是对本单位的财务状况及经营成果进行审计，即内部财务审计；二是对本公司的经营管理行为和效果进行审计，即内部经营管理审计。从最终目的来看，内部财务审计主要是为了保证内部财务会计核算的正确性、准确性和合法合规性，从而保证内部经营管理决策基础的正确性、合理性。因此，内部审计的含义不仅指财务审计，更倾向于管理审计。

会计责任是指提供会计信息的单位和个人应对选择和应用适当的会计处理方法、保持完整的会计记录、建立健全相关的内部控制制度、保护企业各项资产的安全和完整，以及对会计资料的真实性、合法性、完整性负责。《会计法》第四条规定："单位负责人对本单位的会计工作和会计资料的真实性、完整性负责。"第二十一条规定："财务会计报告应当由单位负责人和主管会计工作的负责人、会计机构负责人（会计主管人员）签名并盖章；设置总会计师的单位，还须由总会计师签名并盖章。"

审计责任是指注册会计师在执行审计业务时，应依据审计准则，判断企业经济活动的合法性、公允性，评价管理层选用会计政策的恰当性和做出会计估计的合理性，并出具审计报告，对审计报告的真实性、合法性负责。注册会计师是会计师事务所提供审计报告的责任主体，应当承担审计责任。《中华人民共和国注册会计师法》与审计准则规定了注册会计师的审计责任，即注册会计师应当在审计报告中清楚地表达对财务报表的意见，并对出具的审计报告负责。

二、审计报告的要素与类型

审计报告是指注册会计师根据中国注册会计师审计准则的规定，在实施审计工作的基础上对被审计单位财务报表发表审计意见的书面文件。审计报告是审计工作的最终结果。

（一）审计报告的要素

根据2016年最新修订的12项审计准则，审计报告的要素具体包括如下内容：
(1) 标题。
(2) 收件人。

（3）审计意见，说明已经审计的整套财务报表的每一财务报表的名称、日期或期间；提及财务报表附注，包括重大会计政策和会计估计；给出审计结论，包括无保留意见和非无保留意见。

（4）形成审计意见的基础。首先，说明注册会计师按照审计准则的规定执行了审计工作。其次，明示审计报告中用于描述审计准则规定的注册会计师责任的部分。再次，声明注册会计师按照与审计相关的职业道德要求独立于被审计单位，并履行了职业道德方面的其他责任。声明中应当指明适用的职业道德要求，如中国注册会计师职业道德守则。最后，说明注册会计师是否相信获取的审计证据是充分、适当的，为发表审计意见提供了基础。

（5）管理层对财务报表的责任。首先，按照适用的财务报告编制基础的规定编制财务报表，使其实现公允反映，并设计、执行和维护必要的内部控制，以使财务报表不存在由于舞弊或错误导致的重大错报；其次，评估被审计单位的持续经营能力和使用持续经营假设是否适当，并披露与持续经营相关的事项。

（6）注册会计师对财务报表审计的责任。首先，说明注册会计师的目标是对财务报表整体是否不存在由于舞弊或错误导致的重大错报获取合理保证，并出具包含审计意见的审计报告；其次，说明合理保证是高水平的保证，但并不能保证按照审计准则执行的审计在某一重大错报存在时总能发现；再次，说明错报可能由于舞弊或错误导致；最后，说明在按照审计准则执行审计工作的过程中，注册会计师运用职业判断，并保持职业怀疑，通过说明注册会计师的责任，对审计工作进行描述。

（7）按照相关法律法规的要求报告的事项。在适用的情况下，注册会计师还应当按照《中国注册会计师审计准则第 1324 号——持续经营》《中国注册会计师审计准则第 1504 号——在审计报告中沟通关键审计事项》《中国注册会计师审计准则第 1521 号——注册会计师对其他信息的责任》的相关规定，在审计报告中对与持续经营相关的重大不确定性、关键审计事项、被审计单位年度报告中包含的除财务报表和审计报告之外的其他信息进行报告。

（8）注册会计师的签名和盖章。

（9）会计师事务所的名称、地址和盖章。

（10）报告日期。

（二）审计报告的类型

1. 无保留意见审计报告

无保留意见是指当注册会计师认为财务报表在所有重大方面按照适用的财务报告编制基础的规定编制并实现公允反映时发表的审计意见。

注册会计师应当评价财务报表是否在所有重大方面按照适用的财务报告编制基础的规定编制。在评价时，注册会计师应当考虑被审计单位会计实务的质量，包括表明管理层的判断可能出现偏向的迹象。

（1）评价财务报表是否按照适用的会计准则和相关会计制度的规定编制，注册会计师应当考虑：① 财务报表是否充分披露了选择和运用的重要会计政策；② 选择和运用的会计政策是否符合适用的会计准则和相关会计制度，并适合于被审计单位的具体情况；③ 管理层做出的会计估计是否合理；④ 财务报表反映的信息是否具有相关性、可靠性、可比性和可理解性；⑤ 财务报表是否做出充分披露，使财务报表使用者能够理解重大交易和事项对被审计单位财务状况、经营成果和现金流量的影响；⑥ 财务报表使用的术语（包括每一财务报表的标题）是否适当。

（2）评价财务报表是否在所有重大方面公允反映了被审计单位的财务状况、经营成果和现金流量，注册会计师应当考虑：① 财务报表的整体列表、结构和内容是否合理；② 财务报表（包括相关附注）是否公允地反映了相关交易和事项。

无保留意见审计报告的参考格式如下：

审 计 报 告

ABC 股份有限公司全体股东：

一、审计意见

我们审计了后附的 ABC 股份有限公司（以下简称 ABC 公司）财务报表，包括 2017 年 12 月 31 日的资产负债表，2017 年度的利润表、现金流量表和股东权益变动表以及财务报表附注。

我们认为，ABC 公司财务报表在所有重大方面按照企业会计准则的规定编制，公允反映了 ABC 公司 2017 年 12 月 31 日的财务状况以及 2017 年度的经营成果和现金流量。

二、形成审计意见的基础

我们按照中国注册会计师审计准则的规定执行了审计工作。审计报告的"注册会计师对财务报表审计的责任"部分进一步阐述了我们在这些准则下的责任。按照中国注册会计师职业道德守则，我们独立于 ABC 公司，并履行了职业道德方面的其他责任。我们相信，我们获取的审计证据是充分、适当的，为发表审计意见提供了基础。

三、关键审计事项

关键审计事项是我们根据职业判断，认为对本期财务报表审计最为重要的事项。该类事项以财务报表整体审计并形成审计意见为背景，我们不对这些事项单独发表意见。关键审计事项识别如下：

收入确认

ABC 公司的销售收入主要来源于在中国国内及海外市场向汽车生产商和售后维修供应商销售汽车玻璃。2017 年度，中国国内汽车生产商的汽车玻璃（"国内配套"）的销售收入为人民币 9 252 698 116 元，约占 ABC 公司合并营业收入的 59%。

我们通过审阅销售合同及与管理层的访谈，了解和评估了 ABC 公司的收入确认政策。针对国内汽车生产商的销售收入进行了抽样测试，核对了相关销售合同中风险及报酬条款和汽车生产商领用并确认接收的单证等支持性文件。此外，我们根据客户交易的特点和性质，挑选样本执行函证程序以确认应收账款余额和销售收入金额。

四、其他信息

管理层对其他信息负责。其他信息包括 ABC 公司 2017 年年度报告中涵盖的信息，但不包括财务报表和我们的审计报告。

我们对财务报表发表的审计意见不涵盖其他信息，我们也不对其他信息发表任何形式的鉴证结论。我们的责任是结合财务报表审计，阅读其他信息，考虑其他信息是否与财务报表或我们在审计过程中了解到的情况存在重大不一致或者似乎存在重大错报。

基于我们已经执行的工作，如果我们确定其他信息存在重大错报，我们应当报告该事实。在这方面，我们无任何事项需要报告。

五、管理层和治理层对财务报表的责任

管理层负责按照企业会计准则的规定编制财务报表，使其实现公允反映，并设计、执行和维护必要的内部控制，以使财务报表不存在由于舞弊或错误导致的重大错报。

在编制财务报表时，管理层负责评估 ABC 公司的持续经营能力，并运用持续经营假设，披露与持续经营相关的事项，除非管理层计划清算 ABC 公司、终止运营或别无其他现实的选择。治理层负责监督 ABC 公司的财务报告过程。

六、注册会计师对财务报表审计的责任

我们的目标是对财务报表整体是否不存在由于舞弊或错误导致的重大错报获取合理保证，并出具包含审计意见的审计报告。合理保证是高水平的保证，但并不能保证按照审计准则执行的审计一定会发现存在的重大错报。错报可能由于舞弊或错误导致，如果合理预期错报单独或汇总起来可能影响财务报表使用者依据财务报表做出的经济决策，则通常认为错报是重大的。

在按照审计准则执行审计工作的过程中，我们运用职业判断，并保持职业怀疑。同时，我们也执行以下工作：

（一）识别和评估由于舞弊或错误导致的财务报表重大错报风险；设计和实施审计程序以应对这些风险，并获取充分、适当的审计证据，作为发表审计意见的基础。由于舞弊可能涉及串通、伪造、故意遗漏、虚假陈述或凌驾于内部控制之上，未能发现由于舞弊导致的重大错报的风险高于未能发现由于错误导致的重大错报的风险。

（二）了解与审计相关的内部控制，以设计恰当的审计程序。

（三）评价管理层选用会计政策的恰当性和做出会计估计及相关披露的合理性。

（四）对管理层使用持续经营假设的恰当性得出结论。同时，根据获取的审计证据，对可能导致 ABC 公司持续经营能力产生重大疑虑的事项或情况是否存在重大不确定性得出结论。如果我们的结论认为存在重大不确定性，审计准则要求在审计报告中提请报表使用者注意财务报表中的相关披露；如果披露不充分，我们应当发表非无保留意见。我们的结论基于截至审计报告日可获得的信息。然而，未来的事项或情况可能导致 ABC 公司不能持续经营。

（五）评价财务报表的总体列报、结构和内容（包括披露），并评价财务报表是否公允反映相关交易和事项。

（六）对 ABC 公司实体或业务活动的财务信息获取充分、适当的审计证据，以对合并财务报表发表审计意见。我们负责指导、监督和执行集团审计，并对审计意见承担全部责任。

我们与治理层就计划的审计范围、时间安排和重大审计发现等事项进行沟通，包括在审计中识别出的值得关注的内部控制缺陷、关键审计事项。

××会计师事务所　　　　　　　　　中国注册会计师：×××
（盖章）　　　　　　　　　　　　　　　　（签名并盖章）
　　　　　　　　　　　　　　　　　中国注册会计师：×××
　　　　　　　　　　　　　　　　　　　　（签名并盖章）

中国××市　　　　　　　　　　　　2018 年 3 月 16 日

2. 带强调事项段的无保留意见的审计报告

（1）注册会计师出具带强调事项段的无保留意见审计报告的条件。

注册会计师出具带强调事项段的无保留意见审计报告的条件包括：① 强调事项可能对财务报表产生重大影响，但被审计单位进行了恰当的会计处理，且在财务报表中做出了充分披露；② 强调事项不影响注册会计师发表的审计意见。

（2）带强调事项段的无保留意见审计报告的特点与格式。审计报告的强调事项段是指注册会计师对重大事项予以强调的段落。其中，应强调的重大事项包括：① 存在可能导致对持续经营能力产生重大疑虑的事项或情况，但不影响已发表的审计意见；② 存在可能对财务报表产生重大影响的不确定事项（持续经营问题除外），但不影响已发表的审计意见。不确定事项是指其结果依赖于未来行动或事项，不受被审计单位的直接控制，但可能影响财务报表的事项。强调事项段的目的是注册会计师提醒财务报表使用者关注强调信息。带强调事项段的无保留意见审计报告的参考格式如下：

审 计 报 告

ABC 股份有限公司全体股东：

一、审计意见

我们审计了 ABC 股份有限公司（以下简称 ABC 公司）财务报表，包括 2017 年 12 月 31 日的资产负债表，2017 年度的利润表、现金流量表、股东权益变动表以及相关财务报表附注。

我们认为，后附的财务报表在所有重大方面按照企业会计准则的规定编制，公允反映了 ABC 公司 2017 年 12 月 31 日的财务状况以及 2017 年度的经营成果和现金流量。

二、形成审计意见的基础

我们按照中国注册会计师审计准则的规定执行了审计工作。审计报告的"注册会计师对财务报表审计的责任"部分进一步阐述了我们在这些准则下的责任。按照中国注册会计师职业道德守则，我们独立于 ABC 公司，并履行了职业道德方面的其他责任。我们相信，我们获取的审计证据是充分、适当的，为发表审计意见提供了基础。

三、强调事项

我们提醒财务报表使用者关注，财务报表附注 × 描述了火灾对 ABC 公司的生产设备造成的影响。本段内容不影响已发表的审计意见。

四、关键审计事项

关键审计事项是我们根据职业判断，认为对本期财务报表审计最为重要的事项。这些事项以对财务报表整体进行审计并形成审计意见为背景，我们不对这些事项单独发表意见。

五、其他事项

2016 年 12 月 31 日的资产负债表，2016 年度的利润表、现金流量表、股东权益变动表以及相关财务报表附注由其他会计师事务所审计，并于 2017 年 3 月 31 日发表了无保留意见。

六、其他信息（略）

七、管理层和治理层对财务报表的责任

管理层负责按照企业会计准则的规定编制财务报表，使其实现公允反映，并设计、执行和维护必要的内部控制，以使财务报表不存在由于舞弊或错误导致的重大错报。

在编制财务报表时，管理层负责评估 ABC 公司的持续经营能力，并运用持续经营假设，披露与持续经营相关的事项，除非管理层计划清算 ABC 公司、终止运营或别无其他现实的选择。治理层负责监督 ABC 公司的财务报告过程。

八、注册会计师对财务报表审计的责任

我们的目标是对财务报表整体是否不存在由于舞弊或错误导致的重大错报获取合理保证，并出具包含审计意见的审计报告。合理保证是高水平的保证，但并不能保证按照审计准则执行的审计一定会发现存在的重大错报。错报可能由于舞弊或错误导致，如果合理预期错报单独或汇总起来可能影响财务报表使用者依据财务报表做出的经济决策，则通常认为错报是重大的。

在按照审计准则执行审计工作的过程中，我们运用职业判断，并保持职业怀疑。同时，列示执行的相关工作，以及与治理层就计划的审计范围、时间安排和重大审计发现等事项进行的沟通，包括在审计中识别出的值得关注的内部控制缺陷、关键审计事项等内容进行报告。

××会计师事务所　　　　　　　　　　中国注册会计师：×××
（盖章）　　　　　　　　　　　　　　　　　　（签名并盖章）
　　　　　　　　　　　　　　　　　　中国注册会计师：×××
　　　　　　　　　　　　　　　　　　　　　　（签名并盖章）
中国××市　　　　　　　　　　　　　2018 年 3 月 16 日

3. 保留意见的审计报告

当存在下列情形之一时，如果认为对财务报表的影响是重大的或可能是重大的，注册会计师应当出具保留意见的审计报告：① 根据获取的审计证据，得出财务报表整体存在重大错报的结论；② 无法获取充分、适当的审计证据，不能得出财务报表整体不存在重大错报的结论。

（1）保留意见的审计报告的条件。如果认为财务报表整体是公允的，但还存在下列情形之一，则注册会计师应当出具保留意见的审计报告：① 在获取充分、适当的审计证据后，注册会计师认为错报单独或汇总起来对财务报表影响重大，但不具有广泛性；② 注册会计师无法获取充分、适当的审计证据以作为形成审计意见的基础，认为未发现的错报（如存在）对财务报表可能产生的影响重大，但不具有广泛性。

（2）保留意见审计报告的特点与格式。当出具保留意见的审计报告时，注册会计师应当在审计意见段中使用"除……的影响外"等术语。如果因审计范围受到限制，则注册会计师还应当在注册会计师的责任段中提及这一情况。保留意见审计报告的参考格式如下：

审计报告

ABC 股份有限公司全体股东：

一、保留意见

我们审计了 ABC 股份有限公司（以下简称 ABC 公司）财务报表，包括 2017 年 12 月 31 日的资产负债表，2017 年度的利润表、现金流量表、股东权益变动表以及相关财务报表附注。

我们认为，除"形成保留意见的基础"部分所述事项产生的影响外，后附的财务报表在所有重大方面按照企业会计准则的规定编制，公允反映了 ABC 公司 2017 年 12 月 31 日的财务状况以及 2017 年度的经营成果和现金流量。

二、形成保留意见的基础

ABC 公司 2017 年 12 月 31 日资产负债表中存货的列示金额为×元。ABC 公司管理层（以下简称管理层）根据成本对存货进行计量，而没有根据成本与可变现净值孰低的原则进行计量，这不符合企业会计准则的规定。ABC 公司的会计记录显示，如果管理层以成本与可变现净值孰低来计量存货，存货列示金额将减少×元。相应地，资产减值损失将增加×元，所得税、净利润和股东权益将分别减少×元、×元和×元。

我们按照中国注册会计师审计准则的规定执行了审计工作。审计报告的"注册会计师对财务报表审计的责任"部分进一步阐述了我们在这些准则下的责任。按照中国注册会计师职业道德守则，我们独立于 ABC 公司，并履行了职业道德方面的其他责任。我们相信，我们获取的审计证据是充分、适当的，为发表保留意见提供了基础。

三、其他信息

（描述导致注册会计师对财务报表发表保留意见并且也影响其他信息的事项。）

四、关键审计事项

关键审计事项是我们根据职业判断，认为对本期财务报表审计最为重要的事项。这些事项的应对以对财务报表整体进行审计并形成审计意见为背景，我们不对这些事项单独发表意见。除"形成保留意见的基础"部分所述事项外，我们确定部分事项是需要在审计报告中沟通的关键审计事项。

五、管理层和治理层对财务报表的责任（略）

六、注册会计师对财务报表审计的责任（略）

××会计师事务所　　　　　　　　　中国注册会计师：×××
（盖章）　　　　　　　　　　　　　　　　　（签名并盖章）
　　　　　　　　　　　　　　　　　中国注册会计师：×××
　　　　　　　　　　　　　　　　　　　　　（签名并盖章）
中国××市　　　　　　　　　　　　2018 年 3 月 16 日

4. 否定意见的审计报告

（1）出具否定意见审计报告的条件。注册会计师在获取充分、适当的审计证据后，如果认为错报单独或汇总起来对财务报表影响重大且具有广泛性，则应当出具否定意见的审计报告。

（2）否定意见审计报告的特点与格式：① 当出具否定意见的审计报告时，注册会计师应当在审计意见段中使用"由于形成否定意见的事项段所述事项的重要性"等术语；② 在形成否定意见的基础中具体描述否定的理由。否定意见审计报告的参考格式如下：

审 计 报 告

ABC 股份有限公司全体股东：

一、否定意见

我们审计了 ABC 股份有限公司及其子公司（以下简称 ABC 集团）的合并财务报表，包括 2017 年 12 月 31 日的合并资产负债表，2017 年度的合并利润表、合并现金流量表、合并股东权益变动表以及相关合并财务报表附注。

我们认为，由于"形成否定意见的基础"部分所述事项的重要性，后附的合并财务报表没有在所有重大方面按照××财务报告编制基础的规定编制，未能公允反映 ABC 集团 2017 年 12 月 31 日的合并财务状况以及 2017 年度的合并经营成果和合并现金流量。

二、形成否定意见的基础

如财务报表附注×所述，2017 年 ABC 集团通过非同一控制下的企业合并获得对 XYZ 公司的控制权，因未能取得购买日 XYZ 公司某些重要资产和负债的公允价值，故未将 XYZ 公司纳入合并财务报表的范围。按照××财务报告编制基础的规定，该集团应将这一子公司纳入合并范围，并以暂估金额为基础核算该项收购。如果将 XYZ 公司纳入合并财务报表的范围，后附的 ABC 集团合并财务报表的多个报表项目将受到重大影响。但我们无法确定未将 XYZ 公司纳入合并范围对合并财务报表产生的影响。

我们按照中国注册会计师审计准则的规定执行了审计工作。审计报告的"注册会计师对合并财务报表审计的责任"部分进一步阐述了我们在这些准则下的责任。按照中国注册会计师职业道德守则，我们独立于 ABC 集团，并履行了职业道德方面的其他责任。我们相信，我们获取的审计证据是充分、适当的，为发表否定意见提供了基础。

三、其他信息

（描述导致注册会计师对财务报表发表否定意见并且也影响其他信息的事项。）

四、关键审计事项

除"形成否定意见的基础"部分所述事项外，我们认为，没有其他需要在我们的报告中沟通的关键审计事项。

五、管理层和治理层对合并财务报表的责任（略）

六、注册会计师对合并财务报表审计的责任（略）

××会计师事务所　　　　　　　　　　中国注册会计师：×××
（盖章）　　　　　　　　　　　　　　　　（签名并盖章）
　　　　　　　　　　　　　　　　　　中国注册会计师：×××
　　　　　　　　　　　　　　　　　　　　（签名并盖章）

中国××市　　　　　　　　　　　　　2018 年 3 月 16 日

5. 无法表示意见的审计报告

（1）出具无法表示意见审计报告的条件。如果无法获取充分、适当的审计证据以作为形成审计意见的基础，但认为未发现的错报（如存在）对财务报表可能产生的影响重大且具有广泛性，以至于无法对财务报表发表审计意见，则注册会计师应当出具无法表示意见的审计报告。

（2）无法表示意见审计报告的特点与格式。当出具无法表示意见的审计报告时，注册会计师应当在注册会计师责任段说明无法获取充分、适当的审计证据以为发表审计意见提供基础，并在审计意见段中使用"由于形成无法表示意见的事项段所述事项的重要性，我们无法获取充分、适当的审计证据以为发表审计意见提供基础""我们不对财务报表发表审计意见"等术语。无法表示意见审计报告的参考格式如下：

审计报告

ABC 股份有限公司全体股东：

一、无法表示意见

我们接受委托，审计 ABC 股份有限公司（以下简称 ABC 公司）财务报表，包括 2017 年 12 月 31 日的资产负债表，2017 年度的利润表、现金流量表、股东权益变动表以及相关财务报表附注。

我们不对后附的 ABC 公司财务报表发表审计意见。由于"形成无法表示意见的基础"部分所述事项的重要性，我们无法获取充分、适当的审计证据以作为对财务报表发表审计意见的基础。

二、形成无法表示意见的基础

我们于 2018 年 1 月接受委托审计 ABC 公司财务报表，因而未能对 ABC 公司 2017 年年初金额为×元的存货和年末金额为×元的存货实施监盘程序。此外，我们也无法实施替代审计程序获取充分、适当的审计证据。并且，ABC 公司于 2017 年 9 月采用新的应收账款电算化系统，由于存在系统缺陷导致应收账款出现大量错误。截至报告日，ABC 公司管理层（以下简称管理层）仍在纠正系统缺陷并更正错误，我们也无法实施替代审计程序，以对截至 2017 年 12 月 31 日的应收账款总额×元获取充分、适当的审计证据。因此，我们无法确定是否有必要对存货、应收账款以及财务报表其他项目做出调整，也无法确定应调整的金额。

三、管理层和治理层对财务报表的责任（略）

四、注册会计师对财务报表审计的责任

我们的责任是按照中国注册会计师审计准则的规定，对 ABC 公司的财务报表执行审计工作，以出具审计报告。但由于"形成无法表示意见的基础"部分所述的事项，我们无法获取充分、适当的审计证据以作为发表审计意见的基础。

按照中国注册会计师职业道德守则，我们独立于 ABC 公司，并履行了职业道德方面的其他责任。

××会计师事务所	中国注册会计师：×××
（盖章）	（签名并盖章）
	中国注册会计师：×××
	（签名并盖章）
中国××市	2018 年 3 月 16 日

第九章 财务报告阅读与分析

一般而言，通过分析审计报告进而发现投资机会的情况比较少，多数情况是对公司财务报告提供信息的真实程度引起警觉，防范投资风险。会计信息使用者应利用审计报告关注企业重大事项的说明、选择和运用恰当的会计政策和会计估计的说明、影响公司损益的事项、对公司资产质量的判定以及持续经营能力等问题。

本 章 小 结

财务报告包括财务报表和附注。

资产负债表能够提供企业在会计期末的资产、负债和所有者权益情况；企业在某一特定时点的短期偿债能力；企业在某一特定时点的财务安全性和稳定性；企业在一定时期财务发展变化的趋势。资产负债表的数据一般是直接根据有关总账科目的期末余额填列，某些项目需要根据总账科目和明细科目的记录分析、计算后填列。阅读和分析资产负债表：第一，应观察资产总额、负债和所有者权益总额的变化，把握财务发展的方向；第二，分别阅读资产、负债、所有者权益的具体信息，寻找财务发展变化的具体原因；第三，计算相关财务比率，检验财务安全性；第四，审视和评价资产项目；第五，分析负债项目；第六，关注所有者权益项目；第七，关注受人为因素影响较多的财务报表项目。

利润表是反映企业一定会计期间经营成果的财务报表。利润表能够提供企业在一定会计期间利润额及利润的构成情况；企业在一定会计期间的经营状况及发展变化趋势。利润表的各项数据一般根据各损益类科目的本期发生额分析填列。解读利润表：第一，应看净利润，观察公司是赚钱还是赔钱；第二，关注企业在哪赚的钱；第三，作为管理者，将本期净利润与本期预算数进行比较，把握完成预算的情况；第四，观察收入、费用和利润的变化趋势；第五，评估企业的盈利能力。

现金流量表是反映企业在一定会计期间内经营活动、投资活动和筹资活动各部分现金流入、流出的信息的财务报表。现金流量表包括六部分，采用报告式的结构反映企业经营活动产生的现金流量、投资活动产生的现金流量、筹资活动产生的现金流量、汇率变动对现金及现金等价物的影响额、现金及现金等价物净增加额和期末现金及现金等价物余额；通过阅读现金流量表能够了解企业在一定会计期间内现金来源、流向及现金余额的变动情况；分析和判断企业的偿债能力；借助现金流量信息可以规划和预测企业未来产生现金的能力；判断企业财务状况和经营成果的可靠性。

所有者权益变动表是反映企业年末所有者权益（或股东权益）变动的情况，并在一定程度上体现企业综合收益的报表。所有者权益变动不仅包括所有者投入和减少资本，而且包括直接计入所有者权益的利得和损失与最终属于所有者权益变动的净利润，从而构成企业的综合收益。

附注是为便于财务报表使用者理解财务报表的内容而对财务报表的编制基础、编制依据、编制原则和方法及主要项目等所做的解释，包括以下九部分：① 企业的基本情况；② 财务报表的编制基础；③ 遵循企业会计准则的声明；④ 重要会计政策和会计估计；⑤ 会计政策和会计估计变更以及差错更正的说明；⑥ 报表重要项目的说明；⑦ 或有事项；⑧ 资产负债表日后事项；⑨ 关联方关系及其交易。

无论是投资者或潜在投资者、银行信贷部的经理，还是公司的管理层，都需要阅读公司的财务报告，以了解该公司的财务状况、盈利能力与质量以及公司的成长潜力。是否相信该公司的财务报告，在做出决策之前，可以通过阅读审计报告把好第一关。审计报告主要有两大类，即标准审计报告和非标准审计报告。

思 考 题

1. 财务报告包括哪些内容？什么是企业的财务状况？什么是企业的经营成果？
2. 资产负债表提供了哪些重要信息？如何编制资产负债表？
3. 应从哪些方面阅读资产负债表？你认为应对资产负债表的哪些项目予以重点关注？
4. 利润表提供了哪些重要信息？如何编制利润表？
5. 如何阅读利润表？如何分析企业的盈利能力？
6. 现金流量表中的现金与现金流量是什么？该表的作用有哪些？现金流量表包括哪些内容？
7. 资产负债表、利润表、现金流量表之间有哪些联系？
8. 如何根据现金流量的类型，判断企业的财务状况与盈利质量？
9. 附注的意义是什么？主要披露哪些内容？
10. 审计报告的重要作用是什么？审计报告有哪些类型？各种类型审计报告的特点是什么？

自 测 题

一、选择题

1. 下列各项，属于投资活动产生的现金流量的是（　　）。
   A. 出售长期股权投资收到的现金　　　　　B. 收到退回的所得税
   C. 接受现金捐赠　　　　　　　　　　　　D. 收到投资者投入的现金
2. 资产负债表中的"未分配利润"项目，应（　　）。
   A. 根据"本年利润"科目的余额填列
   B. 根据"利润分配"科目的余额填列
   C. 根据"利润分配——未分配利润"科目的发生额填列
   D. 根据"本年利润"科目和"利润分配"科目的余额计算填列
3. 将于一年内到期的长期借款在资产负债表中应（　　）。
   A. 在"短期借款"项目下列示
   B. 在"长期借款"项目下列示
   C. 在备查簿记录
   D. 在流动负债下设置"一年内到期的非流动负债"项目单独反映
4. "应收账款"科目所属明细科目如有贷方余额，应在资产负债表（　　）项目内反映。
   A. 应收账款　　　　　　　　　　　　　　B. 预收账款
   C. 应付账款　　　　　　　　　　　　　　D. 预付账款
5. 所有者权益变动的原因有（　　）。
   A. 提取盈余公积　　　　　　　　　　　　B. 本年实现净利润
   C. 向投资者分配利润　　　　　　　　　　D. 资本公积转增资本

6. 现金流量表中"购买商品、接受劳务支付的现金"项目，反映(　　)内容。
A. 当期发生的应付票据　　　　　　　　B. 当期预付购买商品的款项
C. 当期支付前期购入商品的未付款项　　D. 当期接受劳务支付的现金

7. 现金等价物的必备条件有(　　)。
A. 期限短　　　　　　　　　　　　　　B. 流动性强
C. 易于转换为已知金额的现金　　　　　D. 价值变动风险很小

8. 我国企业的基本财务报表包括(　　)。
A. 资产负债表　　　　　　　　　　　　B. 利润表
C. 所有者权益变动表　　　　　　　　　D. 现金流量表

二、判断题

1. 持有至到期投资中将于一年内到期的部分，仍然在"持有至到期投资"科目核算，但在编制资产负债表时，应列在"流动资产"有关项目内。（　　）
2. 利润表中的净利润应与"本年利润"科目结转到"利润分配——未分配利润"科目的数字一致。（　　）
3. 营业外收入应反映在利润表的营业利润中。（　　）
4. 财务报告的核心部分是财务报表附注。（　　）
5. 会计政策是指企业进行会计核算时所采用的原则、基础和会计处理方法。（　　）
6. 利润表是反映企业在一定时期盈利质量的财务报表。（　　）
7. 现金流量表中的现金指的是货币资金，包括库存现金、银行存款、其他货币资金。（　　）
8. 通过现金流量表，能够判断企业财务状况和经营成果的可靠性。（　　）
9. 市盈率是公司股票市价与每股收益的比值。（　　）
10. 产权比率侧重于揭示财务结构的稳健程度，以及自有资金对偿债风险的承受能力。（　　）

业务练习题

1. 比上公司是一家上市公司，表9-6为比上公司2016年度和2017年度的利润表。

表9-6　比上公司利润表　　　　　　　　　　　　　　　　　　　单位：万元

项　　目	2016年度	2017年度
一、营业收入	18 600	21 000
减：营业成本	10 700	12 200
税金及附加	1 080	1 200
销售费用	1 620	1 900
管理费用	800	1 000
财务费用	200	300
加：投资收益	300	300
二、营业利润	4 500	4 700
加：营业外收入	100	150
减：营业外支出	600	650
三、利润总额	4 000	4 200
减：所得税费用（税率为25%）	1 000	1 050
四、净利润	3 000	3 150

要求：（1）根据表9-6的资料，填列表9-7。

(2) 对比上公司利润表各项数据进行差异分析，并评价其盈利能力。

表 9-7 比上公司业务收入利润率计算表　　　　　　　　　　单位：万元

项　　目	2016 年度	2017 年度
营业利润		
利润总额		
净利润		
毛利率（％）		
营业利润率（％）		
销售收入利润率（％）		
销售收入净利率（％）		

2. 乐康公司的有关资料如表 9-8 所示。

表 9-8 乐康公司有关资料　　　　　　　　　　　　　　　　单位：元

年　份	销售收入	销售成本	期末存货	期末应收账款
2016 年	1 216 000	816 000	160 000	192 000
2017 年	1 440 000	1 104 000	224 000	240 000

要求：根据上述资料计算该公司 2017 年的下列指标：
(1) 存货周转率。
(2) 应收账款周转率（假设公司的销售收入中的 30% 为赊销收入）。
(3) 销售毛利率。

案例分析题

1. ABB 公司是一家上市公司。表 9-9 为 ABB 公司 2017 年度的资产负债表（简表）。公司的短期借款的期限为 6 个月，系 2017 年 7 月 9 日借入；长期借款的期限为 2 年，系 2016 年 2 月 1 日借入。

表 9-9 ABB 公司资产负债表（简表）

2017 年 12 月 31 日　　　　　　　　　　　　　　　　　　　　单位：万元

资　产	年初数	年末数	负债及所有者权益	年初数	年末数
流动资产：			流动负债：		
货币资金	800	900	短期借款	2 000	2 300
以公允价值计量且其变动计入当期损益的金融资产	1 000	500	应付账款	1 000	1 200
应收账款	1 200	1 300	预收款项	300	400
预付款项	40	70	其他应付款	100	100
存货	4 060	5 280	流动负债合计	3 400	4 000
流动资产合计	7 100	8 050	长期借款	2 000	2 500
长期股权投资	400	400	所有者权益：		
固定资产	12 000	14 000	实收资本	12 000	12 000
无形资产	500	550	盈余公积	1 600	1 600
非流动资产合计	12 900	14 950	未分配利润	1000	2 900
			所有者权益合计	14 600	16 500
资产总计	20 000	23 000	负债及所有者权益总计	20 000	23 000

要求：（1）根据以上资料，分析 ABB 公司 2017 年度资产变化的原因及合理性。
　　　（2）计算相关财务比率，对公司的偿债能力做出评价。
2. 已知某公司目前的流动比率为 1.8。
要求：考虑发生以下经济业务会对流动比率产生何种影响：
（1）购买设备一台。款项以银行存款支付。
（2）从银行取得一笔长期借款。
（3）偿还短期借款。
（4）进行短期有价证券投资。
（5）如果该公司目前的流动比率仅为 0.95，则上述答案是否会发生变化？

第十章 企业财务报表综合分析

案例与引言

成都金亚科技有限公司（以下简称金亚科技）成立于1999年11月，注册资金26 631万元。2009年10月成功登陆深圳证券交易所创业板，股票代码300028；2013年度，金亚科技实现营业总收入59 357.90万元。曾被誉为"互联网彩票"第一股。作为2009年首批上市的28家创业板公司之一，2015年被机构踏破门槛争相调研，成为2015年上半年创业板热门牛股之一，自2015年6月接受中国证监会调查以来，在监管部门调查结果和处罚结论尚未公布之前，就深陷"创业板退市第一股"漩涡（数据来源：东方财富网）。

请问：究竟存在哪些问题，使其在短短几年内，从一个国内知名企业沦落为因连年亏损而处于退市边缘的上市公司呢？如何分析金亚科技近年来的资产负债表、利润表、现金流量表以及各报表之间的内部联系？

对以上问题的回答，正是本章的学习目标。

本章学习目标

◆ 企业偿债能力分析
◆ 企业营运能力分析
◆ 企业盈利能力分析
◆ 企业发展能力分析
◆ 企业现金流量能力分析
◆ 杜邦分析法
◆ 综合评分法

第一节 财务报表分析的目的和方法

一、财务报表分析的目的

财务报表分析的目的是将财务报表数据转换成有用的信息，以帮助信息使用者改善决策。现代财务报表分析一般包括战略分析、会计分析、财务分析和前景分析四个维度。

（1）战略分析的目的。战略分析的目的是确定主要的利润动因及经营风险并定性评估公司盈利能力，包括宏观分析、行业分析和公司竞争策略分析等。

（2）会计分析的目的。会计分析的目的是评价公司会计反映其经济业务的程度，包括评估公司会计的灵活性和恰当性、修正会计数据等。

（3）财务分析的目的。财务分析的目的主要是运用财务数据评价公司当前及过去的业绩并评估，包括比率分析和现金流量分析等。

（4）前景分析的目的。前景分析的目的是预测企业未来，包括财务报表预测和公司估值等内容。

二、财务报表分析的方法

财务报表分析的方法有很多种，不同的财务分析者由于分析目的的不同，可以采用不同的分析方法，主要方法有以下几种：

1. 比较分析法

比较分析法是通过对相关财务指标进行对比分析，计算出财务指标变动值的大小，以此来揭示和评价公司财务状况的一种方法。

比较分析法按对象（和谁比）分为以下几种：

（1）与本企业历史比，即不同时期（2~10年）指标相比，也称趋势分析。

（2）与同类企业比，即与行业平均数或竞争对手比较，也称横向分析。

（3）与计划预算比，即实际执行结果与计划指标比较，也称预算差异分析。

比较分析法按比较内容（比什么）分为以下几种：

（1）比较会计要素的总量。总量是指报表项目的总金额，是绝对数比较，如总资产、净资产、净利润等。总量比较主要用于时间序列分析，如研究利润的逐年变化趋势，看其增长潜力。有时也用于同业对比，看企业相对规模和竞争地位的变化。

（2）比较结构百分比。比较结构百分比是把利润表、资产负债表、现金流量表转换成结构百分比报表。例如以全部资产为100%，看资产负债表中资产各项目的比重。结构百分比报表，用于发现有显著问题的项目，揭示进一步分析的方向。

（3）比较财务比率。财务比率反映各会计要素之间的数量关系，反映它们的内在联系。财务比率是相对数，排除了规模的影响，具有较好的可比性，是最重要的分析比较内容。财务比率的计算相对简单，而对它加以说明和解释却比较复杂和困难。

2. 比率分析法

比率分析法是指报表中具有内在联系的数据进行相对比较，通过比率来揭示和评价公司财务状况的方法。财务比率分析包括短期偿债能力比率分析、长期偿债能力比率分析、营运能力比率分析、盈利能力比率分析、市价比率分析等。

（1）结构比率。结构比率是指经济指标中的各个组成部分与其总体之间的比率，反映部分与总体之间的关系。

$$结构比率 = 某个组成部分数额 \div 总体数额$$

（2）效率比率。效率比率是经济活动中所费与所得的比率，反映了投入与产出的关系。

（3）相关比率。相关比率是以某项经济指标和与其有关但又不同的财务指标进行对比所得的比率，反映了有关经济活动之间的相互关系。

3. 因素分析法

因素分析法是分析影响财务指标的各种因素，并计算其对指标的影响程度，用以说明因素之间的关系的方法。这是从数量上确定各因素对指标影响程度的一种分析方法。该方法将分析指标分解为各个可以计量的因素，并根据各个因素之间的依存关系，顺次用各因素的比较值（通常为实际值）替代基准值（通常为标准值或计划值），据以测定各因素对分析指标的影响。由于分析时要逐次进行各因素的有序替代，因此又称为连环替代法。

因素分析法一般分为以下四个步骤：

（1）确定分析对象。即确定需要分析的财务指标，比较其实际数额和标准数额（如上年实际数额），并计算两者的差额。

（2）确定该财务指标的驱动因素。即根据该财务指标的形成过程，建立财务指标与各驱动因素之间的函数关系模型。

（3）确定驱动因素的替代顺序。

（4）按顺序计算各驱动因素脱离标准的差异对财务指标的影响。

【例10-1】 祥华股份有限公司（以下简称祥华股份）2017年10月生产产品所耗用某种材料的费用实际数为8 320元，预期计划数为6 480元，实际比计划增加了1 840元。材料费用由产品产量、产品材料耗用和材料单价三个因素的乘积构成，这三要素的数值如表10-1所示。请具体分析各要素对差异的影响。

表10-1 材料费用资料

项 目	单 位	计 划 数	实 际 数	差 异
产品产量	件	120	130	10
材料单耗	kg/件	9	8	-1
材料单价	元/kg	6	8	2
材料费用	元	6 480	8 320	1 840

根据表中资料，材料费用总额实际较计划增加了1 840元，这是分析对象，运用因素分析法步骤如下：

计划指标：120 件 ×9kg/件 ×6 元/kg = 6 480 元 　　　　　　　　　　①

第一次替换：130 件 ×9kg/件 ×6 元/kg = 7 020 元 　　　　　　　　　②

第二次替换：130 件 ×8kg/件 ×6 元/kg = 6 240 元 　　　　　　　　　③

第三次替换：130 件 ×8kg/件 ×8 元/kg = 8 320 元 　　　　　　　　　④

各因素变动的影响程度分析：

② - ① = 7 020 元 - 6 480 元 = 540 元 　　　　　　　　　　产量增加的影响

③ - ② = 6 240 元 - 7 020 元 = -780 元 　　　　　　　　　材料节约的影响

④ - ③ = 8 320 元 - 6 240 元 = 2 080 元 　　　　　　　　 价格提高的影响

540 元 - 780 元 + 2 080 元 = 1 840 元 　　　　　　　　　全部因素的影响

第二节 常见的财务比率分析

一、偿债能力分析

偿债能力是指企业偿还全部到期债务的能力,这是企业债权人、投资者和管理者都十分关心的问题。因为在瞬息万变的市场经济条件下,即使有良好发展前景的企业,也可能由于不能按期偿还债务而被迫清算。因此,分析和评价企业的偿债能力,是财务分析的一项重要内容。

按照债务偿还期限,反映企业偿债能力的指标可以分为两类:短期偿债能力指标和长期偿债能力指标。为了便于介绍,给出祥华股份最近的财务报表,如表10-2~表10-4所示。

表10-2 资产负债表

编制单位:祥华股份　　　　　　2017年12月31日　　　　　　　　　　单位:万元

资产	年末余额	年初余额	负债和所有者权益	年末余额	年初余额
流动资产:			流动负债:		
货币资金	88	50	短期借款	120	90
以公允价值计量且其变动计入当期损益的金融资产	12	24	以公允价值计量且其变动计入当期损益的金融负债	56	20
应收票据	28	22	应付票据	10	8
应收账款	796	398	应付账款	200	218
预付款项	44	8	预收款项	20	8
应收利息	0	0	应付职工薪酬	4	2
应收股利	0	0	应交税费	10	8
其他应收款	24	44	应付利息	24	32
存货	238	652	应付股利	0	0
一年内到期的非流动资产	154	22	其他应付款	50	44
其他流动资产	16	0	一年内到期的非流动负债	0	0
流动资产合计	1 400	1 220	其他流动负债	106	10
			流动负债合计	600	440
非流动资产:			非流动负债:		
可供出售金融资产	0	90	长期借款	900	490
持有至到期投资	0	0	应付债券	480	520
长期应收款	0	0	长期应付款	100	120
长期股权投资	60	0	专项应付款	0	0
固定资产	2 476	1 910	预计负债	0	0
在建工程	36	70	递延所得税负债	0	0
固定资产清理	0	24	其他非流动负债	0	30
无形资产	12	16	非流动负债合计	1 480	1 160
开发支出	0	0	负债合计	2 080	1 600
商誉	0	0	股东权益:		
长期待摊费用	10	30	股本	200	200

(续)

资产	年末余额	年初余额	负债和所有者权益	年末余额	年初余额
递延所得税资产	0	0	资本公积	20	20
其他非流动资产	6	0	减：库存股	0	0
非流动资产合计	2 600	2 140	其他综合收益	0	0
			盈余公积	120	80
			未分配利润	1 580	1 460
			股东权益合计	1 920	1 760
资产总计	4 000	3 360	负债与股东权益总计	4 000	3 360

表 10-3 利润表

编制单位：祥华股份　　　　　　　　2017 年度　　　　　　　　　　单位：万元

项　目	本年金额	上年金额
一、营业收入	6 000	5 700
减：营业成本	5 288	5 006
税金及附加	56	56
销售费用	44	40
管理费用	92	80
财务费用	220	192
资产减值损失	0	0
加：公允价值变动收益	0	0
投资收益	12	0
二、营业利润	312	326
加：营业外收入	90	144
减：营业外支出	2	0
三、利润总额	400	470
减：所得税费用	128	150
四、净利润	272	320

表 10-4 现金流量表

编制单位：祥华股份　　　　　　　　2017 年度　　　　　　　　　　单位：万元

项　目	本年金额
一、经营活动产生的现金流量	
销售商品、提供劳务收到的现金	5 620
收到的税费返还	0
收到其他与经营活动有关的现金	20
经营活动现金流入小计	5 640
购买商品、接受劳务支付的现金	4 726
支付给职工以及为职工支付的现金	58
支付的各项税费	182
支付其他与经营活动有关的现金	28
经营活动现金流出小计	4 994

(续)

项 目	本年金额
经营活动产生的现金流量净额	646
二、投资活动产生的现金流量	
收回投资收到的现金	8
取到投资收益收到的现金	12
处置固定资产、无形资产和其他长期资产收回的现金净额	24
处置子公司及其他营业单位收到的现金净额	0
收到其他与投资活动有关的现金	0
投资活动现金流入小计	44
购置固定资产、无形资产和其他长期资产支付的现金	738
投资支付的现金	60
支付其他与投资活动有关的现金	0
投资活动现金流出小计	798
投资活动产生的现金流量净额	-754
三、筹资活动产生的现金流量	
吸收投资收到的现金	0
取得借款收到的现金	540
收到其他与筹资活动有关的现金	0
筹资活动现金流入小计	540
偿还债务支付的现金	40
分配股利、利润或偿付利息支付的现金	304
支付其他与筹资活动有关的现金	50
筹资活动现金流出小计	394
筹资活动产生的现金流量净额	146
四、汇率变动对现金及现金等价物的影响	0
五、现金及现金等价物净增加额	38
加：期初现金及现金等价物余额	50
六、期末现金及现金等价物余额	88

（一）短期偿债能力分析

短期偿债能力是指企业偿还各种流动负债的能力。资产是偿还负债的基础，企业短期偿债能力的强弱，直接表现为流动资产与流动负债的比例。

衡量短期偿债能力的方法有两种：一种是比较可供偿债资产与债务的存量，资产存量超过债务存量较多，则认为偿债能力较强；另一种是比较经营活动现金流量和偿债所需现金，如果产生的现金，超过需要的现金较多，则认为偿债能力较强。

可偿债资金的存量是指资产负债表中列示的流动资产年末余额。短期债务的存量是指资产负债表中列示的流动负债年末余额。流动资产将在1年或1个营业周期内消耗或转变为现金，流动负债将在1年或1个营业周期内偿还，因此两者的比较可以反映短期偿债能力。

反映企业短期偿债能力的指标主要有以下几个：

1. 营运资本

营运资本是指企业全部流动资产减去全部流动负债后的余额，是衡量企业短期偿债能力的绝对数指标。其计算公式如下：
$$营运资本 = 流动资产 - 流动负债$$
根据祥华股份的财务报表数据：

本年营运资本 = 1 400 万元 – 600 万元 = 800 万元

上年营运资本 = 1 220 万元 – 440 万元 = 780 万元

根据资产负债表结构，营运资本可以做如下处理：

$$\begin{aligned}营运资本 &= 流动资产 - 流动负债\\ &= (总资产 - 非流动资产) - (总资产 - 股东权益 - 非流动负债)\\ &= (股东权益 + 非流动负债) - 非流动资产\\ &= 长期资本 - 长期资产\end{aligned}$$

根据祥华股份的财务报表数据：

本年营运资本 = (1 920 + 1 480) 万元 – 2 600 万元 = 3 400 万元 – 2 600 万元 = 800 万元

上年营运资本 = (1 760 + 1 160) 万元 – 2 140 万元 = 2 920 万元 – 2 140 万元 = 780 万元

如果流动资产大于流动负债，则营运资本为正数，说明有一部分流动资产来源于长期资本（长期负债或所有者权益）。在实际工作中，企业的营运资本状况往往会影响企业的负债筹资能力，许多贷款协议和债务契约中经常有要求债务人保持某一最低营运资本水平的条款。从债权人角度来看，营运资本越多，说明企业可用于偿付短期债务的流动资产越多，企业的短期偿债能力就越强。但从企业理财角度来看，营运资本并不是越多越好。营运资本过多，意味着企业流动资产占用资本过多，可能存在积压的存货或长期收不回来的应收账款，说明企业没能有效地利用资金，失去了获取更多利润的机会。由于营运资本受企业规模影响较大，因此该指标在不同企业之间不具有可比性。

2. 流动比率

流动比率是指流动资产与流动负债之间的比率，其计算公式如下：

$$流动比率 = 流动资产 \div 流动负债$$

流动比率越高，说明企业的短期偿债能力越强，反之，则说明短期偿债能力较弱。一般认为，流动比率应维持在 2 左右，它表明 1 元的流动负债有 2 元的流动资产作保障。

根据祥华股份的财务报表数据：

本年流动比率 = 1 400 ÷ 600 = 2.33

上年流动比率 = 1 220 ÷ 440 = 2.77

祥华股份的流动比率降低了 0.44（2.77 – 2.33），即为每 1 元流动负债提供的流动资产保障减少了 0.44 元。

运用流动比率指标时，应当注意以下问题：

（1）该指标只反映流动资产与流动负债之间的数量关系，没有考虑流动资产的结构和流动性。如果流动资产中含有大量的积压存货、预付账款或长期收不回来的应收账款，则即使流动比率大于 2，也并不表示其偿债能力强。反之，如果流动资产中多为变现能力很强的资产，则即使流动比率小于 2，其偿债能力依然很强。

（2）该指标是根据资产负债表数字计算得出的，是时点指标，只反映期末流动资产与流动负债的比率关系，不能代表企业在整个会计期间的偿债能力。

（3）从该指标的计算公式来看，当流动比率大于 1 时，分子分母等量增加，会使流动比率下降，等量减少则会使流动比率上升，因此该指标受人为操作的可能性较大。例如，在年末集中偿还借款，下年年初再借回，或将年末应购进的存货推迟到下年年初再购进等，都可能导致流动比率虚增。

（4）行业不同，对流动比率的要求也有所不同，一般而言，营业周期越短，对流动比率的要求越低，营业周期越长，对流动比率的要求越高。例如，饮食行业的正常流动比率远远低于工业和商业，其原因是饮食行业的存货周转速度快，而且大部分为现金销售。

3. 速动比率

速动比率是指企业变现能力最强的速动资产与全部流动负债之间的比率。其计算公式如下：

$$速动比率 = 速动资产 \div 流动负债$$

速动资产包括货币资金、以公允价值计量且其变动计入当期损益的金融资产和各种应收款项等，由于变现能力相对较差，存货和预付款项、一年内到期的非流动资产及其他流动资产成为非速动资产。存货和预付款项属于流动性较差、变现所需时间较长的资产。存货需要经过销售和应收账款环节才能转变为现金，特别是当存货中包含积压和滞销产品或必须经过较长时间储备才能销售的产品时（如酒厂的产品），其变现能力更差。预付账款是预付的购货款，其变现时间比存货更长。速动比率越高，表明企业的短期偿债能力越强，但同时也说明企业拥有较多的不能盈利的货币资金和应收账款。如果速动比率过低，则表明企业将可能依赖出售存货或举借新债偿还到期债务，说明企业的短期偿债能力较弱。

根据祥华股份的财务报表数据：

本年速动比率 = (88 + 12 + 28 + 796 + 24) ÷ 600 = 1.58

上年速动比率 = (50 + 24 + 22 + 398 + 44) ÷ 440 = 1.22

根据速动比率分析企业的短期偿债能力时，应注意速动资产中应收账款的比例以及应收账款的账龄和可收回性。在速动比率相同的条件下，应收账款所占比例越低，账龄越短，说明速动资产的质量越好，变现能力越强，反之则较弱。分析时可借助应收账款周转率来了解应收账款质量，以便对速动比率做出正确评价。

应当说明的是，速动比率在不同行业和企业也应有所区别。例如，零售商店通常只有现金销售，应收账款很少，这类企业的速动比率一般明显低于1，但仍有很强的短期偿债能力。

4. 现金比率

现金比率是指现金资产与流动负债的比值，其计算公式如下：

现金比率 = (货币资金 + 以公允价值计量且其变动计入当期损益的金融资产) ÷ 流动负债

速动资产中，流动性最强，可直接用于偿债的资产称为现金资产，现金资产包括货币资金、以公允价值计量且其变动计入当期损益的金融资产等，与其他速动资产不同，它们本身就是可以直接偿还债务的资产，而其他速动资产则需要等待不确定的时间才能转化为不确定金额的现金。

根据祥华股份的财务报表数据：

本年现金比率 = (88 + 12) ÷ 600 = 0.167

上年现金比率 = (50 + 24) ÷ 440 = 0.168

现金比率假设现金资产是可偿债资产，表明1元流动负债有多少现金资产作为偿债保障。祥华股份的现金比率比上年略微下降0.001，说明企业为每1元流动负债提供的现金资产保障降低了0.001元。

5. 现金流量比率

上述指标都是根据某一特定时点上的资产、负债额计算的，属于静态指标，只能反映报告期末的状况，不能反映企业某一段时期内动态的偿债能力。为了解决这个问题，可以用经营活动产生的现金净流入量与流动负债平均余额进行对比，计算现金流量比率。其计算公式如下：

$$现金流量比率 = 经营活动现金流量净额 \div 流动负债$$

根据祥华股份的财务报表数据：

现金流量比率 = 646 ÷ 600 = 1.08

负债需要用现金偿还，而经营活动产生的现金净流入量是偿还负债的真正来源，经营活动现金净流量越大，企业内部产生的可用于偿还负债的现金越充分。一般认为，该指标保持在40%以上时较好，说明企业的短期偿债能力较强。如果经营活动现金净流量为负数，则计算该指标无意义。

进行企业短期偿债能力分析，除了计算上述财务指标外，还应当关注财务报表中未能反映的因素，包括未使用的银行贷款限额、准备近期出售的长期资产、企业的偿债信誉、或有负债等。这些因素对企业短期偿债能力有正面影响，也有负面影响，分析时应给予足够的重视。

（二）长期偿债能力分析

长期偿债能力是指企业偿还全部债务本金和利息的能力。

长期偿债能力分析主要从还本能力分析和付息能力分析两方面进行。其中，还本能力可以通过资产负债率、产权比率、权益乘数、长期资本负债率进行分析；付息能力可以通过利息保障倍数和现金流量利息保障倍数进行分析。具体指标如下：

1. 资产负债率

资产负债率是指负债总额与资产总额之间的比率。其计算公式如下：

$$资产负债率 = (总负债 \div 总资产) \times 100\%$$

根据祥华股份的财务报表数据：

本年资产负债率 = (2 080 ÷ 4 000) × 100% = 52%

上年资产负债率 = (1 600 ÷ 3 360) × 100% = 48%

资产负债率反映总资产中有多大的比例是通过负债取得的。它可以衡量企业清算对债权人利益的保护程度。资产负债率越低，企业偿债越有保障，贷款越安全。资产负债率还代表企业的举债能力，一个企业的资产负债率越低，举债越容易。如果资产负债率高到一定程度，没人愿意提供贷款了，则表明企业的举债能力已经用尽。

判断一个企业的资产负债率是否适宜，一般以企业盈利能力和经营活动现金流量是否稳定为标准，企业盈利能力越强，现金流量越稳定，债权人所能接受的负债比率越高；反之则越低。例如，公用事业单位的资产负债率可以高达70%以上，而一般制造业则应维持在50%左右。

2. 产权比率

产权比率是指企业的负债总额与所有者权益总额之间的比率，反映债务资本与权益资本的对比关系。其计算公式如下：

$$产权比率 = 总负债 \div 股东权益$$

根据祥华股份的财务报表数据：

$$本年产权比率 = 2\,080 \div 1\,920 = 1.08$$
$$上年产权比率 = 1\,600 \div 1\,760 = 0.91$$

从债权人角度来看，产权比率越低越好。该指标越低，说明企业自有资本越雄厚，债权人借贷资金受所有者权益保障的程度越大，债权人越有安全感。所有者权益是债权人利益的最终保障，如果负债总额超出所有者权益总额，则债权人将承担较大的经营风险，企业一旦破产清算，债权人将难以收回贷款。一般认为，该指标应维持在1左右。

3. 权益乘数

权益乘数又称股本乘数，是指资产总额相当于股东权益的倍数。

产权比率和权益乘数是资产负债率的另外两种表现形式，它和资产负债率的性质是一样的。其计算公式如下：

$$权益乘数 = 总资产 \div 股东权益$$

根据祥华股份的财务报表数据：

本年的权益乘数 $= 4\,000 \div 1\,920 = 2.08$

上年的权益乘数 $= 3\,360 \div 1\,760 = 1.91$

权益乘数，代表公司所有可供运用的总资产是业主权益的几倍。权益乘数越大，代表公司向外融资的财务杠杆倍数越大，公司将承担较大的风险。但是，若公司营运状况刚好处于向上趋势中，则较高的权益乘数反而可以创造更高的公司利润，通过提高公司的股东权益报酬率，对公司的股票价值产生正面激励效果。

4. 长期资本负债率

长期资本负债率是指长期负债占所有者权益和长期负债之和的比率，在实务界也称为长期资本化比率。其计算公式如下：

$$长期资本负债率 = [非流动负债 \div (非流动负债 + 股东权益)] \times 100\%$$

根据祥华股份的财务报表数据：

本年长期资本负债率 $= [1\,480 \div (1\,480 + 1\,920)] \times 100\% = 44\%$

上年长期资本负债率 $= [1\,160 \div (1\,160 + 1\,760)] \times 100\% = 40\%$

长期资本负债率反映企业长期资本的结构，由于流动负债的数额经常变化，资本结构管理大多使用长期资本结构。企业的长期资金来源（长期资本）包括非流动负债和股东权益，本指标剔除了流动负债，因此，本指标的含义就是长期资本中非流动负债所占的比例。如果企业不存在流动负债的话，则该指标与资产负债率是一样的。

5. 利息保障倍数

利息保障倍数是指息税前利润与利息费用之间的倍数，可用于衡量企业偿付借款利息的能力。其计算公式如下：

$$利息保障倍数 = 息税前利润 \div 利息费用$$
$$= (净利润 + 利息费用 + 所得税费用) \div 利息费用$$

公式中的利息费用是指支付给债权人的全部利息，包括计入利润表财务费用的利息和计入资产成本的资本化利息。

根据祥华股份的财务报表数据：

本年利息保障倍数 =（272 + 220 + 128）÷ 220 = 2.82
上年利息保障倍数 =（320 + 192 + 150）÷ 192 = 3.45

如果企业一直保持按时付息的信誉，则长期负债可以延续，举借新债也比较容易，利息保障倍数越大，利息支付越有保障，如果利息支付尚且缺乏保障，则归还本金更难指望。因此利息保障倍数可以反映长期偿债能力。

为了考察企业偿债能力是否稳定，通常需要连续计算几个年度的利息保障倍数，从中选取最低年度作为代表企业偿债能力的指标，并与同行业平均水平进行对比，以判断企业的偿债能力。其理由是，不论经营好坏，企业都要偿付一定的利息，特别是具有周期性经营特点的企业，在利润较高的年度，可能利息保障倍数很高，在利润较低的年度，利息保障倍数则很低，用低年度的指标作为判断企业偿债能力的标准，更符合谨慎原则。

应当说明的是，根据利息保障倍数评价企业的偿债能力，也应考虑行业特点，并与企业的营业现金净流量结合起来。在资本密集行业，如航空业，大量的固定资产折旧费用和无形资产摊销费用要在计算利润总额前扣除，但这些费用并不需要支付现金，因此，即使其利息保障倍数较低，通常也能按期偿还债务。

6. 现金流量利息保障倍数

现金流量利息保障倍数是指经营活动现金流量净额对利息费用的倍数，其计算公式如下：

$$现金流量利息保障倍数 = 经营活动现金流量净额 ÷ 利息费用$$

根据祥华股份的财务报表数据：

本年现金流量利息保障倍数 = 646 ÷ 220 = 2.94

现金流量利息保障倍数是现金基础的利息保障倍数，表明每 1 元的利息费用有多少倍的经营活动现金流量净额作保障。它比利润基础的利息保障倍数更可靠，因为实际用以支付利息的是现金，而不是利润。

7. 现金流量债务比

现金流量债务比是指经营活动现金流量净额与债务总额的比率，可以了解企业用每年的经营活动现金净流入量偿付所有债务的能力。其计算公式如下：

$$现金流量债务比 =（经营活动现金流量净额 ÷ 债务总额）× 100\%$$

根据祥华股份的财务报表数据：

本年现金流量债务比 =（646 ÷ 2 080）× 100% = 31%

该比率越高，说明企业偿付债务总额的能力越强。一般认为，该比率维持在 20% 左右时较好。该比率中的债务总额采用期末数而非平均数，因为实际需要偿还的是期末金额而非平均金额。

二、营运能力分析

营运能力是指企业有效运用各种资产的能力，反映企业的经营管理水平。营运能力强，表明企业可以用较少的投入取得较高的经济效益，提高企业的偿债能力和盈利能力。

反映企业营运能力的指标主要有应收账款周转率、存货周转率、流动资产周转率、非流动资产周转率和总资产周转率。

第十章 企业财务报表综合分析

(一) 应收账款周转率
应收账款周转率是反映应收账款变现速度的指标，相关指标如下所示：

1. 应收账款周转次数

应收账款周转次数，表示应收账款在一年内周转了几次，反映当年应收账款的收款频率。其计算公式如下：

$$应收账款周转次数 = 销售收入 \div 应收账款$$

从理论上讲，应收账款是赊销引起的，其对应的流量是赊销额，而非全部销售收入，因此，计算时应使用赊销额而非销售收入，但是外部分析人员无法取得赊销数据，所以只好直接使用销售收入来进行分析。如果相关数据中有赊销额，则使用赊销数据。

2. 应收账款周转天数

应收账款周转天数是指应收账款从发生到收回所需要的平均天数。其计算公式如下：

$$应收账款周转天数 = 365 \div 应收账款周转次数$$
$$= 365 \times 应收账款 \div 销售收入$$

在一定时期内，应收账款周转次数越多或周转一次所需要的时间越短，说明应收账款变现速度越快，资金利用的效率越高。反之，则说明资金利用效率较低。

3. 应收账款与收入比

应收账款与收入比是指应收账款占销售收入的比例。

$$应收账款与收入比 = 应收账款 \div 销售收入 \times 100\%$$
$$= 1 \div 应收账款周转次数 \times 100\%$$

此外，还应当注意的是，应收账款持有量与销售收入成正比，应收账款周转率与企业的信用政策密切相关。企业为了扩大销售往往会放宽信用政策，延长信用期，因此而增加了销售收入和销售利润，扩大了产品的市场占有率，在这种情况下，虽然应收账款周转速度下降，但并不能说明企业资产营运能力差。因为从长远来看，由此带来的利益可以弥补账款过多而增加的资金占用成本。此时，企业需要在扩大销售和因放宽信用政策而增加应收账款之间进行权衡。

根据祥华股份的财务报表数据：

本年应收账款周转次数 = 6 000 万元 ÷ 796 万元 = 7.54 次

本年应收账款周转天数 = 365 天 ÷ (6 000 ÷ 796) = 48.42 天

本年应收账款与收入比 = 796 万元 ÷ 6 000 万元 × 100% = 13.27%

(二) 存货周转率
存货是企业流动资产中所占比重最大的资产，其变现速度直接影响企业资产的营运能力。存货周转率是反映企业销售能力和存货流动性的指标。

1. 存货周转次数

存货周转次数表示企业存货在一年内周转了几次，反映当年存货的销售频率。其计算公式如下：

$$存货周转次数 = 销售收入 \div 存货$$

2. 存货周转天数

存货周转天数表示本年存货从入库到销售所需要的平均天数。其计算公式如下：

$$存货周转天数 = 365 \div 存货周转次数$$
$$= 365 \times 存货 \div 销售收入$$

3. 存货与收入比

$$存货与收入比 = 存货 \div 销售收入 \times 100\%$$
$$= 1 \div 存货周转次数 \times 100\%$$

根据祥华股份的财务报表数据：

本年存货周转次数 = 6 000 万元 ÷ 238 万元 = 25.21 次

本年存货周转天数 = 365 天 ÷ （6 000 ÷ 238） = 14.48 天

本年存货与收入比 = 238 万元 ÷ 6 000 万元 × 100% = 3.97%

在一定时期内，存货周转次数越多或周转一次所需要的时间越短，说明企业的销售能力越强，存货流动性越强，即存货转变为应收账款或现金的速度越快，存货管理业绩越好。在正常情况下，销售存货应获得一定的利润，因此存货周转速度与销售利润成正比。存货周转速度加快，说明同样数额的存货资金占用能够为企业带来较大的经济效益。

应收账款周转天数与存货周转天数之和，为企业的营业周期。营业周期也称存货的变现期，表示存货从入库到销售后收回现金所需要的平均天数。其计算公式如下：

$$营业周期 = 应收账款周转天数 + 存货周转天数$$

（三）流动资产周转率

流动资产周转率是销售收入与流动资产的比率，也有三种计量方式。其计算公式如下：

$$流动资产周转次数 = 销售收入 \div 流动资产$$
$$流动资产周转天数 = 365 \div 流动资产周转次数$$
$$= 365 \times 流动资产 \div 销售收入$$
$$流动资产与收入比 = 流动资产 \div 销售收入 \times 100\%$$
$$= 1 \div 流动资产周转次数 \times 100\%$$

流动资产的周转次数，表明 1 年中流动资产周转的次数。流动资产的周转天数表明流动资产周转一次需要的时间，也就是流动资产换成现金平均需要的时间。流动资产与收入比，表明每 1 元的销售收入需要的流动资产投资。

通常，流动资产中应收账款和存货占绝大部分，因此它们的周转状况对流动资产周转具有决定性影响。

根据祥华股份的财务报表数据：

本年流动资产周转次数 = 6 000 万元 ÷ 1 400 万元 = 4.29 次

本年流动资产周转天数 = 365 天 ÷ (6 000 ÷ 1 400) = 85.17 天

本年流动资产与收入比 = 1 400 万元 ÷ 6 000 万元 × 100% = 23.33%

（四）非流动资产周转率

非流动资产周转率是销售收入与非流动资产的比率，也有三种计量方式。其计算公式如下：

$$非流动资产周转次数 = 销售收入 \div 非流动资产$$
$$非流动资产周转天数 = 365 \div 非流动资产周转次数$$
$$= 365 \times 非流动资产 \div 销售收入$$

$$\text{非流动资产与收入比} = \text{非流动资产} \div \text{销售收入} \times 100\%$$
$$= 1 \div \text{非流动资产周转次数} \times 100\%$$

非流动资产的周转次数，表明 1 年中非流动资产周转的次数。非流动资产的周转天数表明非流动资产周转一次需要的时间，也就是非流动资产换成现金平均需要的时间。非流动资产与收入比，表明每 1 元的销售收入需要的非流动资产投资。

非流动资产周转率反映非流动资产的管理效率，主要用于投资预算和项目管理分析，以确定投资与竞争战略是否一致、收购和剥离政策是否合理等。

根据祥华股份的财务报表数据：

本年非流动资产周转次数 = 6 000 万元 ÷ 2 600 万元 = 2.31 次

本年非流动资产周转天数 = 365 天 ÷（6 000 ÷ 2 600）= 158.17 天

本年非流动资产与收入比 = 2 600 万元 ÷ 6 000 万元 × 100% = 43.33%

（五）总资产周转率

总资产周转率是销售收入与总资产的比率，也有三种计量方式。其计算公式如下：

$$\text{总资产周转次数} = \text{销售收入} \div \text{总资产}$$
$$\text{总资产周转天数} = 365 \div \text{总资产周转次数}$$
$$= 365 \times \text{总资产} \div \text{销售收入}$$
$$\text{总资产与收入比} = \text{总资产} \div \text{销售收入} \times 100\%$$
$$= 1 \div \text{总资产周转次数} \times 100\%$$

总资产周转次数，表明 1 年中总资产周转的次数。总资产周转天数，表明总资产周转一次需要的时间，也就是总资产换成现金平均需要的时间。总资产与收入比，表明每 1 元的销售收入需要的总资产投资。

根据祥华股份的财务报表数据：

本年总资产周转次数 = 6 000 万元 ÷ 4 000 万元 = 1.5 次

本年总资产周转天数 = 365 天 ÷（6 000 ÷ 4 000）= 243.33 天

本年总资产与收入比 = 4 000 万元 ÷ 6 000 万元 × 100% = 66.67%

总资产由各项资产组成，在销售收入既定的情况下，总资产周转率的驱动因素是各项资产。通过驱动因素分析，可以了解总资产周转变动是由哪些资产项目引起的，以及什么是较大的因素，从而为进一步分析指出了方向。

总资产周转率的驱动因素分析，通常使用资产周转天数或资产与收入比指标，不使用资产周转次数。因为各项资产周转次数之和不等于总资产的周转次数，不便于分析各项目对总资产周转率的影响。

三、盈利能力分析

盈利能力是指企业获取利润的能力，通常表现为一定时期内企业收益数额的多少及其水平的高低。反映企业盈利能力的指标主要包括销售毛利率、销售净利率、总资产净利率和权益净利率四个指标。

无论是企业的投资者、债权人，还是经营管理者，都非常关心企业的盈利能力。投资者关心企业的盈利能力，是因为利润是股利的唯一来源，企业利润高低直接影响其投资收益，上市公司的盈利能力提高，还可以使股票价格上涨，使股东从股票升值中获得资本收益。债权人关心企业的盈利能力,是因为利润是偿还企业债务的最终来源,只要企业具有较强的盈利能力和稳定的现金流入量,即使负债率偏高,也有能力偿还到期债务。经营管理者关心企业的盈利能力,是因为利润是考核企业经营管理水平的综合指标,也是衡量经营管理者业绩的主要标准。

1. 销售毛利率

销售毛利率是指销售毛利润与销售收入净额之间的比率,反映企业销售商品或提供劳务的初始盈利能力。其计算公式如下:

$$销售毛利率 = (销售收入 - 销售成本) \div 销售收入 \times 100\%$$

根据祥华股份的财务报表数据:

本年销售毛利率 = (6 000 - 5 288) 万元 ÷ 6 000 万元 × 100% = 11.87%

上年销售毛利率 = (5 700 - 5 006) 万元 ÷ 5 700 万元 × 100% = 12.18%

企业销售商品或提供劳务的收入首先要弥补其销售成本,余下的还要扣除税金及附加和期间费用后才是企业的利润,因此销售毛利润是企业净利润的主要来源。该指标越高,表明企业销售成本占收入的比例越低,企业的盈利能力越强。

2. 销售净利率

销售净利率是指净利润与销售收入的比率。其计算公式如下:

$$销售净利率 = (净利润 \div 销售收入) \times 100\%$$

销售收入、净利润两者相除可以概括企业的全部经营成果。该比率越大,企业的盈利能力越强。

根据祥华股份的财务报表数据:

本年销售净利率 = (272 ÷ 6 000) × 100% = 4.53%

上年销售净利率 = (320 ÷ 5 700) × 100% = 5.61%

变动 = 4.53% - 5.61% = -1.08%

3. 总资产净利率

总资产净利率是指净利率与总资产的比率,它反映了每 1 元总资产创建的净利润。其计算公式如下:

$$总资产净利率 = (净利润 \div 总资产) \times 100\%$$

总资产净利率是企业盈利能力的关键。虽然股东报酬由总资产净利率和财务杠杆共同决定,但提高财务杠杆会同时增加企业风险,往往并不增加企业价值。此外,财务杠杆的提高有诸多限制,企业经常处于财务杠杆不可能再提高的临界状态。因此,提高权益净利率的基本动力是总资产净利率。

$$总资产净利率 = \frac{净利润}{总资产} \times 100\% = \frac{净利润}{销售收入} \times \frac{销售收入}{总资产} \times 100\%$$

$$= 销售净利率 \times 总资产周转次数 \times 100\%$$

根据公式推理可以得到:

总资产周转次数是每 1 元总资产创造的销售收入,销售净利率是每 1 元销售收入创造的净利润,两者共同决定了总资产净利率,即每 1 元总资产创造的净利润。

根据祥华股份的财务报表数据:

本年总资产净利率 = (272 ÷ 4 000) × 100% = 6.8%

上年总资产净利率 = (320÷3 360)×100% = 9.52%
变动 = 6.8% - 9.52% = -2.72%
总资产净利率的分解如表 10-5 所示。

表 10-5　总资产净利率的分解　　　　　　单元：万元

项目	本年	上年	变动
销售收入	6 000	5 700	300
净利润	272	320	-48
总资产	4 000	3 360	640
总资产净利率（%）	6.80	9.52	-2.72
销售净利率（%）	4.53	5.61	-1.08
总资产周转次数	1.50	1.70	-0.20

祥华股份的总资产净利率比上年降低了 2.72%，其原因是销售净利率和总资产周转次数都降低了。可以用差额分析法进行定量分析。

销售净利率变动的影响 = 销售净利率变动 × 上年总资产周转次数
　　　　　　　　　　 = (-1.08%) × 1.70 = -1.84%
总资产周转次数变动的影响 = 本年销售净利率 × 总资产周转次数变动
　　　　　　　　　　　　 = 4.53% × (-0.20) = -0.91%
合计 = -1.84% - 0.91% = -2.75%

4. 权益净利率

权益净利率是指净利润与股东权益的比率，它反映每 1 元股东权益赚取的净利润，可以衡量企业的总体盈利能力。其计算公式如下：

权益净利率 = (净利润÷股东权益)×100%

权益净利率的分母是股东的投入，分子是股东的所得。对于股权投资者来说，具有非常好的综合性，概括了企业的全部经营业绩和财务业绩。

根据祥华股份的财务报表数据：
本年权益净利率 = (272÷1 920)×100% = 14.17%
上年权益净利率 = (320÷1 760)×100% = 18.18%
通过计算可以得知，祥华股份本年股东的报酬率减少了，总体来说不如上一年。

四、发展能力分析

发展能力主要是指企业的扩张能力和持续经营能力。企业的投资者和债权人都非常关心企业的发展能力，其原因是：对于投资者来说，企业未来的发展潜力是影响其投资收益的主要因素；对于债权人来说，企业在一年或几年后是否有能力偿还债务，主要取决于企业未来的经营业绩。

衡量企业发展能力的指标主要有销售收入增长率、总资产增长率、营业利润增长率、资本保值增值率和资本积累率等。

1. 销售收入增长率

销售收入增长率是指企业本年销售收入增长额与上年销售收入的比率，可以反映企业营业收入的增长情况。其计算公式如下：

$$销售收入增长率=(本年销售收入增长额÷上年销售收入)\times100\%$$

销售收入是企业利润的主要来源，不断扩大销售收入是企业生存和发展的基础，因此，销售收入增长率是反映企业发展能力的重要指标，也是衡量企业经营状况和市场占有力、预测企业经营业务发展趋势的重要标准。

根据祥华股份的财务报表数据：

销售收入增长率 = (6 000 - 5 700)万元 ÷ 5 700万元 × 100% = 5.26%

计算结果表明，祥华股份2017年的销售收入比2016年增长5.26%，说明该公司销售收入有所发展，但发展水平有待提高。

2. 总资产增长率

总资产增长率是指企业本年总资产增长额同年初资产总额的比率，反映了企业本年资产规模的增长情况。其计算公式如下：

$$总资产增长率=(本年总资产增长额÷年初资产总额)\times100\%$$

除了计算总资产增长率外，还可以分别计算流动资产增长率、固定资产增长率、无形资产增长率等，以分析各类资产的增长情况。总资产增长率越高，表明企业一定时期内资产经营规模扩张的速度越快，但在分析时需要关注资产规模扩张的质和量的关系以及企业的后续发展能力，避免盲目扩张。

根据祥华股份的财务报表数据：

总资产增长率 = (4 000 - 3 360)万元 ÷ 3 360万元 × 100% = 19.05%

计算结果表明，祥华股份2017年实现了一定规模的扩张。

应当说明的是，由于总资产数额大小与企业所选用的会计处理方法相关，因此运用总资产增长率指标来评价企业的发展能力具有一定的局限性。例如，采用快速折旧法的企业，在固定资产使用前期，由于计提的折旧额较高，其总资产增长率可能比较低，后期则正好相反。此外，由于受会计处理方法的限制，企业的无形资产价值可能远远低于实际，从而使得该指标不能如实反映企业资产的增长情况。

3. 营业利润增长率

营业利润增长率是指企业本年营业利润增长额与上年营业利润总额的比率，反映了企业营业利润的增减变化情况，其计算公式如下：

$$营业利润增长率=(本年营业利润增长额÷上年营业利润总额)\times100\%$$

根据祥华股份的财务报表数据：

营业利润增长率 = (312 - 326)万元 ÷ 326万元 × 100% = -4.29%

计算结果表明，2017年祥华股份营业利润出现了负增长，可以对这种状况进行多方面的原因分析。

4. 资本保值增值率

资本保值增值率是指扣除客观因素影响后的所有者权益的期末总额与期初总额之比。其计算公式如下：

$$资本保值增值率=扣除客观因素影响后的期末所有者权益÷期初所有者权益$$

如果企业本期净利润大于0，并且利润留存率大于0，则必然会使期末所有者权益大于期初所有者权益，所以该指标也是衡量企业盈利能力的重要指标。当然这一指标的高低，除了受企业经营成果的影响外，还受企业利润分配政策和投入资本的影响。

根据祥华股份的财务报表数据：

本年资本保值增值率 = 1 920 万元 ÷ 1 760 万元 = 1.09

5. 资本积累率

资本积累率是指企业本年所有者权益增长额与年初所有者权益的比率，该指标反映企业当年资本的积累能力，其计算公式如下：

$$资本积累率 = (本年所有者权益增长额 ÷ 年初所有者权益) \times 100\%$$

资本积累率越高，表明企业的资本积累越多，应对风险、持续发展的能力越强。

根据祥华股份的财务报表数据：

本年资本积累率 = (1 920 - 1 760) 万元 ÷ 1 760 万元 × 100% = 9.09%

应当说明的是，采用上述指标分析企业发展能力时，应注意企业所采取的发展策略。

采用外延型发展策略的企业，往往通过大规模收购进行扩张，此时企业资产总额迅速增长，但短期内企业的销售收入和净利润并不一定同步增长。对这类企业的发展能力进行分析，重点应当放在资产规模和资本规模的增长上。

采用内涵型发展策略的企业，通常是在现有资产和资本规模的基础上，充分挖掘内部潜力，提高产品质量，降低成本和费用，扩大销售，此时企业的销售收入和净利润迅速增长，资产规模和资本规模则相对稳定或缓慢增长。对这类企业的发展能力进行分析，重点应当放在销售收入和净利润的增长上。

此外，还要注意与企业的发展周期结合起来，处于不同发展周期的企业，其发展能力指标的高低有很大差别。如果甲企业处于成长阶段，乙企业处于成熟阶段，两个企业的发展能力指标相同，则说明乙企业的成长性高于甲企业。

五、现金流量分析

现金流量分析一般包括现金流量的结构分析、流动性分析、获取现金能力分析、财务弹性分析及收益质量分析等。这里主要从获取现金能力及收益质量方面介绍现金流量比率。

获取现金的能力可以通过经营活动现金流量净额与投入资源之比来反映，投入资源可以是销售收入、资产总额、营运资金净额、净资产或者普通股股数等。下面主要介绍销售现金比率、每股营业现金净流量、全部资产现金回收率三个指标。

收益质量是指会计收益与公司业绩之间的相关性。如果会计收益能如实反映公司业绩，则收益质量高；反之，则收益质量不高。收益质量分析主要包括净收益营运指数分析与现金营运指数分析。

1. 销售现金比率

销售现金比率是指企业经营活动现金流量净额与企业销售额的比值，其计算公式如下：

$$销售现金比率 = 经营活动现金流量净额 ÷ 销售收入$$

该比率反映每 1 元销售收入得到的现金流量净额，其数值越大越好。

根据祥华股份的财务报表数据：

本年销售现金比率 = 646 万元 ÷ 6 000 万元 = 0.11

2. 每股营业现金净流量

每股营业现金净流量是通过企业经营活动现金流量净额与普通股股数之比来反映的，其计算公式如下：

$$每股营业现金净流量 = 经营活动现金流量净额 \div 普通股股数$$

假设祥华股份有普通股 5 000 万股，则其 2017 年每股营业现金净流量为

$$每股营业现金净流量 = 646 万元 \div 5 000 万股 = 0.13 元/股$$

3. 全部资产现金回收率

全部资产现金回收率是通过企业经营活动现金流量净额与企业平均总资产之比来反映的，说明企业全部资产产生现金的能力，其计算公式如下：

$$全部资产现金回收率 = 经营活动现金流量净额 \div 平均总资产 \times 100\%$$

根据祥华股份的财务报表数据：

$$全部资产现金回收率 = 646 万元 \div 4 000 万元 \times 100\% = 16.15\%$$

4. 净收益营运指数

净收益营运指数是指经营净收益与净利润之比，其计算公式如下：

$$净收益营运指数 = (净利润 - 非经营净收益) \div 净利润$$

根据祥华股份的财务报表数据：

$$净收益营运指数 = (272 - 178) 万元 \div 272 万元 = 0.35$$

净收益营运指数越小，非经营收益所占比重越大，收益质量越差，因为非经营收益反映公司的核心能力及正常的收益能力，可持续性较低。

祥华股份的现金流量表续表分析如表 10-6 所示。

表 10-6　现金流量表续表

制表单位：祥华股份　　　　　　　　　2017 年　　　　　　　　　　　单位：万元

将净利润调节为经营活动现金流量	本年金额	说　明
净利润	272	
加：固定资产减值准备	0	非付现费用共 224 万元，少提取这类费用，可增加会计收益却不会增加现金流入，会使收益质量下降
固定资产折旧	200	
无形资产摊销	4	
长期待摊费用	20	
处置固定资产损失（或收益）	−30	非经营净收益为 178 万元，不代表正常的收益能力
固定资产报废损失	0	
财务费用	220	
投资损失（或收益）	−12	
递延所得税资产减少（或增加）	0	
存货减少	414	经营资产增加 6 万元，如收益不变，而现金减少，则收益质量下降
经营性应收项目减少（或增加）	−420	
经营性应付项目增加（或减少）	−22	无息负债净减少 22 万元，收益不变而现金减少，收益质量下降
其他	0	
经营活动产生的现金流量净额	646	

5. 现金营运指数

现金营运指数反映企业经营活动现金流量净额与企业经营所得现金的比值，其计算公式如下：

现金营运指数 = 经营活动现金流量净额 ÷ 经营所得现金

公式中经营所得现金是经营净收益与非付现费用之和。

现金营运指数 = 646 ÷ (272 + 178 + 224) = 0.96

现金营运指数小于1，说明收益质量不好。

六、市价比率分析

1. 市盈率

市盈率是指普通股每股市价与每股收益的比率，它反映普通股股东愿意为每一元净利润支付的价格。其中，每股收益是指可分配给普通股股东的净利润与流通在外普通股加权平均股数的比率，它反映每股普通股当年创造的净利润。其计算公式如下：

市盈率 = 每股市价 ÷ 每股收益

每股收益 = 普通股股东净利润 ÷ 流通在外普通股加权平均股数

假设祥华股份无优先股，2017年12月31日普通股每股市价36元，2017年流通在外普通股加权平均股数100万股。根据祥华股份的财务报表数据：

本年每股收益 = 272万元 ÷ 100万股 = 2.72元/股

本年市盈率 = 36 ÷ 2.72 = 13.24

在计算和使用市盈率和每股收益时，应注意以下问题：

（1）每股市价实际上反映了投资者对未来收益的预期。然而，市盈率是基于过去年度的收益。因此，如果投资者预期收益将从当前水平大幅增长，则市盈率将会相当高，也许是20倍、30倍或更多。但是，如果投资者预期收益将从当前水平下降，则市盈率将会相当低，如10倍或更少。成熟市场上的成熟公司有非常稳定的收益，通常其每股市价为每股收益的10~20倍。因此，市盈率反映了投资者对公司未来前景的预期，相当于每股收益的资本化。

（2）对仅有普通股的公司而言，每股收益的计算，相当简单。在这种情况下，计算公式如前所示。

如果公司还有优先股，则其计算公式如下：

每股收益 = (净利润 − 优先股股利) ÷ 流通在外普通股加权平均股数

由于每股收益的概念仅适用于普通股，优先股股东除规定的优先股股利外，对收益没有要求权，所以用于计算每股收益的分子必须等于可分配给普通股股东的净利润，即从净利润中扣除当年宣告和累积的优先股股利。

2. 市净率

市净率是指普通股每股市价与每股净资产的比率。它反映了普通股股东愿意为每1元净资产支付的价格，说明市场对公司净资产质量的评价。其中，每股净资产也称为每股账面价值，代表理论上的每股最低价值。其计算公式如下：

市净率 = 每股市价 ÷ 每股净资产

每股净资产 = 普通股股东权益 ÷ 流通在外普通股股数

既有优先股又有普通股的公司，通常只为普通股计算净资产。在这种情况下，普通股每股净资产的计算需要分两步完成。首先，从股东权益总额中减去优先股权益，包括优先股的清算价值及全部拖欠的股利，得出普通股权益。其次，用普通股权益除以流通在外的普通股股数，确定普通股每股净资产。该过程反映了普通股股东是公司剩余所有者的事实。

假设祥华股份有优先股20万股，清算价值为每股25元，拖欠股利为每股9元；2017年12月31日普通股每股市价36元，流通在外普通股股数100万股。根据祥华股份财务报表数据：

本年每股净资产 = [1 920 - (25 + 9) × 20]万元 ÷ 100万股 = 12.4元/股

本年市净率 = 36 ÷ 12.4 = 2.9

在计算市净率和每股净资产时，应注意所使用的是资产负债表日流通在外普通股股数，而不是当期流通在外普通股加权平均股数，因此，每股净资产的分子为时点数，分母应与其口径一致，因此应选取同一时点数。

3. 市销率

市销率是普通股每股市价与每股销售收入的比率，它反映普通股股东愿意为每1元销售收入支付的价格。其中，每股销售收入是指销售收入与流通在外的普通股加权平均股数的比率，它反映每股普通股创造的销售收入。其计算公式如下：

$$市销率 = 每股市价 ÷ 每股销售收入$$

$$每股销售收入 = 销售收入 ÷ 流通在外普通股加权平均股数$$

假设祥华股份2017年12月31日普通股每股市价36元，2016年流通在外普通股加权平均股数为100万股。根据祥华股份的财务报表数据：

本年每股销售收入 = 6 000万元 ÷ 100万股 = 60元/股

本年市销率 = 36 ÷ 60 = 0.6

第三节 杜邦分析法

一、杜邦分析法的含义

杜邦分析法又称杜邦分析体系，简称杜邦体系，是利用各主要财务比率指标间的内在联系，对企业财务状况及经济效益进行综合系统分析评价的方法。该体系是以净资产收益率为起点，以总资产净利率和权益乘数为基础，重点揭示企业盈利能力及权益乘数对净资产收益率的影响，以及各相关指标间的相互影响和作用关系。

上节采用比率指标对企业的偿债能力、营运能力、盈利能力等进行了分析，以评价企业的财务状况和经营成果，通过分析，可以了解企业在某一方面的情况，但是这种分析无法从总体上对企业做出综合判断，因此，还需要研究综合分析问题，即运用一个综合系统，将个别分析结果进行判断和融合，做出概括性结论，以综合评价企业的经营绩效，判断其整体财务状况和经营成果的优劣。杜邦分析法就是一种综合分析方法。

杜邦分析法的主要内容可用杜邦分析模型表示，如图10-1所示，其分析关系式如下：

$$净资产收益率 = 总资产净利率 × 权益乘数$$

$$= 销售净利率 × 总资产周转率 × 权益乘数$$

从杜邦分析模型可以看出：

（1）净资产收益率是杜邦分析体系的核心，也是一个综合性极强的指标，它代表投资者所投资金的盈利能力，反映企业在资产配置、筹资、投资等多方面的工作效率。该指标的高低受到总资产净利率和权益乘数两方面的影响，总资产净利率反映资产利用效果，权益乘数反映企业的资本结构。

第十章 企业财务报表综合分析

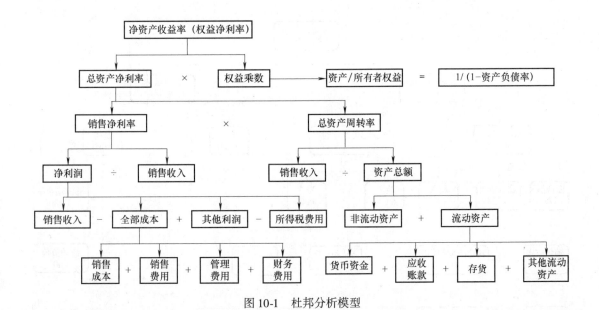

图 10-1 杜邦分析模型

（2）总资产净利率也是一个重要的财务指标，其高低受销售净利率和总资产周转率的影响。销售净利率反映净利润占销售收入的比重，要提高销售净利率，应当努力降低成本费用。销售净利率对提高总资产净利率起决定性作用，只有存在销售利润，才能计算总资产净利率，如果销售亏损，则无总资产净利率可言。销售净利率受成本费用高低的影响，在杜邦分析模型中，还对成本费用进行了分解，以便了解成本费用结构是否合理，找出影响净利润变动的主要原因，加强对成本费用的控制，提高销售净利率。

（3）总资产周转率是销售成果与资产营运能力的综合反映，要提高总资产周转率，一方面应增加销售收入，另一方面应减少资产占用额。其中提高销售收入具有特别重要的意义，它既可以增加利润，又可以加快资产周转速度。在杜邦分析模型中，通过对资产总额进行分解，可以了解资产配置是否合理，流动资产与非流动资产的比例是否恰当。流动资产多，能够提高企业的偿债能力，但影响企业当前的盈利能力；非流动资产多，可以在一定程度上提高企业的盈利能力，但又会影响企业当前的偿债能力。同时还应注意流动资产和非流动资产中各项目的构成情况。此外，还可以联系销售收入，分别计算应收账款周转率、存货周转率、非流动资产周转率等指标，以分析企业的营运能力，判断资产的使用是否有效率。

（4）权益乘数表示企业的负债程度，企业的负债程度越高，权益乘数就越大。当总资产报酬率高于举债成本时，较高的负债可以为企业股东带来较大的杠杆利益，提高净资产收益率，但同时也为企业带来了较大的财务风险。

从杜邦分析模型可以看出，企业的盈利能力与资产使用效率、资本结构、资产配置、销售业务、成本费用控制等工作密切相关，涉及企业供应、生产、销售各个环节，通过分析上述各项工作对净资产收益率的影响，可以了解企业盈利能力强弱的原因，揭示企业在经营管理中存在的问题，并对企业的经济效益做出综合评价。

二、杜邦分析法的运用

根据祥华股份的财务报表数据可得祥华股份的杜邦分析模型如图 10-2 所示。

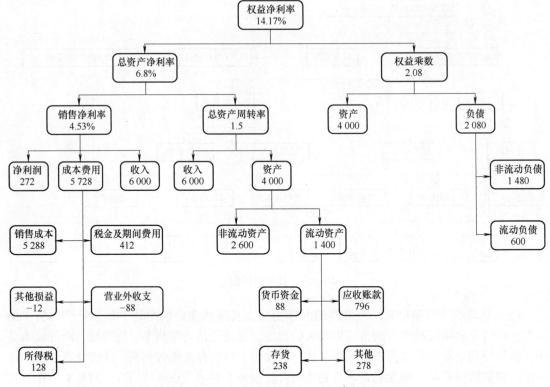

图 10-2　祥华股份的杜邦分析模型（金额单位：万元）

第四节　综合绩效评价法

综合绩效评价是综合分析的一种，一般是站在企业所有者的角度进行的。

综合绩效评价是指运用数理统计和运筹学的方法，通过建立综合评价指标体系，对照相应的评价标准，定量分析与定性分析相结合，对企业一定经营期间的盈利能力、资产质量、债务风险以及经营增长等经营业绩和努力程度等各方面进行综合评判。

一、综合绩效评价的内容

企业综合绩效评价由财务绩效定量评价和管理绩效定性评价两部分组成。

1. 财务绩效定量评价

财务绩效定量评价是对企业一定期间的盈利能力、资产质量、债务风险和经营增长四个方面进行定量对比分析和评价。

（1）企业盈利能力分析与评价主要通过资本及资产报酬水平、成本费用控制水平和经营现金流量状况等方面的财务指标，综合反映企业的投入产出水平盈利质量和现金保障状况。

（2）企业资产质量分析与评价主要通过资产周转速度、资产运行状态、资产结构以及资产有效性等方面的财务指标，综合反映企业所占经济资源的利用效率、资产管理水平与资产的安全性。

（3）企业债务风险分析与评价主要通过债务负担水平、资产负债结构、或有负债情况以及资产有效性等方面的财务指标，综合反映企业的债务水平、偿债能力及其面临的债务风险。

（4）企业经营增长分析与评价主要是通过销售增长、资本积累、效益变化以及技术投入等方面的财务指标，综合反映企业的经营增长水平及发展后劲。

2. 管理绩效定性评价

管理绩效定性评价是指在企业财务绩效定量评价的基础上，通过采取专家评议的方式对企业一定期间的经营管理水平进行定性分析与综合评价。

管理绩效定性评价指标包括企业发展战略的确立与执行、经营决策、发展创新、风险控制、基础管理、人力资源、行业影响、社会贡献等方面。

二、综合绩效评价的指标

综合绩效评价指标是由 22 个财务绩效定量评价指标和 8 个管理绩效定性评价指标组成的。

1. 财务绩效定量评价指标

财务绩效定量评价指标由反映企业盈利能力状况、资产质量状况、债务风险状况和经营增长状况等四方面的基本指标和修正指标构成。

其中，基本指标反映企业一定期间内财务绩效的主要方面，并得出财务绩效定量评价的基本指标。修正指标是根据财务指标的差异性和互补性，对基本指标的评价结果做进一步的补充和矫正。

（1）企业盈利能力状况以净资产收益率、总资产报酬率两个基本指标和销售（营业）利润率、利润现金保障倍数、成本费用利润率、资本收益率四个修正指标进行评价，主要反映企业一定经营期间的投入产出水平和盈利质量。

（2）企业资产质量状况以总资产周转率、应收账款周转率两个基本指标和不良资产比率、流动资产周转率、资产现金回收率三个修正指标进行评价，主要反映企业所占用经济资源的利用效率、资产管理水平与资产的安全性。

（3）企业债务风险状况以资产负债率、已获利息倍数两个基本指标和速动比率、现金流量负债比率、带息负债比率、或有负债比率四个修正指标进行评价，主要反映企业的债务负担水平、偿债能力及面临的债务风险。

（4）企业经营增长状况以销售增长率、资本保值增值率两个基本指标和销售利润增长率、总资产增长率、技术投入比率三个修正指标进行评价，主要反映企业的经营增长水平、资本增值状况及发展后劲。

2. 管理绩效定性评价指标

企业管理绩效定性评价指标包括战略管理、发展创新、经营决策、风险控制、基础管理、人力资源、行业影响、社会贡献八个方面的指标，主要反映企业在一定经营期间所采取的各项管理措施及管理成效。

（1）战略管理评价主要反映企业所制定的战略规划的科学性、战略规划是否符合企业实际、员工对战略规划的认知程度、战略规划的保障措施及其执行力以及战略规划的实施效果等方面的情况。

（2）发展创新评价主要反映企业在经营管理创新、工艺革新、技术改造、新产品开发、品牌培育、市场拓展、专利申请及核心技术研发等方面的措施及成效。

（3）经营决策评价主要反映企业在决策管理、决策程序、决策方法、决策执行、决策监督、责任追究等方面采取的措施及实施效果，重点反映企业是否存在重大经营决策失误。

（4）风险控制评价主要反映企业在财务风险、市场风险、技术风险、管理风险、信用风险和道德风险等方面的管理与控制措施及效果，包括风险控制标准、风险评估程序、风险防范与化解措施等。

（5）基础管理评价主要反映企业在制度建设、内部控制、重大事项管理、信息化建设、标准化管理等方面的情况，包括财务管理、对外投资、采购与销售、存货管理、质量控制管理、安全管理、法务事务等。

（6）人力资源评价主要反映企业人才结构、人才培养、人才引进、人才储备、人事调配、员工绩效管理、分配与激励、企业文化建设、员工工作热情等方面的情况。

（7）行业影响评价主要反映企业主营业务的市场占有率、对国民经济及区域经济的影响与带动力、主要产品的市场认可度、是否具有核心竞争力以及产业引导能力等方面的情况。

（8）社会贡献评价主要反映企业在资源节约、环境保护、吸纳就业、工资福利、安全生产、上缴税收、商业诚信、和谐社会建设等方面的贡献程度和社会责任的履行情况。

各指标评价内容与权重如表 10-7 所示。

表 10-7 企业综合绩效评价指标及权重表

评价内容与权重（%）		财务绩效（70%）				管理绩效（30%）	
		基本指标	权重（%）	修正指标	权重（%）	评议指标	权重（%）
盈利能力状况	34	净资产收益率 总资产报酬率	20 14	销售（营业）利润率 利润现金保障倍数 成本费用利润率 资本收益率	10 9 8 7	战略管理 发展创新 经营决策 风险控制 基础管理 人力资源 行业影响 社会贡献	18 15 16 13 14 8 8 8
资产质量状况	22	总资产周转率 应收账款周转率	10 12	不良资产比率 流动资产周转率 资产现金回收率	9 7 6		
债务风险状况	22	资产负债率 已获利息倍数	12 10	速动比率 现金流量负债比率 带息负债比率 或有负债比率	6 6 5 5		
经营增长状况	22	销售增长率 资本保值增值率	12 10	销售利润增长率 总资产增长率 技术投入比率	10 7 5		

三、企业综合绩效评价标准

综合绩效评价标准分为财务绩效定量评价标准和管理绩效定性评价标准。

1. 财务绩效定量评价标准

财务绩效定量评价标准包括国内行业标准和国际行业标准。国内行业标准根据国内企业年度财务和经营管理统计数据，运用数理统计方法，分年度、分行业、分规模统一测算。国际行业标准根据居于行业国际领先地位的大型企业相关财务指标实际值，或者根据同类型企业相关财务标准的先进值，在剔除会计核算差异后统一测算。其中，财务绩效定量评价标准的行业分类，按照国家统一颁布的国民经济行业分类标准结合企业实际情况进行划分。

财务绩效定量评价标准按照不同行业、不同规模及指标类别，划分为优秀（A）、良好（B）、平均（C）、较低（D）、较差（E）五个档次，对应五个档次评价的标准系数，分别为1.0、0.8、0.6、0.4、0.2，较差（E）以下为0。

2. 管理绩效定性评价标准

管理绩效定性评价标准分为优（A）、良（B）、中（C）、低（D）、差（E）五个档次。对应五个档次评价的标准系数分别为1.0、0.8、0.6、0.4、0.2，差（E）以下为0。

管理绩效定性评价标准具有行业普遍性和一般性，在进行评价时，应当根据不同行业的经营特点，灵活把握个别指标的标准尺度。对于定性评价标准没有列示，但对被评价企业经营绩效产生重要影响的因素，在评价时也应予以考虑。

四、企业综合绩效评价工作程序

1. 财务绩效定量评价工作程序

财务绩效定量评价工作具体包括提取评价基础数据、基础数据调整、评价计分、形成评价结果等内容。

（1）提取评价基础数据。以经社会中介机构和内部审计机构审计并经评价组织机构核实确认的企业年度财务报表为基础提取评价基础数据。

（2）基础数据调整。为客观、公正地评价企业经营绩效，对评价基础数据进行调整。

（3）评价计分。根据调整后的评价基础数据，对照相关年度的行业评价标准值，利用绩效评价软件和手工评价计分。

（4）形成评价结果。对任期财务绩效评价需要计算任期内平均财务绩效评价分数，并计算绩效改进度；对年度财务绩效评价除计算年度绩效改进度外，还需要对定量评价得分深入分析，诊断企业经营管理存在的薄弱环节，并在财务决算批复中提示有关问题，同时进行所监管企业的分类排序分析，在一定范围内发布评价结果。

2. 管理绩效定性评价工作程序

管理绩效定性评价工作具体包括收集整理管理绩效评价资料、聘请咨询专家、召开专家评议会、形成定性评价结论等内容。

（1）收集整理管理绩效评价资料。为了深入了解被评价企业的管理绩效状况，应当通过问卷调查、访谈等方式充分收集并认真整理管理绩效评价的有关资料。

（2）聘请咨询专家。根据所评价企业的行业情况，聘请不少于7名的管理绩效评价咨询专家，组成专家咨询组，并将被评审企业的有关资料提前送达咨询专家。

（3）召开专家评议会。组织咨询专家对企业的管理绩效指标进行评议打分。

（4）形成定性评价结论。汇总管理绩效定性评价指标得分，形成定性评价结论。

五、企业综合绩效评价计分方法

1. 财务绩效评价计分

（1）基本指标计分。财务绩效定量评价基本指标的计分是按照功效系数法计分原理，将评价指标实际值对照行业评价标准，按照规定的计分公式计算各项基本指标得分。其计算公式如下：

$$单项基本指标得分 = 本档基本分 + 调整分$$

$$基本指标得分 = \sum 单项基本指标得分$$

$$本档基本分 = 指标权数 \times 本档标准系数$$

$$调整分 = 功效系数 \times (上档基本分 - 本档基本分)$$

$$上档基本分 = 指标权数 \times 上档标准系数$$

$$功效系数 = \frac{实际值 - 本档标准值}{上档标准值 - 本档标准值}$$

本档标准值是指上下两档标准值居于较低等级一档。

（2）修正指标的计分。财务绩效定量评价修正指标的计分是在基本指标计分结果的基础上，运用功效系数法原理，分别计算盈利能力、资产质量、债务风险和经营增长四个部分的综合修正系数，再据此计算出修正后的分数。其计算公式如下：

$$修正后总得分 = \sum 各部分修正后得分$$

$$各部分修正后得分 = 各部分基本指标分数 \times 该部分综合修正系数$$

$$各部分综合修正系数 = \sum 该部分各修正指标加权修正系数$$

$$某指标加权修正系数 = \frac{修正指标权数}{该部分权数} \times 该指标单项修正系数$$

$$某指标修正系数 = 1.0 + (本档标准系数 + 功效系数 \times 0.2 - 该部分基本指标分数系数)$$

（单项修正系数控制修正幅度为 0.7 ~ 1.3）

$$某部分基本指标分数系数 = 该部分基本指标得分 / 该部分权数$$

在计算修正指标单项修正系数过程中，对于一些特殊情况应进行以下调整：

1）如果修正指标实际值达到优秀值以上，其单项修正系数的计算公式如下：

$$单项修正系数 = 1.2 + 本档标准系数 - 该部分基本指标分数系数$$

2）如果修正指数实际值处于较差值以下，其单项修正系数的计算公式如下：

$$单项修正系数 = 1.0 - 该部分基本指标分数系数$$

3）如果资产负债率≥100%，则指标得 0 分；其他情况按照规定的公式计分。

4）如果盈余现金保障利润分子为正数，分母为负数，则单项修正系数确定为 1.1；如果分子为负数，分母为正数，则单项修正系数确定为 0.9；如果分子分母同为负数，则单项修正系数确定为 0.8。

5）如果不良资产比率≥100% 或分母为负数，则单项修正系数确定为 0.8。

6）对于营业利润增长率指标，如果上年营业利润为负数，本年为正数，则单项修正系数为 1.1；如果上年营业利润为零，本年为正数，或者上年为负数，本年为零，则单项修正系数确定为 1.0。

7）如果个别指标难以确定行业标准，则该指标单项修正系数确定为 1.0。

2. 管理绩效评价计分

管理绩效定性评价指标的计分一般通过专家评议打分形式完成，聘请的专家应不少于 7 名；评议专家应当在充分了解企业管理绩效状况的基础上，对照评价参考标准，采取综合分析判断法，对企业管理绩效评价指标做出分析评议，评判各项指标所处的水平档次，并直接给出评价分数。其计算公式如下：

$$管理绩效定性评价指标分数 = \sum 单项指标分数$$

$$单项指标分数 = \frac{\sum 每位专家给定的单项指标分数}{专家人数}$$

3. 综合绩效评价计分

在得出财务绩效定量评价分数和管理绩效定性评价分数后，应当按照规定的权重，耦合形成综合绩效评价分数，其计算公式如下：

企业综合绩效评价分数 = 财务绩效定量评价分数 × 70% + 管理绩效定性评价分数 × 30%

在得出评价分数以后，应当计算年度之间的绩效改进度，以反映企业年度直接经营绩效的变化状况，其计算公式如下：

$$绩效改进度 = \frac{本期绩效评价分数}{基期绩效评价分数}$$

绩效改进度大于 1，说明经营绩效上升；绩效改进度小于 1，说明经营绩效下滑。

六、综合绩效评分

企业综合绩效评价结果以评价得分、评价类型和评价级别表示。

评价类型是根据评价打分数对企业综合绩效所划分的水平档次，用文字和字母表示，分为优（A）、良（B）、中（C）、低（D）、差（E）五种类型。

评价级别是对每种类型再划分级次，以体现同一评价类型的不同差异，采用在字母后标注 " + 、 - " 号的方式表示。

企业综合绩效评价结果以 85 分、70 分、50 分、40 分作为类型判定的分数线。

（1）评价得分达到 85 分以上（含 85 分）的评价类型为优（A），在此基础上划分三个级别，分别为 A + + ≥95 分；95 分 > A + ≥90 分；90 分 > A≥85 分。

（2）评价得分达到 70 分以上（含 70 分）不足 85 分的评价类型为良（B），在此基础上划分三个级别，分别为 85 分 > B + ≥80 分；80 分 > B≥75 分；75 分 > B - ≥70 分。

（3）评价得分达到 50 分以上（含 50 分）不足 70 分的评价类型为中（C），在此基础上划分两个级别，分别为 70 分 > C≥60 分；60 分 > C - ≥50 分。

（4）评价得分在 40 分以上（含 40 分）不足 50 分的评价类型为低（D）。

（5）评价得分在 40 分以下的评价类型为差（E）。

本 章 小 结

本章首先介绍了财务报表分析的目的及方法；其次介绍了反映企业偿债能力、营运能力、盈利能力、发展能力、现金流量和市价比率的指标；最后介绍了杜邦分析法和综合评价法。

　　财务报表分析的方法主要包括比较分析法、比率分析法和因素分析法。

　　反映企业偿债能力的指标分为两大类：一类是反映短期偿债能力的指标，常见的指标包括营运资本、流动比率、速动比率、现金比率、现金流量比率；另一类是反映长期偿债能力的指标，包括资产负债率、产权比率、权益乘数、长期资本负债率、利息保障倍数、现金流量利息保障倍数和现金流量债务比等。

　　反映企业营运能力的指标主要有应收账款周转率、存货周转率、流动资产周转率、非流动资产周转率、总资产周转率等，这些指标也可作为评价企业偿债能力和盈利能力的补充指标。

　　反映企业盈利能力的指标主要有销售毛利率、销售净利率、总资产净利率和权益净利率。

　　反映企业发展能力的指标主要有销售收入增长率、总资产增长率、营业利润增长率、资本保值增值率、资本积累率。

　　反映企业现金流量的指标主要有销售现金比率、每股营业现金净流量、全部资产现金回收率、净收益营运指数、现金营运指数。

　　反映上市企业市价比率的指标有市盈率、市净率和市销率三个。

　　杜邦分析法由美国杜邦公司率先提出并应用，杜邦分析模型将独立的财务指标，按其内在联系构成一个完整的体系，净资产收益率是该体系的核心，通过对指标自上而下的层层分解，揭示出影响企业盈利能力的主要因素。

　　综合绩效评价是指运用数理统计和运筹学的方法，通过建立综合评价指标体系，对照相应的评价标准，定量分析与定性分析相结合，对企业一定经营期间盈利能力、资产质量、债务风险以及经营增长等经营业绩和努力程度等各方面进行综合评价。

思 考 题

1. 财务报表分析的方法有几种？因素分析法有几个分析步骤？
2. 什么是偿债能力？反映企业短期偿债能力的指标有哪些？
3. 长期偿债能力从哪几个方面进行分析？反映企业长期偿债能力的指标有哪些？
4. 什么是利息保障倍数？计算该指标时利息包括哪些？
5. 什么是营运能力？怎样进行营运能力分析？
6. 盈利能力可以从哪几个方面进行分析？
7. 分析企业现金流量可以从哪几个主要方面出发？
8. 在杜邦分析体系中，为什么以净资产收益率作为核心指标？
9. 财务绩效评价的内容有哪些？

自 测 题

一、选择题

1. 关于营运资本的下列表述中正确的是(　　)。

A. 营运资本是资产总额减去负债总额后的剩余部分
B. 营运资本指标的分析一般只进行横向比较
C. 营运资本越多越好
D. 对企业来说，过多持有营运资本可能会降低企业的盈利能力

2. 在企业速动比率为0.8的情况下，会引起该比率提高的经济业务是( )。
A. 银行提取现金   B. 赊购商品
C. 收回应收账款   D. 申请到一笔短期借款

3. 某企业年末有关资料如下：总资产100万元，流动资产20万元，长期负债40万元。则该企业的产权比率为( )。
A. 0.6   B. 0.67   C. 1.5   D. 2.5

4. 在销售收入既定的条件下，会引起总资产周转次数下降的经济业务是( )。
A. 收回应收账款   B. 计提坏账准备
C. 以存款购入设备   D. 获得一笔银行借款

5. 某企业销售收入为500万元，现销收入占销售收入的比重为80%，销售折让和折扣共计10万元，假设无销售退回，应收账款平均余额为10万元，则该企业的应收账款周转率为( )。
A. 5次   B. 6次   C. 9次   D. 10次

6. 某公司年末财务报表上部分数据为：流动负债60万元，流动比率为2，速动比率为1.2，销售成本为100万元，年初存货为52万元，则本年度存货周转次数为( )。
A. 1.65次   B. 2次   C. 2.3次   D. 1.45次

7. 某企业某年销售成本为200万元，销售毛利率为20%，年末流动资产为90万元，年初流动资产为110万元，则企业该年流动资产周转率为( )。
A. 2次   B. 2.22次   C. 2.5次   D. 2.78次

8. 反映企业营运能力的指标有( )。
A. 净资产收益率   B. 销售利润率
C. 应收账款周转率   D. 固定资产周转率

9. 企业采取备抵法核算坏账损失，当实际发生坏账时，需冲销应收账款，此时会引起( )。
A. 流动比率提高   B. 流动比率降低
C. 流动比率不变   D. 营运资本不变

10. 下列指标中，可用来直接衡量企业偿债能力的指标有( )。
A. 资产周转率   B. 营业现金净流量比率
C. 利息保障倍数   D. 资产报酬率

二、判断题
1. 从一定意义上讲，流动性比收益性更重要。 ( )
2. 在其他条件不变时，流动资产比重越高，总资产周转速度越快。 ( )
3. 最能体现企业经营目标的财务指标是净资产收益率。 ( )
4. 只要期末所有者权益大于期初所有者权益，就说明企业通过经营使资本得到增值。 ( )
5. 现金销售业务越多，应收账款周转率越高。 ( )

业务练习题

1. AC公司有关会计资料如表10-8所示。

表 10-8 AC 公司有关会计资料   单位：元

项目	2016 年度	2017 年度
银行存款	47 000	21 000
以公允价值计量且其变动计入当期损益的金融资产	—	28 000
应收账款净额	116 000	102 000
存货	263 000	226 000
预付账款	9 000	11 000
资产合计	435 000	388 000
流动负债合计	241 000	261 000
负债合计	273 000	261 000
息税前利润	158 000	165 000
利息费用	39 000	36 000

要求：

（1）计算 AC 公司 2016 年和 2017 年的流动比率、速动比率、资产负债率、利息保障倍数指标。

（2）分析该公司 2017 年的短期偿债能力和长期偿债能力是提高还是降低，并说明理由。

2. 力拓包装公司比较利润表如表 10-9 所示。

表 10-9 力拓公司比较利润表   单位：元

项目	2016 年度	2017 年度
销售收入净额	158 000	174 000
产品销售成本	86 000	93 000
销售毛利	72 000	81 000
销售费用和管理费用	41 000	48 000
息税前利润	31 000	33 000
利息费用	10 000	21 000
税前利润	21 000	12 000
所得税	8 000	4 000
净利润	13 000	8 000

补充数据如下（单位：元）：

	2016 年	2017 年
平均资产总额	191 000	204 000
平均普通股股东权益	89 000	96 000
普通股股数	20 000 股	20 000 股

要求：计算该包装公司盈利能力的比率，评价该公司 2017 年的经营状况。

案例分析题

亿达公司经营多种产品，其财务报表数据摘要如表 10-10 所示。

表 10-10　亿达公司相关财务数据　　　　　　　　　　　　　　单位：万元

利润表数据	2016 年度	2017 年度
营业收入	10 000	30 000
销售成本（变动成本）	7 300	23 560
管理费用（固定成本）	600	800
销售费用（固定成本）	500	1 200
财务费用（借款利息）	100	2 640
税前利润	1 500	1 800
所得税	500	600
净利润	1 000	1 200
资产负债表数据	2016 年年末	2017 年年末
货币资金	500	1 000
应收账款	2 000	8 000
存货	5 000	20 000
其他流动资产	0	1 000
流动资产合计	7 500	30 000
固定资产	5 000	30 000
资产总计	12 500	60 000
短期借款	1 850	15 000
应付账款	200	300
其他流动负债	450	700
流动负债合计	2 500	16 000
长期负债	0	29 000
负债合计	2 500	45 000
股本	9 000	13 500
盈余公积	900	1 100
未分配利润	100	400
所有者权益合计	10 000	15 000
负债及所有者权益合计	12 500	60 000

要求：计算、分析以下指标的变化情况。

(1) 净利润变动分析：该公司本年净利润比上年增加了多少？按顺序计算确定所有者权益变动和权益净利率变动对净利润的影响金额。

(2) 权益净利率变动分析：确定权益净利率变动的差额，按顺序计算确定资产净利率和权益乘数变动对权益净利率的影响百分比。

(3) 资产净利率变动分析：确定资产净利率变动的差额，按顺序计算确定资产周转率和销售净利率变动对资产净利率的影响百分比。

(4) 资产周转天数分析：确定总资产周转天数变动的差额，按顺序计算确定固定资产周转天数和流动资产周转天数变动对总资产周转天数的影响。

参 考 文 献

[1] 王淑慧．成本会计［M］．北京：机械工业出版社，2004．
[2] 吴革．跨越财务报告陷阱［M］．北京：文津出版社，2004．
[3] 魏素艳．会计学［M］．北京：机械工业出版社，2002．
[4] 高其富．经理人财务必修［M］．北京：团结出版社，2002．
[5] 葛家澍．会计学［M］．北京：高等教育出版社，2000．
[6] 孙铮，等．中外会计与财务案例研究［M］．上海：上海财经大学出版社，2003．
[7] 付磊．会计学［M］．北京：首都经济贸易大学出版社，2000．
[8] 杨有红．企业会计学［M］．杭州：浙江人民出版社，2002．
[9] 汤云伟，等．会计理论［M］．上海：上海财经大学出版社，1997．
[10] 余绪缨．管理会计［M］．北京：中国人民大学出版社，2002．
[11] 吴大军，等．管理会计［M］．大连：东北财经大学出版社，2004．
[12] 威廉 R 斯科特．财务会计理论［M］．陈汉文，译．北京：中国人民大学出版社，2012．
[13] 吴革．成本管理会计［M］．北京：中信出版社，2012．
[14] 刘运国．管理会计学［M］．北京：中国人民大学出版社，2015．
[15] 王秀丽，李相志．财务会计概论［M］．北京：北京大学出版社，2015．
[16] 企业会计准则编写委员会．企业会计准则案例讲解［M］．上海：立信会计出版社，2016．
[17] 财政部会计资格评价中心．初级会计实务［M］．北京：经济科学出版社，2016．
[18] 财政部会计资格评价中心．财务管理［M］．北京：经济科学出版社，2017．
[19] 财政部会计资格评价中心．中级会计实务［M］．北京：经济科学出版社，2017．
[20] 中国注册会计师协会．会计［M］．北京：经济科学出版社，2017．
[21] 中国注册会计师协会．财务成本与管理［M］．北京：经济科学出版社，2017．